牧民心書

4

역주
목민심서 4

정약용

다산연구회 역주
임형택 교열

창비

4

禮典六條
제7부 예전 6조

兵典六條
제8부 병전 6조

刑典六條
제9부 형전 6조

전권 차례

1

## 일러두기

1. 이 책 『역주 목민심서』(전7권)는 1934~38년 신조선사에서 간행한 『여유당전서與猶堂全書』(전 67책冊, 1970년에 경인문화사에서 6책으로 영인본 간행) 중 제5집 정법집政法集의 『목민심서 牧民心書』를 저본으로 한 『역주 목민심서』(전6권, 창작과비평사 1978~1985)의 전면개정판이다. 전7권 중 국문 번역문은 제1~6권에, 한문 원문은 제7권에 실었다.

2. 원문에 충실한 번역을 원칙으로 하되 독자의 이해를 돕기 위하여 경우에 따라 의역을 하였다.

3. 원저의 지은이 주註는 본문에서 【 】 안에 넣었다. 다만 옮긴이의 보충이 필요한 항목은 각주에서 원주의 내용을 밝히고 추가 설명을 하였다.

4. 인명, 지명, 제도, 중요한 역사적 사실과 용어 등에 대하여 옮긴이의 각주를 붙였다.

5. 『목민심서』의 서술 체제는 강목체綱目體로 되어 있는데 이 책에서는 활자의 색과 크기를 달리하고 행간을 띄어 강綱과 목目을 구분하였다.

6. 부(예: 제1부 부임 6조), 조(예: 제1조 전정) 등은 원문에는 없지만 이해를 돕기 위하여 붙였다.

7. 원저의 목目 부분에 ○ 기호로 구분지어 서술해놓기도 했는데, 번역문에서 그 부분을 그대로 따랐다. 다만 독자의 편의를 위해 문단을 나누기도 하였다.

8. 원저의 목目 부분에는 소제목이 없지만 독자의 편의를 위해 소제목을 넣기도 하였다.

9. 이 책에 나오는 기호는 다음과 같이 사용하였다.

『 』 서명을 나타낸다. 서명과 편명을 함께 밝힐 때는 중점으로 구분했다. 예: 『후한서·순리전』

「 」 편명을 나타낸다. 예: 「순리전」 「호전」

〔 〕 병기한 한자와 음이 다른 경우, 번역문에 원문을 병기할 때 사용하였다.

案 鏞案 臣謹案 정약용 자신의 견해임을 밝힌 표현이다. 鏞案은 존경하는 분의 말씀에 대해, 臣謹案은 임금의 말씀에 대해, 案은 그밖의 일반적인 문제에 대한 견해이다.

禮典六條

제 3 조 백성을 가르침

教民

【옛날에는 대사도大司徒가 만민을 가르치고 대사악大司樂이 국자國子를 가르쳤다. 백성을 가르치는 것은 지관地官●의 직분이었다. 일찍이 내가 『방례邦禮』●의 규정을 기초하면서 백성 가르치는 일을 지관에 속하도록 했다. 그러나 지금은 정전제가 고르게 되어 있지 않고 법제도 정비되지 않았으므로, 이른바 백성을 가르치는 일이 예속을 권장하여 실행케 하거나 향약을 지키도록 하는 것에 그치고 있다. 그래서 임시로 「예전」에 포함시켜둔다.】

---

- 지관地官: 중국 주周나라의 육관六官의 하나. 후세의 호부(戶部, 우리나라의 호조)에 해당한다.
- 『방례邦禮』: 다산의 저술인 『방례초본邦禮草本』을 가리킴. 『방례초본』을 다산 자신이 『경세유표經世遺表』로 서명을 바꾸었다.

목민의 직분은 백성을 가르치는 일일 뿐이다.
농지를 고르게 배분하는 것도 장차 백성을 가르치기
위함이요, 부세와 요역을 고르게 하는 것도 장차
백성을 가르치기 위함이요, 고을을 설치하고 수령을
두는 것도 장차 백성을 가르치기 위함이요, 형벌을
밝히고 법규를 갖추는 것도 장차 백성을 가르치기
위함이다. 모든 정사가 정비되지 않아 백성을
가르치는 일을 일으킬 겨를이 없었으니 이 때문에
백대에 이르도록 좋은 정치가 없었던 것이다.

『주례周禮』에 따르면 족사族師[1][100가家가 족族이 되고 5족이 당黨이 된다]는 매월 초하룻날에 백성을 모아 나라의 법을 읽고 백성 가운데 효·제·목·인孝弟睦婣의 행실이 있는 자를 기록했고, 당정黨正[2]은 사계절의 첫 달 초하룻날에 백성을 모아 나라의 법을 읽고 그 가운데 덕행과 도예道藝[3]가

---

1 족사族師 : 중국 주나라 때 관명으로 한 족族의 장이다.
2 당정黨正 : 주나라 지방제도의 관직명. 당, 즉 500가의 장.
3 도예道藝 : 학문과 기능을 가리키는 말.

있는 자를 기록했고, 주장州長<sup>4</sup>은 정월 초하룻날에 법을 읽고 백성들의 덕행과 도예를 살피고 백성들의 허물과 악을 규찰하며, 향대부鄉大夫<sup>5</sup>는 정월 초하룻날에 사도司徒로부터 교화의 법을 받고 물러 나와서 이것을 그의 향에 반포했다.

[鏞案] 주나라에서는 백성을 가르치는 일에, 매달 과제를 주고 때로 감독하여 그 덕행을 평가하듯이 등급을 매기고, 그 허물과 악을 자세히 따져 밝혔다. 이것이 이른바 향삼물鄉三物<sup>6</sup>로써 만민을 가르치고 향팔형鄉八刑<sup>7</sup>으로써 만민을 규찰한다는 뜻이다. 무릇 그렇게 해야 왕도의 다스림이라 할 것이다. 오늘날 수령은 오래 있어야 3년이요 짧으면 1년이니, 수령이 과객에 불과하다. 30년이 지나야 인仁이 일어나고, 100년이 지나야 예악禮樂이 일어나는 법이다. 백성을 가르치는 일은 과객이 할 수 있는 것이 아니다. 그런데 이미 수령의 자리에 있으면서 백성이 오랑캐나 짐승의 지경으로 빠져들어가는 것을 서서 보기만 하고 구할 생각을 않는다면 이 또한 일일지책一日之責<sup>8</sup>이 아니다. 예속을 권장하여 행하게 하고 힘써 향약을 닦는 일을 어찌 그만둘 수 있겠는가.

○ 옛날 천자의 나라는 방기邦畿<sup>9</sup>가 1000리인데 오직 왕성 안에서만

---

4 주장州長: 주나라 지방제도의 관직명. 향대부의 아랫자리. 향鄉에 5주州가 있어 그 주의 정사를 관장한다.

5 향대부鄉大夫: 향정鄉正이라고도 한다. 향의 제반 업무를 관장한다. 각 향에 1명.

6 향삼물鄉三物: 주나라 때 향학의 교정教程. 육덕(六德: 지知·인仁·성聖·의義·충忠·화和), 육행 (六行: 효孝·우友·목睦·인婣·임任·휼恤), 육예(六藝: 예禮·락樂·사射·어御·서書·수數)의 세 가지를 말한다.

7 향팔형鄉八刑: 주나라 때 여덟 가지 형벌. 불효·불목不睦·불인不婣·부제不弟·불임不任·불휼不恤·조언造言·난민亂民의 여덟 가지 비행에 대한 형벌.

8 일일지책一日之責: 하루라도 그 자리에 있으면 그 하루의 책임이 있다는 뜻.

9 방기邦畿: 왕기王畿라고도 함. 주나라 때 왕성을 중심으로 하여 사방 1000리 이내를 말

백성을 가르치는 법이 있었다. 이른바 향대부·주장·당정·족사는 모두 육향六鄕[10]의 관직으로 육향이란 것은 우리나라 서울의 5부部와 같다. 무릇 육향 밖의 지역에는 백성을 가르치는 일에 관한 법문이 없다. 육수六遂[11]는 근교 안에 있어서 그 법이 오직 지방의 풍토에 따라 백성을 가르쳐 상부상조하게 할 따름이요, 덕행과 도예는 따로 따지지 않았다. 참으로 힘써 일하는 농부에게 달마다 과제를 주어서 이를 익히게 할 수는 없기 때문이다. 오직 『상서대전尙書大傳』[12]에 "곰방메와 호미는 이미 거두어두었고 한 해의 농사일이 끝났으니 서당에서 글을 가르치는데 동지 45일 전부터 비로소 나와서 배우되 농사에 관한 것을 학습한다"라고 일컬었다. 당시에 과연 이런 법이 있었는지 모르겠다. 오늘날의 군현은 곧 옛날의 제후국이다. 제후국에서 교육은 반드시 도성 안에서 행해졌다. 대개 옛날에 백성들의 주거를 규정하는 법에 도道를 배우는 자는 도성 안에 살면서 백성을 다스리는 도리를 익히며, 농사일을 업으로 하는 자는 도성 밖에 있으면서 밭갈이에 힘쓰게 했던 것이다. 이는 『관자管子』에서 이른바 사士는 사와 더불어 살고 농부는 농부와 더불어 산다고 한 그것이다. 후세의 왕들은 백성들의 주거를 규정하는 법을 제정하지 않아 백성들이 제멋대로 흩어져 사니 새나 짐승과 다름이 없다. 농부가 더러 읍내에 살

---

한다.

10  육향六鄕: 주나라 때의 제도로 왕기의 교내郊內에 있고 대사도가 관장하는 구역. 1향이 12500가이니 모두 75000가이다.

11  육수六遂: 주나라 때의 제도로 왕기의 교외郊外에 있는 행정구역. 1수遂는 12500가로 수인遂人이 관장한다. 원문에 "육수재근교지내六遂在近郊之內"라고 했는데 이 근교지내近郊之內는 왕성 밖에 있는, 곧 교외를 말한 것이다.

12  『상서대전尙書大傳』: 복승伏勝이 편찬한 책. 복승은 진秦나라에서 한나라에 걸치는 시기의 인물로 일명 복생伏生. 『상서』의 박사로서 그에 의해 『상서』 29편(『금문상서』로 일컬어지는 것)이 세상에 전하게 되었다.

고 사가 허다히 도성 밖의 들에 살고 있는 실정이다. 그러므로 오늘날 백성을 가르치는 일은 도성의 안과 밖으로 사와 민을 구별해서 시행할 수가 없게 되었다. 가르치고 경계하는 것은 의당 도리를 아는 사가 할 일이다. 농사짓는 백성들에 대해서는 겨울철이 되면 자기 마을에서 가르치고 깨우치되 맹자의 법대로 효제孝悌의 뜻을 펴게 할 것이요, 밭 갈고 김매고 남는 시간에 가르치기를 복생(伏生, 복승伏勝)의 설說대로 할 것이다.

백성을 오伍[13]로 편성해서 향약을 실시하는 것 또한 옛날의 향鄉·당黨·주州·족族의 뜻을 이은 것이다. 위엄과 은혜가 이미 두루 미쳤으면 이를 행하는 것이 좋다.

한연수韓延壽가 동도태수東都太守로 있을 때 정正을 두고 오장伍長[14]이 효제로써 서로 인도하여 간악한 사람은 함께 살 수 없게 하였으며 민간에 비상한 일이 발생하면 곧 보고하도록 하였다. 처음에는 번거로운 것 같았으나 나중에는 관리가 범죄자를 쫓고 잡는 괴로움이 없어졌다. ○ 후세의 향약은 대개 여기에 근본을 두었다.

정명도程明道가 진성晉城을 다스릴 때 일이다. 백성이 일이 있어 읍내에 오면 반드시 이들에게 효제충신을 이야기해주고 마을의 멀고 가까움을 헤아려 보오保伍를 만들어 역역力役은 서로 돕고 환난은 서로 구제하게 해서 간악하고 거짓된 것이 용납되지 못하도록 했다. 무릇 외롭고 병

---

13 오伍: 5가家를 1조로 하는 주나라의 행정 단위. 또는 5명을 1조로 하는 군대 편성의 단위.
14 오장伍長: 주나라의 호구제에서는 5가의 장을, 군제에서는 5명의 장을 말한다.

든 자는 그 친족에게 책임을 지워 편히 살 곳을 잃는 일이 없게 하며, 지나가던 나그네가 병이 들면 모두 함께 보살피게 했다.

남전藍田 『여씨향약呂氏鄕約』[15]에 이렇게 나와 있다. "무릇 향약을 같이 하는 자는 덕업은 서로 권하고[德業相勸], 과실은 서로 경계하며[過失相規], 예로써 서로 어울리고[禮俗相交], 환난에 서로 도우며[患難相恤], 선행을 하면 기록에 올리고 과실이 있거나 규약을 위반한 자 또한 기록에 올린다. 그리하여 세 번 어기면 벌을 주고 뉘우치지 않는 자는 추방한다." ○ 본 주註에서 또 밝혔다. "'덕업을 서로 권함'이란 선을 보면 반드시 행하고 허물을 들으면 반드시 고치는 것을 이른다. '과실을 서로 경계함'에 있어서 의를 범한 과오에는 여섯 가지가 있으니, ①주정·도박·싸움·송사, ②행동거지가 지나치거나 어긋난 것, ③행실이 공손하지 못한 것, ④말이 성실치 못하거나 미덥지 못한 것, ⑤말을 지어내서 모함하거나 헐뜯는 것, ⑥지나치게 사리를 도모하는 것 등이다. 그리고 행실을 가다듬지 않는 과실로 다섯 가지가 있다. ①사람답지 않은 자와 사귀는 것, ②놀며 게으름을 피우는 것, ③동작에 법도가 없는 것, ④일에 임하여 성실하지 않은 것, ⑤소비를 절제 없이 하는 것 등이다. '예로써 서로 어울린다' 함은 혼인·상장喪葬·제사에 서로 오가며 축하하고 조문하는 따위를 이른다. '환난에 서로 돕는다' 함은 ①수재와 화재, ②도적, ③질병, ④사상死喪, ⑤고아와 노약자, ⑥억울한 죄에 걸려든 것, ⑦가난 등이다." 案 '덕업상권'에

---

15 남전藍田 『여씨향약呂氏鄕約』: 남전은 지금의 중국 서안시西安市에 속한 지명. 북송시대에 여씨가 이곳에 거주하여 향약을 제정했기 때문에 '남전 여씨향약'이라 일컬어졌다. 이 여씨향약을 주희朱熹가 수정, 보충하여 이것이 향약의 모범처럼 인정되었다. 우리나라도 이것을 받아들여 많은 영향을 미쳤다.

대한 주석은『소학집해小學集解』에 상세하게 나와 있으니 당사자는 마땅히 참고할 것이다[『여씨향약』을 주관한 형제의 이름은 여대방呂大防, 여대림呂大臨이다].

○ 뜻은 높으나 능력이 부족한 수령은 으레 향약을 시행한다고 나서는데, 그런 경우 향약의 피해가 도둑보다 더 심하다. 토호나 향족鄕族[16]들이 집강執綱에 임명되어 스스로 약장約長[17]이니 헌장憲長이니 하고서 그 아래 공원公員[18]·직월直月[19] 등 명목을 두어 향권鄕權을 마음대로 휘둘러 백성을 협박하여 술과 곡식을 빼앗아 먹는다. 이들의 요구는 끝이 없어 백성의 드러나지 않은 허물을 들춰내서 뇌물을 받고 보답을 요구하며, 가는 곳마다 술과 고기가 질펀하고 집에서는 송사를 처리한다고 소란스럽다. 부역을 어리석은 백성에게 떠맡기고 이들을 끌어다 농사일을 시킨다. 수령은 고소장을 약장 등에게 위임하여 그들로 하여금 조사해 보고하도록 하니, 세력을 믿고 저지르는 간교한 짓이 한이 없다. 전라도 보성군에는 교파校派와 약파約派가 있는데, 교파는 향교에 출입하는 자들이고 약파는 향약을 주관하는 자들이다. 이들이 편을 지어 서로 끊임없이 싸우고 모함하여 마침내 보성군은 풍속이 고약하기로 도내에서 으뜸이 되었다. 이를 보면 향약은 가볍게 논의할 수 없는 것이요, 깊이 강구하고 꼼꼼히 생각해야 시행할 수 있다.

진양陳襄이 선거령仙居令으로 있을 때의 일이다[『소학』에서는 고령선생古靈先生이라 일컫는다]. 그 고을은 워낙 궁벽해서 교화가 미치지 못한 상태였

---

16 향족鄕族: 지방에서 좌수, 별감 같은 자리를 맡게 되는 집안을 지칭하는 말.
17 약장約長: 향약의 장. 도약정都約正, 헌장憲長이라고도 한다.
18 공원公員: 약장 밑에 있는 실무 담당자들.
19 직월直月: 1년 중 윤번으로 향약의 일을 맡아보는 월별 책임자.

다. 그는 「권학勸學」 한 편을 지어서 문인을 시켜 읽게 하고 백성들을 다음과 같이 타일렀다. "이 고을의 백성이 된 사람들은 마땅히 아비는 의롭고【능히 자기 집을 바로잡음】, 형은 우애하고, 아우는 공경하고, 아들은 효도하고, 부부간에는 은정이 있으며【곤궁할 때 서로 지켜주는 것이 은정이니, 가령 처를 버리고 돌보지 않는다거나 남편이 죽으면 개가한다거나 하는 행위는 은정이 없는 태도이다】, 남녀가 분별이 있고【남자에게는 제 아내가 있고 여자에게는 제 남편이 있어 문란하지 않음】, 자제들은 배운 것이 있고【능히 예의와 염치를 알게 됨】, 마을에는 예절이 있고【명절에 인사를 드려 정이 오가고, 잔치 석상에서 늙은이와 젊은이가 앉고 서고 절하는 데 차례가 있음】, 가난과 환난에 친척이 서로 돕고【재화나 곡식을 빌려주고 받음】, 혼인과 장례 때는 서로 돕고, 농상農桑에 게으르지 않고, 도둑질을 하지 않고, 도박에 손대지 않고, 송사로 다툼을 좋아하지 않고, 악한 사람이 선한 사람을 능멸하지 않고, 부자가 가난한 자의 것을 빼앗지 않고, 길을 갈 때에 양보하고【젊은이는 어른에게, 천인은 귀인에게, 짐이 가벼운 사람은 무거운 사람에게, 가는 사람은 오는 사람에게 서로 길을 비켜준다】, 밭 가는 자는 밭두렁을 양보하고【논밭의 두렁을 서로 빼앗지 않음】, 늙은 사람이 길에서 짐을 지지 않아야【젊은이가 무거운 것을 지고 일을 대신하며, 노인이 짐을 지거나 들지 않도록 함】 예의를 지키는 풍속이 이루어질 것이다." 이에 늙은이들이 모두 감격하고 감탄해하면서 따랐다. ○ 주자朱子는 장주漳州에 있을 적에 진양의 이 글을 백성들에게 공시한 다음 이렇게 말하였다. "같은 보保[20]에 속해 있는 사람들은 서로 좋은 일은 권하고 나쁜 일은 경계하며, 부모에게 효도하고 순종하며, 어른을 공경하며, 일가친척과 화목하며, 이웃을 두루

---

20 보保: 호적 편제의 단위. 시대에 따라 다른데 중국 송나라 때는 10호를 1보로 했다.

구휼하고, 자기 본분에 따라 본업에 힘쓰고, 간악한 도둑질을 하지 말며, 음주나 도박에 빠지지 말고, 싸우고 때리지 말며, 서로 말다툼을 하거나 송사를 하지 말고, 서로 빼앗지 말며, 속이지 말며, 몸을 아끼고 일을 조심하며, 나라의 법령을 두려워하기를 바란다. 같은 보에서 뚜렷이 효성스런 아들이나 착한 손자, 의로운 남편이나 절개를 지킨 부인이 있으면 곧 갖추어 보고하기 바란다. 응당 조문에 따라 표창하고 상을 줄 것이다. 가르침을 따르지 않는 자 또한 들어서 보고하기 바라노니, 법에 따라 조사하고 다스릴 것이다. 그 밖의 향약에서 금한 사항은 이미 따로 제정하여 시행하니 각기 마땅히 준수하여 어기는 일이 없도록 할 것이다."[21]

⌊案⌋ 향약의 조례는 이 정도면 충분하다. 그러나 예전부터 내려오는 폐단을 생각하지 않고 졸속하게 서둘러 시행하면 반드시 후회가 따를 것이다. 지금 『여씨향약』과 『진씨향약陳氏鄕約』 그리고 「주자방유문朱子榜諭文」 및 『오륜행실도五倫行實圖』[22]를 참조하여 그 가운데서 아름다운 행실 수십 가지를 가려 뽑아 따로 한 책을 만들고 토서土書【언문을 가리킴】로 또박또박 써서 수십 부를 베껴 여러 면에 배부한다. 각 면에서는 젊은이 100여 명을 선발해【큰 면은 120명, 작은 면은 80명】 따로 명부를 만들어서 학습하도록 한다. 입동 이후 경칩 이전의 120일 동안 매번 열흘에 한 번씩 강독을 하게 하되, 몇 개 면의 젊은이들을 들어와서 강講에 응하도록 하고 나가서 사람들에게 권해 깨우치도록 할 것이다. 향약 중에 금하고 경계하

---

21 『주자대전朱子大全·게시고령선생권유문揭示古靈先生勸諭文』.
22 『오륜행실도五倫行實圖』: 인륜 도덕을 권장하기 위한 목적으로 간행한 책. 정조 21년(1797)에 이병모李秉模 등이 왕명으로 편찬한 것이다. 효자·충신·열녀·형제·종족宗族·붕우朋友·사생師生 별로 훌륭한 인물 150명의 행적을 각기 한문으로 서술하고 또 각각 그림과 언해를 붙였다. 전체 5권 4책.

는 조목으로 다툼과 송사가 있는 것은 수령 자신이 책력[23]에 기록해두어, 조목을 범한 것이 많으면 그 자제를 벌주고, 범한 것이 적으면 상을 주고 장려하여 각자 분발해서 힘쓰도록 할 것이다. 수령은 또 다른 길을 통해서 묻고 알아보아 효성스런 아들과 착한 손자, 화목한 행실이 있는 사람을 찾아 따로 포상을 할 것이요, 불효하고 불목하며 완악하고 흉악한 자들을 다스리고 제거해야만 백성의 습속이 좋아질 것이다. 결단코 토호나 간사한 부류가 함부로 향약의 권한을 쥐지 못하게 해야 할 일이다.

『석담일기石潭日記』[24]에 이렇게 쓰여 있다. "이이李珥가 임금께 '여러 신하들이 향약을 시행하자고 급히 청했기 때문에 전하께서 시행을 명하셨습니다. 신은 향약을 시행하는 것이 너무 빠르다고 생각합니다. 백성을 기르는 것이 먼저 할 일이요, 백성을 가르치는 것은 그 뒤에 할 일입니다. 지금 백성들의 생활이 너무 피폐하오니 서둘러 폐단을 없애고 백성들의 고통을 풀어준 다음에 향약을 시행하는 것이 옳습니다. 덕을 가르치는 것은 비유하자면 좋은 쌀과 고기와 같습니다. 뱃속이 심히 탈이 나서 죽도 삼키지 못하면 아무리 좋은 쌀밥과 고기인들 어떻게 먹을 수 있겠습니까?'라고 아뢰었다. 이에 유희춘柳希春도 '이이의 말이 옳습니다'라고 아뢰었다." ○ "허엽許曄[25]이 이이를 보고 '어찌하여 향약의 시행을

---

23  원문은 "부력簿曆"인데 책력을 가리키는 말이다. 책력은 그날그날의 주요 사항을 적어 놓는 수첩의 성격을 띠고 있었다.

24  『석담일기石潭日記』: 율곡栗谷 이이李珥가 일기 형식으로 쓴 책. 그가 벼슬에 오른 다음 해인 명종 20년(1565)부터 선조 14년(1581)까지 17년 동안의 경연經筵 및 정사를 중심으로 기록한 내용이다. 『율곡전서栗谷全書』에는 표제가 『경연일기經筵日記』로 되어 있음.

25  허엽許曄, 1517~1580: 조선 선조 때의 인물. 자는 태휘太輝, 호는 초당草堂이다. 동인東人의 영수領袖로 벼슬은 성균관 대사성에 이르렀고, 선조 1년에 대사간大司諫으로서 향약의 시행을 건의하였다. 허봉許筬·허균許筠의 아버지.

중지하자고 권했습니까?'하고 물었다. 이이는 '의식衣食이 충분한 뒤라야 예의를 안다고 하였소. 이 굶주리고 추위에 떠는 백성에게 예의를 행하도록 강요할 수는 없습니다'라고 대답하였다. 허엽은 탄식하며 '세상의 도가 일어나느냐 무너지느냐에 나라의 운명이 달려 있는 걸 어찌하겠소?'라고 했다. 이이는 '공公은 백성들이 극히 어렵고 괴롭더라도 향약만 시행하면 능히 교화가 베풀어져서 태평성대를 이룰 수 있다고 생각합니까? 예로부터 백성이 도탄에 빠져 있는데 예의범절이 갖추어져서 좋은 풍속을 이룬 일이 있었습니까? 지금 아무리 부자간이라도 춥고 배고픈 것은 생각하지 않고 매일 때리고 닦달해서 공부를 하게 하면 필시 사이가 벌어질 겁니다. 하물며 백성에 대해서야 말할 것이 있겠습니까?'라고 말하였다. 허엽이 '요즘은 착한 사람이 많고 악한 사람이 적기 때문에 향약을 시행할 수 있을 것입니다'라고 하니, 이이가 웃으면서 '공은 마음이 착하기 때문에 남의 착한 것만 보이는 모양인데 나 같은 사람은 착하지 않은 사람이 많이 보이니, 필시 저의 마음이 착하지 못해서 그런가 봅니다. 하지만 전傳[26]에 이르기를 몸으로 솔선하는 자에게는 따르고, 말로 가르치려 드는 자에게는 다툰다고 하였소. 오늘의 향약은 어찌 다툼이 일어나지 않겠습니까?'라고 말했다."

○ 율곡栗谷은 이렇게 말하였다. "『여씨향약』은 강령이 바르고 조목을 갖추고 있지만 뜻을 함께하는 선비가 서로 기약해서 예를 강론하려는 것이었으며, 천한 백성에게 널리 시행하기는 어려웠다. 주자가 동지同志를 거느리고 강학하려 했으나 끝내 이루지 못하였다. 하물며 지금 백성

---

26 전傳:『후한서後漢書·제오륜열전第五倫列傳』.

이 도탄에 빠지고 항심恒心을 잃어서 부자간에 서로 보전하지 못하고 형제와 처자가 흩어지는 형편이다. 이런 판국에 갑자기 선비의 행실을 억지로 강요하는 것은, 결승結繩의 정치[27]로 어지러운 진秦나라를 바로잡을 수 있고 간척干戚의 춤이 평성平城의 포위를 풀 수 있다[28]고 말하는 것과 다름없다. 하물며 약정과 직월 자리에 적임자를 얻기 어렵고 마을의 세력자가 향약을 이용해서 가난한 백성에게 피해를 입히려 들 것이다. 이를 누가 막을 것인가? 향약을 시행하면 백성은 필시 더욱더 곤궁해질 것이다. 허엽과 같이 물정을 모르는 선비가 헛되이 옛것을 동경할 줄만 알고 시대에 맞는가를 헤아리지 못해서 정치에 본말과 완급이 있음을 생각할 줄 몰랐던 것이다. 그래서 향약으로 말세의 풍속을 돌려 태평성대에 이르도록 하겠다 하였으니, 이 얼마나 잘못된 생각인가."

장여헌張旅軒이 보은현감으로 부임해 고을의 부로父老들과 매월 초하루와 보름에 모임을 갖기로 약속했다. 그는 부로들에게 각자 백성의 숨은 고통과 문제점을 말하도록 하여, 도움도 되고 잘못도 바로잡아 효제를 돈독히 하며 염치를 알게 하고, 덕행을 존숭하며 퇴폐한 풍속을 몰아냈다. 이 모두 이풍역속移風易俗의 훌륭한 방법이다.

# 옛사람들의 훌륭한 언행을 권유하여 백성들의 귀와

27 결승結繩의 정치: 문자도 나오기 이전의 상고에 큰 사건이 일어나면 끈을 크게 맺고 작은 사건이 일어나면 끈을 작게 매서 역사를 전했다 한다. 상고의 이상적이고도 훌륭한 정사를 이르는 말이다.

28 '간척의 춤'은 방패와 도끼를 들고 추는 무인의 무용. 우왕禹王이 묘족苗族을 감복시킬 때 췄다는 춤이다. 평성平城은 중국 산서성山西省의 지명. 한나라 고조가 흉노를 공격하다가 이곳에서 7일 동안이나 포위되어 곤경에 처했는데 진평陳平의 계교로 벗어난 일이 있었다. 이는 지금과는 사정이 맞지 않아 효과가 없다는 의미이다(『후한서·최식전崔寔傳』).

눈에 익숙해지게 하면 또한 교화를 시키는 데 도움이
될 것이다.

『경국대전經國大典』에는 "『삼강행실도三綱行實圖』를 언문으로 번역하여
중앙과 지방의 양반, 집안 어른, 부로나 교수敎授[29]·훈도訓導[30] 등으로 하
여금 부녀자와 어린아이들에게 가르쳐 깨우치도록 한다. 만약에 대의를
깨닫고 행실이 뛰어난 자가 있으면 관찰사는 위에 보고하여 포상을 한
다"[31]라고 나와 있다. 정조 21년(1797)에 『오륜행실도』를 증보하여 군현에
보급, 백성들을 가르치도록 하였다. 臣謹案 『오륜행실도』는 이미 언문으
로 번역됐고 그림도 붙어 있다. 이는 옛날 중국 고대의 태평성대 때 상형
象刑[32]·상교象敎[33]가 끼친 뜻이므로, 어리석은 백성들은 여기에 깊이 감화
를 받고 분발하게 될 것이다. 그런데 책자 하나를 수많은 집에 돌려보게
하면 한 달도 못 넘겨서 닳고 해어져 다시 쓸 수 없게 될 것이다. 응당 호
구의 총수를 보아 100호마다 한 부씩 나누어주면 1000호의 고을은 10부,
1만 호의 고을은 100부를 나누어주어야 두루 미치게 될 것이다[교생校生
을 선발하여 이들이 강론에 담당하게 하는 것 또한 좋을 것이다].

주자는 장주를 맡아 다스릴 때 권유방勸諭榜에서 이렇게 말하였다.

"1)사민士民에게 깨우치는 말. 마땅히 나의 몸이 형제와 함께 부모에게

---

29 교수敎授: 지방의 부府나 목牧의 향교에 둔 관직. 종6품으로 유생을 가르치는 일을 맡았
　다. 조선 후기에는 폐지되었다.
30 훈도訓導: 군현의 향교에 둔 관직. 유생을 가르치는 일을 맡은 종9품관.
31 『경국대전經國大典·예전禮典·장려奬勵』에 나온다.
32 상형象刑: 형벌을 가하는 것을 그림으로 그려 보인 것.
33 상교象敎: 그림으로 백성을 가르치는 것.

서 나왔음을 알아야 할 것이다. 그러므로 부모 형제는 천성天性으로 부여받은 은혜가 지극히 깊고 지극히 중하다. 사람들이 어버이를 사랑하고 어른을 공경하는 것은 모두 본심에서 자연히 우러나야지 억지로 되는 일이 아니다. 오늘날 어떤 이는 부모에게 불효하고 형제를 사랑하지 않아 가르침과 명을 어겨 봉양하는 일을 돌보지 않으며, 형제간에 함부로 대하고 분쟁을 일으킨다. 서로 의절하는가 하면 하늘을 거스르고 도리에 어긋나는 짓을 행하니, 참으로 마음 아픈 일이다. 의당 곧바로 새사람이 되어 큰 죄를 저지르지 말도록 할 것이다.

2)사민에게 깨우치는 말. 부부의 혼인은 인륜의 첫출발임을 마땅히 알아야 할 것이다. 중매하고 예를 갖추어 맞아들이는 절차가 매우 엄한 법이다. 이 지방 풍속에는 소위 관고管顧라는 게 있는데 본시 처첩이 아님에도 공공연히 한집에 살고 있으며, 또 소위 도반逃叛이라는 게 있는데 중매와 예절을 갖춰 맞이하기를 기다리지 않고 몰래 서로 꾀어서 함께 도망을 치는 것이다. 예절을 어기고 법도를 범하는 것이 이보다 더할 수 없다. 마땅히 속히 새사람이 되어 형벌에 빠지지 말도록 할 것이다.

3)사민에게 깨우치는 말. 향당의 일가친척은 마땅히 친목을 도모해야 한다. 혹 사소한 감정이 있어도 응당 각기 깊이 생각하고 다시 또 극진하게 화해할 것이며, 쉽사리 송사하는 방식은 옳지 않다. 대개 송사에 이겨도 모름지기 재산을 손해보고 생업을 잃게 되는데, 하물며 송사에 지면 죄에 걸려 형벌을 받게 됨을 면치 못하여 끝내는 흉한 일을 당하고 말 것이다. 마땅히 크게 경계해야 할 일이다.

4)벼슬하는 집에 권유하는 말. 벼슬하는 집이라고 하면 일반 백성과 다르다. 응당 더욱더 자기 분수를 차리고 도리를 지켜서 사욕을 이기고

남을 이롭게 하는 데 힘써야 할 것이다. 이웃 사람은 다 친구이니, 어찌 권세를 믿고 약한 자를 능멸하고 부자로서 가난한 자의 재산을 빼앗을 것인가. 성쇠는 돌고 도는 법이니 응당 깊이 생각해야 한다.

5)상喪을 당한 집에 권유하는 말. 때맞추어 안장할 일이요, 시신을 집에 오래 두어서는 안 될 것이다. 임시로 사원에 빈소를 차릴 때에 중을 대접하고 부처를 공양하는 일에 위의를 지나치게 차리지 말도록 해야 한다. 다만 가세의 형편에 따를 일이로되 돌아가신 이가 속히 흙으로 들어가게 할 것이다. 이를 위반한다면 벌로 장杖 100대에 처하며, 관원은 관직에 나아갈 수 없고 선비는 과거에 응시할 수 없다. 향리의 친지들은 와서 조문하는데, 재물을 돕고 협력하는 것은 옳으나 음식을 차려 내올 것을 요구하는 것은 부당하다."

풍원馮元[34]이 예천령禮泉令으로 있을 때 일이다. 민속이 교활한 것이 많아서 「유몽諭蒙」14편을 지었는데 충효·인의·권학·무농務農을 내용으로 삼은 것이었다. 이를 각 향에 한 부씩 보급하였다. ○ 척윤戚綸[35]이 태화현太和縣을 맡았을 때 「유민諭民」50편을 지었는데 내용이 실상에 맞아서 백성들이 이해하기 쉬웠다.

요강지廖剛之[36]가 동주潼州를 다스릴 때 일이다. 민간의 풍속이 원래 사

---

34 풍원馮元: 『구당서舊唐書』에 실린 내용으로 미루어 풍항(馮伉, 742~809)으로 보인다. 풍항은 중국 당나라 대력 연간의 인물로 동주자사同州刺史, 국자좨주國子祭酒, 좌산기상시左散騎常侍를 역임했다.

35 척윤戚綸, 954~1021: 중국 송나라 때 인물. 자는 중언仲言이다. 저서에 문집文集 20권과 『논사집論思集』이 있다.

36 요강지廖剛之: 중국 송나라 때 인물 요강(廖剛, 1071~1143)으로 보인다. 『명일통지明一統志』에 본문의 내용이 요강의 사적으로 실려 있다. 요강의 자는 용중用中, 호는 고봉高峯이며 어사중승御史中丞을 역임했다. 직언을 한 일로 진회秦檜의 미움을 받아 장주지주漳州知州로 나갔을 때의 일이다.

치를 좋아했는데 그가 규례를 세우고 친히 글을 지어 이들을 깨우치니 풍속이 크게 변하였다.

판서 김세렴金世濂이 현풍현감으로 있을 때 일이다. 그가 부임하자 학규學規를 세우고 향약을 다듬었던바 조목이 치밀하고 상세하였다. 한 해가 지남에 그 고을이 잘 다스려졌다. ○ 그리고 그가 영남 관찰사가 되어서는 향약을 정비해서 군현에 반포하여 시행하게 하였다. 부학府學[37]에 선비를 모아 친히 학예를 권장하고 여러 고을에서 학문이 우수한 사람을 선발하여 군현의 선비를 가르치게 했다.

가르치지 않고 형벌을 주는 것을 일러 망민罔民[38]이라 한다. 아무리 흉악한 불효자라도 일단 가르치고 나서 개전하지 않을 때에 죽일 것이다.

구람仇覽이 양수陽邃의 정장亭長이 되어 교화에 힘썼다. 그곳에 진원陳元이란 사람이 불효하였다. 그 어미가 구람을 찾아가서 아뢰자 구람은 진원을 불러 아들의 도리를 가르치고 『효경孝經』 한 권을 주어 읽어보도록 했다. 진원은 비로소 깊이 뉘우쳐 어미의 침소 앞에 가서 사죄했다. "제가 어려서 아버지를 여의고 어머니의 귀여움을 받고 자랐습니다. 속담에

---

37 부학府學: 큰 고을의 학교.
38 망민罔民: 백성을 속여서 그물질하듯 잡아들이는 것을 뜻하는 말. 『맹자孟子·양혜왕 상梁惠王上』에 "죄에 빠지기를 기다린 연후에 쫓아가 이들에게 형벌을 준다면, 이것은 백성을 그물질하는 격이다. 어진 사람이 어찌 임금 자리에 있으면서 백성을 그물질하는 짓을 할 수 있다는 말인가[及陷於罪, 然後從而刑之, 是罔民也, 焉有仁人, 在位罔民而可爲也]"에서 온 것이다.

'못된 송아지는 어미젖을 떠받고 버릇없는 자식은 어미를 욕한다' 하였습니다. 지금부터 회개하여 새사람이 되겠습니다." 모자가 마주 보고 울었다. 그로부터 진원은 효행을 닦아서 아름다운 선비가 되었다.

후한의 구향仇香[39]이 포정蒲亭의 정장으로 있을 때 일이다. 진원이란 백성의 어미가 진원의 불효를 고발하였다. 구향이 놀라 "내가 요즈음 그의 집 앞을 지나왔는데 집안이 정돈되어 있었다. 이를 보면 그는 악인이 아니니 교화가 아직 그에게 미치지 못했기 때문이다. 어미가 과부로 수절하며 아비 없는 자식을 길렀거늘 어찌 한때의 감정으로 아들을 불효자로 만들겠소"라고 말하니 그 어미가 듣고 뉘우쳐 울면서 돌아갔다. 구향은 이내 친히 진원의 집에 가서 모자와 함께 음식을 들면서 인륜과 효행에 대해 화복의 말로 비유하여 깨우쳤다. 진원은 마침내 효자가 되었다〔읍령邑令 왕환王渙이 "진원을 벌주지 않으면 응전鷹鸇의 뜻[40]이 모자란다" 하니 구향은 "응전은 난봉鸞鳳[41]만 못하다"라고 하였다〕. 속담에 또 "부모는 어디 계시나? 내 뜰에 계시네. 올빼미 같은 나를 감화시켜 어버이를 봉양케 하였구나"라고 하였다. 案 구람은 일명 구향이다. 포정은 곧 양수정陽遂亭이니 두 기록은 서로 다른 일이 아니다. 기록한 것이 한쪽은 자세하고 한쪽은 간략할 따름이다.

---

39 구향仇香: 중국 후한後漢 시대 인물로 구람仇覽과 동일인. 어진 행실로 천거를 받아 포정 蒲亭의 정장이 되었다. 포정은 지금의 중국 하남성河南省 고성현考城縣에 있었음.

40 응전의 뜻〔鷹鸇之志〕: 독수리나 매가 참새나 까치 따위를 채듯이 간사한 자에게 형벌을 무섭게 쓴다는 의미.

41 난봉鸞鳳: 난조와 봉황을 합한 말로, 덕이 높고 어진 사람에 대한 비유로 쓰인다. 이 구절 뒤에 이어지는 내용이 있는데, 왕환은 구향에게 사과를 하고 나서 "가시나무는 난봉이 깃들 곳이 아니니, 백 리 고을이 어찌 대현大賢이 있을 곳이겠는가〔枳棘非鸞鳳所棲 百里豈大賢 之路〕라고 하였다. 응전이 난봉만 못하다는 것은 무서운 형벌보다 군자의 교화가 낫다는 뜻이다.

양언광梁彦光[42]이 상주자사相州刺史로 있을 때 일이다. 부양滏陽에 사는 초통焦通이 술버릇이 나빠서 어버이 섬김에 예를 잃어 그 사촌 아우가 고소를 하였다. 양언광은 초통에게 바로 벌을 가하지 않고 주학州學의 공자 사당으로 데리고 갔다. 사당 안에 한백유韓伯兪[43]의 형상이 세워져 있는데 그 어머니의 매질이 전과 달리 아프지 않아, 어머니의 기력이 쇠했음을 알고 슬피 우는 모양이었다. 이를 초통에게 보이자 그는 비로소 자기의 잘못을 깨닫고 부끄러워 몸 둘 바를 몰라 했다. 양언광은 초통을 타일러서 보냈다. 이후로 그는 허물을 고쳐 착한 선비가 되었다.

방경백房景伯[44]이 청하태수淸河太守로 있을 때 일이다. 어미가 자식이 불효하다고 고발한 일이 있었다. 방경백의 모친 최씨가 "산중의 백성이라 예의를 모르니 어찌 심히 책망하겠느냐?" 하고 그의 어미를 불러서 함께 자리에 앉아 같이 음식을 들며 그 자식으로 하여금 당하에서 방경백이 자기 어머니에게 시중드는 것을 직접 보도록 하였다. 그 모자가 열흘이 지나지 않아서 잘못을 뉘우치고 돌아가기를 원했다. 최씨는 "이 사람이 겉으로 부끄러워하지만 마음속은 아직 멀었다"라고 말하며 스무 날 남짓을 더 있도록 했다. 불효했던 그 아들은 머리를 땅에 찧으며 피를 흘렸고 그 어미는 눈물을 흘리며 돌아가기를 간청했다. 이런 다음에 이 모자를 돌아가게 하니 마침내 효자로 이름이 났다.

---

42 양언광梁彦光, 535~594 : 중국 수나라 사람. 자는 수지修芝이다. 기주岐州와 상주相州의 자사를 역임하며 크게 교화를 행했다.
43 한백유韓伯兪 : 중국 한나라 사람으로 효성이 지극한 것으로 이름이 있었다.
44 방경백房景伯, 478~527 : 중국 후위後魏 사람. 자는 양휘良暉이다. 효자로 이름이 났으며 적을 평정한 공이 있었다. 사공장사司空長史를 지냈다.

위경준韋景駿[45]이 귀향貴鄕[46] 령令으로 있을 때 일이다. 모자가 서로 송사를 한 일이 있었다. 위경준이 "내가 어려서 부모를 잃고 항상 스스로 마음 아파하였는데 너는 다행히 어버이가 있는데도 효도를 잊었는가"라고 말하고 목메어 울며 눈물을 흘렸다. 그리고 모자에게 『효경』을 주면서 대의를 익히도록 하였다. 모자는 깨닫고 뉘우쳐 새사람이 될 것을 다짐하더니, 드디어 서로 자애하고 효도하였다.

간숙공簡肅公 설규薛奎[47]가 촉蜀 지역을 맡아 다스릴 때 일이다. 백성 중에 한 노파가 아들이 불효자라고 고발하였는데 아들은 가난하여 봉양하기 어렵다고 호소하였다. 설규는 자기 녹봉을 떼어서 그에게 주며 "이것으로 어미를 봉양하라" 하며 타일렀다. 이들 모자는 드디어 자애하고 효도하였다.

김필진金必振[48]이 원성현감原城縣監으로 부임했을 때의 일이다. 고을 사람 이인李仁이 남들에게 불효한다고 고발을 당해 먼 곳으로 유배되었다. 그 아비 상익尙翼이 자주 관아에 와서 아들의 억울함을 호소하였다. 관에서는 이인의 죄가 오형五刑[49]에서 으뜸에 해당하기 때문에 경솔하게 다스리지 못하고 있었는데, 김필진이 부임하여 다시 조사를 하였다. 같은

---

45  위경준韋景駿: 중국 당나라 사람. 비향肥鄕·귀향貴鄕 등의 현령을 거쳐 방주자사房州刺史에 이르렀다. 위홍기韋弘機의 손자.

46  귀향貴鄕: 중국의 옛 지명, 지금의 하북성河北省에 속한 지역.

47  설규薛奎, 967~1034: 중국 송나라 때 사람. 자는 숙예宿藝, 간숙簡肅은 그의 시호이다. 벼슬은 참지정사에 이르렀다.

48  김필진金必振, 1635~1691: 자는 대옥大玉, 호는 평옹萍翁·풍애楓崖, 본관은 경주慶州이다. 행실이 아름다운 것으로 추천을 받아 빙고별제가 되었고 원성현감 등 여러 외직에 임명을 받았으나 대부분 부임하지 않았다. 저서로 『풍애유고楓崖遺藁』가 있다.

49  오형五刑: 형벌의 다섯 가지 종류. 고려에서 조선에 이르기까지 오형은 태형·장형·도형徒刑·유형流刑·사형이다.

마을 사람 중에 이인을 불효자라고 증언한 자가 20명이었는데 그들은 대개 벼슬아치와 이인의 일가 사람들이었다. 이에 김필진은 관찰사에게 이 사실을 보고하면서 구향의 고사를 들어서 말했다. "대저 어미가 자식의 불효를 고발해도 즉시 법으로 다스리지는 않았던 것은, 대개 화해하고 용서하는 것을 우선시한 까닭입니다. 부자의 은정을 함부로 깨뜨리지 않으려는 것은 인륜을 깨우쳐서 예속을 돈독하게 하려는 뜻이 이 가운데 있기 때문입니다." 관찰사는 이 보고를 읽고 감탄해서 "이는 참으로 옛날 충직한 관리의 태도이다"라고 하며 조정에 아뢰어 이인이 용서받도록 하였다.

박세량朴世樑이 신창현감新昌縣監으로 있을 때의 일이다. 한 포악한 자가 자기 어미를 어미로 여기지 않아, 그 어미에 의해서 고발을 당해 고을의 감옥에 구금되었다. 이웃 사람들이 그의 죄를 나열하며 용서해주면 안 된다고 아뢰었다. 박세량은 서글픈 표정으로 "그 또한 사람인데 가르치지 않고 죽이는 것은 상서롭지 못하다" 하고, 모자간의 은의와 선악의 분별을 들어 타이르고 깨우쳤다. 그는 감동하여 새사람이 될 것을 빌었다. 박세량은 그의 죄를 용서하고 후하게 대접한 뒤 집으로 돌려보내 어미를 봉양하도록 조처했다. 그는 드디어 행실을 가다듬어 착한 일을 하고 효도하는 사람으로 일컬어졌다.

강유후姜裕後가 정주목사로 있을 때 일이다. 한 아전이 그 어미가 아비에게 쫓겨나서 모자가 서로 모르고 지낸 것이 15년이었다. 강유후는 그 아전을 불러 눈물을 흘리며 주수창朱壽昌[50]의 고사를 들어 타이른 다음,

---

50 주수창朱壽昌, 1014~1083 : 중국 북송 때 인물. 주수창의 모친 유씨劉氏는 본디 첩으로 뒤에 재가하여 헤어지게 되었다. 그리고 50년이 지나 모친을 사방으로 찾아서 만나게 되었

"그처럼 하지 않으면 너에게 죽이는 벌을 내리겠다"라고 하니 아전은 크게 깨닫고 드디어 자기 어미를 찾아 모셨다.

호정계胡霆桂[51]가 연산鉛山의 주부主簿로 있을 때 사사로이 술 담그는 것을 엄하게 금하였다. 어느 며느리가 자기 시어미가 사사로이 술 담근 사실을 고발하였다. 호정계는 며느리에게 "너는 시어미 섬기기를 효성스럽게 하느냐" 하고 물으니 "그렇습니다"라고 대답하였다. 그가 "이미 효도한다 하였으니 너의 시어머니가 받을 벌은 네가 대신 받아 마땅하다"라고 말하고 술 빚은 죄로 며느리에게 매를 때리니 교화가 크게 행해졌다.

형제가 우애하지 않아 송사를 벌이고도 부끄러운 줄 모르는 자라도 우선 그를 가르치고 죽이지는 말아야 한다.

한연수가 좌풍익左馮翊[52]을 맡아 다스릴 때에 현을 순시하며 고릉高陵에 이르렀다. 백성 가운데에 어떤 형제가 농지로 다투어 송사를 일으켰다. 한연수는 몹시 상심해서 "고장의 모범이 되어 백성을 지도해야 할 사람으로서 교화를 널리 펴서 밝히지 못하고 백성들이 친형제 사이에 쟁송을 일으키게 만들다니 그 잘못이 나에게 있다. 응당 내가 먼저 물러나야 할 것이다" 하고 이날 병을 핑계로 정사를 보지 않고 여관으로 들어가서

---

다. 이 모친을 두 동생과 함께 맞아서 돌아와 함께 살았다. 왕안석王安石·소식蘇軾 등이 시를 지어 이를 칭찬하였다.

51  호정계胡霆桂: 중국 남송 때 인물. 개경 연간(1259)에 연산주부가 되었음.

52  좌풍익左馮翊: 중국 한나라 때 설치한 군으로 수도인 장안長安에 두었다. 고릉高陵은 좌풍익에 소속된 현 이름.

문을 닫고 자신의 허물을 반성하였다. 온 고을이 어찌할 바를 알지 못하였으며, 영令·승丞·색부嗇夫[53]·삼로三老[54]들도 다들 스스로 몸을 묶어 대죄하였다. 이에 송사한 자의 일가 사람들이 모두 나서서 그 형제를 야단쳤다. 두 형제는 깊이 뉘우쳐서 스스로 머리를 깎고 육단肉袒[55]을 하고서 사죄하며 땅을 서로 양보하고 종신토록 다시는 다투지 않을 것을 맹서하였다. 한연수는 크게 기뻐하여 문을 열고 이들을 불러들여서 술과 고기를 가져오라 하여 함께 먹으며 진심으로 격려하였다.

소경蘇瓊이 남청하태수南淸河太守로 제수되었을 때 일이다. 백성 중에 을보명乙普明 형제가 있었는데 농토를 가지고 다투어 여러 해가 되어도 결판이 나지 않았다. 각각 증인으로 끌어들인 사람이 100명이나 되었다. 소경이 을보명 형제를 불러 타이르며 "천하에 얻기 어려운 것은 형제요 얻기 쉬운 것은 논밭이다. 설령 논밭을 얻었어도 형제를 잃는다면 마음이 어떻겠느냐?"라고 하면서 눈물을 흘렸다. 여러 증인도 눈물을 흘리며 울지 않는 자가 없었다. 을보명 형제는 머리를 조아리고, 밖에 나가서 다시 생각을 하겠다며 빌었다. 그리하여 남처럼 갈라진 지 10년에 돌아와서 함께 살았다【북제北齊[56] 문양왕文襄王 때 일이다】.

장장년張萇年이 여남태수汝南太守로 있을 때 일이다. 유숭지劉崇之 형제가 집의 재산을 나누는데 소 한 마리를 가지고 다투어 결정을 짓지 못해

---

53 색부嗇夫: 향에서 소송과 부세를 관장하는 관리.
54 삼로三老: 중국 한나라 때 향에서 나이가 많고 존경받는 어른으로서 교화를 관장한 사람 (3권 261면 주 76 참조).
55 육단肉袒: 옛날에 죄를 지은 자가 사죄하는 뜻으로 윗옷을 벗어 상체의 일부를 드러내는 행위.
56 북제北齊: 중국의 남북조시대 북조(537~577)의 국명.

관아에 송사를 제기했다. 장장년이 서글픈 마음으로 "너희들이 소가 한 마리라서 다툼이 이 지경에 이르지 않았느냐? 소가 두 마리면 필시 다투지 않았을 것이다" 하고 곧 자기의 소 한 마리를 그들에게 주었다. 그 지방 사람들은 경계하고 단속하여 너나없이 공경하고 사양하기에 힘썼다. 案 벌을 주어야 마땅한데 상을 주었으니 백성에게 모범을 보일 일이 못 된다.

서촉西蜀 지방에 형제끼리 재물로 소송한 일이 있었다. 시랑을 지낸 필구畢構[57]가 염찰사廉察使로서 그 세 형제를 불러서 사람의 젖을 먹도록 했다. 다투던 형제들이 감읍하여 소송을 취소했다.

○ 기사년(1809)과 갑술년(1814)의 흉년에 내가 민간에 있으면서 보았더니, 불효한 자는 그래도 적었으며, 우애하지 않아 죄를 주어야 할 자들이 즐비하여 차마 들을 수 없는 지경이었다. 형이 새로 농토를 샀는데 나란히 사는 동생은 먹을 것을 찾아 아우성치는가 하면 처자식이 하루를 넘기지 못하고 죽어가는데 그 형으로부터 쌀 한 톨도 얻지 못하는 자가 허다했다. 관에서 이런 사람들을 붙잡자면 못 잡을 걱정은 없으니, 각 면마다 몇 사람씩을 붙잡아다가 용서하지 않고 벌을 내리길 강고康誥[58]에서 경계한 바와 같이 한다면 민간 습속이 후한 데로 돌아갈 것이다. 향약의 실시보다 훨씬 더 효과가 있을 것이다.

---

57 필구畢構, ?~716: 중국 당나라 때 인물. 자는 융택隆擇이다. 글을 잘하여 약관에 진사에 급제하고 무후武后의 부름을 받아 좌습유가 되었다가 현종玄宗 때 호부상서에 이르다.

58 강고康誥: 『서경書經·주서周書』의 편명. 성왕成王이 강숙康叔을 위衛에 봉할 적에 경계하는 말을 담은 내용. 강숙은 무왕의 아홉째 동생이며 성왕의 여러 숙부 중 한 명이다. 관숙管叔과 채숙蔡叔도 무왕과 형제간인데 무왕 사후에 분란을 일으키자 주공은 성왕의 명을 받들어 난을 평정하고 관숙과 채숙을 잡아 죽인 다음, 강숙을 봉했다. 아무리 혈족이라도 악행을 하면 엄벌에 처한다는 의미해서 '강고의 경계'라고 한 것이다.

마공민馬恭敏[59]이 수령으로 있을 때 어떤 형제가 늙어서도 재산 다투기를 그치지 않았다. 그가 창고에서 큰 거울을 가져오게 하여 형제가 함께 비추어보도록 했다. 두 사람의 얼굴이 꼭 닮았는데 수염과 머리카락이 다 같이 하얗게 된 것을 보고 울며 서로 양보하기로 하고 나갔다.

허형許荊[60]이 계양桂陽[61] 태수로 있을 때 일이다. 봄에 순행을 나가 뇌양현耒陽縣에 도착했는데, 장균蔣均이란 자의 형제가 재산을 다투어 서로 송사하였다. 허형이 탄식하기를 "내가 나라의 중임을 떠맡고 있으면서 교화가 행해지지 않으니 허물은 내게 있다"라고 하며, 이에 사리使吏[62]를 돌아보며 위에 진술서를 올리고서 정위廷尉[63]에게 출두하겠다고 말했다. 그 형제는 크게 뉘우쳐 자기들이 죄를 받겠다고 하였다. 그때 빈彬 지역의 백성 사홍謝弘 등이 부모를 봉양하지 않고 형제가 갈라져 살았던바, 이 일로 감화를 받아서 돌아와 부모를 공양하는 자가 1000여 명에 이르렀다.

주자가 남강군南康軍에 있을 때 형제간에 재산 다툼을 깨우치는 글에서 이렇게 말하였다. "『예기禮記』에 '무릇 자식으로서는 사적으로 재물을 챙기지 않는다'라고 했으며 법령에도 또한 '호적을 별도로 하고 재산을 따로 갖는 것〔別籍異財〕'을 금하는 조목이 있다. 대개 부모가 위에 계시면 자식은 그 한 몸도 제 것이 아니거늘, 어찌 감히 사사로이 재산을 축적하

---

59 마공민馬恭敏, 1506~1580 : 중국 명나라 때 사람인 마삼馬森. 자는 공양孔養, 공민恭敏은 그의 시호이다. 벼슬은 대리시경에 이르렀으며 선정을 베풀었다. 왕수인王守仁의 문인 이다.

60 허형許荊 : 중국 후한 사람. 자는 소장少張이다. 젊어서 군리郡吏가 되고 계양태수·간의 대부를 지냈다.

61 계양桂陽 : 중국 호남성湖南省에 속한 지명. 한나라 때는 계양군이었다. 뇌양현耒陽縣은 관내에 있었으며, 빈彬은 빈주彬州로 계양에 접한 지역이었다.

62 사리使吏 : 황제의 명을 받고 지방에 나온 관리를 가리키는 말로 추정됨.

63 정위廷尉 : 중국 진秦나라, 한漢나라 때의 관직명. 사법의 업무를 맡았다. 일명 대리大理.

며 농토를 독차지하여 자기 것으로 삼겠는가. 이는 곧 선왕의 제도이니 감히 어기지 못할 것이다. 소장을 두루 살펴보니 건창현建昌縣의 유충劉琉 형제와 도창현都昌縣의 진유인陳由仁 형제는 모두 모친이 살아 계신 데도 가산을 제 마음대로 차지하여 사사로이 지출하고 서로 미루어서 부세도 납부하지 않아 그 다툼이 관에까지 이르렀다. 참으로 듣기에도 해괴하다. 옛날처럼 같이 살고 재산을 공유하고 위로는 모친을 받들고 아래로 아우와 조카를 거느리고 집안일을 협력하며 출납을 공동으로 하도록 이미 깨우쳐주었다. 가만히 생각해보건대, 백성들이 이처럼 예법을 버리고 어겨서 풍교를 해치는 자가 있는 데도 장리長吏로서 가르치고 단속하지 못하면 위로 승류承流·선화宣化의 임무를 저버리는 것이다. 스스로 반성해본바 두렵고 송구하기 그지없다."

장흡張洽이 원주袁州 사리참군司理參軍[64]으로 있을 때 어떤 도적이 아주 교활하여 언변으로 꺾을 수 없었다. 마침 형제간에 재물로 다투는 옥사가 있었는데 장흡이 이들을 앞에 불러 "관가에 송사하면 서리만 위하는 일이 될 것이다. 법으로 걸어서 이기려고 하는 것과 각기 분수를 지켜서 형제간의 사랑을 온전히 하는 것 중 어느 편이 낫겠는가?"라고 타일렀다. 그의 말씨가 아주 간절하여 소송을 건 자가 깨달았으며, 도적도 이 말을 듣고 스스로 죄를 인정하였다.

송나라 진한경陳漢卿[65]이 위남현渭南縣을 임시로 맡고 있을 때 일이다.

---

64 사리참군司理參軍: 중국 송나라 때 관직명. 송나라 태조가 각 주州의 형사재판을 관장시키려고 둔 관직. 소송과 형옥刑獄의 일을 맡음. 줄여서 사리司理라고 한다.
65 진한경陳漢卿, 1009~1054: 중국 송나라 사람. 자는 사암師黯이다. 상서우부원외랑을 지냈다.

백성 중에 형제가 농지를 가지고 다투는데, 관에서 매번 형이 옳다고 보았으나 동생은 그만두지 않고 송사를 계속했다. 진한경은 현지에 나가 보고 문서를 판별해서 그 농지를 형에게 주었다. 그 형은 사죄하며 "저는 뉘우쳐, 땅을 동생에게 돌려주고 싶은 것이 한두 번이 아니었습니다. 단지 매를 맞을 일이 두려워 감히 그러질 못했습니다"라고 아뢰었다. 동생 또한 "저는 원래 땅이 많습니다. 단지 제가 옳은 데도 지는 것이 싫어서 형을 송사했던 것입니다. 지금 제가 옳은 것으로 됐으니 이 땅을 형에게 주시기 바랍니다"라고 하였다. 그들 형제는 붙잡고 울면서 떠났다. 이로부터 고을 백성들이 문제가 생기더라도 사또의 말 한마디로 옳고 그름이 판정되었다【진한경은 사리의 옳은 것은 아우에게 돌리고 농지는 형에게 돌린 것이다】.

원나라 여사성呂思誠[66]이 일찍이 농촌을 순행하는데, 백성 이 모가 제 아우가 양을 숨겨놓았다고 고발하였다. 여사성은 꾸짖고 물리쳤다. 왕청王靑이란 사람은 형제간에 우애가 깊었다. 여사성은 일부러 왕청의 집으로 가서 술을 권하여 마시며 형제처럼 즐거워하였다. 이 모 형제는 자기의 잘못을 뉘우치고 갈라져 산 지 20년 만에 다시 돌아와 형제가 함께 한 솥밥을 먹게 되었다.

하문연何文淵[67]이 온주溫州를 다스릴 때 아내의 말 때문에 형제가 쟁송하는 일이 있었다. 하문연이 판결하기를 "오직 꽃 속의 꾀꼬리 달콤한 소리 때문에 하늘의 기러기를 갈라놓았네"라고 하니 이들 형제가 뉘우쳐서

---

66  여사성呂思誠, 1293~1357 : 중국 원나라 사람. 자는 중실仲實이다. 대사농大司農을 지냈다. 저서에『양한통기兩漢通紀』가 있다.
67  하문연何文淵, 1385~1457 : 중국 명나라 사람. 자는 거천巨川, 호는 동원東園이다. 광동제형廣東提刑, 온주지부溫州知府를 지내면서 법을 엄격히 적용하여 탐관을 탄핵하였으며, 가난한 이들을 구제한 치적이 있었다.

사이좋게 되었다.

함우치咸禹治[68]가 전라감사로 있을 때 일이다. 문벌 좋은 집의 형제가 가마솥의 크고 작은 것을 다투다가 관에 고소한 일이 있었다. 감사가 노하여 곧바로 아전에게 그 집의 크고 작은 가마솥을 가져오게 하였다. 그리고 "당장 가마솥 2개를 때려 부숴 무게를 똑같이 나누어 형제에게 주라" 하니 두 사람이 굴복하고 드디어 소송이 그쳤다.

박원도朴元度가 청안淸安[69]현감으로 있을 때 일이다. 백성 중에 종형제從兄弟끼리 매[鷹]를 다투다가 관에 소송한 자가 있었다. 그가 매를 날려보내고 의로써 꾸짖으니, 두 사람 다 부끄러워하며 뉘우치고 눈물을 흘리면서 돌아갔다.

필선弼善을 지낸 윤전尹烇[70]이 익산군수로 있을 때 형제간의 송사가 있었다. 윤전이 "너는 어찌해서 형을 소송하였느냐?" 하고 꾸짖자, 동생이 "아버지의 재산을 나에게 나눠주지 않습니다"라고 대답하였다. 윤전이 형에게 "어찌하여 나눠주지 않느냐?"라고 묻자, 그 형이 "아버지의 명령이라 감히 어길 수 없습니다"라고 말하였다. 이에 윤전은 형을 책망하여 "너의 아우가 진실로 죄가 있다 하더라도, 네 아비가 그를 자식으로 여기지 않은 것은 잘못이다. 옛날 사람도 임종 때 정신이 혼미한 상태에서 한 유언[亂命]은 따르지 않는 법이 있었다. 비록 너의 재물일지라도 동생과

---

68 함우치咸禹治, 1408~1479 : "성종 때 사람"이라고 원주가 달려 있다. 자는 문명文命, 호는 송담松潭, 시호는 평양平襄이다. 개국공신 함부림咸傅霖의 아들로 벼슬이 좌참찬·봉조하奉朝賀에 이르렀고, 동원군東原君으로 습봉되었다.

69 청안淸安 : 지금의 충청북도 괴산군에 속한 지명.

70 윤전尹烇, 1575~1636 : 자는 회숙晦叔, 호는 후촌後村, 본관은 파평坡平이다. 인조반정으로 경기도 도사가 되었다가 병자호란 때 세자시강원의 필선弼善으로 재임하면서 강화도에 들어가 적과 싸우다가 전사했다. 충헌忠憲의 시호를 받았다.

나누는 것이 옳다. 너희들에게 팔형八刑[71]을 가하는 것이 마땅하지만, 가르치지 않고 죄를 주는 것은 내가 타당치 않게 여긴다"라고 하였다. 그러고는 인륜으로 타일러 돌려보내니, 이튿날 형제가 와서 재산을 나누기를 청하였다.

윤천뢰尹天賚[72]가 영흥부사로 있을 때 백성 중에 다섯 아내에게서 각기 자식 하나씩을 낳고 죽은 자가 있었다. 그의 남은 처와 자식들 간에 날마다 싸움이 그치지 않았다. 윤천뢰가 이들을 불러 음식과 술을 대접하면서 모자 형제의 정의로 타이르니 다들 눈물을 흘리며 돌아갔다. 그로부터 한집에서 같이 살며 효도하고 화목하여 고을에서 일컬음을 받았다.

호태초胡太初가 이렇게 말하였다. "향촌에 널리 물어보아서 효도와 우애로 이름이 알려졌거나 행동과 의기가 뛰어난 자가 있으면 반드시 몸을 굽혀서 만나기를 청하거나 주연을 베풀어 초대하기도 하고, 그 집에 나아가서 부역과 조세를 감해주기도 하여, 사람들로 하여금 본받도록 해야 할 것이다. 형제끼리 재물로 송사를 벌이거나 친척끼리 서로 고발하는 자가 있으면 필히 간곡하게 타일러, 부끄러운 마음을 일깨워주고 거역하고 다투는 습성을 그치게 해야 한다. 그네들의 진정을 잘 들어주고, 지나치게 따지기를 일삼지 않으면 백성의 습속이 순후한 데로 돌아갈 것이다."

여도呂陶[73]가 동량령銅梁令으로 발탁되었을 때 일이다. 백성 가운데 방

---

**71** 팔형八刑: 향팔형(16면 주7 참조).

**72** 윤천뢰尹天賚, 1617~1695: 자는 대여代餘, 본관은 파평이다. 무과 출신으로 훈련대장이 되었다. 강화도의 돈대墩臺 공사를 총감독하였다.

**73** 여도呂陶, 1028~1104: 중국 북송 때 사람. 자는 원균元鈞, 호는 정덕淨德이다. 집현전 수찬, 재주장관梓州長官을 역임했다. 저서에 『정덕집淨德集』이 있다.

씨龐氏 자매 셋이 나이 어린 동생의 땅을 빼앗아 차지했다. 동생이 성인이 되어 관에 하소연하였으나 옳은 판결을 받지 못하고 가난하여 남의 집에 머슴살이를 하였다. 여도가 한 번 문초하자 세 자매는 죄를 자복하였다. 동생이 울면서 절하고 전지의 절반으로 불사佛事를 일으켜서 보답하고자 하였다. 여도가 이를 깨우쳐 말하기를 "세 누이는 모두 너의 동기간이다. 네가 어렸을 때 마침 너를 위해 지켜주었던 것이다. 그렇게 하지 않았으면 다른 사람에게 빼앗겼을 것이다. 그 반을 부처에게 공양하는 것보다는 차라리 누이들에게 나눠주어 다시 형제의 정의로 지내는 것이 좋지 않겠느냐?"라고 하니 동생이 울면서 가르침을 따랐다.

산음山陰 사람 공평孔平이 경릉竟陵[74]의 왕자량王子良에게 나아가 형수에게 쌀을 팔고 돈을 받지 못한 일로 소송하였다. 왕자량은 탄식하며 "옛날에 고문통高文通[75]은 형수와 농지로 다투었는데 뜻이 이와는 다르다"라고 말하고 쌀값을 공평하게 주어 보상했다.

홍처후洪處厚가 경상감사로 있을 때 백성 가운데 골육 간에 송사하는 자가 있으면 반드시 그 골육끼리 다툰 죄를 다스린 연후에 송사 내용의 시비를 따져서 판결했다. 이에 풍속이 크게 변하였다.

유정원柳正源이 자인현감慈仁縣監으로 있을 때 일이다. 백성 중에 숙질 간에 송사를 벌인 자가 있었는데 유정원은 서글픈 마음으로 "너희들도 사람인데 어찌 인륜의 떳떳한 품성이 없이 물욕에 가려 이 지경에 이르

---

**74** 경릉竟陵: 중국 호북성湖北省에 있는 지명. 산음山陰은 지금의 절강성浙江省 소흥紹興의 옛 이름인데 이곳 사람이 왜 원거리의 떨어진 경릉으로 가서 소송을 제기했는지 그 경위는 미상이다.

**75** 고문통高文通: 중국 후한 때의 관리 고봉高鳳. 문통文通은 그의 자이다. 그는 벼슬을 피하기 위하여 일부러 형수와 전지田地를 놓고 송사를 벌였다고 한다.

렀는가?"라고 엄히 이르고 나서, 이들을 관정의 한 구석에 세워두고 각자 깊이 반성해보도록 했다. 한참 있다가 두 사람이 부끄러워 머리를 조아리며 다투던 일을 서로 양보하고 물러갔다. 후일에 종형제끼리 물꼬 때문에 다투어 싸웠다. 그러다가 이윽고 후회하며 자기들끼리 "우리 사또께서 듣지나 않으실까?"라고 말했다 한다.

> 멀리 떨어진 변방은 임금의 교화가 미치기 어려우니
> 예속을 권장하고 시행하는 것 또한 목민관이 먼저
> 힘써야 할 일이다.

성成 땅 사람 중에 자기 형이 죽었음에도 상복을 입지 않는 자가 있었는데 자고子臯가 성의 원님이 될 것이라는 말을 듣고는 드디어 상복을 입었다. 그 고장 사람들이 노래를 지어 부르기를 "누에가 고치를 치자 게에게 광주리가 있고, 벌이 갓을 쓰니 매미가 끈을 가졌구나. 형이 죽었는데 자고가 그를 위해 상복을 입은 셈일세"[76]라고 하였다.

진번陳蕃[77]이 낙안태수樂安太守로 있을 때 일이다. 조선趙宣이란 자가 부친을 장사를 지내고 나서도 연수埏隧[78]를 막지 않고 그 안에 살면서 20여

---

**76** 원주에 "『예기禮記·단궁檀弓』에 나옴"이라고 밝혀져 있다. 성成은 노나라에 있던 지명. 그곳 사람들이 형이 죽었는데도 상복을 입지 않은 동생을 비웃는 노래를 지어 부른 것이다. 누에가 고치를 치면 광주리에 담게 되고 벌의 이마는 갓을 쓴 것처럼 보인다. 마침 게의 등껍데기가 광주리 같고 매미의 더듬이가 갓끈 같아서 게의 등껍데기와 매미의 더듬이가 누에와 벌을 위해 있는 것처럼 되었다는 것이다. 이는 자고가 부임하자 동생이 형의 상복을 입게 된 것이 마치 자고가 엉뚱하게 남의 상복을 입은 꼴이 되었다는 의미.
**77** 진번陳蕃, ?~168: 중국 후한시대 인물. 자는 중거仲擧, 고양후高陽侯에 봉해졌다.
**78** 연수埏隧: 땅을 뚫어서 설치한 광중壙中에 이르는 길.

년이나 복을 입고 지냈다. 이에 향리에서 그를 효자로 일컬어 주군州郡에서 모두 표창을 청했다. 진번이 일부러 그를 찾아가보았는데 아들 다섯이 모두 상중에 태어났음을 알았다. 이에 크게 노하여 "성인이 예를 제정하신 뜻은 어진 자는 정해진 기간이 만족스럽지 못해도 굽혀서 따르게 하고 불초한 자는 발돋움해서 맞추도록 하였으며, 제사를 자주 지내지 않게 한 것은 신을 모독하기 쉽기 때문이다. 굳이 무덤 속에서 먹고 자면서 자식까지 낳았단 말인가. 세상을 속이고 사람들을 미혹시키는 일이 이보다 더할 수 없다" 하고 드디어 죄를 주었다.

주자가 장주에 있을 때 「거상居喪을 효유하는 글」에서 이렇게 일렀다. "진사 여위부呂渭夫의 글에 '어미의 상중에 있으면서 난복襴幞[79]과 조사건皂紗巾[80]을 착용하였다'라고 일컬었는데 이미 예법을 개진하여 당청當廳에서 경계한 바 있다. 일찍이 본관이 들으니 성현의 말씀에 '효자가 상중에 옷이 화사하면 마음이 편치 않고 음악을 들어도 즐겁지 않으며 맛있는 음식을 먹어도 입에 달지 않다'라고 하였다. 이는 슬픔 때문이다. 또 '자식은 태어나서 3년이 지나 부모의 품에서 벗어나는 까닭에 삼년상은 천하의 공통된 예법이다. 재여宰予야, 부모에게 3년의 사랑을 못 받았느냐'[81]라고 말씀하였다. 이 때문에 옛날 선왕先王이 상례를 제정함에, 사람의 마음에 따라 알맞게 조절하여 거처·의복·음식 등에 모두 일정한 법도가 있었다. 중세로 와서는 묵최墨衰[82]의 법이 있어 이미 선왕의 뜻을 잃

---

79  난복襴幞 : 난襴은 상하의를 붙여서 만든 옷을 가리키며 복幞은 두건을 이른다.
80  조사건皂紗巾 : 머리에 쓰는 것. 검은 비단으로 만든다.
81  『논어論語·양화陽貨』에 나온다. 제자인 재여宰予가 삼년상이 너무 길지 않느냐고 물음에 공자가 재여에게 답한 말이다.
82  묵최墨衰 : 상중에 있는 자가 군무에 종사할 때 상복에 검정색을 칠하는 것.

을 수밖에 없게 되었다. 그래도 법에 따르면 복상이 아직 끝나지 않았는데 상복을 벗고 길복吉服[83]을 입거나 슬픔을 잊고 음악을 연주하면 도徒 3년에 처하고, 잡스런 놀이를 하면 도 1년에 처하고, 음악을 듣거나 잔치 자리에 참예하는 자는 각기 장 100대를 친다고 규정되어 있다. 시간에는 고금이 없고 예속에는 후박이 없으니, 나라를 다스리는 자로서 기강과 범절을 지키려는 뜻이 아직 없어지지 않은 까닭이다. 지금부터는 부모의 상중에는 모름지기 거친 베로 검은 적삼과 검은 두건을 착용하고 마질麻 経[84]을 매고 헝겊신을 신으며, 술을 마시지 않고 고기를 먹지 않고 안방에 들어가지 않도록 할 것이다. 이와 같이 3년을 지키면 부모가 길러주신 은공에 거의 보답이 될 것이다. 힘써 예법을 준수하여 성인의 가르침을 우러러 받들어야 할 것이다."

허조許稠가 영월군수로 부임해서 보니 고을의 풍속이 부모가 돌아가셨을 때 백일상만 행하고 있었다. 허조가 예법으로 백성을 깨우쳐서 삼년상을 권하여 실행케 하고 상제喪祭에 소요되는 물품을 도와주니 드디어 풍속이 후해졌다.

판중추부사判中樞府事 기건奇虔이 제주목사로 있을 때 일이다. 그곳은 전래의 풍속이 부모가 죽으면 장사 지내지 않고 구렁에 내다 버렸다. 그는 부임하기 전부터 먼저 고을의 아전에게 관곽棺槨을 갖추고 염斂하여 장사 지내는 법을 가르쳤다. 제주에서 부모를 장사 지내게 된 것은 그로부터 시작되었으며 교화가 크게 이루어졌다. 어느 날 그의 꿈에 300여 명이 나타나 뜰아래서 절하고 머리를 조아리며 "공의 은혜에 힘입어 우

---

**83** 길복吉服 : 여기서는 상복에 반대되는 말로 평상시의 복장.
**84** 마질麻経 : 상복의 한 가지. 머리에는 수질首経을 감고 허리에는 요질腰経을 감는다.

리들 해골이 밖에 드러나는 것을 면하게 되었습니다. 이 은혜 잊지 못하겠습니다. 사또는 금년으로 어진 손자를 보실 것입니다"라고 하였는데 과연 징험이 있었다【그는 아들이 셋이 있었는데 모두 손이 없었다. 그해에 장령掌令 축軸이 아들 찬欑을 낳았는데 벼슬이 응교에 이르렀다】.

조극선趙克善이 순창군수로 있을 때 일이다. 향리로서 상기喪期를 줄이고 임무를 보는 자에게 3년의 휴가를 주었다. 원님이 어질다는 소문이 두루 알려져 백성들 중에 부모의 상을 당한 지 수십 년이 지나서 상복을 다시 채워서 입은 자도 있었다.

한연수가 회양태수淮陽太守로 있을 때 일이다. 고을의 장로長老를 불러서 함께 결혼, 장사, 제사 등의 예식을 의논해서 정하였는데 대략 옛 법도를 지나칠 수 없도록 한 것이었다. 그리고 문학文學[85]과 제생諸生[86]들을 동원하여 피변皮弁[87]을 쓰고 제기를 들고 아전과 백성들을 위해 상례·제례·혼례를 거행하고 백성들이 이를 따라 배우도록 했다.

후한의 이충李忠[88]이 단양丹陽[89] 태수로 옮겼는데 단양은 월越 지역 풍속으로 학문을 좋아하지 않고 혼인과 예절이 중국에 비해 낙후해 있었다. 이에 학교를 세우고 예절을 익히게 하였다.

임연任延이 구진태수九眞太守로 있을 때 일이다. 이 지방은 부자간과 부

---

85 문학文學 : 관직명. 중국 한나라 때 여러 지방에 뽑아서 두었던 관직.

86 제생諸生 : 학생이나 제자를 가리키는 말.

87 피변皮弁 : 사슴 가죽으로 만든 모자. 옛 제도에 피변은 제왕의 관이라고 하였으나, 여기서는 일반 예식에서 썼던 것으로 보인다.

88 이충李忠, ?~43 : 중국 후한 사람. 자는 중도仲都이다. 예장태수豫章太守를 지냈다. 운대雲臺 28장將 중 한 명이다.

89 단양丹陽 : 중국에서 단양이란 지명은 여러 곳에 있어서 확정하기 어려운데 한나라 때는 지금의 안휘성安徽省 선성宣城에 설치했던 것으로 나와 있다.

부간의 도리를 몰랐다. 이에 남녀를 각기 나이에 맞게 짝을 짓도록 했다. 백성들이 "우리가 자식을 갖게 된 것은 임 사또의 덕분이다"라 하고 임任자를 넣어 이름을 지었다.

『북사北史』에 다음과 같은 기록이 있다. "설신薛愼[90]이 호주湖州[91]자사로 있을 때 남방 풍속이 장가를 들고 나면 부모가 살아 있더라도 따로 살았다. 그는 관하의 수령들에게 '어찌 아들이 장가를 들면 부모와 별거해 사는가? 이런 일은 남방의 야만적인 풍속 때문만이 아니고 목민관의 허물이기도 하다'라고 말하고 몸소 타이르고 인도해서 효도하고 자애하는 도리를 보여주며 아울러 수령을 각기 맡은 지역에 나가 깨우치게 하였다. 이에 교화가 크게 시행되어 중화의 풍속과 다름없이 되었다."

양지견楊志堅이란 사람은 학문을 좋아하였으나 워낙 가난하여 그의 아내가 이혼을 요구하면서 문서를 써달라고 했다. 양지견이 아내에게 시를 지어주고 떠나보내니 아내는 그 시를 가지고 관가에 가서 이혼증서를 청구하였다. 그때 안로공顔魯公[92]이 내사內史[93]로 있었는데 그 여자에게 풍속을 문란하게 했다 하여 매 20대를 때리고 개가를 허용해주었다. 그리고 양지견의 청빈을 동정하여 비단과 포목 및 쌀을 내려주고 군관으로 임명하였다. 원근의 사람들이 이 사실을 두루 알게 하니, 이후로 그 지역

---

**90** 설신薛愼: 중국 후주後周 사람. 자는 백호伯護이다. 학문을 좋아하고 글씨를 잘 썼다. 벼슬은 중대부에 이르렀다.

**91** 호주湖州: 지금의 중국 절강성에 속한 지명인데 당시에는 남방의 야만적인 곳으로 취급되기도 했다.

**92** 안로공顔魯公, 709~784: 중국 당나라 때 명필로 유명한 안진경顔眞卿. 안록산의 난에 공적이 있었으며, 노군공魯郡公의 봉을 받아서 안로공으로 일컬어졌다.

**93** 내사內史: 관직명. 시대에 따라 직임이 같지 않았는데 여기서는 민정을 관장한 것으로 보인다.

제3조 • 백성을 가르침[敎民] **47**

에서는 십수 년 동안 감히 남편을 버리는 자가 없었다.

윤승길尹承吉[94]이 구성부사龜城府使로 있을 때 일이다. 땅이 변경에 속해서 백성들이 예를 알지 못해 혼인하는 데 문란한 일이 많았다. 그가 금조禁條를 만드니 백성들이 다 복종하고 고쳤다.

고사렴高士廉[95]이 익주장사益州長史로 있을 때 일이다. 촉蜀 지역 사람들은 여귀가 두렵고 질병이 무서워 부모가 병이 들어도 다들 집을 떠나가서 바라보며 밖에서 음식을 던져주고 형제끼리도 서로 재물을 빌려주지 않았다. 고사렴이 교화할 조목을 정하여 사리 분별을 가르치고 독려하니 민속이 확실히 변하였다.

효자·열녀·충신·절사節士의 숨은 빛을 들추어내
그 행실을 세상에 널리 알리는 것 또한 목민관의
직무이다.

진晉나라의 정무鄭袤[96]는 제음濟陰[97] 태수로 있을 때 효도하고 우애하는 사람을 정표旌表하고 어질고 능한 사람을 예우했다. 案 매색梅賾의 『고문

---

**94** 윤승길尹承吉, 1540~1616 : 자는 자일子一, 호는 남악南岳, 본관은 해평海平이다. 1564년에 식년문과에 급제, 임진왜란 때 공을 세우고 형조판서·좌참찬에 이르렀다.

**95** 고사렴高士廉, 575~647 : 중국 당나라 사람. 이름은 검儉인데 자인 사렴으로 행세했다. 익주益州 대도독부장사가 되어 백성을 선도한 것으로 유명하다. 저서에 『씨족지氏族志』가 있다.

**96** 정무鄭袤, 189~273 : 중국 서진西晉 형양滎陽 사람. 자는 임숙林叔이다. 위魏나라에서 먼저 벼슬을 하여 제음태수濟陰太守를 지냈다. 경원景元 초에 실명失明하여 벼슬을 사양했으나 허락을 얻지 못했다. 진나라 무제武帝 때 밀릉후密陵侯에 봉해졌다.

**97** 제음濟陰 : 중국 한나라 때 산동성山東省 정도현定陶縣의 서북에 있던 군. 동진東晉 때 안휘성 우이현盱眙縣의 서쪽으로 옮겼다.

상서전古文尚書傳』<sup>98</sup>에는 "어질고 사특한 자의 집을 구별해 표시하고, 선은 드러내고 악은 억눌러서 교화를 세운다"라고 나와 있다. 당시에 지방 관들이 효도와 의리를 구별해 세상에 알리는 일을 직무로 삼았기 때문이었다【옛날에는 정문旌門을 작설綽楔이라 일렀다. 작설이란 그 문미門楣를 넓히는 것이다. 지금 풍속에 도설棹楔이라고 잘못 쓰는데 이는 근거가 없는 것이다】.

『남사南史』에 다음과 같이 기록되어 있다. "시흥왕始興王 담담<sup>99</sup>이 강릉江陵의 주장州將으로 있을 때 견염甄恬<sup>100</sup>이란 사람이 대대로 살면서 돈독한 행실이 있었다. 주장이 그의 행실을 위에 아뢰니, 조칙을 내려 문려門閭에 정표하고 작위를 주었다." ○ 당나라 때 정공저丁公著<sup>101</sup>는 아비의 상을 당해 흙을 져서 무덤을 만드느라 힘이 들어 몸이 여위었다. 보는 사람들이 그가 효성을 다 바치다가 죽을까 걱정이 되었다. 관찰사가 그의 지극한 행위를 위에 보고하자 자사에게 조서를 내려 식량을 주고 문려에 정표하도록 했다.

주자는 처음 남강에 부임하자 방문榜文으로 다음과 같이 알렸다. "이 지방의 도경圖經을 살펴보건대 전대에 태중대부太中大夫<sup>102</sup> 사마호司馬

---

**98** 원문은 "매씨고문梅氏古文"으로 매색梅賾이 쓴 『고문상서전古文尚書傳』을 가리킨다(3권 147면 주 2 참조).

**99** 시흥왕始興王 담담: 중국 남조 양나라 황족 숙담(蕭憺, 479~522). 양나라 무제의 동생으로 자는 승달僧達이다.

**100** 견염甄恬: 중국 남조 양나라 때 사람. 자는 언약彦約이다. 안남행참군安南行參軍을 지냈다. 효성이 지극하였다.

**101** 정공저丁公著, 762~826: 중국 당나라 때 오군吳郡 사람. 자는 평자平子이다. 집현교서랑集賢校書郞에 임명되었으나 사직하고 집으로 돌아와 부모님을 봉양했다. 뒤에 다시 발탁되어, 벼슬이 태상경太常卿에 이르렀다. 저서로 『황태자제왕훈皇太子諸王訓』 10권이 있다.

**102** 태중대부太中大夫: 중국 진秦나라 때의 관명. 의논議論을 관장했다. 한나라와 진晉나라 이래 모두 이에 따랐으나 후위 이후에는 품계만 있고 실직은 없는 관직이 되었다.

屬,[103] 사도종사중랑司徒從事中郎 사마연의司馬延義,[104] 의춘현령宜春縣令 웅인섬熊仁贍이 다 효행으로 이름이 빛났고 국초에 이르러서는 의문 홍씨義門洪氏[105]가 여러 대에 걸쳐 의롭게 살았고 과부 진씨陳氏는 개가하지 않고 수절하여 태종 황제의 친서와 관작의 은총을 받았다. 그리하여 문에 정표하고 요역을 면제받는 천은을 입었다. 여기서 우리 고장의 아름다운 풍속을 볼 수 있다." ○ 그리고 또 문서를 내려 알렸다. "사마호와 사마연의와 웅인섬의 묘가 어디 있으며, 정표한 문이 있는지 없는지, 있다면 파손되지 않았는지 알고 싶다. 의문 홍씨의 집은 지금 어디 있는지, 자손들이 옛날처럼 의롭게 살고 있는지, 소장한 어서御書를 지금 어떻게 봉안하고 있는지, 정표한 문은 잘 보존되고 있는지 어떤지, 또 유서간劉西澗[106] 선생의 암당菴堂과 묘비는 혹시 파손되지 않았는지 알고 싶다." 案 이 모두 목민관으로서 풍교를 세우고 교화를 돈독히 하는 근본이 될 것이다.

강유후가 강계부사로 있을 때 일이다. 선조 임금이 평안도로 피난 갔을 때에 부사 이명하李鳴河가 전쟁 중에 죽었는데 강계 땅에 장사했다는 말을 듣고 즉시 비석을 세워 행적을 기록하고 그 묘지기를 복호復戶해주었다. 이에 평안도 백성들이 기뻐하였다『우암집尤菴集』.

권적權摘[107]이 강화유수로 있으면서 진강산鎭江山에 있는 이규보李奎報

---

103 사마호司馬屬: 중국 진陳나라 사람. 자는 문승文昇이다. 사주대중정四州大中正을 지냈다.
104 사마연의司馬延義: 중국 진陳나라 사람. 사마호의 아들. 자는 희충希忠이다. 파양왕녹사참군을 지냈다.
105 의문 홍씨義門洪氏: 의로운 문중인 홍씨(1권 104면 주 2 참조).
106 유서간劉西澗, 1000~1080: 중국 송나라 인종仁宗 때 인물인 유환劉渙. 자는 응지凝之이다. 영상령潁上令을 지냈으나 강직한 성품으로 인해 상관을 섬기지 못하고 물러나 여산廬山에 은거하였다.
107 권적權摘, 1675~1755: 자는 경하景賀, 호는 창백헌蒼白軒·남애南厓, 본관은 안동安東이

의 묘에 비석을 세우고 그 주위에서 나무를 베거나 소에게 풀 뜯기는 것을 금지했다.

이수이李壽頤[108]는 금천현감衿川縣監으로 노량진 서쪽에 있는 성삼문成三問 등 사육신의 묘에 비를 세우고 묘지기 2호戶를 두었다.

조세환趙世煥이 동래부사로 있을 때 일이다. 왕이 그가 매우 가난하다는 말을 듣고 금 30을 하사하도록 했다.[109] 금이 내려오자 곧 충신 송상현宋象賢[110]의 사당을 크게 수리하고 노비를 사서 지키게 했다. 관노 석매石邁 또한 순절하였는데 그 자손이 아직도 천적賤籍에 있어 그가 모두 속량해주었다.

## 과격한 행동이나 편협한 의리를 숭상하고 장려하는 등의 나쁜 풍속은 막아야 그 의리가 정밀한 것이다.

효도란 인륜의 지극한 것이다. 그런데 평소의 온화한 태도와 부드러운 낯빛으로 먼저 부모의 뜻을 받든다는 생각만 가지고는 부모에 대한 효행

---

다. 1713년 증광문과에 급제하여 예조판서 등을 거쳐 1754년 기로소耆老所에 들어갔다. 효성이 지극하여 정문旌門이 세워졌다. 저서로 『창백헌집蒼白軒集』이 있다.

**108** 이수이李壽頤: 조선 영조 때 사람. 영조 16년에 참봉參奉이 되어 영조 19년에 사직직장으로 있으면서 『존주록尊周錄』을 저술했고 영조 23년에 금천현감이 되었다.

**109** 조세환(趙世煥, 1615~1683)은 광해군에서 숙종 사이에 활동한 인물. 제3부 제5조 '공물 바치기'에 그의 사적이 나오는바 동래부사로 있으면서 청렴한 자세로 공무에 임해서 사업세로 받아들인 은을 호조에 바친 것이 무려 1만 4000냥쭝이었다 한다(1권 401면 참조). 여기서 금을 그에게 하사한 것은 막대한 은을 국고에 바친 데 대한 포상의 의미였던 것으로 생각된다. 하사한 것이 '금 30'이라고 한 그 단위가 어떻게 되는지는 미상임.

**110** 송상현宋象賢, 1551~1592: 자는 덕구德求, 호는 천곡泉谷, 본관은 여산礪山이다. 1591년 동래부사가 되어 이듬해 임진왜란 때 적군이 동래성에 몰려오자 끝까지 항전, 성이 함락되자 의연히 자결했다.

이 한 고을 밖으로 잘 드러나지 않는다 하여, 손가락을 자르거나 허벅지 살을 베는 등 참혹한 행동을 결행하는 자가 많다. 그 특출한 행위는 사람마다 따를 수 없는 일이기도 하지만 손가락을 자르고 허벅지 살을 베는 것은 순임금과 증자曾子와 같은 대성현이 행한 일이 아니요, 주공周公과 공자가 말씀한 바도 아니며 구경九經의 글을 통해서 고증할 수 있는 것도 아니다. 군자는 이런 일에 있어서 실로 조심스러워 말하기 어렵다. 참새가 저절로 줄에 걸리고 잉어가 얼음 밖으로 뛰어오르는 상서로운 일과,[111] 죽순이 솟아나고 잣나무가 마르는 기적[112]은 지성이 하늘에 통한 것이라 천년에 한 번 있을까 말까 한데, 오늘날 집안에서 서장書狀을 짓고 고을에서 첩문牒文을 지을 때 모두 이런 얘기가 들어 있으니, 나는 하늘이 기적을 내리는 일이 아마도 이처럼 많지 않을 것이라고 생각한다. 그 가운데 아주 조금이라도 허위를 감추고 있으면 지극히 선한 것을 차지하려고 도모한 일이 도리어 큰 죄악이 되는 결과를 만든다. 이 또한 사람의 자식으로서는 응당 삼가야 할 일이다. 우직하고 거친 사람을 보면 제 성질대로 해서 혹 부모의 상을 한꺼번에 당하는 경우 왼손은 대지팡이를 잡고 오른손은 오동지팡이를 잡고 머리에는 두 개의 질絰을 띠고 허리에는 네 개의 띠〔纏〕를 감고서 삼년을 마치는 자도 있고 또 혹은 삼년상이란 만 3년을 꼬박 복상해야 한다고 말하면서 서른여섯 달로 복상을 늘리는 자

---

111  원문은 "작투이약지상雀投鯉躍之祥"이다. 왕상王祥이 그 계모에게 효심이 지극해서 겨울철에 강에서 물고기가 뛰어오르고 황작黃雀이 집에 날아들었다는 이야기. 어약魚躍의 고사는 왕연王延에 관한 것도 있다.
112  원문은 "순정백고지이筍挺柏枯之異"이다. 맹종孟宗이 겨울철에 그 어미에게 죽순을 얻어 먹여서 병을 낫게 했다는 이야기, 왕부王裒가 아비의 묘소에서 잣나무를 부여잡고 눈물을 흘리며 울어서 그 잣나무가 말라죽었다는 이야기.

도 있다[『예고禮考』[113]에 나온다]. 이런 경우에는 목민관이 마땅히 경전을 인용하고 예법에 의거해서 그 잘못을 논박하여 선왕의 제도에 따르도록 하는 것이 옳다.

○ 먼 시골 사람이 혹 임금의 상에 스스로 참최斬衰의 복을 지어 입고 조석으로 망곡望哭하면서 3년을 마치면 향리에서 보거保舉하는 일이 있다. 이런 경우 그를 충의로써 천거하는 것 또한 예가 아니다. 서민은 국군國君에 대해서는 국중國中[왕성 안을 말한다]에서는 자최齊衰 3개월이요 방내邦內에서는 호소縞素[114] 3년이다. 대부와 벼슬아치 이외에 어찌 참최가 있겠는가.

○ 열녀의 정표 또한 헤아려서 합당하게 해야 한다. 혹 도적이나 오랑캐가 그 몸을 겁탈하려고 닥쳐와 몸이 더럽혀질 지경이 되면 죽는 것이 본시 당연하다. 만약 젊어서 지아비가 죽어 그 부끄럽고 한스러움을 감당하지 못해 스스로 목을 매거나 독약을 마셔서 자신의 편협한 성질대로 한 경우에는 결단코 기리고 장려해서는 안 될 것이다. 그 실정을 자세히 탐지할 일이다. 혹은 시부모가 박복한 것을 탓하는 데 말미암았거나 혹은 시아주버니가 그 병의 빌미를 의심하여 마음을 건드린 한마디 말이 자살을 결의한 원인이 되었거나 혹은 감정이 예민하여 슬픔과 한이 더욱 절박하여 길게 내다보지 못한 등의 경우에는 모두 크게 명예를 떨치게 할 필요는 없다. 오직 슬픔을 머금고 괴로움을 참으면서 시부모를 잘 봉양하고 어린 자식을 길러냄으로써 시집의 가문을 지키는 것이야말로 지

---

113 『예고禮考』: 『독례통고讀禮通考』의 약칭. 『독례통고』는 중국 청나라 학자 서건학徐乾學의 저술. 다산의 『상례사전』에 많이 인용되어 있다.
114 호소縞素: 백색의 상복을 가리킴.

극한 행실이다. 비록 사람을 놀라게 한 절개는 없다 하더라도 수령은 마땅히 그 숨은 빛을 드러나게 해서 풍성風聲을 세울 것이다.

○ 예컨대 의병으로 나갔다가 조그만 공도 못 세운 채 창칼에 죽어 그 절의가 나름으로 뛰어난 자에 대해서는 당시의 대신 및 관찰사가 모두 조정에 보고했다. 지금 수백 년이 지난 뒤에 추가해서 사실을 조작하고 사적을 꾸며서 위에 올리려고 꾀하는 경우 대부분 그대로 믿어서는 안 된다. 이런 경우에는 비록 내 속마음을 드러낼 필요는 없으나 마땅히 십분 따지고 시간을 미루어서 임금을 속이는 죄에 빠지지 않도록 해야 할 것이다. 임진왜란에 종군한 사람이 자칭 정릉 참봉貞陵參奉이라 하기도 하는데 그때 정릉이 있었던가【정릉이 복위된 것은 숙종 중년에 와서의 일이다】. 또 혹 지석誌石을 나중에 만들어서 묘수墓隧에 묻어두고 무슨 일을 빌미로 파내서 이것을 옛 증거물로 제시하기도 하니 가지가지 간특한 거짓을 다 살필 수도 없고 수령과 왕명을 띠고 나온 관인이 경솔하게 아뢰어서 은연중에 임금을 속인 신하가 되는 경우가 많다. 어찌 두렵지 아니한가.

### 예부칙례禮部則例[115]

1)효자가 허벅지 살을 베어서 생명을 상하게 하고 열부가 남편을 잃고 절박한 사정도 없이 순절한 경우에는 정표에 준하지 아니한다.

2)효녀로서 부모가 자손이 없으므로 평생토록 부모를 봉양하고 시집가지 않은 자는 효자의 예에 비추어서 정표한다.

---

115 예부칙례禮部則例: 중국 청나라에는 각 부마다 칙례가 있었다. 칙례는 법칙관례法則慣例의 약칭으로 법령이나 법안에 준행해서 시행할 경우 일어나는 실례를 정한 것을 말한다. 예부禮部의 관제와 규칙에 관한 규정이다.

3)부녀자가 강간에 응하지 않고 죽음에 이르는 것과 다른 남자의 희롱으로 인해 부끄럽고 분해서 자살을 한 것은 해당 독무督撫[116]가 밝혀내며 아울러 남편이 죽고 새로 시집가지 아니한 것도 모두 정표한다.

4)민며느리가 아직 성혼도 하지 않았는데 지아비의 희롱과 간음을 거절하고 죽은 자는 그 정표에 준하여 열녀로서 부모 집 문에 건방建坊[117]한다.

5)복부(僕婦: 하인의 아내)·비녀(婢女: 여자 종)와 이승(尼僧: 여자 중)·도고(道姑: 여 도사)로서 간음을 거부하여 스스로 지키고 강포한 자에게 더럽혀지지 않으려다가 죽음에 이른 자는 모두 정표에 준한다.

6)여러 대가 같이 살면서 화목하고 틈이 없는 자는 해당 독무의 제청을 거쳐서 정표한다.

案 중국의 정표의 법은 조례가 매우 갖추어져 있는데 이것이 그 대강이다. 무릇 효자와 열녀를 정표할 일이 있을 경우에는 마땅히 이 뜻을 알아야 할 것이니, 과격한 행동은 권장할 일이 아니다〔중국의 법에는 급은給銀·건방建坊·제액題額·수비豎碑 등 모두 높이 솟아 우러러보기에 충분한데 우리나라는 오직 정문을 세우는 한 가지 법이 있을 뿐이다〕.


말세의 습속이 아무리 좋지 않게 되었다 하더라도
가르쳐서 인도하면 또한 교화될 사람이 있을 것이다.

---

116 독무督撫: 총독總督과 순무巡撫.
117 건방建坊: 절의節義·충효忠孝·현수賢壽 등의 아름다운 일이나 착한 일을 장려하기 위해 그러한 일을 행한 자의 소재지에 뭇사람이 바라보게 건물을 세워서 표창하는 것.

후한시대 노공魯恭이 중모中牟[118]령슈으로 있을 때 일이다. 어떤 정장亭長이 소를 빌리고는 돌려주지 않아 주인이 이를 고발하여 노공이 소를 돌려줄 것을 명령했다. 그래도 정장은 소를 돌려주지 않았다. 노공이 탄식하며 "교화가 행해지지 않는구나"라고 말하고 인끈을 풀어놓고 떠나려 하자 아전들이 함께 만류하였다. 정장도 부끄럽게 생각하여 소를 돌려주고 스스로 옥에 들어갔다. 당시에 하남윤河南尹 원안袁安이 아전 비친肥親에게 가서 알아보라고 시켰더니 꿩 옆에 어떤 아이가 있었다. 그래서 아이에게 "어찌 꿩을 잡지 않느냐"라고 물었다. 그러자 아이가 "아직 어린 새끼이기 때문입니다"라고 대답하는 것이었다. 이에 비친이 "지금 황충蝗蟲이 고을의 경계에 들어오지 않았고 교화가 금수에게까지 미쳤으며 어린아이가 어진 마음을 가졌으니 이것이 세 가지 기이한 일이다" 하고는 돌아와 원안에게 보고하였다. 원안이 이 일을 위에 올리니 황제도 감탄하였다.

정백자程伯子가 상원上元의 주부에 임명되어 처음 고을에 당도했는데 어떤 사람이 장대에 끈끈이를 붙여서 새를 잡는 것을 보았다. 정백자는 그 장대를 빼앗아 꺾어버리고 그런 짓을 하지 말도록 가르쳤다. 정백자가 관직을 버리고 떠나려고 배를 교외에 대었는데 몇 사람이 앉아서 얘기하기를, "주부가 새 잡는 장대를 꺾어버리고부터 향촌의 아이들이 날짐승을 함부로 잡지 않는다"라고 하였다. 무릇 엄하게 하지 않고 명령이 행해지는 것이 이와 같았다.

이신규李信圭가 청하현淸河縣을 맡아 다스릴 때 일이다. 풍속이 무덤을

---

118 중모中牟: 지금의 중국 하남성에 있는 고을 이름. 중모는 후한시대에도 하남에 속했기 때문에 하남윤의 관하에 있었다.

파헤치고 방화를 즐겨했다. 그가 교계教戒 13조를 제정하여 백성들로 하여금 판자에 써서 붙여 매달 초하루와 보름날에 이를 보고 조심하도록 하였다. 또한 백성들의 부지런함과 게으름, 선한 일과 악한 일을 기록하여 보고하게 하니 풍속이 크게 변하였다.

# 興學

옛날의 학교는 예禮와 음악을 익히는 곳이었다.
그런데 지금은 예도 무너지고 음악도 무너져서
학교의 교육이 독서에 그칠 따름이다.

옛날 제후국에는 모두 학궁學宮이 있었다. 그 교육 방법은 왕성王城[1]의
태학太學과 다름이 없었으니, 삼덕삼행三德三行【사씨문師氏文[2]】과 육예육의
六藝六儀【보씨문保氏文[3]】였고, 그 덕德은 중용中庸 효우孝友이며, 그 가르치
는 방식은 풍송諷誦의 언어였으며【사악문司樂文[4]】, 봄과 가을에 예악을 가
르치고 여름과 겨울에는 시서詩書를 가르쳤다【「문왕세자文王世子」[5]의 글이다】.

---

1  왕성王城 : 이 경우 중국 천자의 도성을 지칭한다.
2  사씨문師氏文 : 『주례周禮·지관사도地官司徒』에서 사씨師氏를 규정한 것을 보면, 사씨는
   왕에게 도를 밝혀 행하도록 하고, 삼덕삼행三德三行으로써 국자國子를 가르치는 관직이
   다. 삼덕은 지덕至德·민덕敏德·효덕孝德이며, 삼행은 효행孝行·우행友行·순행順行이다.
3  보씨문保氏文 : 『주례·지관사도』에서 보씨保氏를 규정한 것을 보면, 보씨는 왕의 잘못을
   평하는 직책으로, 국자國子에게 육예육의六藝六儀를 가르친다고 하였다. 육예는 예禮·악
   樂·사射·어御·서書·수數 등 여섯 가지 기예이며 육의는 제사祭祀·빈객賓客·조정朝廷·
   상기喪紀·군려軍旅·거마車馬의 의식을 말한다.
4  사악문司樂文 : 『주례·춘관종백春官宗伯』에서 대사악大司樂을 규정한 것을 말한다. 대사악
   은 성균법成均法을 관장하여 교육을 맡은 관직이다.
5  「문왕세자文王世子」 : 『예기』의 편명인데, 문왕의 세자 시절 일을 기록하여 무왕武王·성왕
   成王으로 하여금 계승하게 했다고 한다. 『예기』에는 "봄에는 시를 읊고, 여름에는 현악기

그런데 항시 익히는 것을 악樂·무舞·현弦·가歌를 위주로 하였기 때문에, 요순시대에는 전악典樂이 교육을 주관하였으며, 주나라 제도에서는 사악司樂이 교육을 주관하였다. 오늘날 군현의 학교는 곧 옛날의 제후의 학교이다. 그러나 악과 무는 이미 없어지고 현과 가도 이미 끊어졌으니 후세에 소위 학교를 일으킨다는 것이 모두 헛된 명분에 지나지 않는다. '현'은 거문고와 비파를, '가'는 풍風과 아雅를 가리킨다. 공자의 문하에서도 사람을 가르치는데 악기 연주弦와 노래 부르기歌를 위주로 하였다. 그렇기에 자로子路가 비파瑟를 탈 적에 승당升堂이니 입실入室이니 하는 말이 있었던 것이다. 승당은 당상堂上의 음악이며 입실은 방중房中의 음악이다【자로는 아송雅頌은 잘하는데 이남二南은 잘하지 못했다[6]】. 백어伯魚가 시를 공부할 적에 주남周南이니 소남召南이니 하는 말이 있었는데, 이 주남과 소남은 노래를 부르고 악기를 타는 것을 말하는 것이지, 시를 읽고 뜻만 아는 것이 아니었다. 노래를 부르고 악기를 타는 것이 끊어지고 말았으니 학교도 응당 폐지되어야 하겠지만, 중용의 덕을 강론하고 효도와 우애에 힘쓰며, 시를 낭송하고 글을 읽으며, 때때로 활쏘기를 익히고 유생들

---

를 연주하고[春誦夏弦]…가을에는 예를 배우고[秋學禮]…겨울에는 서書를 읽는다[冬讀書]"라고 되어 있다.

6 『논어·선진先進』에 공자의 제자인 자로가 비파를 타는데, 이에 대하여 공자가 "승당升堂의 경지에 올랐으나 아직 입실入室에는 이르지 못했다"라고 평했다. 이에 대하여 주자는 "자로의 성질이 굳세고 용맹스러운데 중화中和가 부족해서 자로의 비파 타는 소리가 북방지대의 살벌한 소리를 낸다고 한 것이다. 또한 승당·입실은 공자가 도에 들어가는 순서를 표현한 말로 자로의 학문이 정대고명正大高明의 영역에는 들어갔으나 정치精緻한 영역에는 들어가지 못한 것"이라고 풀이하였다. 다산은 다시 이에 대해『논어고금주論語古今註』에서 승당은 곧 당상堂上의 음악을, 입실은 방중房中의 음악을 지칭하는 것이며, 따라서 자로는 당상의 음악인 아송雅頌은 잘 타는데 방중의 음악인 풍風, 즉 이남二南의 주남과 소남은 잘하지 못하는 것이라고 해설했다. 또한『논어·양화』에는 공자가 아들인 백어(伯魚, 리鯉)에게 주남과 소남을 공부하느냐는 물음이 있다.

이 모여 향약을 읽고 술을 마시기도 하면, 역시 학문과 교육을 진작시키는 일이라 해도 좋을 것이다. ○ 옛날에는 태학에서 양로의 예를 행하여 효행을 일으키고, 치학齒學[7]의 예를 행하여 윗사람을 공경하는 기풍을 일으키고, 고아를 먹여주는 예를 행하여 사람들로 하여금 저버리지 않도록 하였으니, 이것이 효孝·제弟·자慈가 태학의 종지宗旨가 된 까닭이다. 수령은 마땅히 이런 생각을 가지고 학궁에서 양로의 예를 행하고【'노인을 봉양함'(제4부 제1조)에 나와 있다】 향음鄕飮의 예를 행하여 효제를 일으킬 것이다. 혹시 근래에 외적의 난리를 겪어 국가를 위하여 목숨을 바친 사람이 있으면 그 고아들을 돌보아주어【현재 정주定州에서와 같이】 고아를 구휼하는 뜻을 두어야만 족히 제도가 갖추어졌다 할 것이다. 난리가 지난 지 오래되었으면 의병을 일으킨 집안의 자손을 두루 찾아 학궁에서 잔치를 베풀어주는 것 역시 충성을 권장하는 요긴한 일이다.

자유子游가 무성武城의 관장으로 있을 때였다. 공자가 무성에 갔을 때 현가絃歌의 소리를 듣고 빙긋이 웃으면서 "닭을 잡는데 어찌 소 잡는 칼을 쓰겠는가" 하니, 자유가 대답하였다. "전에 제가 선생님한테서 군자가 도를 배우면 사람을 사랑하고 소인이 도를 배우면 부리기가 쉽다고 들었습니다." 공자가 "그대들아, 언偃의 말이 옳다. 앞의 말은 농담으로 한 것뿐이다"라고 하였다.[8]

---

7 치학齒學: 연상자를 공경하는 뜻으로, 예컨대 연령 순서로 좌석의 차례를 정하고 술잔을 먼저 돌리는 것 등이다.
8 『논어·양화』에 나온다. 자유子游는 공자의 제자. 언偃은 그의 이름이다. 무성武城은 노나라에 속한 고을.

문학이란 소학小學의 교육이다. 그렇다면 후세에 소위 교육을 진흥시키는 것〔興學〕은 소학을 하는 것과 같은 것인가.

문옹文翁[9]이 촉군태수蜀郡太守로 있을 때의 일이다. 그는 어질고 사람을 사랑하여 교화에 힘썼다. 그가 촉 땅이 궁벽하고 누추하여 야만적인 풍속이 있음을 보고 이 지방 사람들을 바른길로 인도하고자, 군현의 소리小吏 중에서 눈치가 빠르고 재주가 있는 장초張椒 등 10여 명을 뽑아 친히 타이르고 격려하여, 서울로 보내 박사에게 가서 학업을 익히고 혹 율령도 익히게 하였다. 소부少府[10]에서 사용하는 비용을 줄여 칼이나 베 등 촉 지방 특산물을 사서 계리計吏를 시켜 박사에게 보냈다. 몇 해 만에 그들이 학업을 성취하고 돌아오자 문옹은 그들에게 군의 높은 직위를 주었다. 또 성도成都 시중에 학관學官을 세우고 주변 고을의 자제들을 불러다가 학관의 생도로 삼았다. 문옹은 고을로 나갈 때마다 학관의 생도 중에서 경서에 밝고 행실이 바른 자들을 많이 데리고 다니면서 그들에게 교령敎令을 전하는 일을 시키기도 하고 내아內衙에도 출입시키니, 현읍縣邑의 아전과 백성들이 이를 보고 영광스럽게 여겨서 다투어 학관의 생도가 되고자 하였으며, 부자들은 돈을 내고서라도 들어오고 싶어 하였다. 이 때문에 크게 교화가 행해졌으니, 지금까지도 파촉巴蜀 사람들이 문화

---

9 문옹文翁, B.C. 187~B.C. 110: 중국 전한前漢 시대 인물. 그가 촉군태수가 된 것은 경제景帝 말이며, 무제武帝 때 전국의 군국郡國에 학교관學校官을 세우게 된 것은 문옹으로부터 시작되었다고 한다.

10 소부少府: 군의 재물을 관장하여 태수에게 공급하는 관서.

적으로 세련된 것은 문옹의 교화 때문이다. ○『북사』에 의하면 신앙辛昂
이 성도령成都令으로 있을 때에 여러 사람을 데리고 학당에서 문옹에 대
한 제사를 드리고 아울러 충신효우忠信孝友의 도리를 가르쳤다.[11] 案 문옹
이 일으킨 학문은 문학에 불과하였다. 문학은 옛날 소학의 교육이었다.
소학의 교육은 육서六書를 위주로 하는데, 상형象形·회의會意·전주轉注·
가차假借·해성諧聲·지사指事를 일러 육서라 한다. 문학을 일으키고자 하
는 것은 육서의 학문을 그 첫째로 하는데, 하물며 우리나라에서는 육서
의 학문이 아직도 캄캄한 지경임에랴!

장패張霸[12]가 회계태수會稽太守로 있을 때 어진 사람을 뽑아 교육을 진
흥시키니 사방이 글 읽는 소리로 가득 찼다. 사람들이 "성 위의 우는 까
마귀는 어버이를 봉양하고 부중府中의 모든 관리들은 효우孝友를 일삼는
다"라고 하였다. 案 장패가 『상서尙書』 102편을 위조하였는데도 학문을
좋아함이 오히려 이와 같았다.

후한의 복공伏恭[13]이 상산常山[14] 태수로 있을 때 학교를 잘 정비하고 가
르치기를 그치지 않았다. 이로 인해 북주北州에 복씨伏氏의 학문이 널리
퍼졌다.

후한의 두기杜畿가 하동태수河東太守로 있을 때, 백성들에게 소와 말을

---

11 『북사北史·열전列傳·신경지辛慶之』에 나온다. 신앙辛昂은 자가 진군進君, 용주장사龍州
長史와 성도령을 지냈다.

12 장패張霸: 중국 후한 때 동래東萊 사람. 세상에 전하는 『상서』 102편이 그에게서 나왔다
고 하는데, 나중에 이것이 위조된 것임이 밝혀졌다.

13 복공伏恭, B.C. 5~84: 중국 후한 때 동무東武 사람. 자는 숙제叔齊, 관직은 박사, 상산태
수 등을 역임했다.

14 상산常山: 지금의 중국 하북성에 속한 고을 이름. 이곳이 북쪽 지역이기 때문이 '북주'라
고 한 것이다.

기르게 하였고 백성들은 부지런히 농사를 지어 집집마다 넉넉하게 되었다. 이에 그는 "백성들이 넉넉하게 되었으니 가르치지 않을 수 없다" 하며 겨울에는 무예를 닦게 하고 또 학궁을 개설하여, 친히 경전을 가르치니 사람들이 크게 교화되었다.

위나라 안비顏斐가 경조태수京兆太守로 있을 적에, 장인들을 시켜 수레를 만들어주게 하고 백성들을 시켜 돼지를 팔아 소를 사게 하였더니 집집마다 살림이 넉넉해졌다. 이에 학문을 일으켜서 아전과 백성들 중에서 글을 읽고자 하는 자에게는 자질구레한 요역을 면제해주었다. 또한 경조부 안에 채소밭을 만들어 백성들로 하여금 틈틈이 가꾸게 하고, 백성들에게 조세를 운반해올 때 수레와 소에 편의대로 땔나무 두 묶음을 가져오게 하여 추운 겨울날 붓과 벼루를 녹이는 데 쓰도록 하였다. 이에 풍속이 크게 교화되니 관리는 백성을 괴롭히지 않고 백성은 잇속을 차리려 들지 않았다.

수나라 양언광이 상주자사로 있을 때이다. 그 고을 사람들은 장사에 약삭빨라서 인심이 험하고 간사하여, 함부로 뜬소문을 일으키고 만 가지로 소송을 제기하곤 하였다. 그는 이 폐습을 고치고자 자기의 녹봉을 들여서 산동山東의 큰 선비를 초청하고 각 향마다 학교를 세워 성인의 글이 아니면 가르치지 않게 하였다. 매번 각 계절의 끝 달에는 생도들을 불러 모아 친히 임석하여 책문策問으로 시험을 보여서 열심히 공부하여 학문이 뛰어나고 총명하다는 명성이 있는 자를 당상堂上에 오르게 하여 음식을 차려주고 나머지는 모두 낭하廊下에 앉혔다. 그리고 다투기를 좋아하고 학업을 게을리하는 자는 마당에 앉혀 나물 음식만을 주었다. 대비大比[15] 때가 되면 빈공賓貢의 예를 거행하는 데 재물로 도와주었다. 이에 사람들이 모두 노력하여 풍속이 크게 달라졌다.

수나라 하타何妥[16]가 용주자사龍州刺史로 있을 때 책롱冊籠을 짊어지고 유학해오는 자가 있으면 그가 직접 가르쳤으며, 또한 자사잠刺史箴을 지어 대문에 새기도록 했다.

정명도가 진성을 맡아 다스릴 때 일이다. 한가로우면 친히 향교에 나가서 부로들을 불러 더불어 이야기하기도 하고, 아이들이 읽는 책에 구두句讀를 바르게 잡아주기도 하고, 가르치는 자가 잘못 풀이하면 이를 바로잡아주기도 하였다. 처음에 그 지방 풍속이 거칠어서 공부가 무엇인지도 몰랐는데, 정명도가 우수한 자제들을 뽑아서 가르치자, 3년 만에 백성들이 그를 어버이처럼 섬겼다. 정명도가 이 고을을 떠난 지 10여 년이 지나지 않아서 유복儒服을 입는 사람이 수백 명이나 되었다.

호숙胡宿[17]이 호주湖州를 맡아 다스릴 때 학교를 크게 일으켰다. 동남 지방에 학자가 많아진 것은 호주의 학교로부터 비롯되었다. 학자들은 그를 위해 학교에 생사당生祠堂을 짓고 받들었다.

진양【자는 술고述古이다】이 상주常州를 맡아 다스릴 때 일이다. 그 고을의 학교가 비좁아서 선생과 학생들이 쓰기에 부족하였다. 그가 학교 짓기에 힘써서 얼마 지나지 않아 완공이 되었다. 그는 새벽이면 학교에 나가서 학생들에게 경서의 뜻을 가르치고 한편으로 업무를 결재하였다. 이 때문

---

15 대비大比: 지방의 향교에서 나라에 인재를 뽑아 올리는 일. 여기서 대비는 3년마다 평가하는 일을 가리킴.

16 하타何妥: 중국 수나라 때 사람. 자는 서봉棲鳳이다. 태학박사·용주자사를 지냈다. 저서로 『주역강소周易講疏』 『효경의소孝經義疏』 『장자의소莊子義疏』 등이 있다.

17 호숙胡宿, 995~1067: 중국 송나라 때 사람. 자는 무평武平이다. 벼슬은 태자소사에 이르렀다.

에 비릉毗陵의 학자들이 절동浙東·절서浙西[18] 지방에서 가장 많았다. 그는 인재 양성을 자기의 사명으로 삼았던 것이다. 그의 문하에서 나온 사람들은 백성들에게 어질게 대하는 것이 나라를 굳건히 하는 기본이 되고, 자신을 다스리는 것이 아랫사람을 대하는 모범이 되며, 옛것을 배우는 일이 수신의 바탕이 되며, 부모를 섬기는 것이 도를 행하는 출발점이 된다는 것을 알았다. 이들이 사방으로 벼슬살이를 나가 백성들이 이들로부터 베풂을 받았으니 모두 그의 가르침 덕분이었다【『자경편自警編』】.

당일唐鎰[19]이 호주濠州를 다스리는데 정교政敎가 맑고 간결하였다. 경학에 밝은 선비를 맞이하여 생도를 가르치게 했는데, 그가 그곳을 떠날 때에는 경술經術에 밝은 자가 40명이나 되었다.

단견段堅[20]이 복산현福山縣을 맡아 다스릴 때의 일이다. 『소학』을 간행·반포하여 사민들에게 배워 외우도록 하였다. 그 지방은 원래 풍속이 야만스러웠는데, 이때에 이르러 일변하여 모든 촌락에 악기 소리와 노랫소리, 글 읽는 소리가 가득하게 되었다. 후에 그는 남양부南陽府를 맡아 다스렸는데, 그곳에서 주현의 학관을 소집하여 옛사람들이 학문하던 뜻을 갖추어 알려주고 서로 권유하게 하였다. 또한 지학서원志學書院을 창설하여 우수한 사람들을 모아 오경의 요지 및 염락濂洛의 여러 유학자[21]가 남

---

18 절동浙東·절서浙西: 중국의 절강성 및 강소성江蘇省이 포함된 지역을 동과 서로 나누어서 부르는 말. 비릉毗陵은 지금의 강소성에 속한 지역이다.
19 당일唐鎰, ?~1787: 중국 청나라 건륭제 때 인물로 대만 지역의 지방관을 역임한 바 있다.
20 단견段堅, 1419~1484: 중국 명나라 난주蘭州 사람. 자는 가구可久, 호는 용사容思이다. 내주부萊州府·남양부南陽府를 맡아 행정 능력이 뛰어나다는 평가를 받았다.
21 염락濂洛의 여러 유학자: 중국 송나라의 유명한 유학자 5명인 주돈이周敦頤·정호程顥와 정이程頤 형제·장재張載·주희朱熹 등을 지칭한다. 주돈이가 염계濂溪 사람이고 정호·정이가 낙양洛陽 사람이기 때문에 '염락'이라고 칭한 것이다.

긴 글들을 강론했다【단견은 문청공 文淸公 설선 薛瑄의 후학이었다】.

정적 丁積이 신회현 新會縣을 맡아 다스릴 때의 일이다. 『홍무예제 洪武禮制』[22]를 펴내면서 『주자가례 朱子家禮』[23]를 참고하고 노인들을 뽑아 백성들을 가르치게 하였다. 양가의 자제들을 학사에 모아 날마다 『소학』을 외우게 하고 친히 해설해주니 풍속이 크게 변하였다.

황준량 黃俊良이 신령 新寧[24] 현감이 되었는데 학교에 뜻을 두어 문묘 文廟를 증축하고 힘써 권장, 지도하였다. 또 옛 현 터에 학사 1구를 창건하여 백학서원 白鶴書院이라 하고 책과 전지를 마련해주었더니 선비들의 마음이 고무되었다【『퇴계집 退溪集』에 실려 있다】.

조극선이 온양군수로 있을 때의 일이다. 조정에서는 바야흐로 학교를 진흥시키고자 각 주군에서 어린아이들을 가르치게 하되 3개월이 되어도 통 通[25]을 맞지 못하는 자는 도태시켜 무예를 배우도록 하니, 사람들이 의구심을 품어 학교에 등록하는 자가 없었다. 그는 감사에게 청하여 "옛날 삼대 三代 때도 선비를 만들어내는 데에는 모두 3년 대비 大比를 기한으로 하였습니다. 3개월은 성과를 물을 만한 기간이 못 됩니다. 어찌 이를 완화하여 성취를 기대하지 않습니까?"라고 말함에 감사가 이를 허락했다. 이에 경내의 부로들을 불러서 교육을 진흥시키려는 본뜻을 일러주니 모

---

22 『홍무예제 洪武禮制』: 중국 명나라 초기에 관에서 편찬한 예서 禮書. 원대 이래 한족과 이민족의 풍속이 섞여 있는 것을 바로잡기 위해 한족의 전통적인 생활양식을 토대로 당시의 사정을 참작하여 황제부터 서인까지 따라야 할 예제 禮制를 마련한 것.

23 『주자가례 朱子家禮』: 중국 송나라 주희가 편찬한 책. 5권, 부록 1권으로 되어 있다.

24 신령 新寧: 지금의 경상북도 영천시에 속한 지명.

25 통通: 서당에서 생도들이 배운 글을 외우고 그 뜻을 묻고 대답하는 것을 강 講이라 하였다. 강의 성적을 통 通·약略·조粗·불不로 매겼는데, 대체로 한 자의 틀림도 없는 경우에 '통'의 성적을 주었다. 과거시험의 강경과에서 평가하는 방식도 이와 비슷했다.

두 기뻐하며 명령을 따랐다. 8세 이상에게는 모두『소학』을 가르치도록 하고 한 달에 두 번씩 관아에 모이게 하여 친히 가르치고 시험하니, 학문을 진흥시키는 효과가 자못 컸다.

> 배움이란 스승에게 배우는 것이다. 스승이 있어야
> 배움이 있는 것이니, 학덕이 높은 사람을 초빙하여
> 스승으로 삼은 다음에야 학규學規를 논의할 수 있다.

중국의 주학州學에는 모두 교수가 있다. 우리나라 군현의 향교에도 역시 훈도가 있었는데 조선 중기 이후로 이 관직이 없어졌다. 지금 학생을 모아 공부를 시키려면 반드시 덕이 높고 학문이 큰 선비를 사표로 삼은 연후에야 할 수 있는 일인데 어렵게 되고 말았다! ○『경국대전』에 다음과 같이 규정되어 있다.[26] "향교의 교관을 대우하는 일에 마음 쓰지 않는 수령에 대해서는 감사가 조사하여 고과의 자료로 삼는다."

제나라 소경이 청하태수로 있을 때, 그는 매년 봄에 위개륭衛覬隆·전원봉田元鳳 등 큰 선비들을 모아 군학郡學에서 강의하게 하였다. 관리들도 사무를 보는 여가에 모두 강의를 듣도록 했다.

문공文公 한유韓愈가 조주자사潮州刺史로 있을 때의 일이다. 그곳 사람들이 배울 줄을 몰랐는데 한유가 진사 조덕趙德[27]을 선생으로 삼았다. 이때부터 그곳 유생들이 다들 학문에 힘쓰고 행실이 독실해졌고, 일반 백성

---

26 『경국대전·예전·잡령雜令』.
27 조덕趙德: 중국 당나라 때 인물. 조주潮州 8현 중 한 명으로, 천수선생天水先生이라 불렸다.

에게로 파급이 되어 조주는 다스리기 쉬운 곳이라 일컬어지게 되었다.

장영張詠이 익주益州를 다스릴 때 학교가 쇠퇴하고 침체되어 있었다. 그는 그 지역 사람인 장급張及·이전李畋·장규張逵 등이 모두 학행이 있다는 것을 알고 그들의 장점을 북돋아주고 예로써 대하며 과거시험에 힘쓰도록 격려하였다. 후에 세 사람이 모두 등과登科하여 좋은 벼슬을 지냈다. 이로부터 익주 사람들이 배움에 힘쓸 줄 알아서 문풍文風이 날로 진흥하였다.

여공저呂公著가 영주潁州의 통판通判으로 있을 때 마침 구양수歐陽脩가 그곳의 지주知州로 가자 초천지焦千之【자는 백강伯强이다】가 따라왔다. 여공저는 초천지를 초청하여 학생들을 가르치게 했다. 학생이 조그마한 잘못이 있어도 초 선생은 단정히 앉아 그 학생을 불러 마주 앉히고 저녁까지 종일토록 한마디 말도 하지 않았다. 학생이 두려워 잘못을 빌면 그제야 기색을 약간 누그러뜨렸다.

호원胡瑗[28]이 소주蘇州와 호주湖州 두 곳의 교수로 있었다. 날씨가 무더워도 반드시 공복公服을 입고 하루 종일 생도들을 대하며 스승과 제자의 예절을 엄격히 했다. 그는 경서를 가르치다가 중요한 대목이 나오면 학생들에게 자상하게 설명해주었다. 주로 자기를 다스린 후에 남을 다스릴 수 있다는 것을 말하였다. 학도 1000여 명이 날로 달로 갈고 닦아서 문장을 지음에 모두 경서의 뜻에 부합되었다. ○ 호원이 호주의 교수로 있을 때 경의재經義齋와 치사재治事齋를 짓고, 경의재에서는 사람이 막히지 않고 재능과 도량이 있는 자를 뽑아 공부하게 하고, 치사재에서는 사람마

---

28 호원胡瑗, 993~1059: 중국 송나라 때 인물. 자는 익지翼之이다. 벼슬은 태상박사에 이르렀다. 저서에 『주역구의周易口義』『홍범구의洪範口義』 등이 있다.

다 한 가지를 공부하게 하고 또 다른 하나를 겸하여 익히게 하였다. 예컨 대 치민治民·치병治兵·수리水利·산수算數 같은 것들이다. 그 제자들이 사 방에 흩어져 현명하거나 어리석거나 각기 자질에 따라 자신을 잘 가다듬 었다. 그래서 말씨와 행동을 보면 물어보지 않고도 호 선생의 제자라는 것을 알 수 있었다.

채양蔡襄이 천주泉州를 다스릴 때의 일이다. 전에는 민閩 땅 사람들이 배우기를 좋아하는 이가 많았으나 부賦를 짓기에만 힘써서 과거공부를 위주로 했다. 채양이 주희맹周希孟을 선생으로 모셔서 경술을 배우도록 하니 공부하는 자가 항시 수백 명에 이르렀다. 채양은 친히 학사에 나가 서 경서를 가지고 강론하기도 했다. 처사 진열陳烈을 청해 뵙고 스승의 예로써 높이 대접했으며, 진양陳襄과 정목鄭穆이 마침 향리에서 덕행으로 칭송을 받자 그는 자신을 낮추고 존대하여 생도들에게 모범을 보였다.

왕형공王荊公이 운현령鄞縣令으로 있을 때 두순杜醇 선생을 현학縣學에 모시는 편지에 다음과 같이 썼다. "제가 이 현을 다스린 것이 해를 넘겼 습니다. 이제 공자묘를 학교로 삼아서 이곳 자제들을 가르치고자 합니 다. 바라옵건대, 선생께서 이곳에 와주신다면 선생으로 모시고자 합니다. 저도 함께 가르침을 듣고자 합니다."

임조林肇[29]는 자계현령慈溪縣令으로 부임하자 공자묘를 수리하고 그 사 방에 학사와 강당을 세웠다. 자제들을 불러 모아 두순을 초빙하여 스승 으로 삼도록 하니 그 고을에 학문이 일어났다.

---

29 임조林肇: 중국 송나라 때 인물. 자는 공권公權이다. 경력慶歷 5년(1045)에 자계현령이 되어 학교를 세우고 학문을 진흥시킨 공이 있었다. 왕안석이 「자계현학기慈溪縣學記」에 서 그를 칭송하였다.

석자중石子重이 검주劍州 우계현尤溪縣을 다스릴 때의 일이다. 우계현은 본래 궁벽해서 학교가 오래도록 폐지된 상태였고, 선비들은 견문이 좁고 학문하는 도리를 몰랐다. 그는 부임하자마자 곧 친구인 고전古田 임용중 林用中을 초빙해서 가르치는 일을 맡기고, 고을의 자제 중에서 배우기를 원하는 자들을 뽑아 제자원弟子員으로 충원하였다. 교육을 시작하는 날 그가 친히 좌사佐史와 빈객賓客을 대동하고 가서 성현의 가르침을 강론하였다. 이후로는 5일에 한 번씩 가서 북을 치고 당상에 올라가 생도들의 학업이 진전된 상황을 물어보고, 이들과 더불어 반복해서 의리의 돌아갈 바 지당한 곳을 탐구하곤 했다. 다른 지방에서도 다들 식량을 갖고 와서 취학을 하자, 석자중은 예전 시설로는 이들을 감당할 수 없다고 보고 그 규모를 넓혀 건물을 새로 짓고, 책 1만 권을 구입하여 비치하고 전지 수백 묘를 사서 학교에 귀속시켰다. 학교가 다 지어지자 옛 제도를 참고하여 향음주례鄕飮酒禮를 거행해서 낙성落成을 기념했다. 이로써 선비들도 비로소 배울 줄을 알게 되고 민간의 풍속 또한 바뀌었다.

주자가 장주를 다스릴 적에 그 고을 선비들에게 입학을 권하는 글에서 이렇게 말했다. "주학州學과 현학縣學을 비교해서 살펴보건대, 교과 과정은 근래에 와서 조리가 잡혔으나, 다만 주군州郡에서 어진 이를 존중할 줄 몰라서 생도들이 가르침을 받을 데가 없게 되었다. 이제 보니 신정주新汀州의 지록知錄 황종사黃從事는 그릇이 크고 자질이 두터우며 마음가짐과 행실이 단정한 데다가 두문불출하여 독서에 전념하고 권세 있고 돈 있는 사람과는 사귀지 않으니, 향리의 식견 있는 이들 치고 황종사를 높이 받들지 않는 자가 없다. 예로써 청하여 그가 몸을 굽혀 주학의 정록正錄[30]을 맡고 겸하여 현학의 교육을 주관한다면 반드시 생도들이 감화를 받아 흥기하는 바가 있을 것이다. 학정學正 시윤수施允修와 석홍경石洪慶은 모두 늦은 나이에도 배움에 게으르지 않으며 굳세고 방정하여 뭇사람이 두려워하고 있다. 공사貢土 임이간林易簡과 진사 이당자李唐咨는 연구하고 탐색함이 정밀하며 몸가짐이 단아하고 조심스러워, 그들의 뜻과 행동을 살펴보면 갈수록 더욱 볼만하다. 공사 진순陳淳과 태학생 양사훈楊土訓은 나이는 아직 어리나 이미 배움의 방향을 알고 있다. 영가군永嘉郡[31]의 학생 서우徐寓는 배움에 힘써서 스승을 구하며 뜻도 굳건하다. 이 선비들은 본관이 잘 아는 사람들이니, 이들을 모두 초청해서 특별한 예로써 대접한다면, 무릇 학생들이 배움을 닦거나 놀고 쉬는 사이에 어디를 가나 좋은 스승과 훌륭한 친구의 덕을 얻지 않을 수 없을 것이다. 아마도 의리가 밝아지고 학업을 성취하여 위로는 교육하고 인재를 양성하고자 하는 조정의 뜻에 부응하리라 믿는다. 이 밖의 선비 중에서도 나이가 많고 덕이 높아 향리에서 존경받으며, 경서에 밝고 행실을 닦아서 따르는 무리가 존중함에도, 능력을 감추고 스스로 아끼면서 명예와 영달을 구하지 않는 자가 없지 않을 터이다. 다시 마땅히 널리 탐문하여 계속 초빙해야 할 것이다[소희紹熙 3년(1193) 정월 초2일 문건]." 鏞案 어진 이를 초빙하여 생도를 가르치게 하는 것이 학문을 일으키는 첫 번째 일이다. 우리나라에서는 오직 영남에서만 이 일을 논의할 수 있고 다른 데서는 쉽지 않다.

　주자가 처음 남강에 부임하여 내린 방유문榜諭文은 다음과 같다. "본 군

---

**30** 정록正錄: 학정學正과 학록學錄. 중국 송대부터 국자감에 둔 관직의 이름. 학규의 시행을 맡았다. 우리나라 성균관에도 이런 직제가 있었다.

**31** 영가군永嘉郡: 중국 진晉나라 때 설치한 절강성의 고을 이름. 송나라 때는 온주溫州에 속한 고을이었다.

軍은 강려羌廬를 등지고 팽려彭蠡를 안고 있어서[32] 지세의 웅장함과 수려함이 동남방에서 제일이다. 우왕禹王의 발자취[33]가 지나간 곳이며 태사太史[34]가 노닐던 곳으로 성현의 유풍이 깃들어 있다. 동진시대에 와서는 장사長沙와 정절靖節이 조손간으로 우뚝했으며,[35] 우리 송나라에 와서는 둔전원외랑屯田員外郞과 비서승秘書丞의 유씨劉氏 부자가 서로 잇따랐다.[36] 모두 덕업이 있어서 역사에 뚜렷하고, 그 훌륭한 기풍이 아직도 남아 있어서 후세에 인재들이 줄줄이 이어졌다. 그러나 근래에 와서는 유자의 풍기가 쇠퇴하여 학교의 생도가 30명에 불과하고 과거에 응시하는 사람 또한 적다. 비록 도를 공부하고 몸을 닦는 선비라 할지라도 반드시 학교에 입학하거나 과거 시험장에 나아가려고 하지 않는다. 이에 중론을 따라서 출중한 인재를 구해보아도 또한 탁월하다 일컬어질 만한 자가 없으니, 이는 실로 백성을 다스리는 수령이 학문을 일으키는 일에 그다지 유의하지 않아서 이 지방의 후생들로 하여금 어디 배울 만한 곳이 없게 만들어

---

32 강려羌廬는 강산羌山과 여산廬山, 팽려彭蠡는 파양호鄱陽湖. 지금의 중국 강서성江西省 지역으로 산은 풍광이 수려하고 물은 광대한 것으로 유명하다.

33 우왕禹王의 발자취: 우왕은 치수사업을 하기 위해 중국 전역을 답사하여 널리 발자취를 남겼다.

34 태사太史: 『사기史記』의 저자인 사마천(司馬遷, B.C. 145?~B.C. 86). 아버지의 직임을 이어받아 태사공太史公으로 일컬어졌음. 사마천은 일찍이 중국의 명산대천을 널리 유람하여 역사가로서의 식견을 넓혔다.

35 장사長沙는 도간陶侃, 정절靖節은 도연명(陶淵明, 365~427)을 가리킴. 도연명은 도간의 후손이다. 도간이 장사군공長沙郡公에 봉해진 사실이 있기 때문에 장사로 일컬어졌다. 도연명의 이름은 잠潛이고 연명淵明은 그의 호이다. '정절'은 도연명이 죽은 뒤 친우인 안연지顔延之가 붙인 시호인데, 후대 사람들이 이 칭호를 즐겨 사용하였다.

36 중국 송나라 인물 유환劉渙·유서劉恕 부자를 지칭한 것으로 추정됨. 유환은 자가 응지凝之, 둔전원외랑을 지낸 바 있으며 여산廬山의 남쪽에 집을 짓고 살았다. 그의 아들인 유서는 자가 도원道原, 벼슬이 비서승에 이르렀고 사학史學에 조예가 깊었다. 저서로『오대십국기년五代十國紀年』『통감외기通鑑外紀』등이 있다.

이 지경에 이른 것이다. 이제 향당郷黨의 부형父兄들에게 청하노니, 여러 자제들 중에서 배움에 뜻을 둔 자를 골라 보내 입학시키면 국학에 보낼 때를 기다리면서, 강의를 듣게 하고 과제를 줄 것이다. 한편으로 본 군은 또한 여러 방면으로 조치하여 학교의 재정을 더욱 늘리도록 힘쓸 것이며, 본관은 공무의 틈을 타서 때때로 직접 학교에 나가 학관들과 더불어 경전의 뜻을 강론하면서 여러 방향으로 유도하고 북돋아주면, 아마도 재주 있고 뛰어난 인물이 때맞추어 배출될 것이다. 이 또한 위대한 천자의 인재를 키우고 길러내려는 뜻에 부응하는 방도이다."

요선姚善[37]이 가흥부嘉興府를 다스릴 때에 유정목俞貞木이란 사람이 있었는데 경서에 밝아서 존경을 받았다. 요선은 매월 초하루와 보름날에 반드시 그를 학궁에 청해다가 경서를 강론하여 지도하도록 하였다. 그때 선비 중에 전근錢芹[38]이란 사람은 자신을 지켜서 절조가 있었다. 어느 날 요선이 유정목에게 보낸 쌀이 잘못해서 전근에게 갔는데, 전근이 그 쌀을 거절하지 않고 받았다. 유정목이 "전 선생은 결코 구차한 것을 받지 않는 사람인데, 오늘 쌀을 받은 것을 보면 필시 사또의 현명함을 우러러보는 것입니다"라고 하였다. 요선이 이 말을 듣고는 가서 전근을 만나보고자 하였는데, 전근이 "다음 초하룻날을 기다려서 학교에서 서로 만나자"라고 하였다. 요선이 약속한 때에 가서 전근을 맞이하여 상좌에 앉히고 경서의 뜻에 대해 묻자, 전근은 "이런 것은 선비의 할 일입니다. 오늘

---

37 요선姚善, 1360~1402: 중국 명나라 때 인물. 자는 극일克一이며 처음 성姓은 이李였다. 벼슬은 소주부蘇州府의 지사에 이르렀다.
38 전근錢芹, 1327~1398: 중국 명나라 때 인물. 자는 계충繼忠이다. 가난한 처지에도 뜻을 잃지 않고 살다가 요선에게 천거되어 호부사무戶部司務를 맡았다.

사또가 계신 자리에서 어찌 지금의 중요한 정무에 관한 이야기를 하지
않을 수 있겠습니까" 하고 간찰 한 장을 꺼내어 요선에게 주고는 끝내 한
마디 말도 주고받지 않고 일어나 갔다. 그 종이를 펼쳐보니 외적을 방어
하고 이기는 방책이 쓰여 있었다.

황준량이 성주목사가 되어 문묘文廟를 중수하면서 전보다 규모를 크게
넓혔다. 마침 사문斯文 [39] 오건吳健 [40]이 성주의 교관이 되었는데, 서로 뜻이
같고 의논이 맞아 제자 약간 명을 뽑아 4등급으로 나누고 오건에게 교육
을 주관, 감독하도록 하였다. 매월 한 번 제자들을 모아 강講을 하고 그동
안 읽은 글을 돌아앉아 외우게 했으며, 이어서 의의疑義 [41]를 토론하게 했
다. 그리하여 부지런하고 게으른 것을 살펴서 상벌의 순위를 매겼다. 고
을 동쪽에 공곡孔谷이란 골짜기가 있는데, 거기에 서당을 세우고 또 팔거
현八莒縣 [42]에는 녹봉정사鹿峰精舍를 세웠다. 황준량이 다방면에 걸쳐서 가
르치고 인도하니 양성한 인재가 매우 많았다.

이상급李尙伋 [43]이 단천군수端川郡守로 있을 때의 일이다. 북쪽 변경지대
에서는 학문을 숭상하지 않았는데 그가 학문이 다소 있는 자를 맞이하
여 선생으로 삼아서 사람들을 가르치게 하고, 매월 초하룻날에는 반드시

---

**39** 사문斯文: 유학을 의미하는 말인 동시에 우리나라에서는 유학자에 대한 경칭敬稱으로
쓰였다.

**40** 오건吳健, 1521~1574: 자는 자강子强, 호는 덕계德溪, 본관은 함양咸陽이다. 조식曺植과
이황李滉의 문인. 이조좌랑으로 춘추관 기사관을 겸직하여『명종실록明宗實錄』편찬에
참여하였으며, 저서에『덕계문집德溪文集』『정묘일기丁卯日記』가 있다.

**41** 의疑와 의의義: 제7부 제6조 '과거공부를 힘쓰도록 함'을 참조할 것.

**42** 팔거현八莒縣: 지금의 경상북도 칠곡군에 있던 옛 현의 이름이다.

**43** 이상급李尙伋, 1571~1637: 자는 사언思彦, 호는 습재習齋·당부戇夫, 본관은 벽진碧珍, 시
호는 충강忠剛이다. 벼슬은 병조참지에 이르렀다. 병자호란 때 남한산성에서 인조를 호
종扈從하였고, 이듬해 강화도로 형을 찾아가다가 청나라 군사에게 살해당했다.

친히 공자묘에 참배하고 학생들과 더불어 강론하곤 하였더니, 얼마 되지 않아서 문예를 갖추었다고 할 만한 사람이 있게 되었다.

학교 건물을 수선하고 미름米廩[44]을 잘 관리하고 널리 서적을 비치하는 것도 현명한 수령이 마음을 써야 할 바이다.

유우씨有虞氏의 학교는 이름을 미름이라 하였는데, 실로 학교가 있으면 선비가 있고, 선비가 있으면 이들을 양성해야 할 터이니, 미름이 계속 조달되지 않으면 선비를 양성할 수가 없다. 오늘날 고을에는 학전學田이 적지 않고 각 고을의 향교마다 사적으로 비축한 재물을 대체로 가지고 있다. 수령이 살피지 않아서, 그 고을의 불초자제들로 향교에 출입하는 자들이 삼삼오오 떼를 지어 술과 밥을 토색하고, 향교의 일을 맡은 자들이 몰래 창고 담당자와 결탁하여 도둑질하는 데만 뜻을 두니, 이 때문에 향교의 재산이 텅 비게 되는 것이다. 수령이 향교의 일을 제대로 하고자 한다면 마땅히 먼저 미름을 살펴서 그 자산을 넉넉하게 만든 후에라야 어진 이를 모시고 선비들을 모아 가르치는 일을 의논해볼 수 있을 것이다.
○ 수령은 부임한 지 3일째 되는 날에 향교의 수복首僕을 불러서, 작년도 학전의 추수 곡식이 몇 석이며 양사재養士齋[45]의 추수 곡식이 몇 석인가

---

44 미름米廩: 여기서는 뜻이 두 가지로 쓰였다. 하나는 학궁의 생도들을 먹일 곡식을 지칭하며, 다른 하나는 본문에서 말하듯이 유우씨有虞氏의 학교 이름이다.
45 양사재養士齋: 지방 각 고을에서 생원·진사시의 합격자를 많이 내기 위해서 학생들을 모아 공부하게 했던 처소.

를 묻고【만약 사마재司馬齋[46]가 따로 있으면 역시 그 추수 곡식도 조사한다】 장부를 올리도록 지시한다. 이에 그 지출장부를 향승鄕承에게 주어 회계를 조사하도록 하여, 추궁할 것은 추궁하고 그냥 둘 것은 그냥 두어 남겨둘 수량을 책정한다. 그런 다음에 그에게 "오늘로부터 향교의 재산은 비록 돈 한 푼, 쌀 한 톨이라도 일용장부에 정리하고 관인을 받아야 하며, 관인 없이 함부로 사용할 수 없다. 초하루와 보름날의 분향 때 이외에 할 일 없이 출입하는 자에게는 음식을 제공치 말 것이다. 만일 이를 어기는 경우에는 네가 처벌을 받을 것이다"라고 엄명한다.

『속대전續大典』에 다음과 같이 규정되어 있다.[47] "주부州府의 향교 학전은 7결, 군현의 향교 학전은 5결이며, 사액서원賜額書院의 학전은 3결이다【모두 면세이다】. 무릇 향교의 학전은 수령이 점검하고 살핀다." ○ 수령이 학전을 점검하고 살피는 일이 법전에 나와 있으니 어찌 감히 소홀히 하겠는가.

풍속이 몽매하고 학문이 보잘것없는 것은 서책이 없기 때문이다. 『십삼경주소十三經注疏』[48] 『이십삼대사二十三代史』 『삼국사기三國史記』 『고려사高麗史』 『국조보감國朝寶鑑』, 두우杜佑의 『통전通典』,[49] 정초鄭樵의 『통지通

---

**46** 사마재司馬齋: 각 고을에 있었던 그곳 출신 생원·진사들의 집회소.
**47** 『속대전續大典·호전戶典·학전學田』에 보인다. 서원의 경우 3결 미만이라도 민결民結로 충당하지 못하도록 규정하고 있다.
**48** 『십삼경주소十三經注疏』: 유가의 경전으로 『주역周易』 『상서』 『모시毛詩』 『주례』 『의례儀禮』 『예기』 『춘추좌전春秋左傳』 『춘추공양전春秋公羊傳』 『춘추곡량전春秋穀梁傳』 『논어』 『효경』 『이아爾雅』 『맹자』를 십삼경이라 칭한다. 중국 송나라 말엽부터 십삼경과 그 주소注疏를 합간하기 시작하였다. 청나라 때 완원阮元이 종전의 주소들을 종합, 정리하고 교감을 하여 간행한 것이 가장 신뢰를 받았다.
**49** 두우杜佑의 『통전通典』: 두우는 중국 당나라 때 인물. 그가 편찬한 『통전』은 200권으로, 식화食貨·선거選擧·직관職官·예禮·악樂·병兵·형刑·주군州郡·변방邊方의 9개 부문으

志』,[50] 마단림馬端臨의 『문헌통고文獻通考』,[51] 왕기王圻의 『속문헌통고續文獻通考』,[52] 우리나라의 『동국문헌비고東國文獻備考』 등 몇 가지 서적은 필수로 구비해야 한다. 수령은 마땅히 힘써서 이런 서적을 구입해서 비치하고 자물쇠와 열쇠를 엄중히 관리하되, 때때로 바람에 쏘이고 서적의 출납과 열람은 모두 조례를 갖추어 준수하도록 해야 한다.

당나라 이번李繁이 건주자사虔州刺史로 있을 때, 공자묘를 짓고 박사제자博士弟子를 선발하고 강당을 두어 가르치는데, 예를 행하고 공부하게 하고, 또 거기에 본전本錢 늠미廩米를 두어서 재정이 끊이지 않도록 하였다.

범순인范純仁이 양읍현襄邑縣을 맡아 다스릴 때, 학교와 창고의 비축을 새롭게 갖추고, 또 학전을 경영하며 그 고을의 어진 이를 택하여 가르치게 하고 그 자신도 집무의 여가 때는 학교에 가서 친히 격려하였다.

이상李詳이 의황현령宜黃縣令으로 있을 때 처음으로 현학縣學을 세우고 서적을 광범하게 비치함에 경서와 역사서, 제자서 및 한림자묵翰林子墨[53]의 문장을 부족함이 없을 만큼 갖추어놓고서 훌륭한 재목의 선비를 길러

---

로 되어 있다. 상고부터 당나라 천보天寶 연간까지의 정전政典을 기록한 내용이다.

**50** 정초鄭樵의 『통지通志』: 정초는 중국 송나라 때 인물. 그가 편찬한 『통지』는 200권으로, 제기帝紀 18권, 황후열전皇后列傳 2권, 연보年譜 4권, 약략略 51권, 열전列傳 125권이며, 삼황三皇으로부터 수나라에 이르는 역대 사적을 기록한 내용이다.

**51** 마단림馬端臨의 『문헌통고文獻通考』: 마단림은 중국 송나라에서 원나라 때의 사람. 그의 『문헌통고』는 348권으로 두우의 『통전』 체제를 확대한 형태이다. 『통전』의 9개 부문을 19개 부문으로 나누고 거기에 경적經籍 · 제계帝系 · 봉건封建 · 상위象緯 · 물이物異를 보태어 24개 부문으로 구성했다. 『통전』에 이어 남송의 영종寧宗까지의 사적과 제도를 나누어 편찬하였다.

**52** 왕기王圻의 『속문헌통고續文獻通考』: 왕기는 중국 명나라 때 사람. 그의 『속문헌통고』에는 『동오수리고東吳水利考』 『시법통고諡法通考』 『패사휘편稗史彙編』 등이 포함되어 있다.

**53** 한림자묵翰林子墨: 문학자를 가리키는 말. 여기서 '한림자묵의 문장'이란 도서 분류상에서 경經 · 사史 · 자子 이외의 집부集部를 가리키는 것이다.

냈다.

권수평權守平[54]이 광산光山[55]현감으로 있을 때 일이다. 학교가 옛날에는 성중에 있어서 땅이 낮고 비좁은 데다가 건물도 많이 허물어져 있었다. 그는 성 서쪽 2리 되는 지점에 터를 잡아서 격식에 맞게 학교를 지었다. 학교 앞에 백성의 땅 몇 경이 있었는데 그가 재물을 내서 사들여 일부는 논을 만들고 나머지는 채소밭을 만들었으며, 수복守僕의 집도 마련해주었다. 그리고 백성의 땅을 구입하여 반은 학교에 넣고 반은 사마재司馬齋에 넣었으며, 면포 100필, 벼 100석, 콩 20석을 학생을 위한 비용에 충당케 하였다. 사서오경 및 제자백가와 운서韻書를 구비하여 책장에 비치했다. 이로 말미암아 그 고을은 유학이 크게 떨치고 문교가 더욱 밝아졌다.

단아하고 품행이 방정한 사람을 향교의 장으로 뽑아서 모범으로 삼고 예로써 대우하여 염치를 차리도록 해야 한다.

향교의 일을 담당하는 인원은 교장 1명【남쪽에서는 도유사都有司라 칭한다】, 장의掌議 1명, 색장色掌[56] 2명이다. 멀리 떨어진 변방에는 사족이란 극히 희소하고 토족土族이 숲을 이루고 있기 때문에 사족은 이들과 어울리기를 싫어하여 향교에 발길을 끊는다. 그런 탓에 토족이 향교를 독차지

---

54 권수평權守平, ?~1250 : 고려 고종 때의 문신. 본관은 안동이다. 벼슬은 추밀원부사에 이르렀다.
55 광산光山 : 지금의 광주광역시의 옛 이름.
56 색장色掌 : 성균관·향교·사학四學 등에 기거하는 유생의 역원役員 중의 하나.

하여 그들의 소굴이 되고 말았다. 이들 토족 무리는 대부분 배운 것 없는 무식쟁이들로, 끼리끼리 모여 편을 만들어서 서로 알력이 있게 되면 남의 숨은 약점을 들추어내고, 이권을 다투는데 마치 정권 다투듯이 한다. 간사한 아전과 결탁을 하여 감사에게 헛소문이 들어가게 하며, 수령이 총애하는 기생을 통해 수령에게 뇌물을 바친다. 아전들과는 늘 스스럼없는 사이가 되어 너나들이하면서 교제하며, 노상 술집에서 만나 아침저녁으로 다툼을 일삼는다. 그들이 도모하는 짓은 부잣집 자식을 끌어들여 교장이 되게 하여 뇌물을 받아 배불리는 것뿐이다. 수령은 마땅히 이런 풍속을 알고 단아한 선비를 골라 교장으로 삼아야 한다. ○ 교장이 공석이 되었을 때에는 의당 따로 단아한 선비를 구할 것이니, 그의 발자취가 읍내에 들락거리지 않으며, 학문으로 향리에서 이름이 나 있고, 가문이나 지체가 향교의 일을 맡기기에 넉넉하되 기어코 하지 않으려 했기 때문에 아직 향교의 일을 맡아보지 않은 사람이어야 반드시 임용할 만하다. 나의 성의가 사족을 움직여 그 마음을 굽혀 일을 맡게 할 수 있으면 아주 좋겠으나, 억지로 불러낼 수 없으면 토족에서 뽑더라도 적합한 사람이 없지는 않을 것이다. ○ 적임자를 얻고 나면 수령은 향교에 다음과 같이 첩帖을 내린다. "명색이 선비가 되어서 아전 집에 출입하고 기생방에 출입하고 술집에 드나들며 그 행동거지가 비루한 자에 대해서는 본관이 당연히 여러 길로 염탐하여 별도로 엄중히 징계할 것이요, 청금록靑衿錄[57]에서 영구히 삭제해버리고 장차 황첨黃簽[58]의 벌을 내릴 것이다. 각

---

57 청금록靑衿錄: 성균관·향교·서원 등에 있는 유생의 명부.
58 황첨黃簽: 청금록에 기재된 이름을 삭제하는 의미로 그 이름 위에 노란색 도장을 찍는다는 뜻인 듯하다.

자 조심할 일이다. 향교의 학생들 중에 이를 알면서도 금하지 않은 경우 역시 반드시 책임을 물을 것이다." ○ 분향焚香·석전釋奠·습례習禮·과예課藝의 날에는 수령이 교장과 서로 만나보아도 좋지만, 공적인 일이 아니면 절대로 불러 보아서는 안 된다. 자주 접견을 청하는 자는 필시 그 마음속에 조금이라도 간계가 있다는 것을 어렵지 않게 알 수 있다. ○ 죄를 범한 자가 있으면 반드시 먼저 유생의 명부에서 이름을 삭제하고 상사에게 보고한 후에야 형장刑杖을 쓸 것이다. 요즈음 수령은 볼기를 치고 형벌을 주기를 노예들과 다를 바 없이 하고 있다. 그들도 이미 염치를 몰라서 그대로 받아들이고 있기는 하지만, 수령된 도리로써 그렇게 조처하는 것은 부당한 일이다. 명색이 학유學儒라는 사람에 대해서는 명문 청족名門淸族[59]처럼 대우하는 것이 옳다.

호태초가 말하였다. "향교는 정사를 논의하는 곳이다. 향교에서 문묘를 알현하는 끝에 학생들을 불러 보면서, 얼굴과 말을 아름답게 하고 예의 있는 마음으로 대하고 풍속의 좋은 점과 나쁜 점을 물어보며 정사의 득과 실에 대한 의견을 구하기도 한다. 양식 공급은 반드시 풍족하게 하고 과시課試는 반드시 치하하면서, 그중에 단정 순후하고 준수한 자에게는 특별히 권장하고, 사송詞訟에 연관되어 온 자는 비호해주고, 선비를 능욕하는 자를 징계하면 선비들이 기뻐하고 존경할 줄 알 것이다." 案 송사를 대하면 반드시 지극히 공정하게 처리해야 하며, 혹시 비호하려고 마음을 쓰게 되면 약자가 피해를 입을 것이다.

송상인宋象仁[60]이 안동부사로 있을 때의 일이다. 관곡의 미납을 들어 형

---

59 명문 청족名門淸族: 누대로 명예와 절개를 중시해온 가문.
60 송상인宋象仁, 1569~1631 : 자는 성구聖求, 호는 서곽西郭, 본관은 여산이다. 남원부사南原

을 주고 심문하는 중에 향교의 학생 가운데 다쳐서 죽은 자가 있었다. 보덕輔德을 지낸 이준李埈【호는 창석蒼石이다】이 이 일을 상소하여 송상인이 탄핵을 받고 갈려 갔다.

박지계朴知誡[61]는 "전에 선친께서 수령으로 계실 적에 향교의 적籍에 이름이 올라서 명색이 선비라 하는 사람이 의관을 갖추고 글을 올리면 반드시 관복 차림으로 그를 대하고, 만약 죄를 범하면 반드시 매를 때리되, 그 죄과가 크면 먼저 그자의 죄목을 향교의 기록부에 올린 후에 태장을 가했다"라고 하였다.

### 원임院任 차첩식差帖式

○ 주자가 남강군에 있을 때 동학당장洞學堂長을 청하는 문서에서 이렇게 썼다. "백록동서원白鹿洞書院에는 예전에 당장堂長이 있었다. 이제 학록學錄[62] 양일신楊日新을 보니 나이도 많고 덕도 갖추어져 있어 직책을 맡아서는 제반 일에 기강을 세웠으며, 학생들에게 모범을 보여서 공로와 효과가 있었다. 마땅히 수지급첩須至給帖[63]을 정중히 청할 만한 사람이다. 이 첩을 공사貢士 양일신에게 주어 이에 따라 백록동서원 당장의 직책을 맡기는 바이다."【순희 7년(1180)】 鋪案 향교나 서원의 교장·원장·장의 등에게

---

府使 등을 역임했다.

61 박지계朴知誡, 1573~1635 : 자는 인지仁之, 호는 잠야潛冶, 시호는 문목文穆, 본관은 함양이다. 벼슬은 사업·동부승지에 이르렀으며, 저서에『사서근사록의의四書近思錄疑義』『주역건곤괘설周易乾坤卦說』『잠야집潛冶集』이 있다.

62 학록學錄 : 중국에서 학교에 두었던 관명. 송나라 때 국자감에 학정과 학록을 각각 5명씩 두었으며, 명나라와 청나라도 이를 따랐다.

63 수지급첩須至給帖 : 관청의 문서에 쓰던 관용어. 수취인에게 반드시 전달되어야 할 만큼 사안이 중요하다는 의미다.

차첩을 주지 않고 이름 세 글자를 대들보에 써 붙이고 이것을 부표附標라고 한다. 이는 예가 아니다. 관에서 차첩을 주려고 해도 선비들은 이를 수치로 여기는데, 의당 주자의 이 문서를 인용하여 관에서 차첩을 내려 보내면, 아침에 붙였다가 저녁에 떼고 좌우에서 밀치고 빼앗는 등의 폐습이 아마도 잠잠해질 것이다.

> 9월에 양로의 예를 행하여 노인을 노인으로 대접하는 도리를 가르치고, 10월에 향음鄕飮의 예를 행하여 어른을 어른으로 대하는 도리를 가르치며, 2월에는 향고饗孤의 예를 행하여 고아를 돌보는 도리를 가르쳐야 한다.

양로의 예는 상편에 나와 있다['노인을 봉양함'(제4부 제1조)].

향례鄕禮는 경례京禮이다. 옛날에는 왕성王城을 9구로 나누었는데 그 모양이 정전井田과 같았다. 중앙에는 왕궁이 있고 왕궁 앞에는 조정이 있으며 뒤에는 저자가 있고, 좌우에 6향鄕이 양편으로 마주보고 있다. 이때 향鄕이란 향鄕이다. 5당黨이 주州가 되고 5주가 향鄕이 되는데, 마치 우리나라의 왕성 안에 몇 개의 리里를 묶어서 하나의 방坊이 되고 몇 개의 방을 묶어서 한 부部가 되는 것과 같다[6향은 5부와 같다]. 향음주례는 곧 경음주례京飮酒禮이며, 향사례鄕射禮는 경사례京射禮이다. 요즘 사람들이 옛 제도를 잘 모르고 향을 야野[64]로 알아서 소위 향음례와 향사례를 지방의

---

64 야野 : 『주례·추관사구秋官司寇·현사縣士』에 의하면, 왕성으로부터 200리 밖에서 300리까지를 야野라 하고 300리 밖에서 400리까지를 현縣이라 하고 400리 밖에서 500리까지

군현에서만 거행하고 서울에서는 거행하지 않으니 이 또한 한 가지 잘못이다. 오늘날의 군현은 옛날의 제후국이요, 오늘날의 수령은 지위가 옛날의 향대부鄕大夫나 주장州長과 같다. 수령은 스스로 주인이 되어 이 예를 거행하되 옛 법을 참고하고 요즈음 제도를 참작하면 실수가 없을 것이다. 정현鄭玄이 "주나라 법에는 이를 정월에 행하고 한나라 법에는 초겨울에 행한다"라고 하였는데, 우리나라 제도는 모두 한나라 법을 쓰고 있으니 우선 이에 따를 것이다. ○ 고례는 지나치게 번거로워서 정조대왕이『향례합편鄕禮合編』[65]을 정해 군현에 반포하였는데, 그 의식 또한 형식적이다.『국조오례의國朝五禮儀』같은 것은 너무 간결하여 모양을 갖추지 못하였다. 이제 양자를 참작하여 다음과 같이 의주儀注를 제시한다.

## 향음례

향음례에는 수령이 '주인'이 되고, 처사 중에서 어진 이를 뽑아 '빈賓'으로 삼는다【『예기』의 주에 나와 있다】. 향교의 장의를 '준僎'으로 삼는다【주인을 보필하는 사람이다. 책방에 좋은 선비가 있으면 그 사람으로 삼을 수도 있다】. 처사 중에서 어진 이를 '계介'로 삼는다【나이와 덕이 '빈'에 다음가는 사람이다. '介(개)'는 음이 '戒(계)'이다】. 색장色掌 2명과 훈장 1명을【서재西齋의 생도】 삼찬三贊으로【찬은 주인을 보좌한다】 삼는다. 처사 중에서 어진 이를 삼빈三賓【나이와 덕이 '계' 다음가는 사람】으로 삼고, 예승禮丞【예방과 향소鄕所】 1명을 악정樂正으로

---

를 도都라고 하였다. 이 도·현·야의 땅은 왕자제·공경대부의 채지采地가 아니고 공읍公邑이었다.

65 『향례합편鄕禮合編』: 정조 21년(1797)에 왕명에 의하여 이병모李秉模·윤시동尹蓍東 등 7명이 편찬하여 간행한 책. 윤음綸音·총서總敍 다음에 향음주례·향사례·향약을 싣고 부록으로 사관례士冠禮·사혼례士婚禮를 수록하였다. 3권 2책.

삼고, 단아한 선비 1명을 사정司正【한 고을에서 좋은 사람으로 알려진 자를 골라 위의를 살피도록 한다】으로 삼으며, 여러 향승과 아전으로 종자從者 27명【3 곱하기 9이다】, 중빈衆賓과 제자로 종자 27명【역시 고을에서 뽑는다】을 정한다.

○ 고례에 '빈'의 정해진 수는 없으나, 요즘 사람들은 예의에 익숙지 못해 인원수를 정해놓지 않으면 잡인이 난입해 소리를 지르고 싸움질하여 일을 낭패하게 만들기 쉬우므로, 인원수를 정해두지 않을 수 없다. 인원수가 정해지면 향교에 경계선을 쳐서【그물처럼 줄을 친다】 군관 몇 사람으로 하여금 홍문을 지키게 하고 잡인의 출입을 금해야 예를 행할 수 있을 것이다. 고례에 80~90세 된 노인들이 함께 마셨다고 하나, 오늘날에는 70세 이하 되는 사람도 초청할 수 있다. 근력이 강건하여 스스로 와서 보고자 하는 사람들 역시 허락해야 할 것이다.

○ 노래를 잘하는 자와 거문고를 잘 타는 자를 초청하되, 녹명鹿鳴[66] 3편, 주남 3편, 소남 3편을 주어 기일 전에 외어 익히도록 하고, 노래와 거문고가 화합하여 그 소리가 부드럽고 완만하게 나도록 할 것이요, 격렬한 것은 금해야 한다. 기일 3일 전에 주인은 '빈'을 찾아가서 초청하는데, 새벽에 일어나 관복【오사모烏紗帽와 흑단령黑團領】을 갖추고 '빈'의 집에 가서 절하고 왕림해줄 것을 청하면 '빈'은 답배하고 허락한다.

○ '준'을 '계'의 집에 보내어 절하고 청하며 절하고 허락하기를 앞과 같이 한다.

○ 하루 전에 명륜당의 뜰에 자리를 설치하는데【당이 넓으면 당에 자리를 설치한다】 '빈'의 자리는 서북쪽【건방乾方】에 배치하여 동쪽을 보게 하고 북쪽

---

66  녹명鹿鳴: 『시경詩經·소아小雅·녹명지십鹿鳴之什』의 편명인데, 이것이 향음례의 악곡으로 사용된다.

이 상좌가 되게 한다. 주인의 자리는 동남쪽【손방巽方】에 배치하여 서쪽을 보게 하고 남쪽이 상좌가 되게 한다. '빈'의 자리가 설치되고 나면, 그다음 남쪽에 '계'의 자리, 그다음 남쪽에 삼빈의 자리, 그다음 남쪽에 중빈 9명의 자리로 배치하고 제자 18명은 뒷줄에 자리를 배치한다. 주인의 자리가 설치되고 나면 그다음 북쪽에 '준'의 자리, 그다음 북쪽에 삼찬의 자리, 그다음 북쪽에 향승 9명의 자리로 배치하고, 군리群吏 18명은 뒷줄에 엎드린다. 악정의 자리는 조계阼階[67] 위이며 사정의 자리는 서계西階 위이며, 악공 4명의 자리는 그 중간으로 한다.

○ 자리의 남쪽 끝의 땅에 금을 그어 조계와 서계의 모양을 만들고 그 위에 막을 친다【당에서 마시더라도 막은 뜰에 친다】.

○ 그다음 날 찬자贊者가 조계의 서편에 어금棜禁【준소(尊所: 제사 지낼 때 술 단지를 두는 곳)이니, 다리가 짧은 상을 쓴다】을 설치하는데, 현주玄酒[68] 한 병, 청주 한 병, 포해脯醢 한 광주리【포는 5정脡, 해는 2품】, 술잔과 소반 2벌을 갖추고, 현주는 서쪽에 둔다.

○ 손 씻는 곳은 서계의 동쪽에 설치하는데【작은 상을 사용한다】, 손 씻을 물 한 대야와 손 닦는 수건 한 장을 둔다.

○ 찬자가 가마솥 있는 곳에서 희생을 삶은 일을 감독하는데 희생으로는 개를 쓴다【가마 세 개에 각각 개 두 마리씩을 삶는다】.

○ 주인은 일찍 일어나서 명륜당으로 나아가 앉는다.

○ '빈'의 제자 한 사람이 문에 와서 빈이 왔음을 알린다.

○ 찬자가 들어가 알린다.

---

**67** 조계阼階: 동쪽 섬돌 계단.
**68** 현주玄酒: 제사 때 술 대신 쓰는 맑은 물.

○ '빈'이 이르면 '계'가 따르고 삼빈이 따르고 중빈이 따르고 제자가 따른다.

○ 주인이 나아가 영접하는데 '준'이 따르고 삼찬이 따르고, 여러 향승과 아전은 각자 자리를 지키고 따르지 않는다.

○ 주인이 대문으로 나아가 '빈'에게 절하면 '빈'은 답배하고, 주인이 '빈'이 들어오도록 읍하면 '빈'이 답읍하고, 주인이 문을 따라 동쪽으로 들어가면 '빈'은 문을 따라 서쪽으로 들어간다.

○ 문으로 들어와서 마주 서게 되면 주인이 읍하고 '빈'이 답읍한다.

○ 계단에 이르면 주인이 읍하고 '빈'이 답읍한다.

○ 주인이 서쪽을 향하여 서서 먼저 오르기를 청하면 '빈'은 "모某는 감히 그럴 수 없습니다"라고 사양한다.

○ 주인이 먼저 오르기를 청하면 '빈'은 "모는 감히 그럴 수 없습니다"라고 사양한다.

○ 주인이 "감히 굳이 청합니다"라고 하면, '빈'은 "굳이 사양합니다"라고 한다.

○ 주인이 "모는 명을 따르지 못하겠으니 감히 먼저 오를 수 없습니다"라고 한다.

○ 주인이 조계를 거쳐서 올라 제자리에 가서 서쪽을 향해 서고, '빈'은 서계를 거쳐 올라 제자리에 가서 동쪽을 향해 선다.

○ '준' 이하 사람들은 주인의 뒤를 돌아 차례대로 주인의 오른쪽에 서고【줄이 들어온 방향과 거꾸로 된다】, '계' 이하 사람들은 '빈'을 따라 차례대로 제자리에 가서 선다【그 줄이 들어온 방향 그대로이다】.

○ 주인이 두 번 절하고 '빈'이 두 번 답배한다. '빈'과 주인이 절하고 읍

하는데 '계'와 '준' 이하의 사람들은 함께 움직이지 않는다.

○ 찬자가 앉으라고 말하면, '빈'과 주인 이하 모두 앉는다.

○ 찬자가 씻는 곳에 가서 손을 씻고 술을 떠서 주인에게 주면 주인은 잔을 받았다가 도로 찬자에게 준다.

○ 찬자 두 사람이 한 사람은 잔을 잡고 한 사람은 광주리를 들고 '빈' 의 자리에 가서 앞에서 무릎을 꿇고 '빈'에게 바치면 '빈'은 잔을 받아 마시고 포 한 조각을 집어서 먹는다.

○ 찬자가 물러나 제자리로 돌아가면 주인이 절하고 '빈'이 답배한다.

○ 찬자가 손을 씻고 술을 떠서 '빈'에게 올리면 '빈'은 잔을 받았다가 도로 찬자에게 준다.

○ 찬자 두 사람이 한 사람은 잔을 잡고 한 사람은 광주리를 들고 주인의 자리에 가서 앞에서 무릎을 꿇고 주인에게 바치면 주인은 잔을 받아 마시고 포 한 조각을 집어서 먹는다.

○ 찬자가 물러나 제자리로 돌아가면 '빈'이 절하고 주인이 답배한다.

○ 찬자가 주인을 도와서 '계'에게 마시도록 하기를 앞과 같이 하면 '계'가 절하고 주인이 답배한다.

○ 찬자가 '빈'을 도와서 '준'에게 술을 권하기를 앞과 같이 하면 '준'이 절하고 '빈'이 답배한다.

○ 찬자가 주인을 도와서 삼빈에게 마시게 하기를 앞과 같이 한다.

○ 주인이 절하면 '빈'의 연장자가 답배한다【삼빈 중의 연장자】.

○ 중빈과 여러 향승에게 교대로 마시게 하기를 앞과 같이 한다.

○ 찬자가 각각 제자리에 가서 앉으면, '빈'의 제자 한 사람이 일어나서 손을 씻고 술을 따라 찬자에게 마시게 하기를 앞과 같이 한다.

○ '빈'이 절하고 찬자의 연장자가 답배한다【삼찬의 연장자】.

○ 악정이 악공을 거느리고 올라오는데, 슬자瑟者 2명, 가자歌者 2명은 서계로부터 올라와서 남쪽 끝에서 북쪽을 향하여 동쪽을 상좌로 해서 앉는다.

○ 가자가 '녹명鹿鳴' '사모四牡' '황황자화皇皇者華'[69]를 노래하면 슬자가 반주한다.

○ 아전들 중의 한 사람이 일어나 술을 따라 악공에게 마시도록 하되 절은 하지 않는다.

○ 이어 주남의 '관저關雎' '갈담葛覃' '권이卷耳'[70]를 노래하되 반주에 맞춘다.

○ 이에 찬饌을 올리는데, '빈'은 1형鉶【개장국이다】6두豆, '계'와 삼빈은 1형 4두, 중빈 이하는 1형 2두이다. 그중에서 70세 된 자는 모두 6두이며, 60세 이상 된 자는 모두 4두이다【중빈이라도 존대한다】.

○ 주인은 1형 6두이며, '준'과 삼찬은 1형 2두, 사정과 악정은 1형 2두, 여러 향승과 아전은 1형이다.

○ 무릇 찬을 올리는 데에는 '빈'을 먼저 하고 주인은 다음에 하며, '계'와 '준' 이하도 이와 같이 한다.

○ 이어 술을 올리는데, 찬자 두 사람이 한 사람은 병을 들고 한 사람은 잔을 잡고 '빈'에게 나아가 올리고 다음에 '주인'에게 나아가 올린다. 그 이하 사람들에게는 모두 차례로 번갈아 올린다.

○ 삼빈에게 올리고 나면 이어 중빈에게 올리고 여러 향승에게 올리고

---

69 녹명鹿鳴·사모四牡·황황자화皇皇者華: 모두 『시경·소아·녹명지십』의 작품명이다.

70 관저關雎·갈담葛覃·권이卷耳: 모두 『시경·국풍國風·주남』의 작품명이다.

이어서 사정에게 올리고 악정에게 올리고 그다음에 악공에게 마시게 하고 제자에게 마시게 하고 여러 아전에게 마시게 한다.

○ 찬자는 각각 제자리로 가서 자작해 마신다.

○ 술을 마시고 안주를 먹고 나면 악정이 일어나서 고한다. "현악과 노래가 잘 어울렸고 음식과 술도 풍성했으니, 편안히 쉬시기를 바랍니다."

○ 사정이 일어나서 고한다. "좋은 술과 아름다운 안주로 '빈'과 '주인'이 이미 즐거우니 위의를 가다듬기 바랍니다." 주인이 일어나고 '빈'도 일어나서 나아가 서계 위에 선다.

○ 주인이 절하고 '빈'이 답배한다.

○ '빈'이 자리로 돌아간다.

○ 또 술 한 순배를 돌린다.

○ 악정이 악공에게 명하여 소남의 '작소鵲巢' '채번采蘩' '채빈采蘋'[71]을 노래하도록 한다.

○ 사정이 고한다. "'빈'이 이미 취하셨지만 위의가 흐트러지지 않으셨으니 무한히 드시기 바랍니다."

○ '빈'이 사양해서 말한다. "모는 이미 취했습니다. 감히 사양합니다."

○ 주인이 "좋은 술과 아름다운 안주로 자리를 잘 마쳐주시기를 바랍니다"라고 말하면 '빈'은 사양해서 "모는 이미 취했습니다. 감히 따르지 못하겠습니다"라고 말한다.

○ 찬자가 형과 두를 치우고, 삼빈 이하의 것은 하집사下執事가 치운다.

○ 찬자가 예가 끝났음을 알린다.

---

71 작소鵲巢·채번采蘩·채빈采蘋: 모두 『시경·국풍·소남』의 작품명이다. 위에 보이는 소남 3편을 말한다.

○ 빈이 서계로 내려오는데, '계'가 따르고 삼빈이 따르고 중빈이 따르고 제자가 따른다.

○ 주인은 조계로 내려오는데 '준'이 따르고 삼찬이 따르고, 여러 향승과 아전은 따르지 않는다.

○ 문에 이르러 마주 서서 주인이 읍하고 '빈'이 답읍한다.

○ '빈'은 문을 지나 서쪽으로 나오고 주인은 문을 지나 동쪽으로 나와서 밖에 이르면 마주 서서 주인이 절하고 '빈'이 답배한다.

○ 주인은 도로 들어가서 얼마 있다가 관아로 돌아간다.


案 이 여러 절차는 그 의리가 모두 『예기·향음주의鄕飮酒義』에 나와 있으니 상고해보면 알 수 있다. 장유를 구별하고 귀천을 밝히는 것이 그 큰 뜻이요, 즐기되 난잡하지 않고 어울리되 휩쓸리지 않는 것이 그 오묘한 뜻이다. 그 도수度數에 있어서는 들어가고 빠지는 것이 옛날과 오늘날에 차이가 있다. 굳이 거기에 구애될 것이 없다. ○『국조오례의』에는 충국忠國·효친孝親·규문閨門·향당鄕黨·서훈胥訓·서교胥敎라는 말들이 들어 있다. 옛날에는 형식이 갖춰져 있지 않았고 백성들로 하여금 보고 느끼게 했을 따름이요, 말로써 가르쳤던 것이 아니었다. 입으로 혀가 닳게 가르치는 것은 성인이 예를 만든 본뜻이 아니다. 그 때문에 지금 쓰지 않는 바이다.

당나라 이서균李棲筠[72]이 상주常州를 맡아 다스릴 때, 학교의 강당을 크게 세워 향음주례를 행하였다. 사람마다 서로 권면해서 효제를 돈독하게

---

72 이서균李棲筠, 719~776: 중국 당나라 때 인물. 자는 정일貞一이다. 절서관찰사浙西觀察使를 지냈다.

행할 줄 알게 하였다.

장서張署[73]가 건주자사虔州刺史로 있을 때 경서에 통달한 아전에게 여러 유생들과 더불어 이웃의 큰 고을에 가서 향음주鄕飮酒와 상혼례喪婚禮를 배워오게 했다. 그리하여 강설을 크게 베푸니, 백성과 관리들이 보고 듣고 따라서 교화가 되어 크게 기뻐하였다.

절효공節孝公 서적徐積[74] 선생이 초주楚州의 교수로 있을 때, 향음례가 오래도록 폐해진 것을 근심하여 군수를 거느리고 그 의식을 거행하고 여항의 노인들이 모두 함께 마시게 하였다. 그리고 글을 지어 그곳의 자제들에게 권하고 가르치니 이날 향교에 모인 사민들이 1000여 명이나 되었다.

조극선이 청도군수로 있을 때, 가을에 고을의 부로와 자제들을 크게 모아 향음주례를 거행하고, 다 함께 교육의 조목을 수강修講하여 떳떳한 인륜에 힘쓰도록 하고 스스로 시를 지어 권하기도 하였다.

## 향고례

향고饗孤의 예는 『의례儀禮』[75]에 제대로 남아 있지 않아서 지금 상고하기 어렵다. 그러나 『예기』에 "봄에는 고아들을 위한 잔치를 베풀고 가을에는 늙은이들을 대접한다"라고 했고[『예기·교특생郊特牲』에 있다], 『예기·월

---

73 장서張署: 중국 당나라 때 인물. 벼슬은 우보궐에 이르렀다. 시에 능하였다.

74 서적徐積, 1028~1103: 중국 송나라 때 인물. 자는 중거仲車, 시호는 절효처사節孝處士이다. 저서에 『절효어록節孝語錄』 『절효집節孝集』이 있다.

75 『의례儀禮』: 중국 한대에 예를 기록하여 전하는 것이 세 가지가 있는데, 그 하나가 대덕戴德이 편찬한 『대대례大戴禮』이며, 또 하나가 대성戴聖의 『소대례小戴禮』(또는 보통 말하는 『예기』)이며, 그 나머지를 모은 『의례儀禮』이다. 십삼경十三經에 들어 있다.

령月令』에서는 "중춘에 어린이들에게 잔치를 베풀어주고 고아들을 돌본다"라고 하였으며, 『대대례大戴禮』[76]에도 "사도司徒는 봄에 고아 8명의 조회를 맡는다"라고 하였으며【「천승千乘」에 보인다】, 『예기』에서 "천자가 학교를 시찰하고 동서東序[77]에서 노인과 어린아이를 대접한다"라고 하였다【「문왕세자文王世子」에 보인다】. 『모시정의毛詩正義』[78]에는 "벽옹辟雍[79]은 고아를 기르는 곳이다"라고 하였으며【「영대靈臺」의 소疏에 있다】, 『한시외전韓詩外傳』에도 "노인을 섬기고 고아를 길러서 백성을 교화시키고 선행을 권장한다"라고 했다. 『후한서』에는 "중원中元(기원전 149~기원전 144) 원년에 처음으로 삼옹三雍[80]을 건립하여 늙은이들을 존대하고 어린 고아들을 구휼하였다"라고 하였으니 『대학大學』에서 말한 "위에서 고아를 구휼한다"라고 한 것이 이를 두고 말한 것이다. 『주례』에서 천관天官의 외옹外饔·주정酒正[81]과 지관地官의 유인遺人·고인槁人·사문司門[82] 그리고 하관夏官의 나씨羅氏[83] 등은 향고례에 음식을 제공한다는 글이 분명히 나와 있으니 명

---

76 『대대례大戴禮』: 『예기』와 마찬가지로 중국 주나라, 진秦나라, 한나라에 걸친 여러 학자들의 예설禮說을 전한의 대덕이 편찬한 것이다. 대덕의 종질 대성이 편찬한 것을 『소대례』라 하여 구별 짓고 있다.

77 동서東序: 중국 하후씨夏后氏의 학교 이름이다.

78 『모시정의毛詩正義』: 중국 한나라 모공毛公이 전한 『시경』에 대해 당나라 공영달孔穎達이 정의한 책.

79 벽옹辟雍: 천자의 학교를 지칭하는 말.

80 삼옹三雍: 예를 강講하는 곳인 명당明堂·벽옹辟雍·영대靈臺를 지칭하는 말. 삼옹관三雍官이라고도 한다.

81 외옹外饔·주정酒正: 모두 『주례』의 천관에 속한 관직명. 외옹은 외제사外祭祀의 음식을 조리하고 포脯를 바치는 일을 관장하며, 주정은 술의 정령政令을 관장한다.

82 유인遺人·고인槁人·사문司門: 모두 『주례』의 지관에 속한 관직명. 유인은 위적(委積, 예산으로 쓰고 남은 것)으로 시혜를 대비하는 일을 관장하고, 고인은 외내조外內朝의 종사자에게 음식을 제공하는 일을 관장하고, 사문은 국문國門을 열고 닫는 일을 관장한다.

83 나씨羅氏: 『주례』의 하관夏官에 속한 관직명. 까마귀를 잡는 일을 관장한다.

백히 삼대의 아름다운 법전에 속하는 것이다. 수령이 학교의 정사를 다 듬었으면 불가불 이 예도 닦아야 할 것이다. 여기서 '고아'라 함은 나라를 위하여 죽은 사람의 후손을 지칭하는 말이다.

○ 수령은 본 고을의 관내에 충신으로 나라를 위해 죽은 사람의 자손이 있는지 찾는다. 비록 조그마한 공이 없더라도 의병을 일으켜 전쟁터에 나가서 싸우다가 죽은 사람의 경우에는 그 자손들을 응당 구휼해야 한다. 몇 사람을 찾아냈으면 그중에서 나이가 들고 덕이 있는 사람을 택하여 '빈'으로 세우고 나머지는 중빈으로 셋 혹은 아홉을 상황에 맞게 세울 것이다.

○ 기일 전에 명륜당에 배설하는데 수령의 자리는 북쪽 벽 아래에 남쪽을 향하도록 하고, '빈'의 자리는 서쪽 벽 아래에 동쪽을 향하고 북쪽을 상석으로 하며, 나머지는 다른 예와 같이 한다.

○ 응당 2월에 거행하는바 3일 전에 재장齋長으로 하여금 '빈'을 찾아가서 초청토록 한다.

○ 그날 수령은 아침 일찍 일어나 명륜당으로 가서 자리에 앉는다.

○ 찬자가 '빈'의 도착을 알리면, 수령은 나아가서 문안에서 서쪽을 향해 선다.

○ '빈'이 문을 따라 서쪽으로 들어와서 동쪽을 향해 서면 수령이 절하고 '빈'이 답배한다.

○ 계단에 이르러 서로 읍하고, 수령은 조계로 올라가고 '빈'은 서계로 오르며, 중빈은 뒤따라 올라가서 각자 제자리에 가서 서면 '빈'이 두 번 절하고 주인이 답배한다.

○ 자리를 잡고 나면 이어 찬을 올리는데, '빈'과 주인은 1형 6두이며,

중빈은 1형 4두이다. 이어 술을 올리는데, 먼저 '빈'에게 올리고 다음에 수령에게 올리고 중빈에게 올린다.

○ 찬자가 주인의 왼편에 서서 고한다. "여러분들의 선조를 생각함에 나의 마음이 아프고 쓰리도다. 아름다운 술과 좋은 안주로 오래도록 생각하는 마음을 부치노라."

○ '빈'은 엎드렸다가 일어나서 대답한다. "우리 조상을 생각함에, 이 좋은 음식으로 향응해주시는 그 은혜를 제가 감히 받을 수 없고 돌아가 선인께 아뢰겠습니다."

○ 찬을 치움에 찬자는 예가 끝났음을 알린다.

○ '빈'이 나가면 수령은 문안에서 전송한다. '빈'이 절하고 수령이 답배한다.

## 때에 따라 향사鄕射의 예도 거행하고 투호投壺의 예도 거행해야 한다.

향사례鄕射禮[84]는 고례에 번거롭고 까다로워서 거행하기가 어려운 일이다. 응당 『향례합편』을 가져다놓고 고금을 참작해서 하나의 절차를 만들어 거행할 것이다.

○ 투호례投壺禮[85]는 『예기』에 실려 있는 내용 중에서 가장 상세하고 치

---

84 향사례鄕射禮: ①중국 주대에 향대부가 3년마다의 대비大比에 현능賢能한 자를 왕에게 천거할 때 그 사士를 선발하기 위하여 행하는 사례. ②주장州長이 봄가을에 예로써 백성을 모아 주서州序에서 행하는 사례(여기서도 현능한 자를 보아 경대부에게 천거한다). 이 절차는 『의례·향사례』에 나와 있다.

85 투호례投壺禮: 중국 주대에 연회의 자리에서 빈賓·주主가 화살을 술병에 던져 넣는 시

밀하므로 참조하여 행할 수 있다. 오직 노고魯鼓니 설고薛鼓[86]니 하는 구절은 오늘날에는 세밀히 준수할 것은 없고, 단 북 하나를 써서 맞을 때마다 북을 치는 것만으로도 족히 예를 행할 수 있을 것이다. 향음례와 향사례는 일이 거창하여 자주 시행할 수 없다. 투호례는 절차가 간략하여 행하는 것이 어렵지 않으며, 읍양揖讓·승강升降·진퇴進退·주선周旋·수사修辭·치용致容 역시 그 모습을 익혀서 위의를 갖출 수 있다. 봄가을의 좋은 날을 잡아서 수령이 몸소 향교에 나아가 학생들과 더불어 늘 이 예를 행하여 그 뜻을 알려주면 필시 보고 느껴서 흥기하는 자가 있을 것이다.

한연수가 영천태수로 있을 때 어진 선비를 초빙하여 예로 대우하여 쓰며, 논의를 넓히고 충고하는 말을 받아들였다. 그리고 상례를 거행하게 하고, 재물을 내서 효제로 행적이 드러난 자를 표상하며, 향교를 수리하여 봄과 가을로 향사례를 행하였다. 종과 북, 관현악기를 늘어놓고 승강·읍양의 예를 성대하게 거행하고, 무예를 강론하며 활쏘기와 말타기를 익히도록 하였다.

---

합을 하여 이긴 자가 진 자에게 술을 먹이는 예이다. 기예를 강습하는 뜻이 있었다.
86 노고魯鼓·설고薛鼓: 투호례의 한 절차인데 『예기』에 그 원문이 사라져서 자세하지 않다.

辨等

제 5 조 신분 구별

신분 구별은 백성을 안정시키고 뜻을 움직이지 않게
하는 요체이다. 등위等威가 명확치 않아서 위계가
문란하게 되면 백성들은 해이해지고 기강을 잃게
된다.

『주역周易』에 "상하를 구별하여 백성들의 뜻을 안정시킨다. 이履는 예
禮이다"¹라고 하였으며, 『예기』에서는 "군신과 상하는 예가 아니면 질서
가 정해지지 않는다"²라고 하였다. 옛날에 성인은 개물성무開物成務³를 하
여 문장文章⁴으로 귀천을 드러냈으니, 이른바 황제黃帝와 요순堯舜이 의상
을 드리워서 천하가 다스려졌다 함은⁵ 이를 두고 한 말이다. 공복公服의

---

1 『주역周易』 이履괘에서 "상하의 구분과 존비의 의리는 이치의 당연이요 예禮의 근본이
  라"라고 풀이했다.
2 『예기·곡례 상曲禮上』.
3 개물성무開物成務: 여러 가지 뜻으로 해석되지만, 여기서는 만물의 뜻을 밝혀서 인간의
  질서를 마련한다는 의미이다. 『주역·계사 상繫辭上』에 나옴.
4 문장文章: 원래 색채와 모양으로 아름답게 꾸미는 것을 문장이라 일렀는데, 여러 가지 의
  미를 포괄하는 개념이다. 예악제도 일반을 가리켜 문장이라 했고, 좁은 의미로는 의상·
  깃발 등으로 상하를 구분하는 것도 문장이라고 보았다. 여기서는 좁은 의미의 문장에 해
  당한다.
5 『주역·계사 하』에 이에 대한 해석에서 예전의 옷은 짧았으나 후에 사마포백絲麻布帛으로

문장에도 등급이 있고【9장에서 1장까지】, 깃발의 술에도 등급이 있으며【아홉 깃술에서 한 깃술까지】, 수레에도 등급이 있으며【옥로玉輅⁶에서 만거縵車⁷까지】, 지붕의 구조에도 등급이 있으며【비천한 자의 집에는 지붕에 낙수 고랑을 이중으로 만들지 못한다】, 제사와 음식에도 등급이 있었다. 이에 그 질서가 정연하여 상하의 등급이 명백하였으니, 이것이 성인이 세상을 통솔하고 백성을 안정시킨 대권大權이다. 우리나라 습속에도 신분 구별이 자못 엄하여 상하가 오직 각각 분수를 지켰는데, 근세 이후로 관작과 녹봉이 한쪽으로 치우쳐 귀족이 쇠잔하게 되면서 넉넉한 아전과 백성들이 틈을 타서 기세를 부리니 이들의 집과 말 치장의 호사스러움과 의복과 음식의 사치스러움이 모두 법도를 넘었다. 그래서 아래가 위를 능멸하고 위는 위축되어 다시 등급이 없게 되었다. 장차 어떻게 사회를 유지하고 결합하여 원기를 회복하고 혈맥을 통하게 할 수 있을 것인가. 신분 구별은 오늘날의 급선무이다.

족族에는 귀천이 있으니 마땅히 등급을 구별해야
하고 세력에는 강약이 있으니 마땅히 실상을 살펴야
한다. 이 두 가지는 어느 하나도 없앨 수 없는 것이다.

옛날 천하 국가를 다스리는 일에 그 대의가 네 가지 있었으니, 첫째는

---

의상을 길게 만들게 되었으므로 의상을 드리운다고 했으며, 이 의상이 귀천을 구별하는 의미가 있다고 했다.

6 옥로玉輅: 큰 수레로 천자의 수레.
7 만거縵車: 문채文采가 없는, 가죽을 덮어씌운 수레.

친족을 친애하며, 둘째는 존귀한 사람을 존귀하게 대우하며, 셋째는 어른을 어른으로 모시고[즉 노인을 노인 대접하는 것], 넷째는 어진 이를 어질게 대접하는 것이다. 친족을 친애하는 것은 인仁이며, 존귀한 사람을 존귀하게 대우하는 것은 의義이며, 어른을 어른으로 모시는 것은 예禮이며, 어진 이를 어질게 대접하는 것은 지知이다. 친족 외에는 벼슬과 나이와 덕이 곧 삼달존三達尊이 되는데, 이것이 고금을 관통하는 원칙이다. 소위 존귀한 사람을 존귀하게 대접한다는 것에는, 벼슬하여 군자가 된 사람은 지위가 존귀하며, 조업操業하여 소인이 된 사람은 지위가 비천하다는 이 두 등급이 있을 뿐이다. 그러나 군자의 자손이 도를 지키며 학문을 닦고 예를 지키면, 비록 벼슬은 하지 않더라도 귀족에 속하는데, 저 하민下民과 노예의 자손들이 감히 이들을 공경하지 아니하니, 이것이 첫 번째로 분별해야 할 경우이다. 향승은 비록 벼슬하는 관리는 아니라도 본 고을에서 대대로 수령의 정사를 보좌하므로 역시 등縢·설薛[8]과 같은 조그만 제후국의 대부인 셈이다. 저 하민과 노예 같은 천민들은 마땅히 예모를 갖추어 대해야 할 것이다. 이것이 두 번째로 분별해야 할 경우이다. 혹시 저 하민과 노예 같은 천민이 재물을 모아 부자가 되어 그 아들이나 손자가 뇌물을 바쳐 차임을 받고자 해서 향승이 되기도 하고, 조상을 바꾸어 거짓 족보를 만들어내기도 하고, 땅을 바치고 여자 종을 헌납해서 귀족과 혼인을 맺기도 하며, 구멍을 뚫고 샛길을 찾아 수령과 연줄을 맺기도 한다. 이러한 무리는 징계해서 억눌러야지 키워주어서는 안 된다. 그러나 혹시 그들 중에 행실이 돈후하여 앞으로 일어날 만한 조짐이 있는 자

---

8 등縢·설薛: 중국 주나라 때 봉을 받은 제후국인데, 그 세력이 약하여 춘추시대로 오면서는 존재감이 없어졌다.

들은 북돋우고 키워주어도 덕에 해롭지 않다. 만일 마을의 머슴 따위들이 술에 취해 소란을 피우면 의당 징벌해야 하니, 이것이 세 번째로 분별해야 할 경우이다. 내가 오랫동안 민간에 살면서 수령에 대한 비방과 칭찬이 모두 신분 구별에서 나오는 것임을 알았다. 백성을 아낀다 하는 수령들이 편파적으로 강한 자를 누르고 약한 자를 도와주는 것만을 위주로 삼아서, 귀족을 예로 대하지 않고 오로지 소민을 두둔하여 보호하면 원망이 비등할 뿐만 아니라, 풍속도 퇴폐해지니 아주 옳지 못하다. 그러나 신분 구별을 엄격하게 하는 것을 시속에서는 명분을 바르게 하는 것이라고 말하는데 이는 지나친 말이다. 임금과 신하, 노비와 주인 사이에는 명분이 있어서 마치 하늘과 땅 사이가 뒤바뀔 수 없는 것처럼 분명하다. 그러나 앞에서 말한 바와 같은 경우는 등급이라고 말할 수는 있으나 명분이라고 말할 수는 없다【양반은 동·서의 두 반班이며, 사士는 당하관이고, 대부大夫는 당상관이다. 오늘날 귀족을 양반이라 일컫고 사대부라 일컫는데, 이는 잘못이다[9]】.

장남헌張南軒[10]은 이렇게 말하였다. "정사를 처리하자면 먼저 마음을 공

---

9 조선왕조의 동서반 품계는 정1품에서 종9품까지 18품으로 되어 있다. 정1품에서 종6품까지는 품 내內에 다시 2계階씩으로 나뉘어져 있다. 정1품에서 종9품까지의 전체 계는, 종6품까지의 24계와 정7품에서 종9품까지의 6계의 합인 30계로 나뉘어져 있다. 여기에서 정1품의 상계 上階인 대광보국숭록대부 大匡輔國崇祿大夫에서 종4품의 하계 下階인 조봉대부(朝奉大夫, 동반)·선략장군(宣略將軍, 서반)까지가 대부이고 정5품의 상계인 통덕랑(通德郎, 동반)·과의교위(果毅校尉, 서반)에서 종9품의 하계인 장사랑(將仕郎, 동반)·전력부위(展力副尉, 서반)까지가 사士이다. 당상관은 30계에서 정3품의 상계인 통정대부(通政大夫, 동반)·절충장군(折衝將軍, 서반) 이상을 가리키는 것이고, 당하관은 정3품의 하계인 통훈대부(通訓大夫, 동반)·어모장군(禦侮將軍, 서반) 이하를 가리키는 것이다. 따라서 정3품의 하계인 통훈대부·어모장군에서 종4품의 하계인 조봉대부·선략장군까지는 당하관이지만 대부이다. 이렇게 대부와 사의 경계선, 당상관과 당하관의 경계선이 일치되지 않았는데, 여기서는 그것이 일치하는 것으로 착각하고 있다.
10 장남헌張南軒, 1133~1180 : 중국 송나라의 장식張栻. 자는 경부敬夫·악재樂齋, 남헌南軒은 호이다. 주로 남헌선생이라 일컬었다. 주자와 가까이 교유하였다. 저서로는 『남헌역설

평하게 써야 한다. 마음이 공평하지 않으면, 좋은 일이라도 역시 착오가 있게 된다. 강한 자를 누르고 약한 자를 돕는 일이 어찌 좋은 일이 아닐까마는 여기에도 종종 착오가 있다. 모름지기 마음을 맑은 거울처럼 가지면, 고운 것은 고운 대로 추한 것은 추한 대로 드러날 터이니 어찌 의도적으로 꼭 그렇게 할 필요가 있겠는가." ○ 호태초는 이렇게 말하였다. "오늘날 정사에 종사하는 사람은 으레 강한 자를 누르고 약한 자를 돕는 것을 능사로 여기나, 이러한 풍조가 자라나면 소작인이 지주에게 항거하게 되고, 억센 종놈이나 사나운 여종이 주인댁의 연약한 아이나 과부를 업신여기게 된다. 간활한 무리가 약자인 척을 하고, 시정의 소인배들이 사족士族을 업신여기는 일이 생기게 될 터이니, 말류의 폐단을 장차 어떻게 할 것인가."

혹시 세도가나 대족大族이 한 고을을 누르고 살면서, 그중에 한두 사람이 못나고 불학무식한 데다가 잇속을 좇아 못된 짓만 해서 백성들을 못살게 굴어 떠나게 하고, 상투를 매달고 수염을 뽑으며 기왓장에 꿇어앉히기도 하고 발꿈치에다 불을 질러 지지는가 하면, 이자에 이자를 더하고 더해서 파산케 함으로써 백성들의 원수가 되는 자가 있다. 이들을 경계하고 억눌러서 뉘우쳐 고치도록 해야 한다. 그래도 여전히 방자한 자는 수령이 엄중히 징계하고, 신분의 구별만을 마음에 두어서는 안 된다. 향청의 관리와 몰락한 양반이 몸소 농사짓는 처지에서, 농사꾼과 어울려 무례하게 잡된 농지거리를 하고, 물가나 시장 거리에서 술에 취해 싸움질을 하며 서로 상스런 말을 주고받고서는, 술이 깬 뒤에 유자儒者의 복

---

南軒易說』『남헌집南軒集』이 있다.

장을 하고 와서 명분을 바로잡아달라고 호소하는 사례도 있다. 이런 경
우 수령이 지나치게 엄히 다스리면 백성이 납득하지 않을 것이니, 역시
신분의 구별만 마음에 두어서는 안 된다. 요컨대 천한 자가 귀한 자를 능
멸하는 것도 수령이 우려할 바이며, 강한 자가 약한 자를 침해하는 것도
수령이 우려할 바이다. 잘 요량해서 적절히 처리해야 할 것이니 말로 다
설명하기 어렵다. 윗사람이 실수가 없으면 아랫사람이 먼저 잘못하지 않
을 것이다. 마땅히 선비의 행실로 거듭 타일러서 부끄러움을 알게 한 뒤
에, 귀한 자를 능멸한 죄를 통쾌하게 다스리면 원망이 없을 것이다.

> 무릇 신분 구별의 정사政事는 오직 소민小民들만
> 징계할 일이 아니요, 중간층이 상층을 범하는 것도
> 역시 나쁜 짓이다.

백 년 이래로 관작과 녹봉이 먼 지방까지 내려가지 않아서 옛 사대부
의 자손들은 대대로 물려온 기반이 무너져내려 보잘 것 없는 형편이 되
었다. 이에 토족土族들이 권세를 잡고는 온갖 술수로 이들을 모함하고 박
해하여 여러 대 동안 억눌려 살았던 치욕을 보복하려 든다. 수령이 헛소
문을 듣고 와서 어느 곳 누구 집은 원래 대족이니 응당 무력으로 억압했
을 것이라 하고, 또 간사한 향임鄕任의 모략에 빠져 오로지 그 집안을 억
누르려고 마음을 쓴다. 이런 수령이 많으니 역시 잘못이 아닌가. 대개 귀
족이 토족에게 능멸을 당하는 경우 마땅히 통렬하게 다스려야 할 일이니
이 또한 신분 구별을 하는 이유이다. ○ 근래 아전의 습속이 날로 변하여
하찮은 아전이 길에서 귀족을 만나도 절을 하려 하지 않고, 소임도 맡지

못한 아전의 아들과 손자들이 고을 안의 귀족 대하기를 대등하게 사귀는 관계와 다름없이 너나들이하고 자字를 부르며 예를 차리려 들지 않으니,[11] 이 또한 세상이 변한 탓이다. 수령은 마땅히 아전들을 단속하고 타일러 그렇게 하지 못하도록 해야 할 것이다. ○ 아전들을 경계하되 "내 듣건대 너희들의 교만하고 패악함이 날로 심해져서 수십 년 이래로 이러이러하였다 하니, 다시 이런 일이 들리면 내가 응당 엄히 처벌할 것이다"라고 하고 재삼 타이를 것이다. 그래도 범하는 자가 있으면 준엄하게 다스린다. 그러면 사림도 크게 기뻐할 것이니, 이는 소민을 징계하는 것과 비견할 바가 아니다. 이것은 신분 구별에 있어서 가장 큰일이다. ○ 혹 사족 중에 간사한 자가 세력 있는 아전에게 달라붙어서 향임 자리나 얻어보려고 서로 너나들이하고 지내면, 이에 대해서는 굳이 밝힐 것 없고 그냥 하는 대로 내버려둘 일이다.

나이 적은 사람이 나이 많은 사람을 업신여기고, 병졸이 장수를 업신여기는 것은 응당 분변分辨해야 할 일이다. 무릇 소송 사건이 일어나면 마땅히 소송 당사자들의 등급을 살펴보아야 한다. 귀천이 동등한 경우에 나이 적은 사람이 나이 많은 사람을 업신여긴 것이면 불가불 징계해야 한다. 그러나 귀한 신분을 가진 나이 적은 사람이 나이 많은 천한 노인을 만나면 당연히 예의를 갖추어야 할 것이니 이 또한 불가불 경계하여 타일러야 한다. 병졸은 대장과 기총旗摠[12]에게 역시 예의를 갖추어야 하고,

---

11 자字는 원래 남자가 성인이 되면 상투를 틀어올리고 이름과 별도로 자를 지어준다. 이때부터 친구 간에는 대개 자를 부르게 된다. 그런데 아전이 양반 자제를 자로 부른다는 것은 맞먹으려는 수작이라고 보는 것이다.

12 기총旗摠: 속오군의 소임. 상관인 기패관旗牌官과 천총千摠·파총把摠을 지칭하기도 한다.

노예는 아전과 군교에게 무엄해서는 안 되는 것이니, 이 모두 신분 구별에서 마땅히 가려야 할 임무이다.

『속대전』에 다음과 같이 규정되어 있다. "상민과 천인으로서 사족을 구타하여 그 정황이 명백히 드러난 자는 장 100대, 도徒 3년에 처한다. 상해를 입힌 자는 장 100대, 유流 2000리에 처한다."【「형전·추단推斷」】

## 주택·수레·의복·기물 등속이 사치스러워 규정에 어긋난 것은 모두 마땅히 엄금할 일이다.

소신신召信臣이 영릉태수零陵太守로 있을 때, 결혼과 장례를 검소하게 행하도록 했다. 관부와 현에 소속된 관리들의 자제가 건방지고 놀기만을 좋아하며 농업에 힘쓰지 않으면 그 관리를 곧장 파면 조처했다. 그의 교화가 크게 미쳐서 관리와 백성이 다들 좋아해 그를 소부召父라고 불렀다.

주제周濟[13]가 안경부安慶府를 맡아 다스릴 때, 혼례와 상제의 규정을 마련하여 사치를 금했으며, 혼인과 장례의 기일을 어긴 자를 처벌하니 풍속이 크게 바뀌었다【『명사明史』에 나옴】.

『대명률大明律』에 다음과 같이 나와 있다. "관과 민의 주거, 수레와 복식, 기물 등속은 각각 등급이 있다. 만약 참람되게 법식을 어기면, 벼슬이 있는 자는 장 100대에 처하고 파직시켜 다시 임용하지 않으며, 관직이 없는 자는 태笞 50대에 처하며 그 가장도 연좌시킨다. 장인匠人에 대해도

---

13 주제周濟, 1386~1449: 중국 명나라 사람. 자는 대형大亨이다. 사천四川을 순무했으며 안경지부를 지냈다.

역시 태 50대에 처하고 금령을 어긴 물건은 관에서 몰수한다.”[14]

『속대전』에 다음과 같이 나와 있다.[15] “서민의 겉옷은 앞은 땅에서 4치 떨어지고 뒤는 땅에서 3치 떨어지며, 소매 길이는 손을 지나고 소매통의 넓이는 8치요 소맷부리는 5치이다. 속옷 역시 이에 준해서 치수를 줄인다.” ○ 요즈음 비천한 사람들이 다 도포를 입어서 큰 소맷자락을 길게 늘어뜨리니 그 점잖은 모양새가 마치 조정의 벼슬아치와 같다. 포백은 날로 귀해지고 기강은 날로 퇴폐해지고 있으니 작은 걱정거리가 아니다. 하지만 조정의 명이 있지 않으면 수령으로서는 어떻게 할 도리가 없다. 때때로 순순히 타일러서 조심하도록 할 것이다.

『경국대전』에 “종친의 처와 딸, 당상관의 어머니·처·딸·며느리 및 음관蔭官의 신부 외의 부녀자가 옥교자屋轎子를 타면 장 80대에 처한다”[16]라고 나와 있다. ○ 경성 삼법사三法司[17]의 금란禁亂[18] 조건에 가마를 타는 것에 대한 조목이 있다. 그러므로 삼의사三醫司[19]·역관譯官·관상觀象[20]·산율算律[21] 등은 비록 관의 녹봉을 받기는 하지만 수령이나 당상관 같은 실질적인 벼슬을 지내지 않으면 그 처와 딸은 감히 옥교를 타지 못한다. 이

---

14 『대명률·예율禮律·의제儀制·복사위식服舍違式』.

15 『속대전·예전·의장儀章·복복服』.

16 『경국대전·형전刑典·금제禁制』.

17 삼법사三法司: 조선왕조에서 법을 맡아 다스리던 세 관청. 형조·사헌부·한성부를 가리킴.

18 금란禁亂: 인가를 받지 않고 전을 벌이는 것을 난전亂廛이라 하는데 이를 금하는 것.

19 삼의사三醫司: 의약에 관한 일을 맡아보던 내의원·전의원·혜민서를 가리킴.

20 관상觀象: 천문·지리·역수曆數·측후測候 등의 업무를 맡아보던 관상감의 직책.

21 산율算律: 산사算士와 검률檢律을 통칭한 것이다. 검률은 형조에 속한 율학청律學廳에서 사법 행정의 실무 또는 교육에 종사하던 종9품 벼슬의 하나. 산사는 조선왕조 때 호조에 속한 산학청算學廳 또는 경비사經費司에서 경비에 관련된 일을 맡아보던 관원. 체아직遞兒職이었다.

서吏胥와 시정배에 이르러서는 비록 비변사備邊司나 내각內閣[22]의 이속이라 하더라도 그 처와 딸은 감히 분수를 범할 수 없다. 내가 옛날에 곡산에 있을 때 보아도 그곳의 풍속에는 아전 집안의 부녀자는 신혼 때라도 가마를 타는 일이 전혀 없었다. 더구나 옥교에 있어서야 말할 것도 없다. 내가 영남에서 본 바로도 또한 마찬가지였다. 그런데 유독 호남 지방에서는 아전의 부녀자들이 다 옥교를 타고 수놓은 주렴을 늘어뜨리고 앞에서 소리를 지르고 뒤에서 옹위를 한다. 그러다가 가난한 선비라도 만나면 벽제辟除[23]를 하여, 남자는 말을 타고 뒤따라가며 빨리 지나친다. 신부만 그런 것이 아니고 노인 또한 마찬가지다. 고가故家·명족名族은 빈곤과 쇠락이 날로 심해져서 낡은 가마를 새끼로 얽어매고 파손된 지붕을 자리로 덮는가 하면 치마를 휘장으로 돌리고 통발을 잘라서 주렴으로 만든다. 그 가마를 소 등에 싣고, 신랑이 가마채를 잡고 가는데 부축하는 사람이 없어서 가마가 좌우로 비틀거려서 마치 배를 탄 듯하다. 좁은 길목에서 서로 만나기라도 하면 밀려서 뒤집히고 언덕에서 떨어지고 개울에 빠지기도 한다. 가마 밖으로 어린아이가 튕겨져나와 고통을 호소해도 저 행차는 이미 멀리 달아나버린다. 요즈음 날로 귀에 들리는 것이 대부분 이런 일들이다. 아전은 더욱더 교만해져서 자꾸 사심이 생겨나고 선비는 날로 위축되어 풍기風氣가 점차로 삭막해지고 있다. 이런 현상은 모두 수령 된 자가 아전과 더불어 한패로 농간을 부리고, 오직 아전에게 아첨하느라, 아전이 듣기 싫어하는 일은 일언반구도 감히 입 밖에 내지 못하여

---

22  내각內閣: 규장각의 별칭. 교서관은 규장외각이 속했음.
23  벽제辟除: 존귀한 사람이 행차할 때 별배(別陪, 벼슬아치 집에서 부리는 하인)가 일반 사람들의 통행을 금하여 길을 치우는 일. 이때 길에서 물러나도록 소리를 왼다.

점차로 이 지경에 이른 것이다. 암행하는 어사 역시 이 모든 것을 익히 알고 있으면서도 구하려 들지 않으니, 명기名器[24]가 날로 문란해져서 필시 큰 난리가 일어나고야 말 것이라는 점을 모르고 있다. 작은 조짐을 미리 예방하여 장차 벌어질 큰 사태를 막을 일이 바로 이때다. 미미한 문제라고 소홀히 넘겨서는 안 될 것이다.

『경국대전』에서 다음과 같이 규정하고 있다. "서인 남녀는 일체 홍의·자의·자대紫帶·금은·청화주기·교기초交綺綃[25]·옥玉·산호·마노·호박·청금석青金石[26] 및 황동黃銅으로 장식한 안장, 삽등자鈒鐙子[27]·사피斜皮[28]의 사용을 금한다." ○ "유음부녀有蔭婦女[29] 외에 꽃방석을 사용하는 자, 주칠기朱漆器를 사용하는 자, 사화봉絲花鳳·금은로포화金銀露布花[30]를 사용하는 자와 혼인에 사紗·나羅·능綾·단緞·계담罽毯[31]을 사용한 자는 모두 장80대에 처한다." ○ 오늘날 군현의 아전들이 의복과 그릇, 말 치장이 사치스럽고 참람해서 한계가 없다. 중국과 일본에서 온 기물에다 홍색·녹색이 찬연하고 비단과 금은을 쓰지 않는 것이 없으니, 아 이 일을 어찌한단 말인가. ○ 강진의 아전 채蔡 모가 겨울에 요강을 돈피로 장식했는데 요

---

24 명기名器: 나라의 귀중한 보물. 혹은 국가를 지탱하는 동량.
25 교기초交綺綃: 교차된 무늬를 놓은 색 비단.
26 청금석青金石: 옥 종류의 보석.
27 삽등자鈒鐙子: 등자의 한 가지.
28 사피斜皮: 초피.
29 유음부녀有蔭婦女: 유음은 종2품 이상(시종신은 3품 이상) 관원의 자손에게 주어지는 특전. 그리고 여기서 말하는 부녀는 그 자손들의 부녀를 지칭한다.
30 사화봉絲花鳳·금은로포화金銀露布花: 모두 조화造花이다. 사화봉은 금실로 꽃과 봉을 수 놓은 것이며, 금은로포화는 금종이와 은종이로 만든 것.
31 사紗는 깁絹에 속한 것, 나羅도 깁, 능綾은 무늬 놓은 비단, 단緞은 비단, 계담罽毯은 털로 짠 방석.

강이 놋쇠여서 차갑다는 이유였다. 암행어사 이이장李彝章[32]이 그의 집에서 자게 되어 이를 직접 보았다. 바로 그 이튿날 조사해서 채 모에게 효시梟示[33]의 명령을 내렸다. 북을 세 번 울리며 화살이 귀를 뚫고 얼굴에 재를 칠한 다음, 법장法場[34]까지 와서 풀어주고 해당 형률만을 적용하였다. 이 고을 사람들이 오늘에 이르도록 이 일을 칭송하고 있다【해당 형률은 장 100대에 처하는 것이다. 아전과 관인도 마찬가지다】.

『경국대전』에 다음과 같이 규정하였다. "서인의 의복은 아홉 새[升]이다. 사족의 경우 초립草笠은 50죽竹이고 마미립馬尾笠·부죽립付竹笠도 쓴다. 서인의 경우 초립은 30죽이며 죽직립竹織笠·승결립繩結笠도 쓴다."案 초립은 옛날 풍속이다. 하지만 그 당시에는 사족과 서민이 쓰고 입는 것에 등급이 있음이 분명하였다. 오늘날에는 위로는 대신부터 아래로는 아전에 이르기까지 모두 제주도 세모첨細帽簷 300회回 이상을 쓰고 있다. 아, 이 일을 또한 어찌할 것인가?

『경국대전』에 다음과 같이 규정하였다. "당하관으로서 안장에 은입사銀入絲를 사용하는 자와 서인으로서 분묘의 석물이 규정에 어긋난 자는 모두 엄금하여 죄로 다스린다."【석인石人은 쓰지 말며, 망주望柱·표석表石이 2척尺을 넘어서는 안 된다】 ○ 법은 이와 같지만 오늘날 아전과 천한 백성들이

---

32 이이장李彝章, 1703~1764 : 자는 군칙君則, 호는 수남水南, 본관은 한산韓山이다. 목은牧隱 이색李穡의 후손. 참판參判을 지내고 이조판서에 추증되었다. 영조가 그의 『북도개시정례北道開市定例』를 간행한 바 있다

33 효시梟示 : 큰 죄를 범한 자를 목 베어 장대에 매다는 것. 곧 사형을 집행하는 것을 의미함.

34 법장法場 : 사형을 집행하는 장소를 가리키는 것으로 추정됨. 효시를 하는 전 단계에 북을 울리고 효시를 당하는 자의 귀를 뚫고 얼굴에 회칠하는 절차가 있었다. 이 단계까지 진행하고 나서 채 모 아전의 범법 행위가 사형에 처할 정도는 아니었으므로, 본 죄에 해당하는 형을 받도록 했다는 것이다.

모두 은 안장 얹은 말을 타며, 묘 앞에 세우는 석물은 높은 벼슬아치가 하는 것과 비슷하여 법도의 외람됨이 온통 이 지경에 이르렀다. 이런 따위의 금법을 범한 자에 대해 평시에는 소란스럽게 다룰 필요는 없다. 오직 다른 일로 걸렸을 때에 아울러 이 죄를 가산하여 법에 따라 엄하게 단속하면 법이 본래 엄중함을 알게 될 것이다.

## 대개 노비법이 변한 이후로 민간의 풍속이 크게 변했는데 이는 국가의 이익이 안 되는 것이다.

옹정 신해년(1731) 이후로 사노비의 양인 신분 처의 소생은 모두 양인 신분을 따르게 되었다.[35] 이 이후로 상층은 약해지고 하층은 강해져서 기강이 무너지고 백성들의 마음이 흩어져서 거느릴 수 없게 되었다. 그 뚜렷한 사례를 들어서 말한다면, 임진왜란 때 남방에서 의병을 일으킨 가문은 대개 가노家奴 수백 명으로 대오를 편성할 수 있었지만, 가경 임신년(1812)의 난리[36] 때는 고가·명족이 같이 거사를 의논했으나 한 집에서

---

35 『경국대전·형전·공천公賤』에 천인은 종모법從母法을 따른다고 규정되어 있다. 그 주에서 "천인이 양인 여자를 취해 낳은 자녀는 부역父役을 따른다"라고 하였다. 즉 노비세전奴婢世傳의 제1원칙은 종모역이고 제2원칙이 종부역이었다. 따라서 어미가 비이면 그 소생은 무조건 노비가 되며, 어미의 상전의 소유물이 되었다. 어미가 양인이라도 아비가 노이면 그 소생은 노비가 되고 아비의 상전의 소유물이 되었다. 이후로 노비제가 유지되면서도 제1원칙과 제2원칙을 겸용하느냐, 제1원칙만 쓰느냐로 시기에 따라 여러 번 바뀌었다. 영조 7년(1731)부터 실시한 신해변법은 제1원칙의 종모법으로 일원화된 것이었다. 이 종모법은 정조 9년(1785)의 『대전통편大典通編』, 고종 2년(1865)의 『대전회통大典會通』 등에서 재확인되고 있다. 이로 미루어 고종 23년(1886)에 노비제가 폐기될 때까지 시행되었던 것으로 보인다.
36 원주에 "서적西賊"이라고 나와 있는데 순조 때 평안도에서 일어난 홍경래의 난을 가리킨다.

가노 1명을 동원하기도 어려웠다. 이 한 가지 사실만 보더라도 대세가 온통 변했음을 알 수 있다.

국가가 의지하는 바는 사족인데 사족이 권한과 세력을 잃은 것이 이와 같다. 혹시 국가에 급박한 사태가 일어나 소민들이 무리지어 난을 일으킨다면 누가 이를 막을 것인가? 이로 보건대, 노비의 법은 좋게 변한 것이 아니다. 오늘날 먼 시골의 토족들이 이미 모두 부실富實해지고 고가의 후예들은 형편없이 되고 말았다. 수령으로 온 이들이 100년 전에 전해 내려오는 이야기를 잘못 듣고 오히려 귀족이 강성하다고 하면서 송사를 다룰 때마다 먼저 강한 자를 누르고 약한 자를 도와주기로 작정하니, 이것은 큰 잘못이다. 마땅히 대세가 완전히 변했다는 것을 알아서 이전의 생각을 굳게 지키려다가 사족의 인심을 잃지 않도록 할 것이다.

『유산필담酉山筆談』에서 이렇게 말했다. "선배들이 논하기를 노비의 세전법世傳法은 오직 우리나라에만 있는 것이라고 하는데, 전혀 그렇지 않다. 『춘추좌전春秋左傳』에서 '비표裴豹는 노예이다. 단서丹書에 올라 있으니 그 문서를 불태워달라'[37]라고 한 것을 보면 중국의 삼대 법에도 역시 노비는 대대로 전해지는 것이었다. 「진승전陳勝傳」[38]에 '장감章邯[39]은 여산

---

37 여기서 단서丹書란 죄상을 붉은 글씨로 쓴 문서를 뜻한다. 『춘추좌전·양공襄公 23년 3월』에 진晉나라 비표가 선자宣子에게 단서를 태워주면 독융督戎을 죽이겠노라고 청했다. 이에 허락을 받아 독융을 죽였다는 기록이 보인다. .

38 「진승전陳勝傳」: 『한서漢書·진승항적전陳勝項籍傳』. 진승은 오광吳廣과 함께 진秦에 반기를 들었다가, 장감章邯의 진군秦軍에 패하여 죽었다. 그가 처음 진나라에 반기를 들어, 결국 진나라가 멸망하게 된 것이다.

39 장감章邯: 중국 진秦나라의 명장. 진나라의 폭력적인 지배에 저항해서 일어난 반란을 일시 격퇴시켰으나 뒤에 항우에게 패했다. 감邯은 원음이 '한'인데, 우리나라에서는 '감'이라 읽어왔다.

도 驪山徒[40]를 면하고 노비가 낳은 자식들을 모두 징발하여 초군楚軍을 쳐라'라고 하였는데, 그 주에 '자기 집 노비가 낳은 노비는 오늘날 말하는 가생노家生奴[41]와 같다'라고 하였다. 이를 보면 진나라의 법 또한 노비는 대대로 전해지는 것이었다. 「위청전衛靑傳」[42]에 '노비로 태어난 자가 볼기를 맞지 않는 것만 해도 다행이다'라고 말했으니, 한나라의 법 또한 노비는 대대로 전해지는 것이었다. 당나라 현경顯慶 2년(657)에 내린 칙어에서 '노비를 방면하여 양민을 만들 때에는 가장이 직접 서명해야 한다'라고 하였으니 당나라 법 또한 대대로 전해진 것이며, 송나라와 명나라 이후로도 역시 마찬가지였다. 『대청률례大淸律例』[43]에서도 '가생노비家生奴婢는 그 자손 대대로 영구히 복역을 해야 하고, 신계身契[44]는 오래되면 유실되는 일이 항상 있으므로 이미 여러 증거가 확실히 밝혀주는 경우에는 다시 신계로 증빙할 필요가 없다'라고 하였으니, 이는 모두 송나라와 명나라로부터 내려오는 옛 법이었다. 『연문석의連文釋義』[45]에는 '여자 종의 지아비가 된 남자를 장臧【비부婢夫】, 남자 종의 지어미가 된 여자를 획獲【노처奴妻】이라 한다'라고 나와 있다. 비부와 노처가 '장획'이니, 장획의 소생

---

40  여산도驪山徒 : 여산에 복역하는 죄수. 여산은 중국 서안에 있는 산 이름.

41  가생노家生奴 : 집의 노비가 낳은 자녀를 가리키는 말.

42  「위청전衛靑傳」:『한서·위청곽거병전衛靑霍去病傳』. 위청은 전한시대 명장인데 본래 비첩의 소생이었다. 그가 어릴 적에 누가 그의 관상을 보고 봉후封侯에 이르겠다고 하자, 이에 그가 대답한 말이었다.

43  『대청률례大淸律例』:『대청률집해부례大淸律集解附例』의 약칭. 중국 청나라 건륭 5년(1740)에 만들어 11년(1746)에 간행했다. 명률明律을 자세히 주석하고 청나라의 제도를 참조하여 편찬하였다.

44  신계身契 : 신원身元에 관한 기록 문권.

45  『연문석의連文釋義』: 중국 청나라 왕언王言이 지은 숙어 해설집. '연문'은 두 자를 결합한 숙어.

이 어떻게 양민이 될 수 있겠는가. 원나라 세조世祖[46]가 고려의 노비법을 고치려 했던 것은 고려의 법제는 8대의 호적에서 한 사람도 천류에 끼지 않아야 비로소 벼슬길에 나갈 수 있으며, 만약 부모 중에 하나라도 천민이면 비록 주인이 놓아주어 양민이 되더라도 그 소생 자손은 도로 천민이 되었다. 노비로 하여금 양민이 되게 하는 길을 열어놓자는 것이었을 따름이요, 노비를 대대로 전하는 법을 개혁해야 한다는 것은 아니었다. 그런데도 충렬왕은 종전대로 두기를 간청하였다. 그 글이 애절하고 측은했던 이유는 이 법이 한번 바뀌면 나라가 필시 위태롭고 망할 것이라고 생각했기 때문이었다.[47] 어찌 아무 까닭 없이 그렇게 했겠는가? 그러므로 신해변법은 옛 법에도 맞지 않을 뿐만 아니라 원나라 세조의 의도에도 맞지 않다. 대저 소민은 어리석어서 군신의 의리도 스승의 가르침도 없으므로, 귀족과 지체 높은 가문에서 그네들의 기강을 세워주지 않으면 한 사람도 난민이 되지 않을 자가 없을 것이다. 신해년 이후로 한결같이 귀족은 날로 시들어가고 천민은 날로 횡포해져서 상하의 질서가 문란하고 교령敎令이 행해지지 않고 있다. 한번 변란이 일어나고 보면 땅이 꺼지고 지붕이 무너지는 듯한 형세가 걷잡을 수 없이 될 것이다. 군왕은 멀리 떨어져 있고 수령은 나그네 같으니 시골구석에서 어리석은 무리를 통제할 방도가 없다. 그러니 어지럽지 않고 어쩌겠으며, 무엇으로 무너지는 것을 막을 수 있겠는가. 그래서 나는 노비법을 복구하지 않으면 난망의 지경에 빠져도 구할 방도가 없다고 하는 것이다."

---

46 원나라 세조世祖 : 중국 원나라 황제인 쿠빌라이.
47 이 일은 『고려사高麗史 · 충렬왕 26년 10월』에 있다.

귀족은 이미 쇠잔해졌는데 천민들이 번갈아가며 무함誣陷을 하니 수령이 실정을 잘 모르고 처리하는 수가 많다. 이것이 또한 오늘날의 폐단이다.

가난한 선비가 시골에 살게 되면 저절로 자질구레한 비방이 많은데, 함부로 날뛰는 천민들이 수령이나 아전과 결탁해서 몰래 모함하는 소리를 퍼뜨린다. 감사는 마치 강도를 잡듯이 선비를 끌어다가 차꼬를 채우는 욕을 보이니, 가난한 선비가 한번 이런 욕을 당하면 의기가 꺾여서 다시는 한마디 말도 못하게 된다. 기강이 무너지는 것은 주로 이 때문이다. 급이 높고 세력 있는 가문이 백성들의 땅을 빼앗거나 부녀자를 강간하는 등 그 죄악이 온 거리에 떠들썩하면 당연히 징벌해야 하지만, 자잘하게 쌀이나 소금 정도를 가지고 법에 걸린 경우에는 그저 너그럽게 봐주되 먼저 훈계하고 나서 몰래 살피면 그런 짓을 그만둘 줄 알게 될 것이다. 경솔하게 꺾어버릴 것까지는 없다.

課藝

과거공부는 사람의 마음씨를 흐트러뜨리는 것이지만, 관리를 선발하는 제도[選擧制]가 바뀌지 않는 한 이를 권장하지 않을 수 없으니, 이를 과예라 한다.

수령이 해야 할 일곱 가지 일 가운데 세 번째가 '학교를 일으키는 것[學校興]'인데, 속된 관리는 '학교를 일으키는 것'이 무엇인지 몰라서 과거공부를 권장하는 것으로 학문을 진작하는 일을 대체하고 있다. 집에서 과거공부에 응하는 것을 순제旬題라 하고, 시험장에 나아가 실력을 겨루는 것을 백일장白日場이라 한다. 고을을 통틀어 집에서 과거에 응할 수 있는 자가, 문읍文邑이면 수십 명이고 질읍質邑[1]이면 5~6명에 지나지 않는다. 그런데 회수되는 시권(試券, 시험 답안)은 많으면 1000장이고 적어도 500장은 된다. 나무 하고 소 먹이는 글자를 모르는 자도 저마다 남의 글을 빌려 거짓으로 작성한 시권을 제출한다. 수령은 공무가 번잡하여 시권을 세밀히 살피지 못하기 때문에, 수령의 자제와 빈객들이 곁에서 함부로 채점하고 옆에서 시중드는 아이와 총애를 받는 기생이 합격을 날조하여, 합격한

---

1 문읍文邑·질읍質邑: 문읍은 문화적으로 세련된 고을, 질읍은 문화적으로 낙후한 고을을 가리키는 말이다.

자에게 잔치를 베푼다, 상을 내린다 하니 분잡하고 질서가 없다. 이에 세상인심이 흐트러져 난리가 벌어지니, 흙덩이와 돌멩이가 날아오고 수령을 욕한다. 수령은 군교를 풀어 응시자를 잡아들여 곡성이 하늘을 진동하고, 칼을 쓰고 갇힌 자가 감옥에 넘쳐나니, 이는 조용한 세상에 어지러움을 불러일으키는 일이 된다. 한 상 차려 받고 상을 타 가는 자는 태반이 아전붙이이고 그 나머지는 나무꾼과 소 먹이는 자들이다. 아, 과시科試의 제도가 좌웅左雄[2]에서 일어나 오늘에 이르기까지 도도히 흘러내려온 세상 사람으로 하여금 모두 어울려 광대의 천한 재주를 일삼게 만들었다. 그것이 비록 정밀하고 법도가 있더라도 탐탁지 못하다 하겠거늘, 하물며 이 지경에 이르러서랴! 꿈속에서 또 꿈을 꾸는 격이니 참으로 한탄스럽다. ○ 백일장 역시 민폐가 되고 있다. 읍에서 수십 리 밖에 사는 자는 기일에 앞서 읍에 당도해야 하니 왕래에 소요되는 술·밥·담배·신발의 비용과 시험지·붓·먹의 값으로 두 사람의 비용만 해도 으레 100전을 초과한다. 한 집에서 5~6명이 시험장에 가는 경우에는 비용이 300전이나 드는데, 300전이면 송아지가 한 마리다. 어린 것들이 귀를 쫑긋거리며 설치면 막을 도리가 없어, 백일장을 한다는 영令이 나갈 때마다 가난한 노인은 얼굴을 찡그리니 이 또한 생각하지 않을 수 없다. 과거제도에 법도가 없기 때문에 한 집의 비용은 으레 3000전에 이르며, 고을에서 실시하는 과예에도 법도가 없기 때문에 한 집의 비용이 또한 300전에 이른다. 이렇듯 법도가 없기 때문에 백성은 견딜 수 없는 지경이 되는 것이다.

---

2 좌웅左雄, ?~138: 중국 후한 때 인물. 자는 백호伯豪이다. 벼슬은 상서령尙書令에 이르렀다. 순제順帝 때 의랑議郞으로 있으면서 인재 등용 방법에 대한 상소를 여러 차례 올렸다. 순제가 이를 받아들여 종래의 천거에 의한 제도와 별도로 시험제도를 마련하였다.

과예에도 정원이 있어야 한다. 천거하여 뽑되
시험하여 명부를 작성하고 나서 이에 과예할 것이다.

중국에서 선비를 시험하는 제도는 과거 문장의 종류를 혹은 6체六體,
혹은 9체九體로 하되 반드시 한 사람이 모든 체를 두루 공부하게 하여, 그
점수를 헤아려 합산해서 등급을 매긴다. 우리나라의 제도는 종류는 6체
이지만 대과·소과에서 정하는 과목이 같지 않고[3] 초장初場·종장終場[4]에
서도 시험 과목이 각기 달라 1기(一技, 한 가지 재주)로만 합격하면 기타의
과목은 묻지 않는다. 이 때문에 먼 변두리의 미욱한 선비도 평생을 단지
1기만을 익혀 요행을 바란다. 시를 하는 자는 부賦[5]는 하지 않고, 의疑를
하는 자는 의義는 하지 않아서【사서에 관한 문제를 다루는 것을 의疑라 하고 오경
에 관한 문제를 다루는 것을 의義라 한다】 그 요구하는 바가 이미 가벼워졌고 하
려는 자는 더욱 많아졌으니 이것이 과거가 문란해지는 이유이다. ○ 향
교에서 1기에 능한 자를 뽑게 하되 문읍은 200명, 질읍은 100명, 소읍小

---

3 소과小科의 생원시生員試에서는 초시初試·복시覆試에서 모두 오경의五經義 1편과 사서
  의四書疑 1편을 짓는 것으로 시험했고, 소과의 진사시進士試에서는 초시·복시에서 모두
  부賦 1편, 고시古詩·명銘·잠箴 중의 1편을 짓는 것으로 시험하였다. 대과大科의 초시에
  서는 초장에 사서의·오경의·논論 중에서 2편, 중장에 부·송頌·명·잠·기記 중에서 1편,
  표表·전箋 중에서 1편, 종장에 대책對策 1편을 짓는 것으로, 복시에서는 초시와 같되 초
  장에 사서삼경의 강서講書를 부과했고, 전시殿試에서는 대책·표·전·잠·송·제制·조詔
  중의 1편을 짓는 것으로 시험하였다.
4 초장初場·종장終場: 대과에서는 초시·복시에서 각기 초장·중장·종장의 세 단계가 있어
  서 단계마다 시험 과목이 달랐다.
5 부賦: 문체의 하나. 운문의 일종으로 서정·서사를 막론하고 대부분이 장편인 것이 특징
  이다.

邑은 50~60명으로 한다. 그중에서 특출한 자는 시험을 면제하고, 그보다 못한 자는 면전에서 시험을 보게 하되 글 한 편을 제대로 만들지 못하는 자는 내친다. 억울하게 빠졌다고 나서는 자가 있으면 또한 면전에서 시험을 보도록 할 것이다. ○ 이 시험으로 몇십 명을 뽑아서 그 숫자를 정원으로 잡아 사림생詞林生이라 칭하고 따로 명부를 작성한다. 죽는 자가 생기면 다른 이를 대신해 채우고, 상주 노릇을 해야 하는 자가 생기면 임시로 보충하고, 아픈 자나 멀리 간 자가 있어도 임시 보충하여, 매양 과예에서 거두는 시권의 숫자는 이에서 더도 덜도 없이 항상 이 정원을 채울 것이다. ○ 시詩·부賦·표表·책策·논論·의義[6]를 6체라고 일컫는다【오경·사서의 의義는 본래 모두 묵의墨義[7]를 이름한 것이다】. 이 6체에 모두 능한 자를 1등으로 삼고, 4체 이하는 2등으로 삼으며, 2체나 1기一技는 하등으로 하여 모두 명부에 그 능한 바를 기록할 것이다. 예를 들면 다음과 같다.

유학 이기문李起文 25세, 유천리柳川里 거주. 6체를 모두 응시할 수 있다.
【사서의四書疑】

유학 김성은金聖殷 26세, 송산리松山里 거주. 5체를 응시할 수 있다. 【부·표·책·논·의義】

유학 최태성崔泰成 35세, 지석리支石里 거주. 4체를 응시할 수 있다. 【부·책·논·의疑】

---

6 시詩·부賦·표表·책策·논論·의義: 모두 문체의 종류인데 시·부는 일정한 리듬이 있고 1구 또는 둘 이상의 구의 끝에 각운이 있는 운문에 속하고, 나머지는 자유로운 형식의 산문에 속한다. 표는 왕에게 올리는 상주문이나 변려문騈儷文인 경우도 많고, 책은 정책에 대한 의견을 펼치는 글이며, 논은 자기의 의견을 주장·서술하는 글이다.

7 묵의墨義: 경서의 뜻을 묻는 시험에 있어서, 써서 답하는 것을 묵의라 하고, 구술로 답하는 것을 구의口義라 한다.

유학 안상현安尙鉉 41세, 서운리棲雲里 거주. 3체를 응시할 수 있다. 【시·표·의義】

유학 정원표鄭元豹 38세, 도원리桃源里 거주. 2체만 응시할 수 있다. 【시·의義이다】

동몽童蒙 박상동朴尙東 18세, 행원리杏園里 거주. 1기를 응시할 수 있다. 【시이다】

동몽 윤조열尹祖悅 18세, 청풍리淸風里 거주. 1기를 응시할 수 있다. 【의疑이다】

순제에서는 6체를 모두 출제하되 명부에 이미 1기로 기록된 자는 시권 2장을 낼 수 없고, 이미 2체로 기록된 자는 시권 3장을 낼 수 없다.

○ 백일장에서는 매양 3체를 출제하는데 3체를 할 수 있는 자는 하루 안에 시권 3장을 내는 것을 허용하되 3장을 이어붙이지 못하게 하고 따로따로 내게 하며, 시험이 끝나면 헤아리고 구분하여 높고 낮음을 매길 것이다.

○ 2체를 할 수 있는 자도 이와 같이 한다.

○ 무릇 시권을 낸 자는 퇴장시키고 시험장에 앉아 있지 못하게 할 것이다.

○ 순제는 한 달에 3번 시험을 보여서 9번 시험을 치르고 나면 헤아리고 구분하여 간략히 작은 상을 내릴 것이다.

○ 백일장은 한 달에 1번 시험을 보여서 12개월 동안 시험을 치르고 나면 헤아리고 구분하여 큰 상을 내릴 것이다.

○ 1년 내내 힘을 썼으니 상은 박하게 할 수 없다. 사소한 종이나 붓으로 어떻게 보상이 되겠는가. 1등 3명에게는 마땅히 세포細布【모시나 면】 한

필을 구하여 도포감으로 쓰게 하고, 좋은 벼루, 아름다운 책상, 좋은 부채, 새 신발을 부상으로 내린다. 2등 6명에게는 조대條帶[8] 하나를 상으로 주고 몇 가지 물품을 부상으로 내리며, 3등 9명에게는 새 신발 한 켤레를 상으로 주고 약간의 물품을 부상으로 내리며, 4등 27명에게는 좋은 부채 한 개를 상으로 주고 기타 부상을 내린다. 또 혹은 특별히 좋은 책을 구하여 1등에게 상으로 주는 것도 바람직하다.

○ 향교의 재산은 참으로 아껴 쓰면 여유가 있게 마련이다. 그리고 관부에는 으레 탐탁지 못한 재물이 있게 마련인데, 차지하면 탐내는 모양이 되고 내버리는 것 또한 좋다고 할 수 없다. 이런 재물을 상품으로 쓰면 부족하지 않을 것이다.

이듬해 봄이 되면 명부를 다시 작성할 것이다. 죽은 자, 상주가 된 자는 빼고 새 사람을 올리며, 1기의 능력이 있던 자가 스스로 2기라고 말하면 적어두고, 3체에 능한 자가 스스로 4체라고 말하면 적어두어, 응당 모두 면전에 불러서 시험해볼 것이다. 가볍게 올려주는 것은 옳지 않다.

이상의 방법이 본래 좋기는 하지만, 이웃 고을 사람들은 그 수가 너무 적다고 불만을 가질 수 있다. 의당 실정을 가려보아서 진정으로 원한다면 향교 한 곳으로 하여금 이웃 네 고을의 향교에 공문을 보내 30명을 각기 따로 뽑아서 기일 안에 보내도록 권할 일이다. 이웃 고을 네 곳에서 각기 30명을 뽑고, 본 읍에서도 30명을 뽑아 다섯 고을에서 뽑혀온 사람들이 한데 모여 과예를 겨루어보도록 한다. 그래서 1등 고을은 30명이 모두 상을 받고, 2등 고을은 합격자만 상을 받으며, 3등 고을은 성적

---

8 조대條帶: 도포나 관복에 매는 띠.

이 우수한 자만 상을 받고, 4등 고을은 거수(居首, 최고 성적을 받은 사람)가 있는 경우 그에게만 상을 주고, 꼴찌 고을은 거수가 있더라도 상을 주지 않도록 한다. 이와 같이 시행하면 격려하고 권장함이 대단히 클 것이다. ○ 봄과 가을의 좋은 날에 때맞춰 한 번 행할 일이지 늘상 행해서는 안 된다. ○ 거접居接은 큰 폐단이 되고 있다. 수십 명을 뽑아 향교나 절간에 거처하도록 하고 날마다 과예하되 열흘이나 한 달로 끝내는 것을 거접이라고 한다. 이 방식은 쓸데없이 향교의 재산을 축내거나 절에 폐단을 끼치게 되니 할 것이 못 된다. 성적을 잘 받았다고 한턱내고 새로 들어왔다고 한턱내다보면, 자리를 시작할 때와 끝날 때에 먹고 마시며 떠들고 싸우다가 마침내 난장판으로 나아가게 된다. 이런 일을 해서는 안 될 것이다.

근세 이래로 문체가 비속해져 구법句法[9]은 경박하여 어그러졌고 편법篇法[10]은 짧고 급박해졌으니 바로잡지 않으면 안 된다.

시부詩賦는 본래 경술經術[11]과 경륜經綸 이외에 따로 사조詞藻[12]까지도 요구하여 백가百家에 넘나들고 만물을 아로새기고자 하는 것이니, 이는 후세의 이른바 문장학이다. 본래가 허황한 글이므로 그만두는 것이 진실로 좋다. 그러나 이미 과시科試에 명목이 서 있으니 마땅히 그 문체

---

9 구법句法: 시문의 구를 짓는 방법.
10 편법篇法: 완결된 글 한 편을 짓는 방법.
11 경술經術: 경학 또는 그 응용.
12 사조詞藻: 시문을 꾸미고 말을 수식함.

를 바로잡아야 한다. 건륭 초년으로부터 갑자기 새로운 격식이 생겨났는데 매양 삼운三韻으로써 1단으로 삼고 그 중단에 필히 대우對耦<sup>13</sup>를 쓴다. 100년 전까지만 해도 이런 격식과 규율이 없었으니 이것이 한 가지 폐단이다. 변춘정卞春亭<sup>14</sup>이 처음 과시科詩<sup>15</sup>를 지을 적에 원래 「양양가襄陽歌」<sup>16</sup>의 성률聲律을 본받았으니【천금의 준마를 타고 젊은 첩을 불러 웃으며 안장에 앉아 낙매화落梅花를 노래한다. 저 멀리 한수漢水를 바라보니 오리 머리가 푸르기는〔綠〕 포도주가 처음 발효할 때와 흡사하구나<sup>17</sup>】 이는 다만 평성平聲<sup>18</sup> 운韻<sup>19</sup>인데, 그 성조를 상성·거성에 맞추자니 이미 맞지 않는다. 무엇 때문인가. 상성· 거성의 운은 그 대對가 되는 운의 글자가 마땅히 평성이어야 하는데【첩妾과 록綠은 써서는 안 되는 자이다】 그 전체 구의 성운聲韻이 또한 상반되니, 하물며 입성에 있어서랴. 선대왕이 왕명으로 『규장전운奎章全韻』<sup>20</sup>을 편찬하여 이로부터 과시에 입성으로 운자 놓는 것을 허용하여, 이에 입성의 운에도 「양양가」의 성률을 사용하니 그 상구上句【속칭 안짝〔內隻〕】를 읽을 때에는 소리와 향響이 의연하다가 하구下句【속칭 바깥짝〔外隻〕】를 읽음에 미치

---

13 대우對耦: 두 개의 사물을 상대시켜 대조의 미를 나타내는 수사법.

14 변춘정卞春亭, 1369~1430: 고려 말에서 조선 초에 활동했던 관료 문인인 변계량卞季良. 춘정春亭은 그의 호이다. 자는 거경巨卿, 본관은 밀양密陽이다. 벼슬은 예조판서에 이르렀고 대제학을 20여 년 지내는 동안 문한文翰을 도맡았다.

15 과시科詩: 과거시험에서 짓는 시. 과시는 따로 특별한 형식이 있었다.

16 「양양가襄陽歌」: 이백이 지은 시의 편명.

17 원문은 이러하다. "千金駿馬喚少妾, 笑坐雕鞍歌落梅. 遙看漢水鴨頭綠, 恰似葡萄初醱醅."

18 평성平聲: 한자에는 평성平聲·상성上聲·거성去聲·입성入聲의 네 성이 있다. 후일에 평성은 상평上平과 하평下平으로 나뉘었다.

19 운韻: 중국 양나라 때 유협(劉勰, 465~520)이 지은 문학 비평서인 『문심조룡文心雕龍』에서는 "같은 소리가 상응하는 것을 운이라 한다"라고 했다. 구의 끝에 운을 달아 상응하게 한 글을 운문이라고 하는데 시·부가 그것이다.

20 『규장전운奎章全韻』: 정조 때 규장각의 문신들이 왕명에 의해 편찬한 2권 1책의 운서. 한국의 운서 중에서 가장 정확한 것으로 알려져 있다.

면 소리는 나무를 치는 것 같고 향은 땅을 치는 것 같아 죽은 듯이 활기가 없고 삭막하여 떨치지 못한다. 참으로 사소한 잘못이 아니다. 이것이 또 한 가지 폐단이다. 평성의 운은 그 마주 대하는 글자가 마땅히 측성仄聲[21]이어야 하는데 오늘날에는 한가한 읊조림에서도 이 법을 알지 못하니 하물며 과시에 있어서랴. 이것도 한 가지 폐단이다. 부에 운이 없다는 것은 「이소離騷」[22] 이후로 들어보지를 못하였다. 오늘날에는 다만 종성만 맞추고 평성과 측성은 따지지도 않으며 "부의 운법이 본래 이와 같은 것이다"라고 하니 이것도 하나의 폐단이다.

○ 변려문駢儷文의 성률은 율시律詩[23]와 다르지 않으니 한 자 한 자가 모두 율을 맞추는 것이다〔관산關山은 넘기 어려우니 뉘라서 길 잃은 손이 아닐까. 우연히 타향에서 만나 친하니까 모두가 타향의 나그네일세[24]〕. 당송의 변려문은 예컨대 「등왕각서滕王閣序」 「익주부자묘비益州夫子廟碑」와 「건원전송乾元殿頌」[25]에서 전송할 때 짓는 시의 서문, 사하표전謝賀表箋[26], 문안하는 계문啓文 등에 이르기까지 모두 그렇지 않은 것이 없다. 이즈음의 유구국琉球國[27]의 하정표

---

21 측성仄聲: 상성·거성·입성의 총칭으로서, 평성에 대가 된다.
22 「이소離騷」: 중국 초나라 굴원屈原이 지은 시. 장편의 운문으로 부의 근원이 되었다.
23 율시律詩: 성률聲律이 있는 시. 당시唐詩의 대표적인 형식으로 근체시近體詩라고도 한다.
24 원문은 "關山難越, 誰非失路之人: 萍水相逢, 盡是他鄕之客."이다.
25 모두 중국 당나라 때 시인 왕발王勃의 작품. 「등왕각서」는 남창南昌의 등왕각 낙성연에서 지은 글이며, 「익주부자묘비」는 익주의 공자 사당에 세운 묘비문이며, 「건원전송」은 낙양의 자미궁紫微宮 정전인 건원전을 기려서 쓴 글이다. 「등왕각서」는 왕발이 13세 때 지은 것인데, 천하의 절창으로 유명하다.
26 사하표전謝賀表箋: 사례하고 축하하는 표문表文과 전문箋文. 표문과 전문은 같은 것이지만, 굳이 구별하면 황제에게 올리는 것을 표문이라고 하고 황후·태자에게 올리는 것을 전문이라고 한다.
27 유구국琉球國: 지금의 오키나와(沖繩). 14세기에 중국 명나라의 책봉을 받고 조공을 했으며, 조선에도 조공을 바쳤다. 1871년에 일본의 영토로 편입이 되었다. 원문에는 "流求(유구)"로 되어 있다.

문賀正表文[28]을 보아도 모두 운율을 맞추었는데, 유독 우리나라에서만 옛 날에 와전되어 "상의上衣와 하상下裳에서 그 끝 발굽〔蹄〕 글자〔구가 끊어지는 자이다〕만 운율을 맞추고 그 나머지는 운율이 없다"라고 한다. 이것이 잘못 이어지고 계승되어 드디어는 고질이 되었다. 생각건대 중국에서 새해를 축하하는 날에 17성省의 표문과 유구琉球·안남安南의 표문이 운율을 맞추지 않은 것이 없는데 유독 조선의 표문은 발굽 글자만 운율을 맞추어 올리면, 저들 중국인은 착한 것은 아름답게 여기고 능치 못한 것은 불쌍하게 여기는 마음으로 속으로 웃으며 받을 것이니, 어찌 부끄러워하지 않을 수 있겠는가. 신라 때 최치원崔致遠이 지은 황소격黃巢檄[29]과 제사비문諸寺 碑文[30], 고려시대 학자들의 불가문자佛家文字 그리고 조선 초의 표전문表箋文 도 모두 운율을 맞추었는데 중간에 어쩌다가 이렇게 되었는지 모르겠다. 송곡松谷 이제학李提學〔이서우李瑞雨[31]〕이 당시에 글 한 편을 지었는데 마음을 써서 운율을 맞추고 율표律表라고 이름하였다. 운율을 맞춘 것은 귀하지만 특별히 율표라고 일컬은 것 또한 실언이었다. 사륙변려문四六騈儷文 은 늦게 나왔으므로 본래 고표古表가 없으니 어찌 율표가 있을 수 있겠는 가. 율에 맞지 않으면 표가 될 수 없으니 어찌 율표가 있을 수 있겠는가.

○ 경의經義[32]는 작은 재주로, 본래 한 가닥의 문자일 뿐이다. 근래에 와

---

28 하정표문賀正表文: 새해를 축하하여 올리는 표문.

29 황소격黃巢檄: 최치원崔致遠이 당나라에서 고병高駢의 종사관으로 있으면서 황소의 난 을 토벌하기 위하여 지은 「토황소격문討黃巢檄文」을 가리킨다.

30 제사비문諸寺碑文: 최치원이 지은 비문으로 사산비명四山碑銘이라고도 한다(2권 254면 주 3 참조).

31 이서우李瑞雨, 1633~1709: 자는 윤보潤甫, 호는 송곡松谷, 본관은 우계羽溪이다. 벼슬은 공조참판에 이르렀다. 시문에 뛰어났다.

32 경의經義: 경전에 대해 논한 과시문科試文의 일종. 중국 송나라 때 경문經文을 출제하여 그 의義를 부연하여 답하도록 한 데서 유래했다. 우리나라에서는 삼경三經에 대해 논한

서 문득 절節을 겹치고는 6절이니 7절이니 하는데 이렇게 되면 명색이 기괴하다. 또한 글의 서두에서 이미 5절을 갖추고 있으니, 이렇게 되면 드디어 이중이 된다. '오호嗚呼'를 붙인 밑으로는[33] 이치에 맞지 않는 망언으로 성현의 경전을 우롱하여 전혀 도리가 없다. 참으로 한탄스럽다.

수십 년 전부터는 또 하나의 폐습이 생겨났으니 시부의 제목을 모두 경서의 소주小註에서 내고 있다. 성리性理와 도학道學이 어찌 시부에 걸맞겠는가. 본보기가 이미 그와 같은 데다 서로 전하고 모방하니 시골에서도 공부하기를 모두 이와 같이 한다. 이렇기 때문에 글의 품위가 날로 저속해져 그 누추하고 거침이 똑바로 볼 수 없는 지경이다. 중고中古 시대의 작품으로 거슬러 올라가보면, 예컨대 백사白沙 이항복李恒福, 한음漢陰 이덕형李德馨, 삼연三淵 김창흡金昌翕,[34] 도암陶菴 이재李縡[35] 등 세상에 이름난 작품은 모두 문장가의 좋은 글이었다. 만일 그들에게 오늘날 출제되는 제목으로 글을 짓게 한다면 필시 그와 같은 맑고 기발한 글을 짓지 못할 것이다. 관각館閣[36]의 여러 관인들이 왜 이러는지 알지 못하겠다. 동요와 속담이야 모두 세상 돌아가는 일에 관한 것이지만, 과시는 비록 속된

---

것을 의義, 사서四書에 대해 논한 것을 의疑라고 불렀다.

33 '경의'의 형식이 일정한 서술을 마치고 '오호嗚呼'라고 한 뒤 자기의 주견을 서술하는데, 이 부분을 가리킨다.

34 김창흡金昌翕, 1653~1722: 자는 자익子益, 본관은 안동, 삼연三淵은 그의 호이다. 문장가로 유명했다.

35 이재李縡, 1680~1746: 자는 희경熙卿, 본관은 우봉牛峰, 도암陶菴은 그의 호이다. 대제학·대사헌을 지냈다. 성리학의 대가로 낙론洛論의 대표적인 학자였다.

36 관각館閣: 경연청·규장각·홍문관·예문관·춘추관·승문원·성균관의 총칭이다. 여기에서는 문한文翰·왕조문학王朝文學 또는 관정문학官廷文學을 담당하는 기관이란 뜻으로 사용되었다. 이에 관련되어서는 관각문학館閣文學·관각문체館閣文體라는 용어가 쓰이기도 하였다.

것이라고 해도 그 품위는 고려하지 않을 수 없다. 또 제생諸生[37]이니 선생先生이니 하여 경술을 숭상한다면서도 이와 같이 출제할 것인가. 정녕 그래서는 안 될 것이다.

## 총명하고 기억력이 좋은 아이들을 따로 가려 뽑아서 가르쳐야 한다.

문학의 지식과 성향은 모두 그 시작에 달려 있다. 8세에 입학하여 '집 주宙'를 '집 가家'로 알고, '잘 숙宿'을 '졸 수睡'로 알면, 이는 선입견이 되어 평생 고질로 골수에 박혀버린다. 여기서 나아가 『증씨사략曾氏史略』[38] 『소미통감少微通鑑』[39] 『백련구百聯句』[40] 격몽시擊蒙詩[41]를 읽고, 이렇게 가다 보면 고칠 약이 없다. 오직 12세 이하의 총기가 뛰어난 아이는 아직 고칠

---

37 제생諸生: 여기에서는 서원·향교의 생도를 가리킨다. 즉 학생을 뜻하는 말이다.
38 『증씨사략曾氏史略』: 중국 원나라 증선지曾先之가 편찬한 『십팔사략十八史略』. 전 7권. 태고로부터 송나라 말까지의 사실을 간략하게 기술하여 초학자를 위한 역사 교과서로 엮은 책이다. 줄여서 『사략』이라고 불렀다.
39 『소미통감小微通鑑』: 『소미통감절요小微通鑑節要』의 약칭. 중국 남송시대 학자인 강지江贄가 사마광司馬光의 『자치통감資治通鑑』을 모태로 삼고 주자의 『자치통감강목資治通鑑綱目』을 기본으로 해서 요약한 것이다. 50권 15책. 간행본의 내표제는 「소미가숙점교부음통감절요小微家塾點校附音通鑑節要」로 되어 있다. 우리나라에서는 한문과 중국 역사를 배우는 교재로서 널리 통용되었다. 강지는 벼슬을 하지 않고 은거해 있었는데 마침 소미성小微星이 출현해서 그를 은일로 세 번이나 불렀지만 출사하지 않았다. 이에 나라에서 '소미선생'이란 칭호를 내려주었다. 그래서 서명에 '소미'가 붙게 된 것임.
40 『백련구百聯句』: 명종 때 학자인 김인후金麟厚가 한시연구漢詩聯句 100연을 뽑아 우리말로 번역을 달아놓은 『백련초해百聯抄解』를 가리킨다. 서당에서 시를 가르치는 기초 교과서로 사용되었다.
41 격몽시擊蒙詩: 아이들을 가르칠 때 교재로 썼던 쉬운 시집. 여기에 해당하는 것으로 『추구推句』라는 책이 있었다.

여지가 있으니 거두어 가르치고, 나이 든 사람은 마땅히 습속에 따라 이끌어야 한다. 어린이는 참된 마음으로 바로잡아야 할 것이니, 조금이나마 어릴 때라야 성취할 가망이 있고, 수염이 나고 뼈가 굳어진 자는 아무리 손을 녹이고 머리가 탈 정도로 가르치더라도 미치지 못한다. ○ 군현에는 각 면마다 수십 개의 촌락이 있어, 대략 네댓 마을에 으레 서당 하나가 있는데, 서당마다 훈장이 한 사람 앉아 있다. 훈장이란 도도평장都都平丈[42]으로 수십 명의 아이들을 거느린다. 마땅히 그중에서 10세 안팎의 우수한 자를 선발하되, 3000~4000자 정도의 글을 배워 10번 남짓 읽고 돌아앉아서 외울 수 있는 아이는 상등이고, 하루에 2000자 정도의 글을 배워 20번 읽고 돌아앉아서 외우는 자는 중등이며, 하루에 1000자 정도의 글을 배워 30번 읽고 돌아앉아서 외우는 자는 하등이다. 이 이하는 우수하다고 일컬을 수 없다. ○ 수령은 향교에 첩문을 보내되, 향교에서 각 면에 공문을 보내어 서당의 어린아이 중에 상등, 중등, 하등에 드는 자가 있으면 성명, 나이, 그때까지 배운 책들을 기재하고, 지금 몇천 자의 글을 배워 몇 번 읽고 외울 수 있는지를 이름 밑에 각각 적어서 향교에 보고하게 하고, 향교는 그것을 수령에게 보고하도록 할 것이다. ○ 이 명부가 도착하면 수령은 날짜를 잡아 소집하여 친히 면전에서 서당의 훈장으로 하여금 아직 배우지 않은 새로운 책을 주어 암송 능력을 시험하도록 한다. 명실상부한 경우에는 수재로 기록하고, 따로 명부를 만들어 순제와 백일장 때마다 수재로 뽑힌 자에게만 시권 제출을 허용할 것이다. ○ 사계절

---

42 도도평장都都平丈: 서당의 무식한 훈장을 비웃는 어조로 지칭하는 말. 『논어·팔일八佾』에 있는 "자왈子曰 주감어이대周鑑於二代 욱욱호문재郁郁乎文哉"라는 구절에서 '욱욱호문재郁郁乎文哉'를 '도도평장아都都平丈我'라고 잘못 읽었다는 데서 유래했다.

마다 첫 달에는 수령이 동몽 수재들을 소집하여 3개월간 익힐 학습 과제를 주어 읽고 외우게 하고, 석 달 후에는 수령 앞에서 강독하게 하고, 그 성적의 고하를 매겨서 등급에 따라 상을 줄 것이다. ○ 이 수재 선발에 누락된 자가 혹 몇 달 사이에 총기가 갑자기 틔어서 선발되기를 자원하는 경우에는, 그 허실을 면전에서 시험하여 추가로 올려줄 것이다. ○ 혹 그중에 영특하여 뛰어난 자가 있으면, 수령이 고을살이를 그만두고 돌아오는 날에 함께 데리고 와 큰 그릇으로 키워 나라에 바치는 것은 옛날 수령이 당연히 행하던 일이었다.

과예에 힘써서 과거 급제가 잇달아 마침내 문명의
고을이 되면 또한 수령으로서는 지극한 영광이다.

주자가 거인擧人[43]을 불러 백록서원白鹿書院[44]에 들어오게 하는 자목咨目[45]에서 다음과 같이 말하였다. "삼가 생각건대 나라에서 과거로서 선비를 취함에 있어서 대개 전대의 제도를 따르고 있지만, 경의經義·시부詩賦·책론策論 같은 구구한 것만으로 천하의 선비를 다 얻을 수 있는 것은 아니다. 그러니 선비가 공부하고 수신하며 나라의 선택을 기다리는 것이, 어찌 스스로 근거 없는 말들을 외우고 엮어 단 하루 시험관의 요구에 응하는 것에 그친다고 생각해서야 되겠는가. 금년 과거에서 해발解發[46]되

---

**43** 거인擧人 : 과거를 볼 자격을 얻은 사람을 지칭하는 말.
**44** 백록서원白鹿書院 : 중국 강서성 성자현星子縣의 백록동白鹿洞에 있던 서원. 주자가 남강군을 맡았을 때, 황폐된 서원을 다시 복원하여 중국의 대표적인 서원이 되었다.
**45** 자목咨目 : 중국에서 사용하는 공문서의 일종.
**46** 해발解發 : 과거시험을 보기 위해 지방에서 서울로 올라가는 것을 지칭함. 발해發解와 같

어 성省에 가서 보임을 기다리는 자가 28명인데, 이들은 학문과 행실이 훌륭하여 식자들이 모두 칭송하니 고을에도 영광이다. 그러나 나라에서 선비를 선발하는 목적과 선비가 공부하여 쓰임을 기다리는 목적에는 앞에서 말한 바와 같은 점이 있으니, 이에 여러분들과 함께 다시 논의하고자 한다. 지금 마침 백록서원의 여러 학생들이 흩어져 돌아가 산림이 한적하니 정히 학문을 하는 자가 생각에 침잠하여 공부할 만한 곳이 되었다. 여러분이 기꺼이 오겠다면 마땅히 도양都養【쌀을 관장하는 자】에게 일러 숙식을 제공하라 할 것이다. 이렇게 알리니 모름지기 가부를 회보하라."

상곤常袞[47]이 복건福建의 관찰사로 있을 때의 일이다. 민閩 땅 사람들이 배움을 몰랐는데, 그가 부임하여 향교를 세우고 글을 짓게 하며 친히 권하고 지도하니, 이로 말미암아 풍속이 일변했고 해마다 중앙으로 올려보낸 수재들의 수가 내지 지방과 같았다.

장일張逸[48]이 청신현靑神縣을 맡아 다스릴 때 학교를 일으키고 생도를 가르쳤는데 그 뒤에 고을 사람으로 진희량陳希亮·양이楊異[49] 등이 잇따라 등과하매 마을 이름을 계림리桂林里[50]【어떤 책에서는 청신靑神이 장수長水로, 계림桂林이 계지桂枝로 되어 있다】라고 고쳤다.

---

은 말.

**47** 상곤常袞, 729~783 : 중국 당나라 때 사람. 자는 이보夷甫이다. 중서사인中書舍人, 예부시랑禮部侍郎 등을 지냈다.

**48** 장일張逸 : 중국 송나라 때 인물. 자는 대은大隱. 추밀직학사로 익주지주를 지냈다.

**49** 양이楊異, 533~600 : 중국 수나라 문제 때 인물. 자는 문수文殊이다. 벼슬은 지방관을 거쳐 공부상서에 이르렀다.

**50** 계림리桂林里 : 과거 합격의 영예를 '계수나무 가지를 꺾는다'라는 의미로 절계折桂라 일컬었다. 과거에 합격한 자에게 계수나무 가지를 주었다는 데서 유래하였던바 '계림리'는 과거 합격자를 다수 배출한 마을이라 해서 붙인 말이다.

이길배李吉培[51]가 선산군수善山郡守가 되어 정사가 맑고 송사가 간명하고 또 배움을 힘써 권하여 과거에 합격한 교생이 많았다. 조정에서는 그를 표창하여 특별히 두 품계를 올려주었다

찬성贊成을 지낸 이상의李尙毅[52]가 성천부사가 되었다. 그 고을은 변방에 치우쳐 있어 백성들이 배움을 알지 못하여 과거에 합격한 사람이 없었다. 그가 학문 일으키는 일을 우선으로 삼아, 백성 중에 준수한 자를 뽑아 친히 가르치고 배우기를 권장하여 온 고을이 기꺼이 다투어 힘쓰니 거문고 타고 시 읊는 소리가 사방에서 들렸다. 미처 3년이 안 되어 한 사람이 소과에 합격하니 사람들이 그를 파천황破天荒이라고 하였다. 이로부터 소과 합격자가 잇따라 나왔으며 마침내는 대과에 합격하여 벼슬길에 나선 자까지 나왔다. 사람들이 모두 그를 칭송하였다.

찬성을 지낸 목서흠睦敍欽[53]이 양양부사로 있을 때의 일이다. 양양은 관동 바닷가의 궁벽한 곳이었는데, 땅은 메마르고 백성은 쇠잔하여 대개 해마다 큰 흉년이 들었다. 그가 부임하여 고을 사람들을 모아 병사丙舍[54]에서 가르치면서, 식량을 대주고 공부를 계속하게 하며 재주가 있는 자는 권장하여 분발하게 하고, 가난하여 결혼하지 못하는 자에게는 재물을 대주어 혼례를 치르도록 하니 1년이 채 못 되어 크게 교화되었다.

---

51 이길배李吉培, ?~1440 : 조선 전기의 문신. 세종 때에 선산부사, 사헌부집의 등을 역임했다.

52 이상의李尙毅, 1560~1624 : 자는 이원而遠, 호는 소릉少陵·오호五湖·서산西山·파릉巴陵, 본관은 여흥驪興이다. 성호 이익의 증조부. 이조판서를 지냈으며 여흥부원군驪興府院君에 봉해졌다.

53 목서흠睦敍欽, 1571~1652 : 자는 순경舜卿, 호는 매계梅溪, 본관은 사천泗川이다. 예조참판을 지냈다.

54 병사丙舍 : 무덤 가까이에 지은 집. 제각 혹은 묘막墓幕이라고도 한다. 원래 산소를 관리하고 제사를 지낼 때 편의를 위해 지은 곳이다.

경헌공敬憲公 이계손李繼孫[55]이 함흥부사咸興府使를 거쳐 함경도 관찰사가 되었는데, 모두 학문 권장과 인재 양성을 으뜸가는 일로 삼았다. 문간공文簡公 김종직金宗直[56]이 성종에게 "이계손이 함흥을 맡아 학문을 권장하고 인재를 양성하여 지금은 과거 합격자가 많이 나왔습니다"라고 아뢰었다. 최립崔岦[57]은 이렇게 말하였다. "함경도 감사는 대체로 생각하는 일이 군대 문제에서 벗어나지 못하는데, 유독 이계손은 학교를 최우선으로 삼아 조정에 청하여 경서를 나누어주고 글 잘하는 사람을 뽑아 교관教官[58]으로 삼게 하였으며 총명한 자제를 몸소 가르쳤습니다. 또 규정을 마련하여 도회都會[59]를 설치, 네 계절마다 시험을 보이니 1년 만에 도 전체가 크게 교화되어, 도민들이 그를 어버이같이 받들어 오랫동안 시들지 않으니, 실로 임금을 보좌할 재목이라고 할 만합니다. 함흥의 문회서원文會書院, 영흥의 흥현서원興賢書院, 안변의 옥동서원玉洞書院은 모두 그를 주벽主壁[60]으로 모시고 있습니다."

## 과거제도가 확립되지 않으면 선비들이 분발하지

---

55 이계손李繼孫, 1423~1484: 자는 인지引之, 본관은 여주驪州이다. 형조판서·병조판서·지중추부사知中樞府事를 지냈다.

56 김종직金宗直, 1431~1492: 자는 계온季昷, 호는 점필재佔畢齋, 본관은 선산善山이다. 형조판서를 지냈고 문간文簡이라는 시호를 받았는데 무오사화 때 부관참시를 당하면서 시호역시 삭탈되었다. 이후 복권되어 다시 문충文忠의 시호를 받았다. 영남학파의 종조宗祖이며『동국여지승람東國輿地勝覽』을 증수하는 작업에 참여했다.

57 최립崔岦, 1539~1612: 자는 입지立之, 호는 간이簡易·동고東皐, 본관은 통천通川이다. 형조참판을 지냈다.

58 교관教官: 교수教授(종6품)와 훈도訓導(종9품)를 가리킨다.

59 도회都會: 과거시험의 일종으로, 모아서 보이는 것을 가리킴.

60 주벽主壁: 사원에 모신 여러 위패 가운데 중심이 되는 위패.

않으니 과예의 정사도 잘될 수가 없는 것이다.

『유산필담』에서 다음과 같이 일렀다. "중국의 법제에서는 주현州縣의 학교에는 모두 교관【우리나라에도 옛날에는 훈도가 있었던 것과 같다】이 있고 달마다 정문程文[61]을 과제로 내는데, 그 내용은 서의書義【사서의 四書義이다】 한 편, 배율排律[62]【오언시 6연 또는 8연이다】 한 수, 책문策問[63]【사론을 제목으로 내는 경우도 있다】 한 편, 율문律文【법의 총칙〔刑名〕을 강講한다】 몇 조이고, 네 계절마다의 과제로는 따로 경의經義【오경의 五經義이다】·배율·사책史策을 시험하여 우수한 사람을 뽑아 제학提學에게 보낸다. 제학은 각 성마다 학정學政을 관장하는 교관을 1명씩 두고 각 성에서 치르는 과거시험 운영을 총괄한다. 교관이 제학에게 통솔, 지휘를 받는 것은 현령이 감사에게 통솔, 지휘를 받는 것과 같다. 인寅·신申·사巳·해亥의 해를 식년式年으로 삼아, 예컨대 해亥년에 회시會試가 있으면 자子와 축丑 두 해에는 제학이 과시를 시행하는데 이를 세과歲科라고 하니, 이른바 3년에 두 번 시험을 치른다는 것이다. 우수한 시권 10장은 예부로 올려보낸다. 축丑년의 가을이 되면 향시를 실시한다. 조정에서 따로 고관考官을 파견하는데 성마다 2명씩이며 또 주현의 관원 몇 명을 동고관同考官으로 임명한다【우리나라 제도와 같다】. 선발하는 방법은 다음과 같다. 제1장場에서는 서의 3도道와『논어』『맹자』가 각기 1제一題이고『중용中庸』『대학』중에 1제이다】, 배율 한 수【오언시 8연

---

**61** 정문程文: 과거 시험장에서 쓰이는 일정한 법식이 있는 문장.
**62** 배율排律: 한시의 한 체體이다. 5언 또는 7언으로 열두짝, 곧 6구 이상이 되는 율시.
**63** 책문策問: 과거시험의 한 종목이자 문체의 일종. 일반적으로 경의經義나 정사政事 등에 대한 임금의 질문에 답을 요구하는 것으로, 시사적 의미를 지닌 경우가 많다. 이에 대한 답을 대책對策 혹은 책문策文이라 한다.

이다]이고, 제2장에서는 경의 5도【오경이 각기 1제이다】이고, 제3장에서는 책
문 5도【제목은 300자로 한정한다】이다. 그다음 해 봄에는 서울에서 회시를 실
시하는데, 또한 3장場으로 나누어 시험하기를 향시의 법과 같이 한다. 주
고관主考官이 1명이고 동고관이 3명 혹은 4명인데, 무릇 정正·부副의 고
관은 쓰는 붓이 각기 다르니 주색·청색·주황색·녹색·자색으로 하여 각
자가 평점하고 끝에 총평을 쓴다. 이것이 그 대략이다. 생원의 정원은 대
략 중읍이 액진額進【향시에 나아가는 정원이다】20명, 늠생廩生【학궁에서 먹여주
는 자이다】20명, 증생增生【정원 이외이다】20명, 동생童生【유년자이다】20명이고,
또 청생靑生·사생社生[64]이 있어 등급이 매우 많은데, 모두가 교관의 지도
를 받으며 과거에 나아가는 것은 아니다. 세과와 향시는 모두 합격자에
정원이 있으나, 회시는 합격자에 정원이 없어 규정에 합당하면 선발하여
굳이 줄이려 하지 않고, 규정에 맞지 않으면 탈락시켜 굳이 채우려 하지
않는다. 나라에 경사가 있으면 특별히 은과恩科[65]를 실시하여 응시자 수
를 늘리는데, 혹 3명을 늘리고【큰 주현의 경우이다】, 혹은 1~2명을 늘리되【소
읍·중읍의 경우이다】, 굳이 합격자 수는 늘리지 않는다."

○ 부賦는 쓸데없는 글이니 없애는 것이 실로 좋고, 표전과 사론은 폐
지할 수 없는 것이다. 이제 구상해보건대, 제1장에서는 서의·경의 각 3도
를 시험하고, 제2장에서는 배율 2수, 표전 1수를 시험하며, 제3장에서는
사론 1도, 책문 3도를 시험하는 것이 알맞을 것이다. 과거제도를 이와 같
이 하면 총명 박학한 선비는 과거에 응시하고, 거칠고 엉성한 사람은 자

---

64 청생靑生·사생社生: 중국 명나라 때 주·부·현학 이외에 설치했던 학교의 생도. 향촌에
　서 민간의 자제들을 가르치기 위한 교육기관.
65 은과恩科: 나라에 경사가 있을 때, 식년式年을 기다리지 않고 특별히 거행하는 과거.

연히 기가 꺾이고 움츠러들 터이니, 과거의 폐단이 고치지 않아도 저절로 없어질 것이다. 덕행과 재간은 있으나 글재주가 없는 자는 선발하는 길을 따로 열어두어야 할 것이니 등한히 할 수 없다.

○ 우리나라의 제도에서는 하루에 1편만을 시험하는데, 재간 있고 민첩한 붓은 2~3편도 가능하므로 차술借述[66]하는 무리가 언제나 수천 명에 이른다. 만일 하루에 3~5편을 시험한다면 문장이 좋고 박학한 사람이라도 겨우 자기 답안지나 작성할 수 있을 터이니, 어느 겨를에 남을 돌보겠는가. 차술의 폐단은 저절로 없어질 것이다. 근년에 재상 한두 분이 광주 유수·전라감사로 나가 공도회公都會[67]에서 하루에 3제를 출제하였는데, 글 잘하는 선비들은 좋은 법이라고 칭송하였다.

---

66  차술借述: 과거시험에서 남의 힘을 빌려 답안지를 작성하는 것을 가리키는 말.
67  공도회公都會: 『대전통편·예전·제과諸科·공도회公都會』에 의하면 각 도의 도사都事와 개성부·강화부의 유수留守가 해마다 시험을 치러 인재를 선발해 식년에 치르는 생원시와 진사시, 복시覆試에 참가할 수 있는 자격을 부여했는데, 이 시험을 공도회라고 한다. 뽑는 인원은 경기도·황해도·강원도는 제술製述과 고강考講에 각 3명, 충청도·전라도·경상도는 제술과 고강에 각 5명, 평안도는 제술과 고강에 각 4명, 함경도는 제술 3명, 고강 2명, 개성부·강화부는 제술과 고강 각 2명이었다.

# 兵典六條

簽丁

제1조 병역 의무자 선정

병역 의무자를 군안軍案[1]에 올려 군포軍布를 거두는 법은 양연梁淵[2]에게서 시작되어 오늘에 이르렀는데, 그 폐단이 크고 넓어 백성들의 뼈를 깎는 병이 되었다. 이 법을 고치지 않으면 백성들이 모두 죽어가고 말 것이다.

양역良役의 본말은 「부역고賦役考」[3]에 자세히 나와 있으므로 여기서는 다시 설명하지 않는다.

○ 조선조 초기에는 호포戶布라는 것은 있었지만 군포라는 것은 없었다[4]【태종 10년(1410)에 이에 대한 하교가 있었는데, 『국조보감』에 나와 있다】. 중종 때에 이르러 대사헌 양연【양연은 바로 김안로金安老[5]를 제거한 사람이다】이 군적수

---

1 군안軍案: 군적軍籍. 군역 의무자의 대장으로 6년마다 한 번씩 작성한다.

2 양연梁淵, 1485~1542: 자는 거원巨源, 호는 설옹雪翁, 본관은 남원南原이다. 벼슬은 좌찬성에 이르렀다. 『증보문헌비고增補文獻備考·병고兵考·중종기사개군적中宗己巳改軍籍』에 양연의 첨정수포지법簽丁收布之法을 다룬 내용이 보인다.

3 「부역고賦役考」: 다산의 『경세유표·공부제貢賦制』가 이에 해당하는 것으로 보인다.

4 호포戶布는 법정호法定戶를 단위로 포를 거두는 것이고, 군포는 군정 1명을 단위로 포를 거두는 것이다.

5 김안로金安老, 1481~1537: 자는 이숙頤叔, 호는 희락당希樂堂, 본관은 연안延安이다. 중종에서 명종 연간에 벼슬이 좌의정에 이르렀다가 권력을 부려 횡포한 옥사를 일으켜서 반

포법軍籍收布法을 제안해 시행했지만, 군적수포법은 가구〔戶〕 단위로 부과하는 공포貢布라 불렀지 군적에 오른 개인에게 부과하는 번포番布라고 부르지 않았다. 그러므로 율곡이 "군졸이 공포를 상납하는 부담을 줄이려면 공포를 전결田結에 배정하는 쪽으로 바꿔야 한다"라고 상소하여 군적의 개혁을 청하였으니, 이것으로 알 만하다. 이 당시에는 다만 기병騎兵과 정병正兵이 있었는데, 기병과 정병은 본래 광릉진법光陵陣法[6]을 쓴 것이며 척계광戚繼光의 법[7]을 쓴 것이 아니었다. 그러므로 지금도 군안軍案, 즉 군적대장에 여수旅帥·대정隊正[8]은 있어도 부사部司·기초旗哨[9]라는 명칭은 없으니 이것으로도 알 수 있다. 임진왜란 이후에는 오위五衛[10]가 혁파되고 오영五營이 설치되었는데, ①훈련도감訓鍊都監【선조 무술년(1598)에 처음으로 설치하였다】, ②어영청御營廳【인조 갑자년(1624)에 처음으로 어영사를 두었으

---

대파에 의해 밀려나 죽임을 당했다. 저서에 『희락당고希樂堂稿』 『용천담적기龍泉談寂記』
가 있다.

6 광릉진법光陵陣法: 광릉은 세조를 가리킴. 세조가 제정한 군대 편성 방법. 이 법을 살린 것
   이 오위진법五衛陣法이다.

7 척계광戚繼光의 법: 중국 명나라 장수 척계광의 진법. 그의 저서인 『기효신서紀效新書』가
   임진왜란 이후 우리나라에 도입되어 오군영제五軍營制에 이용되었다. 정상기鄭尚驥의
   『농포문답農圃問答』에 의하면 광릉진법은 왜구를 막는 데 불리했다고 하며, 척계광진법
   戚繼光陣法은 왜구를 막는 데는 유리하나 오랑캐를 막는 데 불리했다고 한다.

8 여수旅帥·대정隊正: 오위五衛의 군대 편성 단위로, 대는 25졸卒, 여는 125졸, 즉 5대로 구
   성되었다. 여수와 대정은 각기 여와 대의 지휘관을 가리킨다.

9 부사部司·기초旗哨: 부部와 기旗는 중국 명나라의 척계광진법의 군대 편성 단위이며 부
   사와 기초는 각기 그 지휘관을 가리킨다.

10 오위五衛: 조선 전기의 중앙 군사 조직으로 국초에 있던 삼군도총제부三軍都總制府의 군
   사 편제를 세조 3년(1457)에 고쳐 만든 제도이다. 1466년 오위도총부가 이를 총괄하였는
   데, 의흥위義興衛·용양위龍驤衛·호분위虎賁衛·충좌위忠佐衛·충무위忠武衛로 구성되고
   대장이 오위를 총괄하며 각 위의 하부 조직으로는 부部-통통統-여旅-대隊-오伍-졸卒의
   정군正軍 상하 조직과 유군遊軍이라는 보충병으로 편성되고 정군의 위제는 기병과 정병
   으로 구성되어 있다.

며 효종 임진년(1652)에 영을 설치하였다】, ③금위영 禁衛營【숙종 임술년(1682)에 훈련도감의 군사 수를 줄여 설치하였다】, ④수어청 守禦廳【인조 병인년(1626)에 설치하였다】, ⑤총융청 摠戎廳【인조 갑자년(1624)에 설치하였다】이다. 이것이 이른바 오군문 五軍門[11] 이라고 하는 것이다. 수어청과 총융청은 군졸을 경기도 지역에서 뽑았고, 훈련도감·어영청·금위영은 모든 도에서 군졸을 뽑고 군포를 거뒀다. 정군을 호수 戶首라 하고 각 호수에는 2~3명의 보인 保人이 딸려 있어 이들에게서 쌀과 베를 거두어 물자와 장비로 쓰게 했다. 1년에 쌀로 바칠 때는 12두, 베로 바칠 때는 2필, 돈으로 바칠 때는 4냥으로 하였다. 병자호란이 끝난 후 서울 주변에 군사 진지가 없어지면서[12] 정군의 번상 番上이 중지되었다. 번상이 중지됨에 따라 또한 물자와 장비가 필요 없게 되었다. 이에 보포를 거두어 서울의 각 군영에 보내게 되었고, 번상이 중지된 정군에 대해서도 또한 신포 身布를 거두어 서울의 각 군영에 보내게 되었다. 그리하여 서울의 각 방 坊에서 군인을 고용하여 번상군 番上軍을 대신하거나, 혹은 서울의 각 군영에 보용 補用하여 그 비용을 충당하였다. 영조 9년(1733)에 이르러 비로소 양역변통 논의가 일어났다. 우의정 김흥

---

11  오군문 五軍門: 오군영 五軍營. 임진왜란을 계기로 설치된 조선 후기의 다섯 군영. 훈련도감·어영청·총융청·금위영·수어청을 일컫는다. 훈련도감은 훈국 訓局이라고도 하며 수도 수비를 담당한 군영으로 오군영 가운데 가장 먼저 설치되었다. 어영청은 화포의 교습을 담당한 군영으로 서울 인의동에 자리 잡고 있었다. 총융청은 1624년 서울의 외곽인 경기 일대의 경비를 위하여 특설한 군영으로 내영 內營과 외영 外營으로 나누어 수원·광주·양주·장단·남양 등 여러 진의 군무를 관할하였다. 처음에는 사직동 북쪽에 설치했다가 1669년 삼청동으로 옮겼다. 금위영은 훈련별대 訓鍊別隊와 병조정초군 兵曹精抄軍을 통합하여 설치하였으며 병조판서가 겸임하였다. 수어청은 남한산성을 개축하고 그 부근의 여러 진을 지키기 위해 설치한 군영이며 광주유수 廣州留守가 겸임하였다.
12  병자호란이 끝난 후 청나라와의 강화조약에 의해 서울 주변에 군사 진지를 두지 못하게 되었다. 실질적으로 오군영진법의 폐지를 의미한다.

경金興慶[13]은 구전론口錢論을 주장하고, 영성군 박문수朴文秀는 진보鎭堡[14] 폐지론을 주장했고, 이조판서 송인명宋寅明[15]은 대동미를 경감하는 대신 결전結錢으로 증액할 것을 청하였다. 그러다가 영조 26년(1750)에 비로소 균역법이 실시되었다. 바야흐로 균역의 실시를 논의할 때 호포제戶布制를 주장하기도 하고, 결포제結布制【전결을 기준으로 군포를 거두는 것】를 주장하기도 하며 구전제口錢制를 주장하기도 하고, 유포제遊布制【문반도 아니고 무반도 아니면서 군역의 부담을 지지 않는 자에게 군포를 거두는 것】를 주장하기도 하였다. 마침내 은결隱結을 찾아내고 어염세魚鹽稅를 거두고 유포제【선무군관포를 말하니 곧 유포의 뜻이다】를 실시하고, 결전을 거둠으로써 균역청을 세워 군포를 반으로 경감시켰다. 2필을 내던 것이 1필이 되고 4냥을 내던 것이 2냥이 되고 쌀 12두를 내던 것이 6두가 되었다. 이에 백성들이 조금 힘을 펴게 되었다.

○ 군포 1필이 감해졌으니 마땅히 백성들의 힘이 다소 펴진 것 같지만 첨군簽軍의 액수가 해마다 달마다 증가하게 되었다. 군포를 내는 양인이 숙종 초년에 30만 명이던 것이 영조가 균역법을 실시하였을 때에는 벌써 50만 명에 달하였다. 『양역실총良役實總』【균역법이 실시되었을 때에 편찬한 책 이름이다】에 실려 있는 각 고을에 배정된 군액의 수가 큰 고을은 수만 명에 이르기도 하고 작은 고을이라도 1000명이 넘는다. 그런데도 서울에 바치

---

13  김흥경金興慶, 1677~1750: 자는 숙기叔起, 호는 급류정急流亭, 본관은 경주이다. 문과에 급제, 영의정까지 지내고 기로소에 들어갔다.

14  진보鎭堡: 진은 군사 요충지이자 군 주둔지로 세 등급이 있었는데, 절도사가 주재하는 병영인 주진主鎭, 첨절제사가 주재하는 병영인 거진巨鎭, 동첨절제사·만호·도위가 주재하는 병영인 제진諸鎭으로 구성되었다. 진보와 진은 거의 같은 뜻으로 쓰이는 것 같다.

15  송인명宋寅明, 1689~1746: 자는 성빈聖賓, 호는 장밀헌藏密軒, 본관은 여산이다. 문과에 급제하여 좌의정에 이르렀다. 탕평론을 주장하였다.

는 군포 외에 순영巡營과 병영兵營의 군졸, 그 고을의 제번군除番軍[16], 제고
諸庫·제청諸廳의 사모군私募軍, 향교와 서원의 보솔保率, 사령과 관노의 봉
족奉足, 경주인京主人의 보솔, 영주인營主人의 보솔, 포호浦戶[17]의 보솔, 연
군煙軍의 보솔, 영장營匠의 보인保人, 읍장邑匠의 보인, 사색보四色保·삼색
보三色保·죽보竹保·칠보漆保·지보紙保 등이 있어 기기괴괴한 명목이 천 가
지 만 가지가 되어 오늘에 이르렀다. 만일 조정에서 강직하고 밝은 어사
를 파견하여 공적이든 사적이든 잡색군雜色軍을 모두 조사해 숨기고 빠
뜨림이 하나도 없게 한다면 전국 각 도를 헤아려 그 수가 필시 수백만 명
이 넘을 것이다. 50만 명이 각각 4냥씩 납부한다면 그 돈이 200만 냥이요,
200만 명이 각각 2냥씩 납부하더라도 그 돈이 400만 냥이다. 영고(寧考, 영
조)가 군포를 반으로 덜어주는 혜택을 주었으나 각 고을에는 부세가 배
로 증가하게 되었으니, 나라에 법이 있다고 할 수 있겠는가. 정자程子가
"세상의 모든 사물에는 원래 일정한 수효가 있는 것이어서 이곳에 없으
면 반드시 다른 곳에 있다"라고 하였다. 균역법 실시 초기와 비교하면 오
늘날 백성들로부터 받아내는 것이 곧 4배나 되는 것이니 백성이 어찌 곤
궁하지 않을 것이며 물력物力이 어찌 고갈되지 않을 것인가? 만일 영고
의 뜻으로 오늘날을 내려다보면 측은하고 애통해하는 조칙이 그때보다
배나 더 간절할 것이다.

　○ 무릇 군포는 이미 이름부터 바르지 못한 것이다. 황제黃帝가 군사를
조련한 이래로 양병養兵을 하였다는 것은 들었어도 군포를 거두었다는
것은 듣지 못하였다. 당우삼대唐虞三代의 제도에 백성을 뽑아 군사로 삼

---

16　제번군除番軍: 번상에서 제외된 군졸.
17　포호浦戶: 포구의 관리를 맡은 호구.

고, 이들에게 땅을 주었으니, 이른바 정전이라는 것은 군전 아닌 것이 하나도 없었다. 그 양병하는 방법이 이러하였다. 한나라와 위나라 이후로는 둔전을 두어 양병하였다. 혹 법도가 없는 시대에도 나라의 재물을 다 써서 양병할지언정, 군포를 거두었다는 이야기는 듣지 못하였다. 군대에 나가지 않는 자는 재물을 내고 군대에 나가는 자는 목숨을 바치는 것이 옛날의 도리였다. 장차 군대에 목숨을 바치라고 요구할 것이면서 먼저 재물을 내라고 하니 이러한 이치가 있을 수 있는가? 오늘날에는 쇠잔한 마을이나 가난한 집에서 어린아이가 세상에 태어나 울음소리를 내자마자 홍첩紅帖이 내려온다. 음양의 이치는 하늘이 준 것으로 교접이 없을 수 없고, 교접하면 아이를 낳게 되고, 아이를 낳으면 반드시 군적에 올려놓으니, 이 땅의 부모 된 자로 하여금 천지가 만물을 낳는 이치를 원망하게 만들어 집집마다 탄식하고 눈물을 흘린다. 나라에 법도가 없는 것이 어떻게 이 지경에 이르렀단 말인가? 심한 경우에는 태중의 아이를 두고 이름을 짓고 딸을 아들로 바꾸고 또 그보다 더 심한 경우에는 강아지의 이름을 군안에 올리기도 하니, 이는 사람의 이름이 아니라 지정한 대상이 진짜 개이다. 방아 찧는 절구에 이름 붙여서 관첩官帖을 발급하는 경우도 있으니, 이는 사람의 이름이 아니라 지정한 대상이 진짜 절구이다. 법에는 "4부자의 군역은 그중 한 사람에게 면역을 허락한다"[18]라고 되어 있으나 오늘날 백성의 실정은 몸뚱이만 있으면 8부자가 군역을 지더라도 감히 원망하지 못한다. 법에는 "황구충정黃口充丁[19]의 경우에 수령을

---

18 『대전회통·병전兵典·면역免役』.
19 황구충정黃口充丁: 어린아이를 군역에 충당하는 것(『만기요람萬機要覽·재용財用·균역均役』 참조).

논죄한다"[20]라고 되어 있으나 오늘날 백성의 실정은 몸뚱이만 있으면 태어난 지 3일 만에 군적에 올려도 감히 원망하지 못한다. 법에는 "백골징포白骨徵布를 하면 수령을 벌준다"[21]라고 되어 있으나 오늘날 백성의 실정은 오히려 모두 백골징포를 원하고 좋아하니 무엇 때문인가? 아비가 죽고 자식이 군역을 대신하는 경우에 물고채物故債[22]·부표채付標債[23]·사정채查正債[24]·도안채都案債[25]를 내며 군포를 납부하는 것은 종래와 같은데, 별도로 거두는 것이 이와 같으니 백성들은 백골징포가 차라리 편하다고 여기지 않겠는가? 이 법을 고치지 않으면 백성이 모두 죽어갈 것이다. 아! 애석하다. 영고는 지극한 정성으로 백성을 불쌍히 여겼는데, 신하들이 이를 잘 받들지 못하여 그 성과가 보잘것없고 구차하게 균역청을 세우는 데 그쳤다. 어찌 한스럽지 않은가.

내가 암행어사로 적성현積城縣[26]의 시골 마을에 이르러 이렇게 시를 지었다.[27]


시냇가 찌그러진 집은 뚝배기 엎어놓은 것 같은데,

북풍에 이엉이 걷혀서 서까래만 앙상하네.

묵은 재에 흰 눈이 덮여 부엌은 차디차다.

---

20 『대전통편·병전·성적成籍』.
21 『대전통편·병전·성적』.
22 물고채物故債: 군역 의무자가 사망했을 때 사망신고 때에 부당하게 징수하는 돈.
23 부표채付標債: 사망신고서를 받아 군적에 표시하는 대가로 부당하게 징수하는 돈.
24 사정채查正債: 사망자와 대정자(代丁者, 대신 군역을 진 자)를 확인할 때 징수하는 돈.
25 도안채都案債: 정식으로 군안에 고쳐서 올릴 때 내는 돈.
26 적성현積城縣: 지금의 경기도 연천군에 속한 고을 이름.
27 『여유당전서·시문집』에 실려 있다.

무너진 벽으로 별빛이 비쳐 드네.

집안의 살림 도구 너무도 쓸쓸하여,

모조리 팔아봤자 몇 푼이나 받을까

개꼬리처럼 걸려 있는 조 이삭 서너 줄기

닭 창자같이 비틀어진 고추 한 꼬지.

깨진 항아리 새는 곳을 헝겊으로 때웠고

내려앉는 선반을 새끼로 묶었구나.

놋숟가락 이정에게 빼앗긴지 오랜데

엊그제는 이웃 부자 솥을 앗아갔구나.

쪽물 들인 무명 이불 한 채뿐이라

부부유별 이 집엔 가당치 않네.

어린아이 적삼 해져서 어깨 팔뚝 드러나고

날 때부터 바지 버선 알지도 못한다지.

다섯 살 아이는 기병으로 올라가고

세 살짜리 아이도 군인이라 등록되었다네.

두 아들 군포가 한 해에 500푼

어서 죽기 소원하는 마당에 옷가지 바라겠느냐.

강아지 세 마리 애기와 뒤섞여 자는데

호랑이는 밤마다 울 밖에서 으르렁댄다.

남편은 나무하러 산으로 가고

아내는 이웃에 방아품 팔러 가고

대낮인데 싸리문 닫힌 정경 참담하기 그지없다.

하루 종일 굶고 밤에 돌아와 밥을 짓고

여름엔 해진 겨울옷 겨울엔 삼베옷

땅이 풀려야 냉이라도 싹은 나올 텐데

이웃집의 술지게미, 술 거르기만 기다리고

지난봄에 환자미를 닷 말 받았거늘

이 일이 금년에는 어떻게 될지

나졸이 문전에 오는 것 겁나지만

동헌에 잡혀가서 매 맞는 일 두려워 않네.

아! 슬프다. 이런 집 천지에 가득한데

구중궁궐이 깊고 멀어 어찌 다 살피리오.

한나라 때 직지사자直指使者[28]는

못된 수령을 마음대로 처분했지.

병폐와 문란의 근원이 바로잡히지 않으면,

공수龔遂·황패黃覇[29]가 와도 바로잡지 못하리라.

그 옛날 정협鄭俠[30]의 유민도流民圖를 본떠

시 한 편으로 그려내서 임금님께 바치리.


○ 이 시는 건륭乾隆 갑인년(1794) 겨울에 내가 지은 것이다.

---

**28** 직지사자直指使者: 중국 한나라 때 황제의 명을 직접 받고 지방을 감찰하던 벼슬아치.
조선의 암행어사와 유사한 제도인데 다산은 권력이 훨씬 강화된 형태였던 것으로 보고
있다.

**29** 공수龔遂·황패黃覇: 중국 한나라 때 지방관으로 백성을 사랑하고 훌륭한 치적을 이룬
대표적인 두 사람.

**30** 정협鄭俠, 1041~1119: 중국 북송시대 사람. 자는 개부介夫, 호는 대경거사大慶居士이다.
백성들이 흉년을 만나 삶의 터전을 잃고 유랑하는 정경을 사실적으로 그려서 황제에게
바친 것으로 유명함.

또「애절양哀絶陽」이란 제목으로 지은 시가 있다.


갈밭마을[31] 젊은 아낙 설리 설리 우는 소리

관문 앞으로 달려가며 곡성이 하늘에 닿는구나.

전장에 나간 남편 돌아오지 못하는 일 있을 수 있다지만,

사내가 제 양물을 잘랐단 말 예로부터 듣도 보도 못했다네.

시아버지 죽어서 삼년상 벌써 지났고 갓난아기 배냇물도 안 말랐거늘

이 집 3대의 이름이 모두 군적에 올랐구나.

관가에 가서 하소연하자 해도 호랑이 같은 문지기 지켜 섰고,

이정은 으르렁대며 외양간의 소마저 끌어갔다오.

남편이 식칼 들고 방으로 들어가더니 선혈이 자리에 홍건히

스스로 부르짖길 "이 바로 자식 낳은 죄로다."

잠실궁형蠶室宮刑[32]은 어찌 꼭 죄가 있어서던고?

민閩 땅[33]의 어린애 거세하던 풍속 가엾은 일이었거든.

만물이 낳고 살아가는 이치 하늘이 내려주심이니

음양이 어울려서 아들이요 딸이로다.

말 돼지 거세하는 것도 슬프다 이르겠거늘

하물며 우리 인간 대 물리는 일 얼마나 소중하냐?


---

31  갈밭마을[蘆田]: 강진의 마을 이름. 다산초당에서 멀지 않은 곳으로, 바닷가에 갈대밭이
    있어 붙은 이름이다.

32  잠실궁형蠶室宮刑: 고대에 생식기를 자르는 형벌. 잠실은 누에를 치는 공간을 가리키는
    데, 궁형을 잠실에서 집행했다고 함.

33  민閩 땅: 중국의 복건성福建省 지역. 이곳에서는 옛날에 사내아이의 생식기를 자르는 풍
    습이 있었다고 한다.

부잣집 일 년 내내 풍악 울리고 흥청망청

이네들은 한 톨 쌀 한 치 베 내다 바치는 일 없거니

다 같이 임금의 백성이거늘 이다지 불공평하다니

객창에 우두커니 앉아 시구편/鳲鳩篇[34]을 외노라.[35]


○ 이 시는 1803년 가을 내가 강진에서 지은 것이다. 그때 노전에 사는 백성이 아이를 낳은 지 사흘 만에 군보에 편입하고는, 이정이 와서 못 바친 군포 대신 소를 빼앗아간 일이 있었다. 그 백성이 칼을 뽑아 자기 성기를 베면서 "내가 이 물건 때문에 곤란을 겪는다"라고 말하였다. 그의 아내가 그 성기를 가지고 관문에 나아갔을 때에도 피가 아직 뚝뚝 떨어지고 있었는데, 울면서 호소하였으나 문지기가 막아버렸다. 내가 이 이야기를 듣고 시를 지었다. ○ 백성의 수령 된 자가 백성의 실정은 돌보지 않고 관례에 따라 군정을 행하니, 때때로 악에 받친 백성이 이러한 변고를 일으키는 수가 있다. 실로 말할 수 없이 불행한 일이요, 두려워할 일이 아닌가.


대오隊伍를 이루는 것은 명목이요 쌀과 포는 실질이다. 그 실질을 이미 거두어놓고 명목을 또 왜 찾는단 말인가. 명목을 찾으려고 하면 그 해독은 백성이 입기 때문에 군정을 잘 보는 자는 보지 않는

---

34 시구편/鳲鳩篇:『시경·조풍曹風』에 실려 있다. 군자가 백성을 대함에 공평하고 전일해야 함을 '시구'라는 새에 비유해 표현한 내용.
35 『여유당전서·시문집』에 실려 있다.

것이 낫고, 첨정簽丁을 잘하는 자는 첨정하지 않는
것이 낫다. 거짓으로 올라 있는 자나 이미 죽은 자를
조사하거나 빈자리를 다른 장정으로 메꾸는 일은
아전의 이익이 될 뿐이다. 현명한 수령은 하지 않는다.

백골징포하는 것과 군정을 허록하는 것은 조정에서 금한 일이다. 매양 여름과 가을의 어름에 경영京營[36]의 대장과 위장衛將이 각 도에 관문을 띄우고 순영과 병영은 각 고을에 관문을 띄워서 도逃·노老·고故【도망자·늙어 군안에서 제외된 자·사망자】의 빈자리를 대신 채우라고 지시한다. 관문의 내용이 매우 엄하므로 수령은 물정을 잘 모르고 놀라고 두려워하여, 군액軍額은 그 자체가 지극히 중요한 일이므로 마땅히 궐액闕額[37]이 있어서는 안 된다고 스스로 생각한다. 그래서 '군정수軍政修' 세 글자를 자기의 임무로 여기고 좌수에게 묻는다. 좌수는 미리 아전과 약조하고 나아가서 아뢰기를 "이 고을의 군정은 오랫동안 닦여지지 않아서 대오에는 빠진 자가 많고 호수戶首와 보인保人이 갖추어지지 않아 군포를 지정하여 거두어들일 곳이 없어 이웃과 친족이 해를 입는 실정입니다. 이제 훌륭한 사또를 만나서 크게 바로잡는다면 대대로 그 혜택을 입게 될 겁니다"라고 한다. 수리에게 물어보아도 대답은 한결같다. 이에 수령은 개연히 스스로 군정을 닦기로 결심하는데, 마을마다 집집마다 벌써 죽은 혼백의 울음소리가 구슬프게 울린다.

○ 7월 초에 어리석은 수령이 각 면에 영을 내려 도노고성책逃老故成冊

---

36 경영京營: 중앙의 오군영을 말한다.
37 궐액闕額: 책정된 군액에서 부족한 숫자.

을 바치도록 하고 향갑郷甲【즉 면임面任이다】을 불러다가 매우 엄하게 면전에서 지시하기를 "만일 장정 한 명이라도 누락이 있으면 너희들은 곤장을 맞아 죽을 것이다"라고 한다. 향갑은 미리 아전과 약조하고 공손히 수령의 명령을 받고 대답하기를 "사또의 명령이 이와 같으니 감히 힘껏 찾아내지 않을 수 있겠습니까"라고 한다. ○ 이에 이 모와 김 모 등 도망자다 사망자다 하여 30~40명을 명단에 올려 수령에게 보고한다. 이에 하늘에 닿는 풍랑이 일어나는 것이다.

○ 대저 부세를 거두어들이는 법은 호戸와 구口에 골고루 부과하여 공평하게 거두어들이는 것이다. 우공禹貢 9등의 부세와 주관周官 9직의 부세로부터 한나라 위나라 당나라 송나라에 이르기까지 무릇 부세의 법은 모두 그렇지 않은 것이 없었다. 요역이 가벼우면 모든 백성이 골고루 혜택을 입고, 무겁게 거두어들이면 모든 백성들이 다함께 해독을 입는다. 치세와 난세가 각각 다르겠으나 법 제정의 원칙은 이와 같았다. 편벽되게 장정 한 명을 잡아 군적에 올려 수백 전을 요구하거나, 편벽되게 한 가호를 잡아 군적에 올려 수천 전을 요구한다는 것은 고금 천하에 없던 일이다. 호포와 구전은 조정에서 의심하여 실시하지 않았다. 이에 백성들이 스스로 편리한 법을 만들어 군역을 부담하게 되었으니, 호포와 구전이라는 이름은 없지만 실제로는 마찬가지이다. 백성들이 만든 법이 첫째는 군포계軍布契요 둘째는 역근전役根田이다. 이 두 법이 행해지자 백성의 생활이 조금 펴게 되었는데, 또 어찌 괴롭게도 이를 흔들고 어지럽혀서 아주 좋은 법을 무너뜨리고 이 백성을 도탄 속에서 허우적거리게 만드는가.

## 군포계

군포계라는 것은 100가家가 사는 한 마을이 상족上族과 하족下族[38]을 막론하고 모두 돈 1냥씩을 내어 원금과 이자를 불려서, 한 해에 불어난 이자를 거두어 군미와 군포로 납부하는 것이다. 이 계가 이미 설치됨에 따라 군적에 오른 장삼이사는 모두 가명으로 채워졌고 허록으로 만들어진 것이었다. 더러 이미 죽은 사람의 이름이 남아 있거나 본래 있지도 않은 사람의 이름을 거짓으로 지어 넣기도 하였다. 군포계에 처음 들어가는 나이가 15세인데, 15세 아이의 이름을 차용하여 관청에 파기疤記【파疤란 얼굴의 흉터 따위로 군적에 기록하는 것】를 올리고 46년을 탈 없이 군역을 치른 것으로 하고 61세가 되면 늙어 군적에서 면제된다. 또 거짓 이름을 지어서 46년 동안 무사히 군역을 치르게 한다. 그 마을의 군액이 20명이면 20명이 모두 허록이며 30명이면 30명이 모두 허록이다. 이것이 황해도와 평안도의 군포계법軍布契法이다.

○ 남쪽 지방에는 이런 계가 있다 하더라도 크게 정비되어 있지 못하여, 한 마을에 3, 4, 5, 6명은 실재하는 사람이 실명으로 군역을 치른다. 또 혹 한두 마을에는 원래 이런 계가 없어서 4~5명의 부자가 군미와 군포를 자신이 납부하기도 한다. 또한 계의 명칭도 대동계大同契라 하기도 하고 보역계補役契라 하기도 한다.

○ 오늘날 사리에 밝고 법도를 아는 관찰사나 절도사가 이 일을 듣는다면 깜짝 놀라고 깊이 두려워하여 한숨짓고 탄식하면서 "이게 웬 말이냐? 어영군御營軍에는 호수戶首【원군元軍을 호수라 부른다】와 보인保人이 있어, 만

---

38 상족上族·하족下族: 가문과 신분의 높고 낮음에 따라 구분한 것으로 생각됨.

약 난리가 일어나면 군적을 조사하고 병졸을 점검하여 호수를 전쟁터에 보내 나라를 보위토록 하고 호수에 결원이 생기면 보인을 호수로 올리는 것이 국가의 병제이다. 군적을 허록하고 군포계를 설치하여 쌀과 포를 바치게 하다니 이것이 웬 말이냐'라고 할 것이다. 여기 현명한 수령이 있다면 이에 대하여 다음과 같이 응답할 것이다. "백성을 편성하여 군대로 삼아 나라를 보위하는 일에는 본래 제도가 있다. 주나라는 육수六遂의 전지를 경영하여 육수의 군사를 양성했고, 한나라와 위나라는 삼보三輔<sup>39</sup>의 전지를 설치하여 삼보의 군사를 양성하였다. 육수란 왕성의 근교이며 삼보란 왕성의 기내이다. 주나라 사람이 양주楊州의 군사를 징발하여 호경鎬京<sup>40</sup>을 지켰다거나 한나라 사람이 임치臨淄<sup>41</sup>의 군사를 징발하여 장안長安을 지켰다는 말을 아직 듣지 못하였다. 하물며 적이 침입하여 싸우러 나가는 자들은 자기 목숨을 버리고 사지에 나아감에 있어서랴." 전하는 말에 "남의 밥을 먹는 자는 남의 일에 죽는다'라고 하였다. 그러므로 옛 성인은 백성에게 죽음을 요구하려고 할 때에 먼저 땅을 주어 먹고살게 했기 때문에 땅에서 살다가 땅에서 죽게 되어 백성들이 감히 도망가지 못했던 것이다. 오늘날에는 먼저 재물을 빼앗아 살아갈 수 없게 만들고 나서 목숨 바치기를 요구하니 백성이 기꺼이 죽으려 하겠는가? 어영사御營使가 관하 각 고을에 관문을 띄워 천아성天鵝聲<sup>42</sup>을 밤새도록 불어

---

**39** 삼보三輔: 중국 한나라 때 장안長安 이동을 경조윤京兆尹, 장릉長陵 이북을 좌빙익左憑翊, 위성渭城 이서를 우부풍右扶風이라 하여 이것을 삼보라 하였으나 나중에는 장안의 인접 지역을 일컬었다.

**40** 호경鎬京: 중국 주나라 무왕武王의 도읍지. 지금의 중국 섬서성陝西省 장안현長安縣의 서남쪽 지방.

**41** 임치臨淄: 중국 춘추시대 제나라의 수도. 지금의 중국 산동성 치박시淄博市에 속함.

**42** 천아성天鵝聲: 사변이 있을 때 군대를 징발하기 위해 부는 나팔 소리.

도 필연코 한 사람도 모이는 자가 없을 것이다. 호수를 전쟁터에 보내고 보인을 호수로 올리는 일이 어찌 바라는 대로 되겠는가. 통발[筌]을 설치함은 물고기를 잡기 위함이요 덫[蹄]을 설치함은 토끼를 잡기 위함이며, 군적을 설치하는 것은 군포를 거두기 위함이다. 이미 물고기와 토끼를 잡았으면 통발과 덫은 잊어버려도 좋으며, 이미 쌀과 포를 거두었으면 군적은 잊어버려도 좋은 것처럼 되었다. 백성들이 공손하고 온순하여 스스로 좋은 법을 만들어 윗사람을 섬기는데 수령 된 자가 어찌 차마 이를 흔들고 어지럽혀서 통상대로 바치는 쌀과 포 이외에 송아지와 가마솥을 팔고 처자식을 팔아 간악한 아전·향승·향갑·저졸(면주인)을 살찌게 한단 말인가? 백성들이 울부짖으며 쓰러지고 쓰러지며 분하고 원통하고 초조함이 마치 물고기가 모래밭에 누워 있는 것같이 된 후에라야 마음이 시원하겠는가. 이 계를 처음 설치할 때에 조관의 집도 한 몫, 향관鄕官[43]의 집도 한 몫, 군관과 교생의 집도 한 몫, 사노私奴나 관노의 집도 한 몫씩을 각각 내었으니 이것이 호포의 규정이며 구전口錢의 법식이다. 호포와 구전이란 원래 조정에서 시행하려고 했던 것인데 백성의 원망이 두려워 감히 시작하지 못한 것이다. 조정에서 시행하려고 하였으나 할 수 없었던 것을 백성이 먼저 스스로 행하고 있으니 조정에서는 마땅히 다행스럽게 여겨야 할 일이다. 그럼에도 어찌 이를 금한단 말인가. 오늘날 호포와 구전을 시행하려고 하면 별도로 꼭 조령을 내릴 필요도 없다. 오직 이 군포계를 권장하여 결함이 있으면 보충하고 깨진 것은 다시 만들며 무거운 것은 가볍게 해주고 가벼운 것은 균평하게 하면, 몇 해 안 가서 호포법이

---

**43** 향관鄕官 : 좌수, 별감 등 향임을 가리킴.

이루어질 것이다. 군적을 없애고 쌀과 포를 거두면 국가에도 손해가 없고 백성들도 이로움이 있는데, 하필이면 군적만을 집착한단 말인가?

## 역근전

역근전이란 군보전軍保田이다. 어영청의 보인 이 모가 먼 고을로 이사하려고 하는데, 그 마을 사람들이 붙들고서 "자네가 이사를 한다 해도 군역은 그대로 남는다. 군역이 그대로 남으면 이 마을의 손해이다. 군포는 장차 누가 납부한단 말인가? 자네는 이 점을 생각하게"라고 말한다. 드디어 그 전지를 마을에 소속시켜 해마다 수확한 벼를 거두어 군포로 납부하니 이것이 이른바 역근전이다. 금위영의 보인 김 모는 가족이 모두 죽었는데 마을 사람들이 그 전지와 재산을 마을에 소속시켜 군포미를 납부하니 이것이 이른바 역근전이다. ○『경국대전』에 "군역이 있는 자가 죽거나 이사하면 그 전지를 군역을 체립遞立44하는 자에게 준다"라고 나와 있다「호전」에 실려 있다. 이 법을 행해온 지 이미 수백 년이나 되었다. 한번 체립되고 두 번 체립되는 동안 마침내 공전公田이 되었으니, 가난해도 감히 남에게 팔지 못하며 죽어도 감히 자식에게 상속하지 못한다. 한 뿌리가 이미 굳어짐에 또 두 뿌리가 생겨서 한번 역근전이 되면 끝내 이동이 없이 오늘날까지 이르렀다. 어찌 전지 없는 군역이 있겠는가? 그러므로 무릇 군역은 겉으로는 백징白徵 같지만 실제는 모두 전지가 있는 것이다. 특히 이갑里甲이 굳이 숨기는 까닭에 수령은 자세히 알 도리가 없다【내가 오랫동안 민간에 있어서 이 실정을 알게 된 것이다】.

---

44 체립遞立: 군역을 대신 지는 것을 말함.

이와 같은 군역은 수령이 아전의 말을 듣고 엄하게 조사하고 가혹하게 캐보면 허록【군안에 기재된 것이 허명虛名】임을 알 수 있다. 이에 그 마을에서 실재하는 한 사람을 세워놓기를 독촉한다. 이에 군리軍吏는 은밀히 조사하여 혹 논 몇 배미를 가지고 있거나 송아지 한 마리를 기르는 자가 있으면 그들에게 저졸을 보내서 사첩私帖을 보이며 군정에 충당하겠다고 위협한다. 군역이 있는 자와 없는 자, 아이가 있는 자와 없는 자 모두가 침해를 받지 않은 자가 없다. 교생 가운데 넉넉한 자와 토족 가운데 약한 자에게는 모록冒錄【호적에 유학幼學이라고 모칭한 것을 가리킨다】이라고 지칭하면서 공갈을 한다. 백성 가운데 본래 천한 자는 이미 천한 자라 슬프기는 하지만 부끄러울 것이 없는데 제가 좋아서 모록을 한 자는 근본이 이미 깨끗한 것으로 되어 있기에 부끄러워 죽고 싶은 심정이 된다. 소문만 퍼지지 않게 된다면 재물은 아까워할 것이 없다. 이에 논도 팔고 소도 팔아서 군리에게 바치는 것이다. 바친 자는 자못 편안하게 되지만 바치지 않은 자는 더욱 시달려서 가마솥도 내다 팔고 짜던 베도 다 팔아서 바치니 점차로 편안해져서 그나마 무사하게 된다. 오직 다소 넉넉한 것 같으나 실은 가난한 자의 경우에 아전이 잘산다는 헛소문을 듣고 군포 납부를 독촉하여 아무리 쥐어짜도 실제 나올 것이 없다. 아전은 "어허! 이 백성은 완악한 자로구면" 하고 탄식하다가 드디어 그의 이름을 수령에게 보고한다. 수령은 횡재거리라도 얻은 양 좋아하며 즉시 주첩朱帖을 발행하여 성화같이 잡아온다. 이 백성은 관정에 들어와 주머니 끈을 풀고 속에서 자문尺文【아전이 백성에게서 부세를 받을 때 모두 이 자문을 발급한다】을 찾아내어 수령에게 바치면서 "저는 본래 금보禁保[45]인데 새로 보미保米를 바쳤습니다. 자문이 여기 있습니다. 한 몸으로 두 가지 군역을 부담한다면 억울하지 않습니까?"라고 아뢴다. 아전이 창 밖에 엎드려 있다가 그 자문을 보고서 곧바로 해명하여 "자문에 있는 이름은 원래 이동李同인데 지금 나온 이름은 이득李得이다. 하나는 너의 형이요 하나는 너 자신인데 어찌 첩역疊役【아전이 첩역으로 백성을 침해할 때에는 반드시 이름을 고친다】이라고 말하는가"라고 한다. 이에 백성은 "소인은 본래 독신이요 다른 형제가 없습니다"라고 호소한다. 아전은 "거짓말 마라. 네 형이 있는 것은 온 고을이 다 아는 사실인데 어찌 숨기려 하느냐"라고 말한다. 이때 기생이 병풍 안에 앉았다가 낮은 소리로 "저 사람 형제가 우리 어미의 술집에 와서 술을 마신 적이 있는데 지금은 독신이라고 하다니"【기생과 아전이 미리 짜고 하는 수작이다】 하고 소곤거린다. 수령이 바야흐로 의심을 품다가 기생이 하는 소리를 듣고는 참말이라고 여겨서 창문을 밀치고 엄히 꾸짖고, "네 형이 있는 것은 관에서 잘 아는 사실이다"라고 하면서 파기【첨군의 파기를 가리킴】를 빨리 올리라고 독촉한다. 백성이 "소인이 아무리 금수 같다 하더라도 있는 것을 없다고 하겠습니까. 형제를 숨기는 것은 일찍이 배운 바가 아닙니다"라고 거듭 호소하면서 끝내 서명하려 하지 않는다. 수령은 "완악한 놈이로다. 매 앞에 장사가 없는 법이다" 하고 곤장 치기를 명한다. "군무에 곤장을 쓰는 것은 국법에 허용하는 바다. 매우 쳐서 형이 있다고 자백하게 하라. 고할 때까지 치면 어찌 고하지 않고 배기겠느냐"라고 호령한다. 곤장 3대에 백성은 혼비백산하여 부르짖기를 "바른대로 고백하겠습니다. 저는 사실 형이 있습니다"라고 한다. 이에 수령이 그 사실을 밝혀낸 것을 기뻐하며 기생을 돌아보면 기생 또한 방긋이 웃는다. 곧 백성의

---

**45** 금보禁保: 금위영 소속 보인을 말하는 듯하다.

결박을 풀어주고 서명을 재촉한다. 수령은 "백성이란 간사하여 곤장이 아니면 실토하지 않는 줄 오늘 알았다. 내가 크게 깨달았다"라고 한다.

○ 또 어느 한 마을의 백성이 갓난아기 하나를 안고 관가에 들어와서 "아기阿只【우리나라 풍속에 어린애를 아기阿只라고 부른다】의 이름이 지금 주첩에 올랐는데, 우리 집 아기는 오직 이 애 하나뿐입니다. 태어난 지 몇 개월도 안 되는데 이미 선무군관選武軍官으로 차첩을 받았고 제번除番의 군포 2년 치〔二等級〕【1년 치를 '1등'이라고 한다】를 납부했으니 한 몸으로 두 가지 군역을 지는 것은 너무나 억울하지 않습니까?"라고 하소연한다. 아전이 수령에게 보고하기를 "선무選武는 가벼운 군역이요, 보미保米는 무거운 군역입니다. 지금 저 아이를 보미를 내는 군역으로 옮겨주어 선무의 대신을 충당하는 것은 어렵지 않습니다"라고 한다. 수령이 "좋다"라 말하고, 드디어 파기를 올리라 한다. 이후로 이 아이는 첩역을 하게 되었다. 학질은 뗄 수 있으나 첩역은 벗어나기 어려우니, 일생 동안의 고생이 이날부터 시작되는 것이다.

○ 혹 한 마을의 백성이 뇌물을 바치고 모두 군역을 면하고자 하면, 마을 안에서 또 허명을 만들어내어 다른 허명을 대신하게 된다. 그 물고채·부표채·사정채·마감채磨勘債[46]·도안채 및 금년의 군포는 모두를 그 마을에서 마련해 내게 되니 마침내 역근전을 팔아서 이 비용에 충당하게 된다. 이후부터 진짜 허록이 되어 해마다 민호에서 터놓고 군포를 거두게 된다.

○ 이로써 보건대, 이른바 군정이라는 것을 닦는 것이 옳을까, 닦지 않

---

46 마감채磨勘債: 사정을 마친 뒤에 마감한다는 명목으로 바치는 돈.

는 것이 차라리 옳을까? 이른바 첨정은 하는 것이 옳을까, 하지 않는 것이 차라리 옳을까? 군포계라는 것은 호렴戶斂을 하는 좋은 방법이고, 역근전이란 것은 토지에 붙이기 때문에 확실한 방법이다. 조용히 그대로 두면 백 년토록 무사할 것이다. 그러나 한번 그 뿌리를 흔들어놓으면 수많은 민호가 소요하여 가산을 탕진하는 자가 줄을 이을 것이며, 첩역하는 자와 남의 역을 맡은 자가 여기저기서 울부짖을 것이다. 따라서 역근전은 없어지게 되고 허록은 그대로 허록으로 남을 뿐이다. 사리를 아는 자라면 이 짓을 하겠는가?

○ 아전의 생리는 일이 없으면 먹을 것이 없고 일이 있으면 먹을 것이 있다. 수령이 일을 좋아하는 것은 아전에게 이익이다. 뿌리 하나를 들추어 올리면 영향이 100가에 미칠 것이니 뿌리 10개를 들추어 올리면 아전의 이익이 얼마나 되겠는가. 그러므로 수령이 군정을 닦으려면 백성들 형편이 난리라도 만난 듯 들끓고 뒤숭숭하여, 애통하는 소리가 진동할 것이다. 그런데도 향승에게 물으면 향승은 "잘하는 일이라" 하고, 수리에게 물으면 수리 또한 "잘하는 일이지요. 허록이 있으면 마을에 해로울 것이요, 실제의 군정으로 채우면 폐단이 없어집니다"라고 할 것이다. 수령이 이 말을 믿게 되면 사슴을 말이라고 하는 결과가 되지 않을 수 없을 것이다.[47]

그렇다면 어떻게 할 것인가? 7월 초에 도逃·노老·고故를 성책成冊하여

---

**47** 지록위마指鹿爲馬의 고사. 중국 진秦나라 2세 황제인 호해胡亥 때 권신 조고趙高가 황제 앞에서 사슴을 말이라고 말한 다음, 다시 여러 신하들에게 물어 말이 아니고 사슴이라고 사실대로 말한 자들을 모두 해쳤다. 이후로 조고의 말에 누구도 반대하지 못했다. 여기서는 수령을 속이는 아전배들의 농간과 허위가 횡행하게 되었다는 의미.

명령을 내리려고 할 때 향갑[풍헌·존위 따위]들을 모두 불러서 다음과 같이 타이른다. "명령은 이와 같지만 죽은 자, 도망한 자로 되어 있는 것이 반드시 사실 그대로라고 볼 수 없다. 군포계·역근전도 없는 마을에서 아들도 조카도 없는 사람에게 해마다 터놓고 군포를 징수하여 이웃집이나 온 마을에 고통이 되고 있는 자는 한두 명 정도 보고하며, 의지할 데가 있어 보미와 군포를 낼 수 있는 자는 보고하지 말라. 너희들이 아전의 무리와 더불어 안팎으로 함께 농간하여 여러 가지 사단을 일으켜서 횡재를 해 보려고 하는 것은 본관이 이미 알고 있다. 참으로 백성에게 해가 되는 것을 관에 보고하여 대신 충당케 하는 일이라면 누가 옳지 않다고 말하겠는가. 허록을 병폐라고 하여 형식적인 법문에 구애되면 도리어 백성에게 해독이 되는 것이다. 너희들은 이 뜻을 알아 함부로 사단을 일으키지 마라. 오직 늙어 면제되는 군정에 대해서는 사실대로 보고하라." ○ 늙어 면제되는 경우에는 아들·사위·아우·조카로 대신 군역을 충당하게 하며, 본래부터 허록인 경우는 그 허명대로 대신 군역을 충당하게 하는 것이 폐단 없는 좋은 법이다. 이는 금지할 것이 없다.

누군가 묻기를 "흉년이 든 나머지 백성들이 흩어져 군액이 많이 비어서 이웃이나 친척에게 세를 거두어 그 폐단이 말하기 어려운 지경이 되면 군정을 닦지 않고 첨정을 하지 않는 편이 좋다고 하겠는가?"라고 한다. 나는 이렇게 대답하였다. "해마다 풍년이 들어 백성이 안락하면 첨정을 해도 좋을 것이다. 흉년이 들어서 백성들이 곤란과 괴로움을 겪을 때에는 첨정을 해서는 안 된다. 백성들에게 이로우냐 해로우냐를 헤아리기는 어렵지 않다. 돈 낼 일이 많으면 백성에게 해로운 것이요, 돈 낼 일이 적으면 백성에게 이로운 것이다. 백성의 이해는 이러할 뿐이다. 가령 남평현南平縣[48]의 경우 군액이 3000명이면 대략 백성이 돈 6600냥을 내면 군액을 부담할 수 있다{장정 한 명의 부담이 돈으로 치면 2냥 3전이다. 쌀과 포목은 비쌀 경우도 있고 쌀 경우도 있으므로 지금 돈으로 말한 것이다}. 만일 군정을 닦지도 않고 첨정도 않는다면 이웃이나 친척에게 대신 걷더라도 납부액은 그에 그칠 것이다. 만일 군정을 닦고 첨정을 하게 되면 뇌물이 군리{매년 군정을 뽑는 실무자}·향승{좌수}·향갑{풍헌·존위}·저졸{면주인}에게 들어갈 것이요, 모록冒錄의 면제{설명은 앞에 보인다}, 횡침橫侵의 면제{부민의 경우}, 첩역{군역을 지는 자가 또 군역을 지는 것}의 면제, 이정移定{가벼운 군역을 무거운 군역으로 바꾸어 충당하는 것}의 면제, 물고채·부표채·사정채·마감채 등 무릇 돈이 백성에게서 나와서 고을로 들어가는 것이 6만 냥 이상에 달할 것이니, 어찌 다만 6000냥에 그치겠는가? 나라에 들어가는 것은 증가하지 않고 백성들의 재화만 고갈될 것이니 군정을 닦고 첨정을 한다는 것은 할 짓이 못 된다.

정선鄭瑄은 말하였다. "무릇 간사하고 교활한 아전들은 일이 없는 것을 이롭지 않게 여긴다. 일이 없으면 명령이 관례대로 시행되니 어찌 흠이 생길 것인가. 그러므로 허다히 나라를 위해 이익을 일으킨다는 말로 수령을 종용하여 군정을 늘리고 군향軍餉을 조사하며 전지를 다시 측량한다. 위에서 구멍 하나를 열어놓으면 아래에서는 100개의 구멍을 뚫어 뇌물은 아전 자신이 받아먹고 비난은 윗사람인 수령에게 집중되게 한다."
案 무릇 관에 일이 있다는 것은 아전에게 이롭다는 말이다. 다른 일도 대개 그러하지만 오직 군역의 첨정은 더욱더 심하다.

---

48 남평현南平縣: 지금의 전라남도 나주시에 속한 고을.

병사兵使 조학신曹學臣[49]은 근신하여 법을 집행하고 질박하여 거짓이 없었다. 봉산군수로 있을 때 군적을 크게 수정하여 허록이 하나도 없게 하려고 힘썼다. 토호와 향족들을 모두 포괄하여 빠져나가지 못하게 하자 경내에 온통 원성이 일어났다. 그래서 마침내 쫓겨나게 되었다. 후임 군수가 와서 전임 군수가 했던 일을 모두 파기하니 일시에 백성들의 칭송이 일어났다. 이에 군리들은 다시 뇌물을 받아먹었다. 토호와 향족들을 모두 포괄할 때 먹은 것이 천 냥, 만 냥이요, 이들을 다시 풀어줄 때 먹은 것이 천 냥, 만 냥이었다. 그러면서 허록은 허록대로 남게 되었다. 공수와 황패가 수령으로 오더라도 이 문제에서 벗어날 수 없겠거늘 지금 수령으로서 어찌 괴롭게 일을 벌일 것인가.

첨정에 한두 명을 충원하지 않을 수 없는 경우에는
응당 부유한 가호를 넣어서 역근전을 보강하도록
하여 실제 군정으로 고용해야 할 것이다.

도망자와 사망자를 대충함에 있어 군포계·역근전이 없더라도 보충하지 않을 수 없다. 수령이 향갑을 앞에 불러놓고 "포보砲保 이 모의 군역을 대신할 자를 네가 부르라"라고 하면, 향갑은 어떤 가난한 백성을 들 것이다. 수령은 침기표砧基表를 펼치고 그가 의탁할 데 없는 거지인 줄 알고서 거부한다. 두 번 세 번 바꿔서 불러도 다 거부하면 이제 와서 요호饒戶 장 모를 부를 것이다. 장 모는 한집에 장정이 넷임에도 한 사람도 첨정이

---

49 조학신曹學臣, 1732~1800 : 자는 심부心夫이다. 영조 때 무관으로서 병마사兵馬使에 이르렀다. 경상도 영천 출신이다.

되지 않았다. 이에 수령이 장 모를 불러서 "포보 이 모의 군역을 대신해서 네가 맡아라"라고 하면, 그는 울면서 억울하다고 호소한다. 이에 수령이 호령한다. "다 같이 우리 임금의 백성임에도, 너와 같은 부호들은 터럭만큼도 부담을 지지 않고 오로지 유민이나 거지 아이를 붙잡아서 군미와 군포를 내게 하는 조처는 내 차마 못할 바이다. 네가 여기 서명하라." 그가 다시 울면서 억울하다고 하거든【이는 교생·군관 등속이다】수령은 "지금 이 포보가 역근전이 없는 탓으로 이런 법석이 있게 되었으니 네가 만일 좋은 논 몇 마지기를 마을에 바쳐서【대개 토지 값으로 30냥이면 이에 쓸 수 있다】역근전으로 만들게 하면 다른 사람을 대신 세울 수 있다. 네 생각은 어떠한가?"라고 할 것이다. 그가 머리를 조아리며 좋다고 하거든【그가 만일 받아들이지 않는다면 드디어 그를 첨정할 것이다】수령은 곧 마을에 공문을 보내어 "이 마을에 사는 백성 장 모가 마을이 쇠잔해감을 민망하게 여기고 이웃의 파산을 두려워하여 특별히 전지 3두락을 바쳐서 포보의 역근전으로 삼았으니 이 마을에서 관리하되 별도로 장정 한 명을 차출하여 이 역근전을 경작하고 이 군역을 대신하게 하여, 영구히 가도록 하기를 바라는 바이다"라고 한다.

○ 대개 한번 군보에 오르면 당장에 바쳐야 할 것이 거의 10냥이 될 것이요, 또 군역을 면하려 하면 필시 100냥을 써야 할 것이다. 게다가 군역을 지는 신분이라는 부끄러움을 돈으로 따지면 1000냥은 될 것이다. 그러므로 좋은 땅 한 구역을 바치도록 하면 즐겨 따르지 않는 자가 없을 터이다.

○ 무릇 정사를 하는 도리는 응당 항구적 계책으로 해야 한다. 오늘 허위로 첨정을 했다가 내일 또 결원이 생기는 방식은 군리를 살찌게 할 뿐

어디에도 이로울 곳이 없다. 역근전으로 첨정을 대신하면 100년이 지나더라도 군역의 폐단이 없을 것이다. 또한 주관周官의 법을 상고해보면, 무릇 군오軍伍에는 반드시 농지가 배정되었다. 성인의 제도를 감히 조용히 준수하지 않을 것인가.

### 척적尺籍[50]

○ 만일 척적을 대폭 정리하여 모든 마을의 군액이 정연히 균평하게 되거든 이에 군포계와 역근전을 조사하되 군포계와 역근전이 없는 경우 필히 이 법을 채용하도록 할 것이다. 또 도랑을 파고 둑을 쌓아서 역근전을 마련하여 군역을 납부하게 하면 만세萬世에 폐단이 없고 그 혜택이 오래갈 것이다. 요즘의 예를 보건대, 수령이 원납전願納錢이라 하여 요호를 잡아 돈 50~60냥을 억지로 거두어 관아와 군기軍器를 수리한다. 이 또한 원망이 일어나더라도 모록이나 첨정보다는 오히려 나을 것이다. 대개 원납전은 재물을 손상할 뿐이지만, 모록은 동시에 신분과 명성까지 잃게 되니 그 슬픔이 더 크고 깊은 것이다. 대저 양역이란 음직蔭職이 없는 서민을 모두 첨정하는 것이다. 특히 요호와 호민豪民들은 권위도 있고 재력도 있으니 능히 수령을 원망하거나 저주할 수 있다. 그래서 수령은 이들을 두려워하여 손을 대려 하지 않는다. 이에 떠돌이나 거지, 병자와 불구자로 호소할 데 없는 궁한 백성들을 잡아서 혹은 4부자를 다 함께 군안에 올리든지, 혹은 한 사람에게 3~4명의 군역을 중복해 지게 한다. 그 억울하고 고통스럽고 비참함으로 천지의 화평한 기운을 해치고 있다. 어찌

---

50 척적尺籍: 군인의 장부. 군안을 가리킴.

요호에게 돈을 징수하여 역근전을 설치하는 것과 같겠는가! 가난한 자는 무슨 죄인가? 이미 천한 이름을 덮어썼는데 또 재화를 바쳐야 하며, 부자는 무슨 복이 많아서 이미 천한 이름으로부터 빠져나와 재화까지 축내지 않아도 된단 말인가. 만약 역근전을 설치할 것 같으면 가난한 자는 몸에 천한 이름을 붙이고 부자는 집에서 약간의 재물을 내어 양자가 힘을 합해 공부公賦를 납부하니 그 뜻이 균평한 것이다. 수령의 하는 일로 말하더라도 가난한 백성을 수탈하여 목숨을 지켜내기 어렵게 만드는 것은 어진 사람이라면 하지 못할 바이다. 양민을 억압하여 출세를 하지 못하게 하는 것도 어진 사람이라면 하지 못할 바이다. 한번 역근전을 설치하면 군역에 응하는 자는 생명을 보전하는 데 해로움이 없을 것이며 재화를 납부하는 자는 출세하는 데 해로움이 없을 것이다. 양편 다 이로움이 이처럼 갖추어 있는 경우는 없다. 척적이 다 정리되면 필히 시행할 수 있다. 군전軍田이란 공전公田이다. 공전이 날로 증가하게 되면 태아太阿[51]의 칼자루를 점차 회수하게 될 것이다. 이 또한 장구한 기획으로 깊은 책략이다.

소송蘇頌이 강녕현江寧縣[52]을 다스릴 때 일이다. 매양 송사가 있으면 그 과정에서 인정人丁과 재산을 알아보아 상세한 정황을 파악해두었다. 그리고 향로들을 불러 호적을 바로잡는데, 백성 가운데 사실대로 보고하지 않는 자가 있었다. 소송이 "너희 집에는 아직도 아무개 장정이 있는데,

---

**51** 태아太阿: 중국 고대의 보검寶劍. 춘추시대에 구야자歐冶子와 간장干將이라는 장인匠人이 만들었다고 한다. '태아의 칼자루가 거꾸로 쥐어졌다'는 말이 있는데, 칼자루는 권력을 상징하기에 태아를 거꾸로 잡는다는 것은 응당 왕의 손에 있어야 할 권력이 벌열 가문으로 넘어가 나라의 기강이 무너짐을 의미한다.
**52** 강녕현江寧縣: 중국 양자강 하구의 소주蘇州 옆에 있는 고을 이름.

왜 말하지 않는가?"라고 따져 물었다. 그 백성이 깜짝 놀라 신명처럼 여기게 되었다. ○ 이는 지엽적인 일이다. 우리나라는 오늘날 굳이 이렇게 할 필요가 없다.

> 군역의 뿌리[根][53] 하나에 5~6명을 첨정하여
> 5~6명분의 쌀과 포를 모두 거두어서는 아전의 전대에
> 넣고 있다. 이는 살펴보지 않으면 안 될 일이다.

세상에서 군역을 논하는 자들은 결손이 난 군액을 채우기 어렵다는 것만 알지, 군액이 겹쳐 있는 것을 적발해내기 어렵다는 사실은 모르니 참으로 탄식할 노릇이다. 가령 포보 이득춘이 죽은 지 몇 해가 지났고 게다가 자손도 없는데 해마다 과부인 그의 아내에게서 군포를 거두고 있으니 이미 한 차례 징수한 것이다. 그런데 이득춘의 조카가 다른 면에 살고 있는 것을 수령에게 보고하여 패첩牌帖을 보내 군포를 징수하자고 한다. 수령은 사리에 어두워 군포를 중복으로 징수하는 줄을 모르고 또 한 차례 징수하는 것이다. 이득춘을 대신할 사람을 이미 오래전에 다른 사람으로 채웠는데 세 번째로 또 달리 첨정된 사람이 혹은 종반宗班[54]의 후예라 칭하고 혹은 공신의 후예라 칭하여 망령되이 수령에게 호소하면, 수령은 군역의 면제를 허락하여【제사題辭에 탈급頉給이라 쓰는 것이다】군리에게 돌린다. 군리는 이에 근거해서 향갑을 시켜 그 대신 다른 사람을 첨정하

---

**53** 뿌리[根]: 군역에서 정丁으로 잡혀 있는 자를 일컫는 말. 군액軍額에 해당하는바 그것이 부역의 근거가 되므로 '뿌리'라고 칭한 것이다.

**54** 종반宗班: 조선왕조의 이씨 왕실과 같은 전주 이씨를 가리키는 말.

여 보완토록 한다. 네 번째 첨정된 백성이 또 혹은 첩역이라고 제소하거나 나이가 어리다고 억울함을 호소하면 수령은 이를 또 허락하고 군리에게 돌리며, 군리는 이에 또 향갑을 시켜 누구를 대신 첨정하여 보완케한다. 이렇게 다섯 번째 첨정된 백성도 혹은 교생이라 하여 군역을 벗어나고자 하거나 혹은 모록이라 하여 버틴다. 그 일이 미결된 가운데 첨정, 보충된 자가 셋도 되고 넷도 되는데 실은 한 사람도 군안에 황첨黃籤[55]을 붙여 올라간 자는 없다. 이런 즈음에 군포를 거두라는 관문이 도착하면 군리는 농간할 마음을 품고 다섯 곳에 동시에 주첩을 낸다. 과부는 제소를 하지 않고 납부했지만 그 조카는 와서 제소를 하니 수령이 군리에게 묻는다. 군리는 답하기를 "이 군역은 아직 대신할 자를 정하지 못하였으니 금년의 군포는 조카가 마땅히 납부해야 하며 다른 방법은 없습니다"라고 대답한다. 수령은 "참 그렇군" 하면서 제사에 쓰기를 "금년의 군포는 네가 납부토록 하라"라고 한다. 새로 첨정된 백성이 와서 제소하면 수령은 또 군리에게 묻는다. 군리는 "그가 비록 공신의 후예라고 핑계를 대지만 아직 대신할 자를 정하지 못했으니 금년의 군포는 이 사람이 내야지 다른 방도가 없습니다"라고 한다. 수령은 또 "참 그렇군. 금년 군포는 네가 바쳐라"라고 한다. 네 번째, 다섯 번째로 첨정된 사람이 차례로 와서 제소할 때도 군리들의 보고나 수령의 판결이 한결같이 판에 박은 듯하니 군역 1근에 군포 징수가 다섯 차례, 여섯 차례 이른다는 것은 이를 두고 하는 말이다.

○ 징포첩(徵布帖, 군포를 거두라는 문서)은 경영京營으로부터 오는 것이 관

---

55  황첨 黃籤: 군안에 뽑혀 들어간 자에게 붙이는 노란색의 첨지인 듯하다.

례인데 병영을 경유한다. 그 문서에 "금년 9월 여기 금위영 소속 보인은 336명이다. 받아들이는 돈과 포를 반반씩으로 하면 돈 336냥, 포 168필이 된다. 이를 화급히 납부하도록 하라"라고 쓰여 있다. 수령은 이 공문을 보고서 이번 달에 바칠 금위영 보인의 군포가 본래 336명에 불과함을 확인한다. 패첩을 발송하는 날 그 총수를 살펴 만약에 원 군액을 초과하면 곧 이 가운데 농간이 들어 있다는 것을 알 것이니 적발하기 어렵지 않다. 그러나 밤에는 여색에 빠지고 낮에는 술에 골아서, 기껏 패첩의 끝에 서명하는 것만 조심할 뿐이다. 어떻게 거기 담긴 맹점을 다 들추어낼 수 있을 것인가. 그렇지만 수령이 조금만 주의하면 군리가 주첩을 위조하여 사적으로 저졸에게 보내고, 이에 백성들이 와서 제소하면 군리가 밖에서 막아버리는 것을 어찌 살필 수 없을 것인가. 무릇 군포를 거두는 패첩은 의당 흉년의 진휼첩처럼 판각해서 관첩關帖 상자에 함께 보관해두면 어느 정도 도움이 될 것이다.

○ 징포첩의 양식은 다음과 같다. "아무 면 아무 마을 금위영 보인 김득추金得秋는 금년 9월에 납부해야 할 것이 군포 20척, 군미 6두이다. 이번 15일 내로 납부하도록 하라. 이를 준수할 것. 연월일年月日 행 현감行縣監 화압花押, 좌수 김金 서명."

○ 군액을 이중 삼중으로 첨정하는 농간은 아는 자가 전혀 없다. 근래에 한 군수가 부임하여 바야흐로 보미를 거두려고 하는데, 군리가 "궐액이 거의 수백 명인데[56] 모두 다 받아낼 곳이 없습니다. 보미를 거두려면 먼저 이 궐액을 보충해야 됩니다"라고 아뢸 것이다. 수령은 "궐액은 마땅

---

56 여기서는 군액이 도·노·고의 이유로 빠진 것을 가리킨다.

히 대신 충당할 자가 있어야 하니 원래 군역자부터 우선 패첩을 가져오라"라고 지시한다. 군리가 패첩을 가져 와서 수령이 묵묵히 그 수를 직접 헤아려보니, 그 숫자가 벌써 군액을 넘는다. 이에 당장 군리를 잡아 관정에 엎드리게 하고 수리와 수교를 엄히 꾸짖은 다음, 군리의 문서 상자를 가져오게 하되 한 장 반 쪽이라도 감히 뽑아내지 못하도록 한다. 문서 상자가 도착하면 또 그의 사첩私帖까지 조사하는데 밝혀낸 것이 무려 700여 명이나 된다. 궐액의 수를 보충하고도 400여 명이 더 있다. 그 가운데 억울한 자를 조사하여 다 추려내고 적합한 자만을 골라서 궐액에 첨정할 것이다. 백성들이 모르는 사이에 군적이 일신하게 된 것이다. 이에 제외된 자를 불러서 입안立案해주고 첨정된 자는 불러서 군역에 응하도록 타이르면 칭송하는 소리가 온 고을에 퍼질 것이다.

○ 어떤 향승이 수십 년을 그 직책에 있다보니 마침내 노회하고 간교한 사람이 되었다. 첨정을 할 때에 제소하는 자가 있으면 수령이 향청에게 조사·보고하게 하는데, 향승이 이 문제를 가지고 뇌물 3관貫【1관은 30냥임】을 토색하니 백성이 액수대로 주었다. 향승이 그 백성에게 "오늘 아침 내가 너의 일을 보고하여 이미 명단에서 제외시켰다. 너는 이제부터 무사할 것이니 뒷걱정 말고 너의 집에 돌아가서 발 뻗고 자거라. 군리를 만나면 으레 또 돈을 요구할 텐데 곧바로 나가도 좋다. 내가 뒷일은 선처하겠다"라고 한다. 이에 그 향승이 직접 쌀과 포를 마련하여 제소한 백성 몫의 공부公賦[57]로 바친다. 이 백성은 집에 돌아가 처자에게 "앞으로는 독촉하는 자가 오지 않고 거두는 자도 군말이 없을 것이다"라고 자랑하고 흔

---

57 공부公賦: 여기서는 군포와 군미를 바치는 것을 말함.

연히 스스로 축하하며 마음으로 향승의 덕에 감사한다. 그런데 5년이 되자 징포첩이 홀연히 다시 날아들어, 백성이 크게 놀라 군리를 찾아가서 알아본다. 군리가 "헛소리다. 너는 어찌하여 황당한 소릴 하는가? 갑자년으로부터 정묘년에 이르기까지 너의 이름이 군안에 올라 있어 네 손으로 군포를 바쳤고, 군안을 바꿀 적에 개안채改案債[58]까지 네가 납부하지 않았느냐. 이제 와서 군역을 면제받은 것이 5년이나 되었다고 하는가?"라고 한다. 귀신에게 물어봐도 모를 일이다. 백성은 옛 향승을 찾아가서 따진다. 그 향승은 "이상하다. 벌써 명단에서 제외되었는데 아직도 군안에 올라 있다니? 이미 군역을 면제 받은 걸 여전히 군포를 납부하라니, 군리의 농간이 이와 같음을 누가 알 것이랴?"라고 말한다. 이 백성이 사정을 자세히 알아보려고 하나 5년 동안에 군리가 4번 바뀌고 저졸이 4번 바뀌고 향갑이 10번 바뀌었으니 줄이 끊어져서 알아볼 길이 진작 없어졌다. 이 백성은 그로부터 군안에 첨정되어 해마다 군포를 납부할 수밖에 없다. 대개 간교한 향승이 돈 3관을 받아서 2관은 자기가 먹고 1관을 남겨 놓았다가 4년 동안 군역에 응하여 군미와 군포를 바치고 또 개안채까지 납부하였기 때문에 4년 동안 무사했던 것이다. 이 향승이 매년 맡아서 바친 군포가 많을 경우 10필에 이른다. 대개 돈 300여 냥을 받아서 그 3분의 2를 자기가 먹고 3분의 1을 남겨서 그 돈을 가지고 이렇게 한 것이었다. 향승은 자주 바뀌어 권세가 없는 자이다. 그런데도 오히려 이와 같은 짓을 벌이는데 권세 있는 군리는 백성을 속이고 농간을 행함이 어찌 이 정도에 그치겠는가.

---

**58** 개안채改案債: 군안을 고치는 수고비 명목으로 요구하여 군정에게 부당하게 징수하는 돈을 가리킨다.

군안과 군부는 모두 정당政堂에 비치하되, 열쇠와
자물쇠를 엄격히 관리하여 군리의 손에 넘겨주어서는
안 된다.

10식년十式年[59] 동안의 모든 군도안軍都案[60], 감영과 병영에 올리는 마감
군안과 본 고을에 보관하는 군안, 군도안 초본, 척적 및 식년 동안의 군
포를 거둔 장부와 군미를 거둔 장부【봉상성책捧上成冊이라고 부른다】는 모두
수집하여 한 궤에 넣어두고 자물쇠와 열쇠를 엄격히 관리하여 매양 문제
가 있어 밝혀야 할 경우에만 꺼내 조사할 것이요, 농간과 협잡이 있을 때
도 꺼내 조사할 것이다. ○ 무릇 군안은 식년마다 수정하는 것이다. 식년
안에 궐액이 있어 대신 보충할 경우에는 원 군역자 이름 위에 황첨을 붙
이고 묵인墨印【작은 상아 도장】을 찍는다. 자주 궐액이 되고 자주 보충이 되
면 3년 안에 황첨이 삼중 사중으로 겹쳐지기도 한다. 군리들의 농간은 모
두 황첨에서 생기는 것이다. 간혹 생활이 넉넉한 백성이 군리들과 짜고
자기 이름을 군안에서 빼고 그 흔적을 없애려고 황첨을 뽑아버리면 근거
가 없어져서 조사해낼 길이 없다. 수령이 황첨의 좌우에 묵인의 자취가
있는가를 자세히 살펴보면 반은 뽑아냈고 반은 남아 있다【황첨에 찍힌 절반
의 묵인은 이미 없어졌지만 원안에 찍힌 절반의 묵인은 그대로 남아 있다】. 곧 중간에
한 첨籤을 뽑아버린 사실을 알게 될 것이니 조사해내기 어렵지 않다. 혹

---

59  10식년十式年: 호적, 군안 등은 식년이 되는 3년마다 새로 만든다. 그러므로 10식년은 곧
　　30년에 해당한다.
60  군도안軍都案: 10식년 동안에 기록한 총 군안.

원안의 묵인을 칼로 긁어냈더라도 그 흔적은 없어지지 않을 것이니 속이지 못할 것이다.

수령의 위엄과 은혜가 이미 온 고을에 고루 미쳐서
아전은 두려워하고 백성은 감사히 여기게 되면 이에
척적을 작성할 수 있을 것이다.

척적이란 그 고을의 호총과 군총의 수치를 모두 파악하여 고르게 배당하는 것이다. 가령 순창군을 보면, 호총이 6300호이고 군총도 6300명이면 1호에 1군軍으로 숫자를 책정한다. 또 가령 남평현을 보면, 호총이 5400호이고 군총이 2700명이면 2호에 군액이 1명이니 그 비율을 먼저 산정한다. 그러고 나서 각 면과 각 리里의 호의 많고 적음을 살펴 2호당 1군액의 비율로 군액의 수를 정하여, 작은 대장을 만들어 각 마을에 나누어주는데 이것을 척적이라고 한다. 그러나 또 군역에는 무거운 군역과 가벼운 군역이 있으며, 양인의 군역과 천인의 군역이 있다. 포수보砲手保[61]·군향보軍餉保[62]·어영보御營保[63]·금위보禁衛保[64] 등 무릇 쌀과 포를 바치고 잡징雜徵【물고채·부표채·사정채·개안채 등을 말한다】을 부담하는 자는 무거운 군역을 지는 것이다. 악공보樂工保[65]·관장보官匠保[66]·선무군관 등 1년

---

61 포수보砲手保: 정병인 포수의 보인.
62 군향보軍餉保: 군량미를 관리하는 자의 보인으로 추정됨.
63 어영보御營保: 어영청 소속의 보인.
64 금위보禁衛保: 금위영 소속의 보인.
65 악공보樂工保: 장악원의 악공을 지원하는 보인.
66 관장보官匠保: 관에 소속된 장인의 보인. 읍장보邑匠保와 같다.

에 돈 2냥을 바치고 잡징 또한 적게 부담하는 자는 가벼운 역이 된다. 기병·보병·경포수京砲手·어영군·금위군禁衛軍 등은 양역【이 또한 무거운 군역이다】이다. 속오군束伍軍·별대군別隊軍[67]·수군水軍·아병牙兵[68] 등은 천역이다【별대군과 수군은 본래 양역이었는데 지금은 모두 천역으로 본다】. 가벼운 군역과 무거운 군역, 그리고 양역과 천역은 또한 반드시 고르게 배당하는 것이 이치에 맞다. ○ 본 고을에서 사사로이 정한 군역에는 제번군관除番軍官과 군현에 있는 여러 창고와 여러 관청에서 뽑은 보솔과 교생·원생의 교보校保·원보院保·경주인보·영주인보 등 가지각색으로 고을마다 같지 않다. 조정의 엄중한 조서가 내려오지 않으면 수령인 내가 마음대로 혁파할 수 없다. 그러니 의당 고르게 배당하기에 힘써야 할 것이다. ○ 관노·사령·통인 등에 대한 봉족奉足 따위는 때로는 있기도 하고 때로는 없기도 하여 저희들 하는 대로 맡겨져 있다. 이를 척적에 올려놓으면 드디어 움직일 수 없는 것이 되니 척적에 올려서는 안 된다.

장차 척적을 정리하려면 먼저 10식년의 군도안을 가지고 대오마다 성명 아래에 그 거주를 상고하여 이를 향리별로 나누어 뽑아 분류하고 모아 각각 향리마다 한 책으로 만든다【군안은 대오로 편성하고 척적에서는 향리별로 작성한다】. 성책할 때에 거주가 뒤섞여 어지러운 경우에는 혹은 군역자의 원 거주지 위주로 하거나 혹은 성책할 당시의 거주자 위주로 하거나 혹은 다산多算【이 뜻은 아래에 나온다】을 위주로 하는데 변동에 따른 약간의 조처는 조그마한 권한이나마 수령인 나에게 있으니 이는 내가 정해놓지

---

67  별대군別隊軍: 항상 후진을 이루는 군대를 난후군攔後軍이라 하는데 별대군은 난후군 소속이다(『대전통편·병전·시위侍衛』).
68  아병牙兵: 지방 수령의 호위군.

않을 수 없다. 가령 포수보 이 모가 갑자식년에 동산리에 거주했고 정묘식년에도 동산리에 거주했는데, 그 후 죽어서 그 군역을 대신 지는 김 모가 경오식년에 남천리에 거주하다가 그 후 3식년 동안 계속 남천리에 거주했고, 그 후 그 군역을 대신 지는 최 모가 2식년 동안 다시 동산리에 돌아와 거주하다가 그 후 그 군역을 대신 지는 안 모가 2식년 동안 다시 남천리에 돌아와 거주한다면, 이럴 경우에 이 두 마을이 반드시 서로 쟁송을 벌일 것이다. 지금 척적을 수정하는 날에 이를 어느 마을에 영속시킬 것인가는 오직 수령인 나의 조그마한 권한에 달려 있는 것이다.

○ 장차 척적을 닦으려 하면 먼저 초본을 작성하되, 예컨대 동산리의 본래 호총이 20호이고 그 비율이 1호 1군이면 무거운 군역 6명분, 가벼운 군역 6명분, 양역 4명분, 천역 4명분으로 할당된 수를 충당한다. 여기서 또 읍군관邑軍官이 사사로이 모집하여 군안에 올리는 따위는(남부 지방에는 고을 군관이 사사로이 모집한 군속의 명칭이 없다) 몇 명씩을 나누어 배당한다. 남천리도 이와 같이 하고 서산리와 북천리도 이와 같이 한다.

○ 이에 10식년의 군안에서 뽑힌 자를 이 초본과 대조하여 조사해보면 모 리는 무거운 군역이 마땅히 7명분이어야 하는데 3명분에 그치고, 모 리는 가벼운 군역이 마땅히 4명분이어야 하는데 6명분에 이르고, 또 모 리는 양역이 마땅히 8명분이어야 하는데도 2명분에 그치고, 모 리는 천역이 마땅히 3명분이어야 하는데 7명분에 이르니 그 균평하지 못함이 여기서 훤히 드러난다.

○ 역의 경중을 조절하는 일은 수령의 조그마한 권한에 속하는 것이다. 이에 침기표를 가지고 여러 마을의 허실과 고락을 살펴본다. 동산리의 호총이 20호분이더라도 원래 다들 넉넉하여 부담을 더 지울 만하면 비록

그 무거운 역이 호총에 비해 많더라도 그대로 정해두고 꼭 경감시킬 필요는 없다. 남천리는 호총이 비록 20호라도 모두 쇠잔하여 좀 도와줄 필요가 있으면 비록 그 역의 비중이 호총에 못 미치더라도 그대로 정해서 꼭 증가시킬 필요는 없다. 만일 넉넉한 마을의 군역이 호총의 비율에 못 미치면 그 역을 증가하여 보충할 것이며, 만일 쇠잔한 마을의 군역이 호총에 비해 많으면 경감시켜서 균형을 취할 것이다. 양역과 천역 또한 모두 이런 방식으로 처리한다. ○ 요컨대 실로 구례를 따라도 괜찮다면 따르는 것이 좋다. 반드시 역의 무겁고 가벼운 차이가 현격하고 역의 많고 적음의 차이가 커서 개정하지 않을 수 없는 경우에는 군역을 증가시키기도 하고 경감시키기도 하여 쇠잔한 마을의 군역을 덜어서 넉넉한 마을에 더해줄 일이다.

○ 어영보와 금위보가 똑같이 무거운 역이면, 동산리는 모두 어영보이고 서산리는 모두 금위보라 하더라도 균평하게 하는데 안 될 것은 없다. 기병과 보병이 다 같이 양역이면 비록 남천리가 모두 기병이고 북천리가 모두 보병이라 하더라도 균평하게 하는데 안 될 것은 아니다. 다른 경우도 모두 이와 같다. ○ 무릇 쇠잔한 마을의 군역을 덜어서 부유한 마을에 더해주는 경우 그 군액이 현재 궐액 상태에 있으면 군액을 더 받아가는 마을에서 보충 첨정하게 하고 군액이 현재 궐액되지 않은 상태이면 우선 원 마을에 남겨두어서 그 사람이 죽거나 군역 부담 연령이 넘기를 기다려 새 마을에 받아다가 보충 첨정한다.

○ 척적이 다 작성되면 마을마다 상호上戶의 두민頭民 5~6명을 뽑아 한 책자에 가지런히 적어 각기 그들의 서명을 받는데, 이때 약정문은 다음과 같다. "이 고을 척적이 이미 바로 닦아져서 군역이 크게 균평하게 되

어 민정이 모두 고르게 행해질 것이다. 그러나 그 가운데 마을에 따라 이쪽의 군역을 덜어서 저쪽에 더해줄 경우 후일에 혹시 일 벌이기를 좋아하는 백성이 나와서 이 문제로 소송을 일으켜 받아들이려 하지 않는다면 척적이 훼손되기 쉽다. 척적이 훼손되면 군정이 문란해질 것이며, 군정이 문란하면 아전의 농간이 다시 일어나서 민생이 어렵게 될 것이다. 오로지 한 마을의 사사로운 계책만을 돌보아서 한 고을의 좋은 법을 무너뜨리려고 하는 자는 재앙을 일으키는 백성이다. 이런 자는 엄하게 징계하여 다스릴 것이다. 그때에 소송을 당하는 마을에서는 두민 3~4명이 순영에 가서 호소하여 법에 따라 처리하도록 하라. 무릇 오늘 서명한 사람들은 모두 이 약속을 지켜서 혹시 어기거나 폐기하는 일이 없도록 해야 한다." ○ 이에 이러한 뜻을 순영에 자세히 보고하고 본 현에 보관하는 척적 1건에도 순영에 청하여 도장을 받아서 영구히 준행하도록 할 것이다. ○ 순영의 도장을 받은 척적이 돌아오면 3부를 베껴서 1부는 수령의 책상에 보관하고 다른 1부는 향교에 보관하고 마지막 1부는 이청吏廳에 보관해둔다. 또 마을마다 자기 마을의 척적을 베껴 그 마을에 보관하여 오래오래 참고하고 증거가 되게 할 것이다.

이제 척적의 양식을 제시해본다【척적이란 본래 한나라 때 공적을 기록하는 문서였는데 지금은 그 이름만을 빌린 것이다】.

## 동산리 척적

포수보 1근根: 본 마을에 예전부터 있었던 군역.【갑자식년에 김득삼金得三이 동산리에 거주하면서 이 군역을 졌고 정묘식년에도 김득삼이 동산리에 그대로 거주하면서 이 군역을 졌고 경오식년에는 이득중李得中이 동산리에 거주하면서 이 군역을 대신

이어서 졌다.】

포수보 1근: 본 마을에 예전부터 있었던 군역.【갑자식년에 이기복李起福이 동산리에 거주하면서 이 군역을 졌고 정묘식년에 최동이崔同伊가 남천리에 거주하면서 이어서 졌고 경오식년에 박노미朴老味가 동산리에 거주하면서 이어서 졌다.】

금미보禁米保[69] 1근: 본 마을에 예전부터 있었던 군역.【갑자식년에 김억추金億秋가 동산리에서 거주하면서 이 군역을 졌고 정묘식년에 이복남李卜男이 동산리에 거주하면서 이어서 졌고 무진년에 안복삼安福三이 송전리松田里에 거주하면서 이어서 졌고 경오식년에 김이득金二得이 송전리에 거주하면서 이어서 졌다.】

어자보御資保[70] 1근: 남천리에서 옮겨온 군역.【갑자식년에 김덕운金德云이 남천리에 거주하면서 이 군역을 졌고 정묘식년에 이춘득李春得이 남천리에 거주하면서 이어서 졌고 경오식년에 안유복安有福이 남천리에 거주하면서 이어서 졌고 신미년에 박이재朴二才가 동산리에 거주하면서 이어서 졌다.】

기병 1근: 송전리에서 옮겨온 군역.【갑자식년에 이봉득李鳳得이 송전리에 거주하면서 이 군역을 졌고 정묘식년에 정유삼鄭有三이 송전리에 거주하면서 이어서 졌고 경오식년에 심차갑沈次甲이 동산리에 거주하면서 이어서 졌고 임신년에 이부억李夫億이 동산리에 거주하면서 이어서 졌다.】

보병 1근: 지석리에서 옮겨온 군역.【갑자식년에 조몽동趙夢同이 지석리에 거주하면서 이 군역을 졌고 정묘식년에 윤기원尹基元이 지석리에 거주하면서 이어서 졌고 경오식년에 윤기원이 지석리에 거주하면서 졌다. ○뒷날에 윤기원의 군역을 보충할 자는 마땅히 이 마을에서 첨정하여 보충되어야 한다.】

모든 군역의 뿌리는 그 처음부터 끝까지를 상세히 기록하되 모두 이

---

69 금미보禁米保: 금위영 소속의 쌀을 내는 보인으로 추정됨.
70 어자보御資保: 어영청 소속의 자장資裝을 담당하는 보인으로 추정됨.

예를 따르도록 한다.

### 남천리의 척적 권말별록卷末別錄

이 마을에 거주하면서 응하는 군역은 그 기록 방식을 앞의 동산리의 예와 같이 하되, 다른 마을로 이주한 자는 별도로 권말에 기록한다.

금미보 역 1근: 원래 남천리에 있었던 것인데 지금 유천리로 옮긴다. 【갑자식년에 허득손許得孫이 남천리에 거주하면서 이 역을 졌고 정묘식년에 허득손이 남천리에 거주하면서 이 역을 졌고 경오식년에 한계옥韓季玉이 유천리에 거주하면서 이 역을 이어서 졌고 임신년에 이여백李汝白이 유천리에 거주하면서 이 역을 이어서 졌다. ○여기서 한계옥이 군역을 함께 지고서 남천리 마을에서 유천리로 이주하여 가니 이 군역 1근은 드디어 유천리의 군역이 되었다.】

보병 1근: 원래 남천리에 있었던 것인데 지금 유천리로 옮긴다. 【갑자식년에 이소남李少男이 남천리에 거주하면서 이 군역을 졌고 정묘식년에 이소남이 남천리에 거주하면서 이 군역을 졌고 경오식년에 이소남이 남천리에 거주하면서 이 군역을 졌다. ○그러므로 지금부터 이소남의 군역을 대충할 자는 마땅히 유천리에서 첨정되어 보충되어야 한다.】

선무군관 1근: 원래 남천리에 있었던 것인데 지금 갈전리로 옮긴다.[71] 【갑자식년에 최명대崔命大가 남천리에 거주하면서 이 군역을 졌고 경오식년에 최덕봉崔德奉이 남천리에 거주하면서 이 군역을 이어서 졌고 임신년에 권맹득權孟得이 남천리에 거주하면서 이 군역을 이어서 졌다. ○앞으로 권맹득의 군역을 대충할 자는 마땅히 갈전리에서 첨정하여 보충하여야 할 것이다.】

---

71 이 경우 보병과 선무군관은 군액을 고르게 하기 위하여 옮기는 것으로 보인다.

각 마을의 척적은 그 군역의 수와 명단을 기록하기를 모두 이에 비추어 규례로 삼을 것이다. ○ 혹 1근이라도 이 마을과 저 마을이 서로 쟁송하였을 경우 그 전후 관계를 더욱 상세히 해야 할 것이다.

판서 윤사국尹師國이 곡산 도호부사로 있을 때의 일이다. 그가 척적을 고쳐 각 마을에 나누어주자, 각 마을 사람들이 이를 보물처럼 여겨 기름을 먹여 보관했다. 쟁송이 있을 때면 이를 제시하여 옳고 그름을 판결 받았다. 더러 간사한 사람이 척적을 칼로 긁고 먹으로 고친 일이 있는데 이런 경우에는 수령이 다른 마을의 척적을 가져다가 대조해보면 그 흔적이 즉시 탄로 났다. 이렇게 수십 년을 시행하는 동안 백성들이 편리하게 여겼다. ○ 대개 척적이 분명하게 작성되어 있으면 군액에 빈자리가 있더라도 대신할 자를 찾아서 채우는 문제는 그 마을에서 그칠 것이다. 만일 척적이 분명하지 못하면 그 폐해가 여러 마을에 미치고 여러 면에까지 미쳐서 온 고을을 소란하게 만드니 마치 난리라도 만난 것 같이 된다. 그러므로 척적이란 일반 백성들에게 이로운 바요 아전들은 좋아하지 않는 일이다.

척적을 제대로 정리하자면 먼저 계방契房을 혁파해야 할 것이요, 서원과 역촌 및 세력가의 분묘 등 모든 군역 도피의 소굴을 조사해내지 않을 수 없다.

계방의 폐단은 이미 전편〔'부역 공평 상'(제6부 제5조)〕에서 상술하였다. 오늘날 백성이 받는 많은 고통에서 군역의 첨정보다 더 심한 것은 없다. 이

것을 고르게 하지 못하면 훌륭한 수령이라고 할 수 없다. 무릇 계방촌에
도 간혹 군호軍戶가 있다. 이는 계방이 생기기 전부터 있었던 군역이 완
전히 다른 마을로 옮겨지지 않은 경우가 있고, 또 다른 마을의 백성이 군
역을 진 채로 계방촌으로 이주해온 경우도 있다. 군역을 진 채로 이주해
온 자는 그대로 이 계방촌에 집어넣어 계방촌으로 되기 전의 본래의 군
액에 충당한다. 그러고도 만일 이 마을의 군액이 덜 충당되면, 금년도 전
고을의 궐액 중에 대충되지 못한 것을 이 마을에 옮겨넣어서 영구히 이
마을의 군액으로 만들어 고을의 군액에 충당하여 척적에 기재할 것이다.

○ 서원의 보솔 호수는 본래 정해진 수가 있다. 그 정원 이외로 첨정을
면해줄 수 있단 말인가?(『속대전』에 모집해 들인 사람이 향교는 40명, 사액서원은
20명이 정원이라고 나와 있다) 그러나 군역을 도피한 자가 많지 않아서 1~2호
가 몰래 감춰진 정도이면 지금 조사해낸다 하더라도 얻어지는 것이 많지
않고 한갓 선비들의 원성만 살 뿐이다. 이는 군이 할 일이 못된다.

○ 역촌에 투탁하는 것은 가장 가증스러운 일이다. 무릇 역리와 역노
이외에는 마땅히 모두 조사해내야 한다. 역녀驛女[72]와 역비의 남편이라
하더라도 만일 그 호주가 본래 역의 소속이 아니면 반드시 다 적발하여
이웃 마을의 군액으로 첨정하여 충당토록 할 것이다. 1명분 반 명분이라
도 봐줘서는 안 된다.

○ 세력가가 감추고 있는 경우 노속은 마땅히 속오군에 충당하고 양정
良丁은 마땅히 양역으로 충당토록 한다. 다만 감춘 것이 1~2호에 불과하
면 군이 조사해낼 필요는 없다. 고가故家의 후예로 지금은 쇠잔하여 거의

---

72 역녀驛女: 역졸의 딸. 신분상으로는 양인.

망해가는 집은 수령이 손을 댈 필요가 없다. 또한 향승 중에 세력 있는 자와 토호 중에 재력 있는 자가 아전과 결탁, 공모하여 군역을 숨기는 소굴이 된 것은 의당 엄히 조사해내야 할 것이다.

○ 묘호墓戶에는 본래 정원이 있으니【법전에 보인다[73]】 정원 이외에는 모름지기 다 적발해야 한다. 그러나 군역을 숨긴 것이 많지 않으면 굳이 손댈 필요가 없다.

『속대전』에 "경역졸京驛卒에게는 보인 3명과 조역助役 2명을 지급하되 같이 살고 있는 친족으로 외역졸外驛卒[74]에게는 보인 1명과 장정 1명을 정해서 지급한다"라고 나와 있다.

○ 지금 역촌에 투탁하여 군역을 도피한 자는 모두 역졸의 보인으로 들어가 있다. 그래서 그가 원래 소속되었던 고을에서 군역에 첨정하려면 그는 반드시 찰방察訪의 공문을 받아 군역의 면제를 도모할 것이다. 그러나 『속대전』에는 "보인과 조역은 반드시 동거하는 친족으로 정하여 지급한다"라고 나와 있다. 마땅히 친족 여부를 조사해야 하며 만일 친족이 아니면 그것은 확실히 잘못된 것이고 비록 친족이라 하더라도 반드시 가볍게 군역을 면제해주어서는 안 될 것이다. 그들에 대한 보안保案[75]이 혹 뒤섞이고 복잡하여 믿을 수 없는 경우 군역을 도피한 백성은 응당 첩역이 되더라도 동정할 필요가 없다. ○ 무릇 각종 보인에게 지급하는 것은 그 관례가 동거하는 친족으로 충당한다고 법전에 나온다【『속대전·병전·급보給保』】.

---

73 『대전회통·병전·잡이雜頉』.

74 경역졸京驛卒·외역졸外驛卒: 경역졸은 서울에서 가까운 역에 소속된 역졸. 청파역靑坡驛과 노원역蘆原驛 등이 이에 해당함. 외역졸은 경역졸에 상대적인 말로, 지방의 여러 역 소속의 역졸.

75 보안保案: 보인의 대장을 가리킴.

○ 고을에 목장이 있으면 간교한 백성들이 군역을 도피하여 목호牧戶[76]에 투탁하는 것이 역촌의 사례와 같다. 목자牧子[77] 중 보정保丁과 장정에 대해 법전에는 "동거하는 친족 가운데 한 사람은 다른 역을 부담시키지 말 것이다"라고 규정되어 있을 따름이다. 어찌 감히 민호를 불러들여 군역을 도피하는 소굴로 만들 것인가? 감목관監牧官은 대신이 사적으로 비호하는 자가 많아, 수령이 대항하기 어렵다. 하지만 법례가 명백한데 어찌 손도 못 쓰고 바치기만 할 것인가.

## 군포를 거두는 날에는 수령이 직접 받아야 할 것이다. 아전들에게 맡겨두면 백성들의 부담이 배로 늘게 된다.

돈은 일정한 액수가 있고 쌀도 폐단이 적은 편이다. 그런데 포란 물건은 폭이 넓은 것 좁은 것이 있으며, 길이가 긴 것 짧은 것이 있으며, 올이 굵은 것 가는 것이 있으며, 천이 두꺼운 것 얇은 것이 있어서 트집을 잡으려고 들면 얼마든지 잡을 수 있다. 그러므로 품질이 좋은 것도 퇴짜를 맞아 돈으로 대신 납부하게 해서 피해가 크게 되기도 한다. 상편의 '공물 바치기'(제3부 제5조)에 자세히 나와 있으니 당사자는 참고할 일이다.

○ 만일 목화 농사가 크게 흉작이 되어 면포의 가격이 뛰어오르는데 수백 리 밖의 물길로 통하는 고장에서 목화 농사가 풍년이 들어 그 값이 크게 차이가 날 경우 수령은 마땅히 백성들을 타일러 우선 군포를 납부하

---

76 목호牧戶: 관영 목장 소속의 민호.
77 목자牧子: 목장에 속한 하급 인원. 각 도의 목장에는 암말 100필과 수말 15필을 1군群으로 삼고 군두群頭 1명, 군부群副 2명, 목자 4명을 두어 양육하는 일을 맡겼다(『대전회통』).

지 말도록 한다. 그리고 관에서 아전이나 군교 중에 청렴하고 신실한 자를 골라 수천 냥의 돈을 주어 그곳에 가서 면포를 구입해오도록 해서, 그것으로 공부公賦[78]를 바치고 면포를 구입한 값을 백성들에게 평균 배당하여 구입 원가대로 바치게 한다. 그러면 백성에게 큰 혜택이 돌아갈 것이다.

○ 중앙의 군영에 군포를 상납하는 날에 영문의 하속下屬들이 횡포하고 교활한 짓을 거리낌 없이 하여 연중 관례로 주는 것 외에 따로 또 뇌물을 토색질하는데, 이들의 무한한 욕심이 충족되지 않으면 퇴짜 놓기가 일쑤다. 또 중앙 각 군영의 아전들이 시전의 면포 상인들【일반적으로 백목전白木廛이라고 한다】과 혹은 형제처럼 혹은 인척처럼 짜고 공모하기 마련이다. 지방에서 가지고 온 면포가 퇴짜를 맞았으니, 시포市布를 구입할 수밖에 없다. 객지에서 시포를 구입하려면 으레 두 배의 가격을 지불하게 된다. 시포로 이미 납부하였으니 고을에서 가져온 포는 반드시 팔아야 되는데【향리들이 가져온 면포를 싣고 고을로 돌아갈 리가 없다】 객지에서 면포를 팔게 되면 으레 반값밖에 받지 못한다. 시전 상인들은 두 배 가격으로 팔고 반값으로 사들이니 이중으로 이익을 얻게 되며, 향리는 두 배의 가격으로 사들이고 반값으로 팔게 되니 이중으로 손해를 보게 된다. 일이 억울하고 그릇된 것이 이보다 더할 수 없다. 향리는 고을로 내려와서 그간에 이중으로 당한 손해와 인정전 및 잡비로 들어간 것을 모두 백성들에게 거두어들인다. 많으면 1000냥이요 적으면 500냥이다. 이 어찌 통탄할 노릇이 아닌가?【황해도와 평안도에 이런 폐단이 많았다】 수령은 이러한 실정을 깊이 염

---

78 공부公賦: 여기서는 군포.

두에 두어야 한다. 군포를 상납하는 군리가 서울로 올라가는 날에 수령은 마땅히 돈 수십 냥을 자신이 따로 마련하여 진귀한 물품을 사서 삼영문三營門의 대장과 병조의 군색랑軍色郎【일군색一軍色과 이군색二軍色】에게 편지를 써서 보내는데, 그 내용은 이렇게 할 것이다. "이번 군포는 수령인 내가 모두 직접 받고 직접 자로 재어본 것으로 그 품질과 규격이 납품에 해당하는 것이니, 바라옵건대 은념恩念을 내려서 부디 아전들을 단속하여 퇴짜 놓는 일이 없도록 해주시기 바랍니다. 백성들에게 피해가 없게 되면 다시없는 다행이겠습니다." 장신將臣과 낭관郎官들은 이 청을 받으면 아전들을 단속하지 않을 수 없어 순조롭게 수납이 이루어져 모든 일이 무사하게 될 것이다. 이는 서울에서 드러나지 않게 주선된 일이므로 백성들은 그 은혜를 모른다 하더라도 아전들의 칭송이 일어나고 원망이 있을 수 없을 것이다. 내가 곡산부사로 있을 때 매번 이 방법을 썼다.


족보를 위조하고 몰래 직첩(職牒, 벼슬아치의 임명장)을 사서 군역의 의무를 면하려는 자는 엄하게 다스려야 한다.


군역의 의무는 고통을 주는 독소가 되었기 때문에 모든 백성이 죄를 범하면서까지 면하려 하고, 간사하고 교활한 자들은 이런 실정을 알아 자기 분수에 넘치는 일로 유도한다. 즉 귀족들의 족보를 훔쳐서 후손이 없는 파를 택해 혈연이 닿지 않는 성씨에 이어붙임으로써 아버지를 바꾸고 할아버지를 바꾸니, 비단에 돗자리를 이어놓은 꼴이 된다. 공신 아무개 정승이 8대조가 된다고 칭하기도 하고, 임금의 사위 아무개가 9대조가 된다고도 하고, 경순왕의 후예가 된다고도 하고, 혹은 문성공文成公 안유安裕의 직계손이라고도 하며, 문익점文益漸의 자손이라고 하는가 하면 심지어는 거짓으로 왕족의 계보에 붙여 효령대군이 9대조가 된다거나 광평대군廣平大君이 8대조가 된다고도 한다. 대개 종친의 자손 가운데에 가난하고 의지할 곳 없는 자가 관례에 따라 반급받았던 『선원보략璿源譜略』이 있으면 그 8권의 책으로 돈 100냥을 받는다. 이 진본을 산 간교한 백성이 후손이 없는 파에 자기 조상의 이름을 이어붙이고는 진본에 쓰여진 글씨체나 새겨진 방식을 본떠서 가짜 족보를 만드는 것이다. 밝은 눈이 아니면 그것이 위조임을 알아낼 수 없다. 노련하지 못한 수령은 얼핏 『선원보략』을 보매 과연 진본에 속하는 지라 다시 의심하지 않고 곧 군역의 면제를 허락한다. 수령의 몽매한 죄를 어떻게 벗어날 수 있으리오. 충훈부忠勳府와 종부시宗簿寺[79]의 서리書吏는 오직 이 가짜 족보에 의거하여 엄한 공문을 발송해서 윤필潤筆[80]의 값을 토색하는 것으로 자기들의 생리를 삼고 있을 뿐이다. 완문完文이 몇 장이거나 관문關文이 몇 장이거나 간에 수령이 진실로 한번 조사해서 캐보면 모두가 가짜 족보에 의거하여 나온 것이다. 인륜에 어긋나고 의리를 거역한 데다가 분수에 넘치고 법을 무시함이 이보다 더 심한 것이 없다. 내가 곡산부사로 있을 때 족보를 가지고 와서 호소하는 자를 보면 열에 하나도 진짜는 없었다. 마침 『백가소보百家小譜』[81]를 상자 속에 넣어온 것이 있어서 이를 가지고 대

---

79 충훈부忠勳府·종부시宗簿寺: 충훈부는 나라의 공신에 관한 제반 업무를 관장하는 기관. 종부시는 왕실의 족보를 만든다거나 종친에 관한 제반 업무를 관장하는 기관.

80 윤필潤筆: 글씨를 써준다거나 사무를 처리해주고 그 값을 받는 행위를 가리키는 말.

81 『백가소보百家小譜』: 여러 성씨의 족보를 모아서 엮은 책. 일명 만성보萬姓譜. 대개 필사본으로 되어 있는데 다산이 가지고 있던 것도 이런 종류 중의 하나로 추정된다.

조하여 조사해보니 그 위조가 금방 탄로 났다. 범행을 한 자가 너무 많아서 모두 다 처벌할 수가 없어 가짜 족보만 불태우고 그네들의 죄를 구명하지 않았다. 관찰사 이의준李義駿이 그 폐단이 극심함을 알고 수령에게 두루 훈계하여 제보하게 하였다. 내가 구명하지 않은 것을 알고서 보고할 것을 독촉하여 마지못해 죄상이 중한 자 한두 건을 올렸다. 남쪽 지방에 와서 보니 이 폐습이 더욱더 심하여 토족과 천류들이 저마다 명신을 머리에 이고 조정에 보고하여 관직이나 녹봉을 얻으려고 도모하고 있었다. 이는 무지한 백성들이 군역의 첨정을 모면하려는 짓일 뿐만이 아니다. 반드시 엄금해야 풍속과 교화를 바로잡을 수 있다.

○ 먼 시골의 문과 출신자가 처음 분관分館[82]할 때부터 위로 낭관郎官[83]에 이르기까지 받은 고신告身이 많은 경우 수십 통이며 적은 경우라도 10여 통이 될 터이다. 이분의 사후에 자손이 빈한하게 되면 청화淸華의 직첩[84]은 보관하여 가보로 삼고 나머지 직첩들은 다 팔게 되는데, 양인과 천민 중에 같은 성姓에 속하는 자들이 비싼 값【1장 값이 100냥에 이르기도 한다】으로 이 직첩을 사서 조상으로 받들어 원 호적을 고친 뒤에 그 집에서 대대로 져오던 군역을 이제 와서 억울하다고 하소연하는 것이다. 수령이 믿을 만한 문서를 바치라고 하면 곧 직첩을 받들고 오는데, 어인御印이 선명하고 관원의 글씨가 틀림없음을 보고 더 의심하지 않아 곧 면역을 허락한

---

82  분관分館: 과거 합격자가 초임으로 벼슬할 때 교서관·성균관·승문원의 세 기관으로 나누어 나가는 것.

83  낭관郎官: 육조에 소속된 5품직의 정랑·좌랑 등을 말한다.

84  청화淸華의 직첩: 조선의 관료제도에서 청직淸職에 속하는 것과 화직華職에 속하는 것, 그리고 청직과 화직을 겸한 것으로 일컬어지는 벼슬이 있었다. 주로 국왕의 측근에서 글을 짓는 일을 담당하거나 관리를 규찰하고 인사를 담당하는 자리가 청화직淸華職에 속했다. 원주에 "사헌부 장령掌令이나 이조정랑 같은 벼슬"이라고 나와 있다.

다. 이런 수령이 어찌 몽매하다는 조롱을 받지 않을 것인가. 10식년의 호적과 10식년의 군안을 소급해서 상고하여 100년까지 이르게 되면 그 근본이 드러나지 않을 수 없을 것이다. ○ 하지만 족보와 직첩의 위조는 모두 법이 잘못된 데서 일어난 일이므로 아무리 해도 이와 같은 일들은 또 범람해지기 마련이다. 실정을 파악해보면 안타까워할 일이지 결코 기뻐할 일은 못 된다. 오직 그들의 군역은 면제해주지 않고 약간의 매질을 가하는 것으로도 이미 징계는 되는 것이다. 심하게 다스릴 일은 아니다.


> 번상番上하는 군인을 치송治送하는 일은 한 고을의
> 커다란 폐단이 되고 있다. 십분 엄격히 살펴야만
> 백성들의 피해가 없을 것이다.


각종 군인을 번상시키는 규정은 모두 『대전大典』(『속대전·병전·번상番上』에 나온다]에 자세하니 당사자는 마땅히 상고할 것이다. ○ 승호陞戶[85]의 포수砲手는 지원자가 많고 선발하여 올리는 것이 한 고을에 1~2명에 지나지 않아 아전들이 먼저 뽑아 보내려고 다투므로 백성에게는 폐단이 되지 않는다. 다만 신수불합자身手不合者[86]가 번상하려고 하는 경우는 살펴서 막을 것이다.

기병·어영군·금위군의 번상하는 법은 큰 고을에서는 50~60명이 징집

---

**85** 승호陞戶: 선조 27년(1594) 서울에서 포수(砲手, 정병)를 선정할 때 신체가 건장한 자를 채용하되 공사천公私賤에 속하는 자는 양민호로 승격하여 포수정병으로 삼았다. 그래서 승호라 한 것이다. 보인 중에서 포수를 선발할 경우 별승호別陞戶라고 한다.

**86** 신수불합자身手不合者: 포수로 실제 뽑힌 본인과 명부에 등록된 본인이 다른 경우를 가리키는 말이다.

되기도 하고 작은 고을에서는 30~40명이 징집되기도 한다. 예로부터 번상하는 군인이 얼마쯤 있으나 새로 첨정된 군인이 언제나 더 많다. 상부 군영에서 공문이 내려올 때마다 군리들은 기뻐 날뛰며 고대하던 일을 만난 것처럼 좋아해서 한없는 욕심을 채우려고 든다. 한편으로 수리에게 아첨을 하고, 한편으로 향갑【면임 등】을 돌보아주며, 한편으로 저졸【면주인】과 짜고서 "오늘 일은 화합하고 협력하는 데 힘써야 할 것이니 안팎으로 호응하면 안 될 것이 없다"라고 말한다. 이에 1명을 첨정하는 것이 100가家를 침해하게 되고 10명을 첨정하는 것이 1000가에 소요와 해독을 끼친다. 그래서 온 고을이 소란해져 마치 난리라도 만난 것 같다. 심한 경우 수령이 이 일에서 뇌물을 받아먹는데, 수령이 10관을 먹으면 아전은 100관을 먹게 되니, 마치 한 섬의 젓 담은 고기가 온 수레에 냄새를 풍겨 온통 속이는 격이다.[87] 무릇 틈이 생기면 그것을 수령이 뇌물 먹은 탓으로 돌리니 수령은 장차 어찌 할 것인가.

○ 대개 각종 군인은 본래 궐액이 많다. 궐액이 아니더라도 탈상을 미처 하지 못하였거나 노모를 임종하게 되었거나, 혹은 몸이 난쟁이거나 원래부터 고질병이 있거나, 또 혹 장사하러 떠났다가 미처 돌아오지 못하였거나, 번상할 수 없는 이런저런 사정들은 이루 다 기록하기 어렵다. 수령이 주첩을 발행하여 백성들이 백활白活【우리말에 소첩을 백활이라 한다】을 내는데, 사정을 들어보아 어찌 할 수 없는 일이면 군역 면제를 허락할 수 있다. 수령이 공적으로 번상을 면제해주는 것인데, 아전은 자기의 덕

---

87 중국 진秦나라의 시황제始皇帝가 죽었을 때의 고사. 진시황이 지방 순시 중에 갑자기 죽었는데, 조고趙高 등 간신배들이 이 사실을 숨기기 위해 진시황의 시체를 실은 수레 위에 젓을 한 섬 실어 시체의 썩은 냄새와 혼동이 되게 하였다 한다.

택이라 하여 관청에 들어오기 전에 먼저 두둑한 뇌물을 약속받고 관청을 나서면 약속을 지키라고 독촉한다. 그래서 저채邸債가 수백 전이 되어 마침내 송아지 한 마리를 팔게 된다. 장정 한 명이 나가면 또 다른 장정이 들어와서 사람이 끊이지 않고 계속되는데 모두 뇌물로써 번상을 면한다. 이것은 분명히 백성에 대한 침해이다. 역농가力農家는 가계가 빈곤하지 않지만 여러 가지 일이 얽혀서 하루도 집을 떠날 수 없는 형편이 될 수 있다. 그래도 수령에게 호소할 처지는 되지 못하는데, 아전은 저졸을 시켜 남몰래 이런 이들을 찾아내어 수백 건을 모아가지고 이를 기회로 삼아 사사로이 저졸들을 보내 은근히 협박해서 무거운 뇌물을 뜯어낸다. 백성은 혼자 생각하기를 "천 리 길에 집을 떠나면 1년은 농사를 그만둘 수밖에 없다. 게다가 관에서 지급하는 물자와 장비로는 소요 경비를 충당하기에 턱없이 부족하니, 오가는 길에 소모되는 돈 또한 1만 전도 넘을 것이다. 1만 전을 잃는 것보다는 차라리 5000전을 잃을 것이요, 그 전부를 탕진하는 것보다는 차라리 반쯤 손해 보는 편이 낫지 않겠는가"라고 하여【지금 백성 중에 부유한 자도 그의 가산은 전부 합쳐봤자 1만 전도 못 된다】이에 돈 5관【50냥】으로 이 큰 걱정을 해결하는 것이다. 수리와 군리는 각각 돈 2관을 받고 향갑과 저졸은 각각 5냥씩 받으니 이것이 일반적인 관행이다. 가산이 더 많은 자는 뇌물의 비율이 더 늘어나고 가산이 좀 못한 자는 뇌물의 비율이 다소 줄어든다. 장정 한 명이 겨우 역을 면하고 나면 다른 장정이 또 여기에 걸려드는데, 큰 그물이 넓게 펼쳐져서 고기 한 마리도 빠져나가지 못한다. 이는 은연중에 일어나는 백성에 대한 침해이다. 수령이 이를 알더라도 무릇 이런 일을 당하면 마음과 몸이 송구하고 움찔해져서 망연히 어찌할 바를 모른다. 그러다가 한 가지 방법을 얻어

이 협잡의 구멍을 막을 것을 도모한다. 어찌 송장처럼 가만히 서서 마음 대로 방자한 행동을 하는 것을 맡겨두고 있을 것인가. 이 내막을 아는 자는 많지 않거니와 온 고을이 떠들썩해도 귀가 막힌 듯 그대로 있으니 이는 이른바 참으로 귀가 어둡다는 뜻이다. 장차 이를 어찌할 것인가.

상부의 영문에서 공문이 내려오면 즉각 방문을 붙여 백성들에게 알려서 뇌물을 낭비하지 말도록 할 것이다. ○ 행 현령行縣令은 다음과 같이 방으로 알리노라.

"어영군 50명을 번상시키라는 공문이 내려왔다. 번상하는 날이 닥칠 때마다 번상 군안에 올라 있는 자를 대신하여 새로 첨정하는 것이 하나의 돈 버는 구멍이 되고 있다. 향갑이나 저졸 등이 담당 군리와 더불어 안팎으로 농간을 꾸며 백성들을 침해하니 일이 극히 옳지 못하다. 이 고을의 20개 면에 풍헌·약정을 한꺼번에 모두 갈아서 죄를 저지르지 못하도록 했다가 번상시키는 일을 끝마친 뒤에 그 후임을 임명하겠다. 20개 면의 면주인들에게 모두 금족령을 내려서 아예 마을로 나가지 못하게 할 것이다. 만일 몰래 마을로 나가는 자가 있으면 그때마다 즉시 보고토록 하라. 군리가 사사로이 사람을 보내 공갈을 쳐도 일체 놀라 움직이지 말 것이다. 금년에 번상하는 일은 군리를 통해서도 수리를 통해서도 좌수를 통해서도 되는 것이 아니다. 수령이 직접 나서서 처리할 것이다. 혹시라도 뇌물을 써서 공연히 재물을 잃는 일이 없도록 하라."

○ 같은 날 다음과 같이 전령을 내린다. "번상 군안에 올라 있는 자 중에 사고 없이 현재 있는 자는 이제 점호를 받을 것이다. 이 마을 어영군이 아무개는 이달 5일 새벽에 와서 기다리다가 수령의 점호를 받도록 하라. 만일 거짓으로 유고有故라고 내세워 지정한 때에 나오지 않으면 마

땅히 죄를 물을 것이다." ○ 또 같은 날 다음과 같이 전령을 내린다. "지금 어영군의 번상은 비록 괴로운 역인 것 같지만 약간의 이익이 없지 않다. 보인이 행구를 꾸릴 돈을 제공할 것이며 민고民庫에서【고을의 관례에 따라서 있는 곳도 있고 없는 곳도 있다】 보급물을 대줄 것이다. 사채가 있는데 개인의 힘으로 받아낼 수 없는 경우는 관에서 갚도록 독촉할 것이다. 이것저것 따져보면 이해가 반반이니 각 마을의 두민頭民과 이정里正은 각각 이러한 뜻으로 일일이 타이르도록 하라. 만약에 번상을 자원하는 자가 있으면 이제부터 7일【작은 고을은 기한을 5일로 잡는다】 안에 관청에 들어와서 직접 보고토록 하라. 만일 이 날짜를 넘기면 번상하고 싶어도 받아들이지 않을 것이다. 이 점을 알고 속히 도모하여 후회가 없도록 하라. 또 무릇 여론 이 돌아가는 바에 아무래도 번상을 면하기 어려운 자는 본인 스스로 생각해도 역시 알 것이다. 무릇 이런 처지에 놓인 사람이 먼저 자원하면 빚을 받아내는 일 따위는 마땅히 원하는 바대로 될 터이다. 만일 본래 자원하지 않아서 수령의 명으로 잡혀와 번상의 대열에 끼는 경우 빚을 받아내는 등의 일은 하나도 들어주지 않을 것이다. 모름지기 이런 사정을 고려해서 각자가 와서 청원을 하라. 자원자가 모두 다 온 뒤에, 번상할 숫자가 모자라면 즉시 추가로 뽑아 들여야 한다. 기일이 이미 임박했으면 시급히 알려서 늦어지는 일이 없도록 해야 한다. 만약 백성 하나라도 뒤늦게 관아에 들어와 듣지 못했다고 호소하는 일이 있으면 곧 여러 마을의 두민과 이정은 반드시 문책 받을 것이다. 각자 조심하고 명심하라." ○ 자원자가 다 모인 연후에 올려보낼 수 없는 파락호는 그만두게 하고 신고한 사채가 사리에 어긋나서 들어주지 못할 자는 그만두게 할 것이다. 오직 보낼 만한 자만 뽑아서 번상의 숫자를 확실히 정하여 각각 치송治送

하도록 한다. 그러고서 부족한 수는 의논하여 뽑도록 할 것이다.

본래의 군액 50명 중에서 예전부터 번상하던 군인이 15명이고 자원자가 10명이면 의당 더 뽑아야 할 인원은 25명이 된다. 거기에 예비로 3명을 뽑아서 관례에 따라 중도【우후虞候의 중간 점호는 대개 계수읍界首邑[88]에서 한다】까지 가게 되어 있으니 도합 28명을 지금 뽑아야 한다.

○ 수령이 침기표를 가지고 28개 마을에서 뽑는데 그 고을에서 부유하고 번성한 마을만을 가려 뽑을 것이다. ○ 이에 28개 마을에서 상호上戶를 엄선하여 각 마을에서 6명씩【상족上族 4명, 중족中族[89] 2명】을 임시로 향강鄕綱[90]에 임명한다. ○ 그리고 수령은 향강에게 다음과 같이 첩문을 보낸다. "지금 어영군의 번상은 본래의 군액이 50명인데 예비 인원 3명이니 합쳐서 53명이다. 그 가운데 15명은 예전부터 있던 번상군으로 하고 10명은 자원자로 충당하였다. 지금 나머지 28명을 뽑으려고 하는데 만일 향갑에게 맡기면 필시 농간이 있을 것이기에, 6명을 임시 향강으로 뽑았으니, 내일 아침 식전에 6명이 같이 모여 공정하게 의논하고 자세히 조사해서 꼭 한 사람씩만을 뽑아 보고한다. 그 뽑힌 자가 아무리 가지 않으려 해도, 그가 호소하는 말이 다 사사로운 사정 때문이고 여러 사람들이 알고 있는 사실로 마땅히 인정할 만한 사정이 아니라면 그가 백번 호소하더라도 수령은 들어주지 않을 것이다. 만약 그의 말이 실로 강요하기 어려운 사정, 예컨대 늙은 부모가 생존해 있거나, 상중이거나, 원래 고질병이 있

---

88 계수읍界首邑: 서울에서 각 도에 이르는 도로의 경계상에 있는 고을.

89 상족上族·중족中族: 상족은 신분상 양반인 듯하며, 중족은 양반의 다음가는 신분인 양인 중 상위에 속하는 신분으로 보인다.

90 향강鄕綱: 향리의 기율을 세우고 업무를 처리하는 자. 향갑 대신 임명하는 임시직.

거나, 마침 멀리 나가 있거나 하는 등등 번상을 면제해주지 않을 수 없는 자일 경우에는 반드시 그 책임을 논할 것이다. 향강은 각기 조심하고 명심하여 변경할 수 없는 자를 확실히 파악, 결정하여 이랬다저랬다 하는 폐단이 없도록 하라."

### 후록後錄: 상번군의 부족한 인원을 뽑는 조건

1)이 마을에 어영군의 보인이 20명인데 필히 이 가운데서 1명을 상번 군으로 뽑되 보인을 호수로 올려서 법에 따라 번상케 할 것이다. 만약에 합당한 자가 없으면 다른 사람을 구할 것이다.

2)다른 사람 가운데서 구할 때 정병·포수보·군향보·금위군·속오군과 별대군 등은 모두 다 무거운 역이고 명단이 군도안에 기재되어 있으므로 상부의 영문에 마감하는 일 따위에는 일체 번상을 거론하지 말 것이며, 오직 이 고을의 군관과 여러 고庫에 모집되어 들어간 자와 각 청廳의 봉족 그리고 유학을 모칭한 자, 향교·서원에 투탁한 자 등등 하는 일 없이 한가하게 지내는 사람 중에 1명을 뽑아 말썽이 일어나는 폐단이 없게 할 것이다.

3)백성들의 강약은 수령이 이미 통찰하고 있는 바이다. 만약에 약한 자를 편입시키고 강한 자를 제외하며, 부자를 놓아주고 가난한 자를 잡아들이고, 또 신체 불구자와 형편이 딱한 자를 마구 뽑아 번상케 하여 이들이 관청에 들어와 눈물로 호소하면 감동이 일어나게 마련이다. 그러면 향강 6명이 당연히 책망을 면할 수 없을 것이다. 이 어찌 수령이 깊이 믿고 맡긴 본의이겠는가. 이웃 사람들의 원망은 견디어낼 수 있을지 모르지만 수령의 노여움은 당해내기 어려울 터이니 향강은 각별히 조심하고

삼가야 할 것이다.

4)자원자로 이미 확정된 사람이 그 마을 출신이라 하더라도 그 마을이 그것으로 책임을 때울 수는 없다. 모름지기 별도로 1명을 더 뽑아 올려야 할 것이다.

5)이 일은 여러 날 끌다보면 이리저리 갈등이 생기니 반드시 내일 저녁 전까지 화급히 보고할 것이다【길이 먼 자는 모레까지로 한다】.

28개 마을에서 보고가 모두 도착하면 수령은 곧 공문을 발송하여 28명을 불러들여 신체 조건을 살피고 생활 형편을 물어서 강요하지 못할 특별한 사정이 없는 자에게는 약한 마음으로 슬픈 하소연을 듣고 변경할 것을 생각해서는 안 된다. 25명을 확정지어 예전부터 있던 상번군 15명과 자원자 10명 통합 50명을 철석같이 결정하여 빨리 치송토록 할 것이다. 번상될 수도 있고 빠질 수도 있는 3명은 예비 인원으로 중간에 점호하는 곳까지는 함께 가도록 한다. ○ 이렇게 하고 나서는 그 자신이나 부모가 사망한 경우를 제외하고는 번상군은 일체 변경이 없도록 한다. 번상군 중에 아무리 딱한 자가 있더라도 이렇게 해야만 전체 백성들이 안정되어 소요할 우려가 생기지 않을 것이다.

번상하는 날 자장전資裝錢[91] 8냥【4년에 매년 2냥씩】, 구피가狗皮價[92] 1냥을 지급하는데 이를 비용으로 삼으면 부족함이 없을 것이다. 다만 예전부터 있던 번상군 중에 여러 차례 서울에 올라가서 사례에 밝은 자를 여럿이

---

**91** 자장전資裝錢: 여비나 행구 등 제반 비용을 위해 지급하는 돈. 이를 보인이 담당하는 것으로 되어 있었다.

**92** 구피가狗皮價: 구피는 개가죽인데 상민들이 이를 방한복으로 이용했다. 상번군에게 방한복 명목으로 지급하는 돈으로 추정된다.

함께 추대하여 가초관假哨官[93]으로 삼고 50명을 거느리도록 한다. 그 자리에 나아가면 곧 군령을 내려 신병 1명마다 청례전廳例錢 18냥과 지면례知面禮 2냥을 징수하고, 그 밖에 또 소소한 징수가 100전이 넘는다. 혹시 명령을 어기면 묶고 곤장을 치고 만 가지로 학대를 가하는 것이다. 이는 모든 고을의 통례다. 또 우후虞候가 중간 점호하는 날 병영의 군리들이 전례를 들먹이며 돈을 토색하여 신병이 바치는 돈이 5냥을 내려가지 않는다. 그리고 경영京營에 들어가면 영문의 하속下屬들이 전례를 들먹이며 돈을 토색하여 신병이 바치는 돈이 또 5냥을 내려가지 않는다. 이 나머지는 모두 가초관이 사복을 채우는 것이다. 신병이 30명이면 남는 돈이 300여 냥이 되니 마음대로 쓰더라도 돌아올 때 남는 것이 있겠으나, 의롭지 못한 재물이라 별로 덕이 될 것이 없다. 신병이 상해를 입는 것은 그 원통하고 가혹함이 이루 다 말할 수 없는 지경이다. 군에서 토색하는 것은 본래 효시의 형률에 해당되는 것이다. 경영과 병영에서는 자기네 하속들을 돌보아주어 금지할 생각을 하지 않으니, 이른바 초관이 이를 빙자하여 토색질을 아무 거리낌 없이 해댄다. 참으로 가증스러운 일이다. 하지만 여러 고을이 모두 같은 실정이어서 유독 한 고을이 금할 수는 없다. 의당 이 문제를 감영에 조목조목 보고하여 중간 점호 및 병영의 잡비를 엄히 조사하여 그 액수를 참작 결정한다. 그리하여 번상군을 인솔해 가는 색리色吏로 하여금 그 실제의 금액을 보고하게 하며, 그 출납을 장악하게 한다. 이른바 가초관이란 명색은 감히 나설 수 없다. 군중에 효시의 형률을 거듭 밝혀서 저들로 하여금 그런 짓을 못하도록 하면 도내

---

**93** 가초관假哨官: 초관은 1초哨의 병졸을 거느리는 장으로 종9품 무관직. 가초관은 임시로 정한 초관이라는 의미. 1초는 군 편제상에서 100명 정도의 단위.

의 백성이 모두 큰 혜택을 입게 될 것이다. 역시 좋은 일이 아니겠는가.

○ 대저 천 리 길에 변상하는 법은 본래 합리적인 제도가 아닌데 전부터 내려온 폐단이 여기에 이른 것이다. 전에 우리 선대왕(정조를 가리킴)이 어영청·금위영의 군제가 편치 못함을 깊이 우려하여 왕위에 오른 당초부터 여러 차례 조칙을 내린 바가 있었다. 그럼에도 신하들이 그 훌륭한 뜻을 받들지 못하여 그럭저럭 오늘에까지 이르렀다. 이는 뜻있는 사람들의 깊은 한이 아닐 수 없다. 모두 「군제고軍制考」에 자세하게 나와 있으므로 여기서는 생략하기로 한다.

『속대전』에 "여러 군문의 장교 및 군졸이 면신례免新禮[94]라 칭하면서 토색질을 하는 행위는 무거운 쪽으로 곤장형에 처한다"라고 나와 있다【지방의 장교·군관 및 군졸이 죄를 범한 경우 중앙 군문의 예에 따라 처벌한다】.

---

94 면신례免新禮: 신참을 면했다는 명목으로 내는 예전禮錢.

練卒

—

병졸을 훈련시키는 것은 무비 武備의 제일 중요한 일이다. '수비와 공격의 자세를 반복하여 익히는 것〔操演〕'과 '깃발의 명에 따르도록 훈련하는 것〔教旗〕'이다.

모원의 茅元儀는 이렇게 말하였다. "병사는 훈련하지 않으면 진陣을 칠 수 없고, 공격할 수 없고, 수비할 수 없고, 둔영 屯營을 할 수 없다. 또한 전투할 수도 없고 수전 水戰과 화공 火攻의 이로움을 다할 수 없으며, 군마가 있어도 달릴 수 없으니 군량을 허비할 뿐이다. 무비를 말하는 이들은 훈련을 가장 중요한 일이라고 한다. 병사를 뽑지 않고는 훈련할 수 없으니, 병사를 뽑은 연후에 부대를 편성한다. 금령 禁令의 조목을 반포한 연후에 나아가고 물러서는 절도를 가르치며, 눈은 깃발에 익숙하게 하고 귀는 종과 북에 익숙하게 해서, 백 번 변화하고 백 번 진퇴하는 데 그 눈과 귀로 익힌 바에 따라 한결같아야만 절도가 있는 군대라 할 수 있다. 훈련은 대개 다섯 단계인데, ①병사를 뽑는 일〔選士〕, ②대오를 편성하는 일〔編伍〕, ③명을 내거는 일〔懸令〕, ④깃발로 지시하는 일〔教旗〕, ⑤무예를 가르치는 일〔教藝〕이 그것이다." 案 지금 군현에서 사적으로 조련하는 것은 이른바

'깃발로 지시하는 일'의 법에 해당하는 것이다.

모원의는 "깃발로 지시하는 일이란 평상시에 조련하는 법으로 옛날의 교렵校獵[1]이 곧 이 뜻이다. 후세로 와서 때때로 익히기 어려웠던 까닭에 제도화시킨 것이다. 전한前漢시대에는 항시 9월에 집합해서 시험을 보여 우열을 매겼다. 동한東漢시대에는 입추에 군사를 조련하여 싸우고 진 치는 법을 익혔고, 당송 이후로는 모두 11월에 실시했다"라고 했다.

정백자가 진성령晉城令으로 있었을 때, 하동河東[2]의 의용군義勇軍[3]들이 농한기에 군사훈련을 하게 되어 있었으나 규정에 따라 그 수만 채워놓았을 뿐이었다. 그가 부임하면서 진성의 백성들이 마침내 정병精兵이 되었다.

이동직李東稷[4]이 의주부윤으로 있을 때 청나라 사람을 접대하는 일과 물화의 출납을 모두 상황에 맞춰 적절히 대처하였다. 우리나라에서는 숭정 정축년(1637)[5] 이후로 군에 관련한 부분을 저들에게 되도록 숨겼는데 서쪽 변경지대가 더 심하였다. 이동직은 면마다 민병대를 두어 군사기술을 가르치고 봄과 가을로는 사냥을 나가 부대를 정비함으로써 유사시에 대비하였다.

조계원趙啓遠이 수원부사로 있을 때의 일이다. 군액이 본래 3000명이 있었으나 병자호란 때 절반 이상이 죽거나 도피했고 무기도 많이 없어졌

---

1 교렵校獵: 짐승이 다니는 길을 막아서 잡는 것. 사냥을 뜻함.
2 하동河東: 황하의 동쪽 지역을 가리키는 말. 중국 산서성의 동남부. 진성晉城은 이 지역에 속해 있다.
3 의용군義勇軍: 정식 편제의 군대가 아니고 어떤 사태에 대처해서 모집한 군대. 의병도 이에 해당함.
4 이동직李東稷, 1611~1675: 자는 순필舜弼이다. 정언·헌납을 거쳐 1669년에 의주부윤이 되었고 이후 광주부윤과 전라도 관찰사를 역임하였다. 김집金集의 문인.
5 숭정 정축년: 인조 15년. 병자호란 다음 해로 이때부터 청에 복속하게 되었다.

다. 그가 경내의 장정을 찾아내어 옛 병력의 인원을 회복하고도 2000명을 더하여 대오를 편성하고 무예를 닦아 모두 정예군으로 양성했다. 갑옷·방패·깃발·북·활·칼·화포 등등 정비되지 않은 것이 없었다. 일개 지역의 군사 진용이 훈련도감과 비슷할 정도였다. 총융사摠戎使가 와서 사열을 하고 돌아가 임금에게 그 훌륭함을 칭송함에 임금이 말을 하사하였다.

> 지금 이른바 병사를 훈련시킨다는 것은 헛된 일이 되었다. 첫째 속오束伍, 둘째 별대別隊, 셋째 이노대吏奴隊,[6] 넷째 수군水軍 등 훈련하는 법이 갖추어지지 않았으므로, 훈련 또한 유명무실하여 형식적인 것이 되고 말았다. 소란을 피울 필요가 없는 일이다.

나라를 다스리는 법은 식량을 족하게 하고 병비兵備를 갖추는 데 있다. 식량은 안으로 백성을 기르는 것이고 군은 밖으로 외적을 막아내는 것이니 나라의 큰 정사는 병사를 훈련시키는 일에 있다. 그런데 군사는 필히 먹어야 하는바 옛 임금들은 토지로 군사를 양육했고 후세에는 쌀로 양육했다. 비록 양육하는 방도는 달랐으되 양육이 아님이 없었다. 장차 목숨을 바치도록 하자면 반드시 먼저 사는 형편을 넉넉하게 해주어서 저들로 하여금 군적에 오르는 것을 마치 관직에 오르는 것과 같이 생각하여, 서로 들어가기를 다투어 퇴짜를 맞을까 두려워하게 된 후에라야 쓸 만한

---

6 이노대吏奴隊: 지방 군아에 속한 하이下吏·하교下校·관노官奴·사령使令 등, 이교노령吏校奴令으로 편성된 부대를 가리킨다.

군대가 될 것이다. 지금의 소위 속오군이라는 것은 사노 등 천인들로 억지로 수를 채우고 어린애와 노인을 한데 섞어 대오를 편성하였다. 이들이 쓴 전립은 시들어 빠진 오이처럼 생겼고 이들이 입은 전복은 등덩굴로 얼기설기 엮은 것 같다. 100년은 묵었는지 낡은 칼은 자루만 있고 칼날이 없으며, 3대나 물려온 고장 난 총은 불을 붙여도 소리가 나지 않는다. 그나마 대오도 오랫동안 비어 있던 탓에 군적에 사람과 귀신이 섞여 있고 임시로 고용한 자가 하루의 군역에 응하는 꼴이다. 군제를 정한 당초부터 쇠약하고 폐단이 많았으니 지금에 와서 꼭 이렇게 된 것만도 아니다. 남쪽 지방에서 말하는 별대와 황해도·평안도에서 말하는 무학武學이라는 것은 이른바 기병이다. 이것이 설립된 당초에는 관에서 말 한 필을 지급하였는데 세월이 지나면서 다 없어져 백에 하나도 남지 않았다. 매양 조련하는 날이 되면 고마雇馬가 사방에서 나와, 발이 빠른 자라야 빌릴 수 있는데 큰 것이라 해도 나귀만 하고 작은 것은 쥐만 하다. 가난한 선비가 기르던 것과 장사꾼이 끌던 것을 모두 군마라 하여 관아의 마당으로 끌고 들어와, 그 말들이 코는 찢어지고 이빨은 빠진 모양을 하고서도 위에서 부르면 아래서 대답하니 이를 이름하여 '취점聚點'이라 한다. 저 말들의 안장과 말갖춤을 보면 가슴걸이도 없고 안갑도 없고 등자鐙子와 목걸이도 없다. 발을 저는 놈, 옴이 오른 놈, 부스럼이 난 놈 등 차마 눈 뜨고 볼 수 없는 꼴이다. 남쪽에서 왜구가 북쪽에서 오랑캐가 내일 쳐들어온다 해도 이런 따위의 말을 타고 나가 싸운다는 것은 있을 수 없는 일이다. 이런 모양이고 보니 군사훈련이란 온통 헛된 짓이다. 그것이 이미 헛된 일인 줄 알았으니 오직 두 손 잡고 두 눈 감고 형식에 따라 규정에 맞출 따름이다. 어찌 허세를 잘못 부려 군무를 담당하겠다고 나설 것인가. 군무를 일신하고 바로잡으려 들다가는 오히려 백성에게 괴로움만 끼칠 뿐이다. 수령이 한번 허세를 부리면 아전들은 이미 그 안색을 살펴서 100가지 병폐를 흔들어 일으키고 한바탕 소란을 피울 것이다. 대열을 충실히 하고 복장을 깨끗이 하고 무기를 날카롭게 하고 안장과 말을 보완하려고 나섰다가는 아무리 입술을 태우고 발을 굴러도 필경 모두 헛짓이 되고, 다만 군리軍吏를 살찌우게 할 뿐이다. 목민관의 위치에 있으면서 어찌 괴롭게 이런 일을 벌일 것인가.

봄과 가을로 군사를 점호하라는 공문이 내려오면 수령은 향갑을 직접 불러서 다음과 같이 이른다. "거듭된 흉년에 민호가 흩어지고 대오에 결원이 생겼더라도 새로이 첨정하지는 않으려 한다. 도망한 군정과 죽은 군정이 있으면 모두 마을 안에서 사람을 찾아 동원할 것이며, 사람을 얻지 못하면 사실대로 보고하고 곧 다른 사람으로 보충하도록 하라. 복장이 해어지고 무기가 없어진 것이 있으면 모두 마을에서 협력하여 완비하도록 하라." ○ 군정을 점호하는 날에 가만히 신임하는 군교에게 지시하여 어떤 결함이 있어도 모두 덮어두고 들추지 말아서 무사하게 하여 번거롭고 소란스럽지 않게 할 것이다.


오직 깃발과 북, 호령에 따라 나가고 멈추고 나눠지고 합해지는 법을 의당 정확하고 익숙하게 연습해야 할 것이다. 병졸을 가르치려는 것만이 아니라 아관衙官과 열교列校<sup>7</sup>들도 규례에 능숙하도록 하려는 것이다.

---

**7** 아관衙官·열교列校: 아관은 군영에 있는 속관. 여기서는 관아의 군관을 지칭한다. 열교는

척계광의 『기효신서紀效新書』는 지금도 병가의 주옥같은 율법이니 우리가 쓰고 있는 『병학지남兵學指南』[8]도 이 책의 요점을 뽑은 것이다. 포호砲號·선패筅牌[9] 등은 후일에 나온 것이지만 징과 북소리에 따라 나가고 물러서는 구령과 대열을 나누고 합하는 제도는 모두 황제黃帝 이래로 전해 오는 옛 법이다. 이 법을 본받지 않으면 십개오쌍十箇五雙[10]을 능히 통제할 수 없다. 동성東城 28기騎[11]는 그 수가 아주 적지만 이 부대를 나누고 진영을 설치하면, 안팎이 호응하고 머리와 꼬리가 서로 구원함에 있어 28만 기와 다를 것이 없다. 한 사람의 위엄이 겨우 5명을 거느리지만 이 5명을 오伍로 하고 두 줄을 대隊로 해서 1명을 두어【곧 대장隊長이다】 거느리게 하며, 5대를 1기旗로 하고 1명을 두어【곧 기총旗摠이다】 거느리게 하고, 5기를 1초哨로 하여 1명을 두어【곧 초관哨官이다】 거느리게 하며, 5초를 1사司로 하여 1명을 두어【곧 파총把摠이다】 거느리게 하며, 5사를 1부部로 하여 1명을 두어【곧 천총千摠이다】 거느리게 하며, 5부를 1영營으로 하여 1명을 두어【곧 영장營將이다】 거느리게 하며, 5영을 1군軍으로 하여 대장大將 1명

---

원래 중국 후한 때 서울을 방어하는 둔병屯兵의 여러 교위校尉를 지칭하는 용어로 후세의 군교.

8  『병학지남兵學指南』: 조선 정조 때 왕명으로 편찬한 병서. 5권 1책. 중국 명나라 척계광의 『기효신서』에서 조련법을 중심으로 간추린 것이다. 이를 언해한 것과 해설한 것도 따로 있다.

9  포호砲號·선패筅牌: 포호는 포 신호. '선筅'은 병기인 낭선狼筅의 줄인 말. 이 병기는 척계광이 만들었다고 한다. 선패는 낭선으로 편성된 부대를 가리키는 것으로 추정됨.

10  십개오쌍十箇五雙: 온갖 괴기와 변화를 부리는 것을 지칭하는 말.

11  동성東城 28기騎: '동성'은 중국 안휘성에 있는 현 이름. 항우가 한나라 군대에 쫓겨 동성에 이르렀을 때 겨우 28기만 남았으나 그것으로 한나라 군대 수천 명의 포위를 뚫고 나왔다 한다.

을 두어 거느리게 한다. 대장이란 곧 5명의 장수이다. 기장旗長·대장隊長 역시 5명의 장수이다. 대장의 직책은 다섯 영장으로 하여금 각자의 직책을 잃지 않게 할 따름이다. 그 아래로 부·사·초·기의 장長도 5명의 장수가 되는 것은 그 예가 모두 같다. 이를 안 연후에야 한 몸으로 손발의 4지肢를 부리고 한 지肢로 다섯 개의 손가락 발가락을 부려서 뼈마디가 서로 연계되고 핏줄이 서로 통하게 된다. 이것이 병가에서 이르는 부분部分[12] 이다. 한 사람의 소리는 몇 보步 밖까지 울리는 데 그치지만 열 사람이 떠들면 우렛소리도 잘 들리지 않게 된다. 일일이 얼굴을 마주하고 알리는 것이 위급한 상황에서는 불가능하기에 금고金鼓·기포旗砲·호령의 법이 생긴 것이다. 금고와 기포란 벙어리를 형용한 것이다. 벙어리는 말을 할 수 없기 때문에 손으로 가리키거나 물건을 들어 보이는 방식으로 마음속의 하고 싶은 바를 형용함으로써 사람으로 하여금 알아듣게 한다. 금고와 기포는 장수가 마음속에서 하고 싶은 바를 형용하는 것이다. 장차 어떤 명령을 내리려 할 때 반드시 먼저 포를 한 방 쏘는데 그것은 내가 명령을 내리려 하니 너희들은 분명히 들어라 하고 말하는 것과 같다. 포성이 한 번 울리면 수만 명의 병사들이 일제히 머리를 돌려 장대將臺를 주목한다. 대장이 깃발 하나를 세워 혹은 지적하거나 흔들거나[或點或磨], 혹은 눕히거나 휘두르는데[或偃或揮], 각각 약속이 있어 그 의도하는 바를 준수하여【모두 『병학서』에 상세하다】 혹은 나가고 물러서고 혹은 나뉘고 합하는 것은 오직 대장의 뜻대로 움직인다. 대장이 묵묵히 한마디 말이 없어도 수만 명의 군사들이 장수의 명령을 명백히 들을 수 있으니 이는 병가

---

12 부분部分 : 여기서는 서로 안배하고 연계시키는 것을 의미함.

에 호령이 있는 까닭이다. 병학에서 이르는 천만 가지 말은 모두 두 가지로 요약이 되니, 첫째는 부분部分이요, 둘째는 호령이다. 영루營壘[13]의 배열하는 위치를 진법이라 부르며, 사격하고 찌르는 기세를 연법練法이라 한다. 진법과 연법은 모두 왕명학王鳴鶴·유대유俞大猷·모원의 등의 책에 상세하게 나와 있으나 『병학지남』에 모두 다 실려 있는 것은 아니다. 요컨대 속오군과 별대 등은 아침에 모였다가 저녁에 흩어지고 몸과 이름이 다른 데다가 봄에 가르치면 가을에 다시 오지 않으니 이런 것들을 가르쳐서 무엇 하겠는가? 오직 아관이나 열교들은 오랫동안 관부에 있었으므로 평소에 연습시켜서 그 대체를 알도록 했다가 유사시에 도움을 받을 수 있을 것이다. 이른바 봄가을의 군사 점호 시에 10분의 1이라도 효과를 얻을 수 있는 희망은 오직 이들뿐이다. 허수아비들을 불러 모아 훈련시켜 보았자 아무 의미도 없다. 수백 명이 모이는 날에 우선 그 기회를 이용해서 아관과 열교들로 하여금 이 일을 연습시키는 것이 또한 좋지 않겠는가.

군사를 점호하는 법은 하루는 집합, 또 하루는 사습私習, 또 하루는 조련이다. 사습하는 날에는 관례상 수교首校로 하여금 대장大將을 대신하게 한다【혹 좌수로 대장을 삼기도 하는데 잘못이다】. 만약 수령이 병사를 알면 의당 사습을 친히 시행하여 모든 법을 가르쳐야 할 것이다. 그러나 수령이 본래 병사에 어두우면 수교에게 단단히 일러 전례에 따라 형식적 절차 이외에 제반 '호령'의 법을 시험하도록 한다. 부서部署의 법은 또한 그 형세를 몇 차례 바꾸되 혹은 원앙대鴛鴦隊[14]로 두 줄이 되게 하고, 혹은 삼재대

---

13 영루營壘: 군사 용어로 진영이나 보루.
14 원앙대鴛鴦隊: 중국 고대의 진법인대 명나라 때 척계광이 왜구에 대응하기 위해 이 진법

三才隊로 석 줄이 되게 하며, 혹은 오마대五馬隊로 다섯 줄이 되게도 한다. 또 혹은 둘러싸서 5영五營이 되게 하고 혹은 헤쳐서 6화六花가 되게 하며, 혹은 변하여 8진八陣이 되게도 한다. 요컨대 모두 기병奇兵과 정병正兵[15]이 서로 섞여서 머리와 꼬리가 서로 연락되게 하며, 혹은 강을 건너는 법을 익히고, 혹은 험한 길을 통과하거나 야영 훈련을 하기도 하며, 혹은 적의 동향을 살펴 알리는 일을 연습하기도 한다. 아관과 열교 등으로 하여금 이날에 여러 가지 병법을 익히도록 하는 것이 또한 좋지 않겠는가. ○ 수령은 점호를 실시하기 10일 전에 아관 가운데 병학을 아는 자를 불러 『병학지남』을 미리 학습하게 하고 다음과 같이 약속할 것이다. "사습하는 날과 조련하는 날에 내가 『병학지남』에서 제목 하나를 골라서 호령을 내릴 것이니 네가 군사들 속에 있다가 포 소리를 듣고 깃발을 보아 이 호령이 무슨 호령인지 알아내야 할 것이다. 만약 모든 호령에 전부 제대로 응하면 마땅히 군사들 앞에서 곧바로 상을 줄 터이니 너에게는 영광이 될 것이고, 만약에 알아맞히지 못하는 것이 많으면 군사들 앞에서 곧바로 곤장의 벌을 줄 터이니 너에게는 욕이 될 것이다. 각별히 명심하라."

당일 장대將臺에서 신호포를 울리고 단발라單哱囉[16]를 불고 황색 깃발 하나를 세우면 이는 원앙진에 속하는 호령임을 알아서 즉각 법대로 응할 것이다. ○ 만약 신호포를 울리고 단발라를 불고 남색·홍색·백색의 큰 깃발 셋을 세우면 이는 삼재진에 속한 호령임을 즉시 알고 법대로 응할 것

---

을 발전시켰다.

**15** 기병奇兵·정병正兵: 전술의 방법으로 기병은 복병과 같은 기이한 꾀를 써서 불의에 적을 기습하는 것, 정병은 적과 정면으로 싸우는 것.

**16** 단발라單哱囉: 군대에서 쓰는 나팔 종류의 악기.

이다. ○ 또 비밀 명령으로서 나뭇가지를 전하면 전군이 모두 정지할 것이요, 돌멩이를 비밀히 전하면 전군이 모두 주저앉을 것이다. 이런 방식은 고정시킬 것이 아니니 매번 똑같이 하면 죽은 법이 된다. 대장은 여러 군교들과 약속을 하되 "비밀히 계란을 전하면 변하여 원진圓陣이 되고 비밀히 사각 판자를 전하면 변하여 방진方陣이 되며, 비밀히 파뿌리를 전하면 세 겹으로 에워싸라"라고 한다. 이와 같은 방식들은 다 임시변통으로 하는 것이니 구애될 것은 없다. ○ 매번 군사 점호의 시일이 정해지면 미리 각궁角弓 2~3벌, 화살촉 30~40개, 깍지(韝) 3~4개를 상품으로 마련해 두었다가 이날 아관 중에서 군사에 밝고 익숙하여 착오가 없는 자가 있으면 포상으로 줄 것이다.

## 이노吏奴의 훈련은 가장 긴요한 일이다. 3일 전에 미리 연습을 해야 한다.

우리나라 군제에 수령의 수하에 친히 거느리는 군사는 하나도 없다. 이른바 속오군과 별대 등은 전란이 일어났을 경우 수령이 진관鎭管으로 인솔해가서 인계하면 진관에서는 이를 받아 진영鎭營【곧 영장營將이다】에 인계한다. 수령은 돌아와서 오직 이노들을 대오로 편성하여 함께 고을을 지켜야 한다. 그러므로 이노의 훈련은 실로 긴요한 일이다. 그런데 매양 보면 각 고을이 군사들을 훈련하는 날에 이노들이 가욋일처럼 여겨 명부를 들고 호명하여 한 번 대답하고 나면, 훈련은 하지 않고 서로 웃고 손가락질하다가 해산하면 그만이다. 이는 실로 후일에 고을을 버리고 수령을 배반하고 뿔뿔이 흩어지는 장본이다. 어찌 한심하지 않은가. ○ 속오군이 모이기 전에 따로 하루를 잡아 이노를 훈련하는 날로 정해, 편대를 나누어 나가고 물러가는 훈련을 실시하되 숙정패肅靜牌를 걸고 상벌의 영을 엄하게 하여 장난으로 하는 일이 없이 규범에 맞게 해야 한다. 한때의 훈련이 곧바로 실효를 거두기는 어렵다 해도 군법의 엄중함은 알게 될 것이다.

만약 풍년이 들고 무비는 해이해져 있는데 조정에서 연습과 조련을 중지하라는 명령이 없으면 군오를 채우고 장비를 갖추는 일에 힘쓰지 않을 수 없다.

연습과 조련은 연례행사인데 해마다 하지 않다가 수십 년 만에 혹 한 번 시행하면 병영의 아전과 군교들이 이 말을 듣고 기뻐 날뛰며 온 집안이 경사나 난 것처럼 여긴다. 군현의 군사들이 대오에 결원이 있거나 무기에 결함이 있거나 복장이 온전하지 않거나 동작이 익숙하지 못하거나 호궤犒饋[17]가 풍족하지 못하면 병영의 아전과 군교들이 그 흠을 세세히 찾아서 트집을 잡고 공형公兄은 죄목을 잡아 뇌물을 한없이 토색하다가 욕심을 다 채우지 못하면 문제를 더 크게 만든다. 고을의 봉변은 수령의 수치이다. 수령은 마땅히 이런 일을 미리 살펴서 필히 대오 속에 어리거나 약한 자가 한 명도 없게 하고 수레와 화포를 맡은 대열에는 불구자가 없게 하며 칼과 총에 파손된 것이 없게 하고 호의號衣[18]와 전립戰笠에 찢어진 곳이 없게 하며, 말은 절뚝거리지 않게 하고 부서진 안장이 절대 없

---

17 호궤犒饋: 군사에게 음식을 베풀어 위로하는 일.
18 호의號衣: 군복의 일종. 각 영문의 군사와 의금부의 나장羅將 등이 입는 세 자락의 웃옷.

게 해야 할 것이다. 또한 아관과 열교들이 똑똑하고 분명하며 그 동작이 모두 규율에 맞고 풍성한 음식으로 병졸들이 배불러 풍족함을 구가하고 의장이 다른 고을보다 뛰어나게 한 연후에야 현명한 수령이라 할 수 있을 것이다. 모름지기 재물이 있어야만 이렇게 할 수 있는데 백성을 착취하여 명예를 얻는 것은 어진 자가 할 짓이 아니다. 필히 수령 자신이 돈을 내서 부족한 것을 보충한 후에라야 아래로부터 원성이 없고 위로부터 책망이 없게 된다. 이렇게 되어야 책무를 다했다고 할 것이다.

군대에서 수탈하는 것은 군율이 특히 지엄하다. 사사로이 연습할 때나 공적으로 훈련할 때 마땅히 이 폐단을 살펴야 할 것이다.

이른바 기총이 장령將領을 자칭하고 고을에 들어오는 날 저녁에 따로 읍내의 한 구석에 사적으로 좌기坐起[19]를 설치하고 대장隊長들을 불러들여 본대 안에 새로 들어온 군사를 조사하여 신입례新入禮·지면례知面禮의 명목으로 수백 전을 뜯어낸다. 초관과 기패관은 이를 알면서도 금하지 않다가 종전 방식대로 다 거둔 뒤에 훈청訓廳[20]으로부터 예전禮錢이라 해서 또 토색을 하니 이에 술과 고기가 넘쳐난다. 수령이 엄금하려고 하면 "병영의 장교들이 전례에 따라 토색하니 응하지 않을 수 없다"라고 대답한다. 그렇지만 병영에 관례로 바치는 것은 그 수량이 많지 않으며, 그것은 또 따로 나올 곳이 있는데, 기실은 병영을 빙자하여 말하는 것일 뿐

---

19 좌기坐起: 각 관청의 장이 그 업무를 보는 일.
20 훈청訓廳: 지방 관아에서 훈련을 담당하는 기관. 무청武廳을 가리키는 것으로 추정된다.

전부 다 훈청의 쓰임으로 들어가는 것이다.

○ 점고 10일 전에 "군중에서의 수탈은 당연히 군령을 적용하되 효시하는 대신 죽도록 엄하게 곤장을 칠 것이며, 준 자와 받은 자 모두 중벌을 받을 것이다"라고 하고 수차례 다짐을 받아야 한다. 그 다짐이 이처럼 엄하니 아마 자숙할 줄 알 것이다. 그러나 어리석은 백성들의 일이라 알 수 없으니 군사들이 모이는 날에 거듭거듭 타이르는 한편, 저녁에 심부름하는 아이 3~4명을 거리로 내보내어 개좌開座[21]하여 곤장 치는가를 살피게 하여, 만약 장물臟物을 잡으면 그 성명을 알아두고 나서 한 아이는 거기를 지키고 있고 다른 한 아이는 달려와서 보고하게 한다. 즉시 그들을 잡아들여 곤장 3~4대를 치고 또 그 허물을 적어두었다가 훈련이 끝난 후에 다짐한 대로 엄중히 다스릴 것이다. 그 범한 죄가 아주 무거운 자는 즉각 군적에서 제명하고 다짐한 대로 엄히 다스리며, 새로 군사를 뽑아 대원으로 충당한다. 제명된 자에 대해서는 북을 지고 화살을 꿰어[22] 군중을 돌게 하면 일벌백계가 되어, 다시 범하는 일이 없어질 것이다.

○ 초관과 기패관 또한 고통스러운 군역이다. 향촌의 요호에서 여기에 뽑히면 뇌물이나 예물을 바치는 등 백 가지로 계책을 도모해서 빠지려고 든다. 면하지 못한 자는 의복과 장비를 마련하는 비용이 많이 들고 청례廳禮·군례軍禮의 비용도 배나 든다. 훈청은 뇌물도 받고 예물도 받아서 술과 밥을 마련해야 하며, 병영의 군교들에게도 바쳐야 한다. 이런 일 등을 일체 엄금할 수 없다 해도 실제로 소용되는 것 이외에 이러저러한 술

---

**21** 개좌開座: 어떤 관아의 장이 임석해서 사무를 개시한다는 뜻인데 판결을 시작하는 데 많이 쓰임. 이 경우는 기총이 공무를 빙자하여 사사로이 개정하는 것을 가리킨다.
**22** 원문은 "부고관시負鼓貫矢"인데 군에서 죄를 저지른 자에게 징벌을 시행하는 방식이다.

수를 부려서 몰래 침탈을 일삼는 자는 의당 엄중한 법으로 금해야 할 것이다. ○ 본 고을의 사습하는 날에 병영에서 군교 1명을 파견하여 감찰하게 하는데 본 고을의 아관으로서는 예물이 없을 수 없으니, 돈 수십 냥을 바치는 것은 사리로 보아 금하기 어려운 노릇이다.

## 수군을 산골로 배정하는 것은 본래 잘못된 일이다.

순찰사 이정암李廷馣[23]은 장계狀啓로 이렇게 말하였다. "수군은 마땅히 연해 지방에 배정되어야 하는데 산골에 많이 배정됩니다. 이들에게 공문으로 독촉하여 신포身布를 함부로 거둠으로써 이들이 다른 지방으로 가서 떠돌게 되고, 이웃이나 친척에게 강제로 군포를 걷는 침해가 발생하는 것은 바로 이 때문입니다. 신의 생각으로는 각 진에 등록된 수군의 수를 헤아려서 연해 지방의 육군과 서로 바꾸되 반드시 그 거리가 하룻길을 넘지 않게 하면 배 부리는 데 익숙하여 위급할 때 쓸 수 있고 변란이 있어 징발하면 반드시 시간에 늦지 않을 것이며, 육군은 육로의 방위를 분담하게 되어 양쪽이 다 편리할 듯합니다. 빨리 결제를 해서 시행해야 할 것입니다."

○ 비변사에서 "수군과 육군을 바꾸어 배정하는 것은 바닷가 출신의 수군은 조금이라도 변란이 생기면 자기 마을을 염려하여 쉽게 달아나기 때문이니 먼 산골 사람을 수군으로 배정한 데에는 그만한 연유가 있는 것

---

23 이정암李廷馣, 1541~1600: 자는 중훈仲薰, 호는 사류재四留齋, 본관은 경주이다. 문과에 급제, 벼슬은 감사에 이르렀다. 임진왜란과 정유재란 때 많은 공을 세워 선무공신 2등으로 올랐다. 저서로 『사류재집』이 있다.

같습니다. 그러나 배를 부리는 일에 익숙하지 못한 산골 백성을 하루아침에 배 부리는 곳에 배정하면, 제대로 일을 하지 못할 뿐 아니라 식량과 장비를 직접 갖추어 멀리 수자리 사는 노고가 다른 사람보다 배가 됩니다. 지난날 임금께서 해주에 가 있을 때 백성들에게 고통을 물었는데, 도민 전체가 이것을 가장 큰 폐단으로 들었습니다. 바닷가 사람을 수군으로 배정하고 산골 사람을 육군으로 배정하면 양편 다 편리할 것입니다. 다만 서로 바꾸어 배정할 때 각자가 원하는 바에 따라 바꾸어줍니다. 우선 감사로 하여금 먼저 황해도에서 실시하여 그 결과를 살펴서 보고하게 하는 것이 어떻겠습니까?"라고 아뢰어 "그대로 시행하라"라고 답하였다.

○ 이정암은 관문關文에서 말하였다. "수군은 그 역을 대대로 계승하는데 사람들이 다 천역으로 생각하고 있다. 육군은 비록 양반의 후예라도 으레 정군正軍과 보솔保率로 배정되는바 하루아침에 갑자기 수군의 역으로 정하여 격군格軍[24]으로 몰아넣으면 원한이 없을 수 없다. 더구나 이 역을 한번 지게 되면 자손에게까지 전해져서 끝없는 고역을 면할 수 없기 때문에 진중에서 탄식하는 소리를 차마 들을 수 없게 된다. 수군으로 배정할 만한 사람에게 반벌班閥을 묻지도 않고 모두 천역을 지게 하면 실로 억울하고 애달픈 일이 될 것이다. 또 지금 변란이 일어나 급박한 때에 당면해서 수군과 육군으로 각기 싸움터에 나가 있는데 서로 위치를 바꾼다면 그러는 즈음에 혼란과 동요가 일어나는 폐단이 있게 마련이다."

○ 병마절도사 선거이宣居怡[25]가 공문을 보내 "수군과 육군의 군졸들은

---

24 격군格軍: 수군으로서 배를 부리는 사람.

25 선거이宣居怡, 1550~1598: 자는 사신思愼, 본관은 보성寶城이다. 일찍이 무과에 합격하여 무관으로 활동했는데 임진왜란 당시 한산도 대첩에서 이순신을 도와 공을 세웠고 행주

각 진에 나누어 배속시켜 적진과 대치하고 있으니 이 사이에 서로 옮기고 바꾸어 방어하는 것이 편리한지 여부를 충분히 헤아려서 회답하라"라고 하였다. ○ 수군절도사 이순신이 장계에서 아뢰기를 "수군과 육군을 서로 바꾸어 방어하게 하는 것은 중대한 일이다. 바다와 육지에서 적과 대치하고 있는데 가볍게 처치할 수 없으니, 바라건대 조정에서는 다시 신중히 헤아려서 조처할 일이다"라고 하였다【『이충무공전서 李忠武公全書』에 나와 있다】. 案 이는 정유재란(1597) 때 서울과 지방에서 오고간 공문이다. 당시 수군과 육군이 바야흐로 적과 대치하여 진을 치고 있었는데 졸지에 바꾸어 배정하니 어찌 문제가 없었겠는가. 병사와 수사 모두 바꾸어 배정하지 않으려고 한 것은 사세가 바로 그러했기 때문이었다.

경연관 송시열宋時烈이 임금께 아뢰었다. "수군은 양민의 원한이 가장 골수에 사무친 역입니다. 산간 고을의 수군은 사태가 급할 때 미처 달려오지 못하여 평상시에 고립군雇立軍[26]을 두는데 이들은 모두 떠돌아다니는 무리입니다. 변란을 당하면 어찌 도망가지 않겠습니까. 산간 고을에 있는 자들을 모두 옮겨서 육군으로 만들고 바닷가 백성을 수군으로 바꿔 배정하여 평상시에는 둔전 및 고기잡이와 해조류를 채취하며 살아가고 위급할 때에는 배를 만들어 적을 방어하도록 하면 좋아할 자가 많을 터이니 유사시에 유용할 것입니다. 지금 논자들이 모두들 산간 고을의 수군을 졸지에 폐할 수 없다 합니다. 이는 대개 수사로 있는 자들이 산간 고을의 군사들을 착취하는 바탕으로 삼고 있기 때문입니다. 이를 버리고

---

대첩에도 권율을 도와 공을 세웠다. 정유재란 때 울산 전투에서 전사했다. 선무원종 1등 공신으로 기록되었다.
26 고립군雇立軍: 의무병이 내는 군포로 그들 대신 고용하는 직업적인 성격의 군인.

는 재상이나 명관들의 요구에 응할 수 없는 것입니다. 이야말로 주자가 이른바 군사 문제를 논할 때마다 먼저 조정이 바로잡혀야 한다고 말씀한 그것입니다." ［案］ 왜란이 평정된 후에도 끝내 바꾸어 배정하지 않았기 때문에 이와 같이 아뢴 것이다.

우의정 민암閔黯[27]이 "바닷가의 전선이 있는 여러 고을에 능로군能櫓軍[28]을 충원하지 않은 것은 아니나 해변에 사는 자들은 모두 배 다루기에 익숙하고 산골에 사는 자들은 배 타기에 길들지 않았기 때문에 수군의 훈련이 있을 적마다 포구에 사는 물에 익숙한 자를 고용하여 그들을 보내 군역을 대신하게 합니다. 만약 위급한 때를 당하면 전에 고립雇立하였던 자는 필시 다 도주할 것이니 어떻게 이 역을 대행할 수 있겠습니까? 이후에는 반드시 해변의 사람을 능로군에 충원할 것이며, 해변에서 멀리 떨어진 곳에 사는 군사를 해변의 속오군과 서로 바꾸어 배정하면 위급할 때 힘이 될 것입니다"라고 아룀에 임금이 그대로 따랐다. ［案］ 당시에 그대로 따르도록 윤허하였음에도 실제로는 바꾸어 배정하지 않았다. 그런 이유로 오늘날에 와서도 수군이 그대로 산간 고을에 있는 것이다.

『양역실총』에 무주에는 수군이 48명이고, 진안에는 수군이 17명이며, 장수에는 수군이 38명이고, 순창에는 수군이 695명이다【산간 고을 대부분에 수군이 있다. 여기서는 대략 한두 곳만 들었다】. ［案］ 밭 가는 일은 남자 종에게 묻고 베 짜는 일은 여자 종에게 묻는다 했고, 산골에 사는 자는 생선으로

---

27 민암閔黯, 1636~1694 : 자는 장유長孺, 호는 차호叉湖이다. 남인으로 승지·함경도 관찰사를 거쳐 경신대출척으로 파직, 기사환국으로 다시 우의정에 올랐다. 그러다가 갑술옥사로 제주도로 귀양 가서 죽임을 당했다.

28 능로군能櫓軍 : 수군의 직역의 일종. 노 젓는 일을 주 임무로 함.

제2조 • 군사훈련〔練卒〕 221

예물을 삼지 않고 물가에 사는 자는 노루와 사슴으로 예물을 삼지 않는다 하였으며, 궁자宮者[29]는 궁궐 안을 지키고 월자刖者[30]는 동산[囿]을 지킨다 하였다[『주례·추관사구·장육문掌戮文』]. 각각의 쓰임이 타당해야 만물이 모두 순조롭게 되는 것이다. 지금 산간 고을의 화전민들에게 파도치는 물속을 드나들면서 배를 부리게 하면 어찌 능히 담당하는 일의 성격에 적합하겠는가. 지금은 바다가 무사하여 수군이라 해도 한 해에 돈 2냥을 내어 수영에 바치면 그것으로 아무 일도 없다. 이것이 수군을 산간 고을에 배정해놓고서 바꿔 배정할 의지가 없는 까닭이다. 하지만 명목이 바르지 않으면 일이 순조롭지 못한 법이다. 지금처럼 아무 일이 없는 때에 바닷가 백성들을 수군으로 배정하여 명실이 일치하게 하면 적이 침입할 때를 당해서 쉽게 징발할 수 있을 것이다. 위급한 때를 당하여 바꾸어 배정하면 필시 물고기처럼 놀라고 들짐승처럼 도망쳐서 걷잡을 도리가 없게 될 것이다. 바꾸어 배정하자는 논의는 으레 속오군과 바꾸자는 말인데 그것 또한 문제이다. 관장보는 1년에 돈 2냥을 감영에 바치고 악공보는 1년에 돈 2냥을 경사京司에 바치며, 선무군관은 1년에 돈 2냥을 균역청에 바친다. 이 같은 부류 중에서 바닷가에 사는 자들을 모두 찾아내 수군으로 충당하고 그만큼의 인원을 산간 고을로 돌려주면 구애될 것이 무엇이겠는가. 속오군은 바닷가 고을에도 없을 수 없을 터인데 어찌 모두 폐기할 수 있겠는가? 이 또한 그 주장이 시행되지 못하는 이유였다. ○ 요컨대 산간 고을과 바닷가 고을의 군사를 바꾸어 배정하는 일은 한 고을의 수령이 변통해서 시행할 수 있는 일이 아니다. 모두 「군제고軍制考」에

---

29 궁자宮者: 오형 중 하나. 궁형, 즉 거세형을 받은 남자.
30 월자刖者: 월형, 즉 발꿈치 자르는 형을 받은 사람.

상세히 나와 있으므로 여기서는 생략한다.

수군을 조련하라는 명령이 내려오면 의당
수조정식 水操程式[31]을 취하여 날마다 연습하여
부족함이 없도록 할 것이다.

그 대오를 보충하고 복장을 가다듬고 사적인 수탈을 금지하는 일들은
모두 육군의 조련에 관한 여러 규례를 참조할 것이다. 여기서는 재론하
지 않는다.

---

31 수조정식 水操程式: 『병학지남』에서 수군의 훈련 규정이 실린 대목.

修兵

병兵이란 병기를 뜻한다. 병기는 100년 동안 사용하지 않는다 해도 좋으나 하루라도 갖추어두지 않을 수 없다. 병기를 닦는 일은 땅을 지키는 신하의 직무이다.

군현에는 모두 군기고가 있어, 그 안에 활과 화살, 창과 칼, 조총, 화약과 탄환, 깃발, 갑옷, 활집과 화살통, 구리솥【우리말로 동노구銅鑪口이다】, 장막 등이 소장되어 있다. 이 밖에 소소한 잡물은 모두 중기(重記, 인수인계 장부)에 적혀 있다. 이런 등속을 잘 살펴서 파손된 것은 수리하고 없어진 것은 채우는 것이 수령의 직무이다. 그럼에도 나의 생각은 다른 점이 있다. 무릇 천하의 물건은 사용하지 않으면 좀먹고, 사용하지 않으면 썩고, 사용하지 않으면 쥐가 갉아먹고, 사용하지 않으면 곰팡이가 생기는 법이다. 지금 태평한 세상에 처해서 매년 돈 1000만 전을 들여서 활과 화살, 창과 칼 등등을 만들어 창고에 보관해두면, 얼마 못 가서 습기가 차고 비가 스며들어 화살은 좀먹고 깃이 떨어지며, 쇠는 녹슬고 자루는 썩으며, 수놓은 것은 변색되고 포목은 썩으며, 염초焰硝와 화약은 모두 습기를 머금어 불을 붙여도 총이 나가지 않으며, 시위를 당기면 활이 먼저 부러진다. 금년에 모두 새롭게 보수해도 내년이면 다시 그렇게 되어, 불행한 사태가 일어나더라도 군기고에 소장된 것들은 백에 하나도 쓸모가 없게 된다. 무릇 성인은 무익한 비용을 아까워하였고, 지혜로운 자는 실속 없는 일을 혐오하였다. 아무리 상관이 허물을 따지고 어사가 죄를 논하여도 실제로 성심으로 병기를 보수하는 자는 찾아볼 수 없는 지경이다. 옛사람들은 사물의 기틀을 깊이 살피고 미리 조짐을 보아서 전쟁에 대한 준비를 갖추고 뜻하지 않은 변란에 대비하여 병기를 보수하였다. 조야朝野가 태평하여 염려가 조금도 없는데 병기를 보수하는 것은 재물만 허비할 따름이다. 그러면 어떻게 할 것인가? 구리 1000근, 100번을 담금질한 빈철鑌鐵[1] 3000~4000근, 흑각黑角[2] 300~400근, 길고 흠이 없는 쇠뿔 300~400근, 부레풀 100근, 화살대 1만 개, 가사목橴樑木[3] 3000~4000매, 화피樺皮·꿩깃 등속 50~60근, 염초·화약 재료 600~700근, 유황硫黃·비황砒黃[4]·자분磁粉·사기가루〔礦砂〕[5]·송진·역청瀝青[6] 등 신연독화神煙毒火[7]의 재료 100~200근 등의 물품을 창고에 보관해두는 것이 또한 옳지 않겠는가. 위험의 조짐이 나타나면, 한쪽에서는 두드려 만들고 다른 쪽에서는 조제하며, 칼날을 세우고 활줄에 아교를 먹이며, 유황과 송진은 가마에 끓이면 되지 않겠는가? 진실로 나라를 생각하는 사람이라면 응당 이 뜻

---

**1** 빈철鑌鐵: 잘 담금질된 쇠.

**2** 흑각黑角: 빛이 검은 물소 뿔.

**3** 가사목橴樑木: 원주에 "우리말로 가사목加斜木이라 하는데 어떤 나무인지 알 수 없다. 우선 이름을 들어둔다"라고 나와 있다. 가시나무, 도토리나무와 비슷한 나무로 그보다 잎이 작고 끝이 뾰쪽함.

**4** 비황砒黃: 연철鉛鐵에 섞여 있는 광석으로 독성이 있음.

**5** 사기가루〔礦砂(요사)〕: 약물 이름. 염화암모니아.

**6** 역청瀝青: 천연으로 나는 탄화수소 화합물을 통틀어 일컫는 말인데 여기서는 대나무를 태워서 만든 물.

**7** 신연독화神煙毒火: 유독가스나 폭약의 종류.

을 알고 힘이 닿는 대로 준비하여, 병기를 보수하지 못한 죄를 용서받도록 해야만 조금이나마 부끄러움이 없게 될 것이다.

신각申恪[8]이 연안부사延安府使로 있을 때 정사가 맑고 신중하였으며 성을 쌓고 호를 파고 군기를 많이 갖추어놓았다. 뒤에 이정암이 연안을 지키다가 임진왜란을 당하여 성을 온전히 보전할 수 있었던 데는 신각의 공이 있었다. ○ 이상급이 연안부사로 있을 때 "지난날 연안이 외로운 성으로 왜적을 막아냈는데 지금과 같이 외적이 쳐들어올 염려가 클 때 미리 대비하지 않을 수 없다" 하고 무비를 갖추기에 힘써 병기가 갖춰지고 정밀해졌다. 감사가 이 사실을 보고하니 임금이 기뻐하며 옷감을 하사하였다.

완원군完原君 이만李曼[9]이 강화유수로 있을 때 민력民力을 쉬게 하면서 병졸을 훈련시키고 축적에 힘쓰며 전함을 건조하였다. 또한 조정에 청하여 동래의 동과 철을 운반해다가 병기를 제조하였다.

판서 이명李溟[10]이 함경도 관찰사로 있을 때 병기를 수리하고 군대를 훈련하였는데 장포별대壯砲別隊는 이로부터 있게 되었다.

박원도가 황주판관으로 부임해서의 일이다. 숙종 초년에 당해서 황해도와 평안도 지방은 군현의 성곽이 무너져도 감히 축조를 못하고 병기가 노후해도 감히 날카롭게 하지 못했다. 싸우고 지키는 일을 말하지 못한

---

8 신각申恪, ?~1592 : 조선 중기의 무장. 임진왜란 때의 부원수로서 한강을 지켰다. 양주 해유령蟹踰嶺에서 왜군을 대파했으나 무고로 참형되었다.

9 이만李曼, 1605~1664 : 자는 지만志曼이다. 병조참판으로 효종의 북벌계획에 참여했다가 청의 간섭으로 영변에 유배, 다시 등용되어 전라도 관찰사 등을 역임했다.

10 이명李溟, 1570~1648 : 자는 자연子淵, 호는 구촌龜村이다. 응교로 있을 때 계축옥사로 죽게 된 영창대군永昌大君을 옹호하다 파직됨. 황연도 관찰사로 인조반정에 가담, 호조판서가 되어 치적을 남겼다.

것이 40여 년이나 되었던 것이다.[11] 그는 은밀하게 병기를 보수하여 모두 정교하고 예리하게 만들었다. 이 일이 보고되매 나라에서 특별히 비단을 내려 포상하였다.

화살대[箭竹]를 가져와서 지급하거나
월과화약月課火藥[12]을 나누어 수송하는 경우 마땅히
법의 뜻을 알아서 출납을 신중히 할 것이다.

『경국대전』에 규정하였다. "해마다 화살대를 양계兩界[13]에 보내면{함경도咸鏡道에는 영남嶺南과 영동嶺東의 화살대를 보내고, 평안도平安道에는 호남湖南과 호서湖西의 화살대를 보낸다} 절도사가 소속의 각 진에 나누어 지급하고 만든 화살의 수와 장수와 병사들에게 지급한 수량을 기록하여 보고한다." [案] 한 도에서 보내오는 것이 수만 개에 불과한 데다가 화살대가 굽고 휘어서 쓰지 못할 것이 많다. 반드시 좋은 물품을 직접 마련해야 쓸 만한 것이 있을 것이다.

『속대전』에 "삼남 지방 및 황해도 지방의 조총·화약·탄환을 만들기 위한 월과미月課米는 상평청에서 관리하고 월과계공물月課契貢物을 창설한다"라고 규정되어 있다. ○ 조총은 군기시軍器寺에서 공가貢價를 받아 제

---

조한다. 화약과 탄환은 그해에 삼군문三軍門이 공인貢人과 더불어 절반씩 값을 받아 만든다. 삼군문에서 만든 것은 그대로 그 군문에 두고 공인이 만든 것은 삼남 지방과 황해도 지방에 나누어 보낸다.[14] ○『대전통편』에 "지금은 수어청과 총융청에서 관리하여 각 고을로 나누어 보낸다"라고 규정되어 있다. 案 월과화약을 받아오는 때에 군관과 담당 아전의 노잣 돈과 인정人情 등으로 잡비가 많이 드는데 화약이 한번 창고 안에 들어가면 수령이 자세히 살펴보지도 않는다. 창고를 맡은 자즉 군기감관軍器監官이다가 훔쳐 팔고 사사로이 쓰는 일이 한정이 없는데 가짜 물건을 만들어 대신 수량을 채우기도 한다. 수령은 마땅히 매달 점검하여 그 실제 수량을 확인해야 할 것이다. ○ 무예를 권장하려면 공적으로 내리는 것 이외에 수십 근을 더 사두었다가 포상의 자료로 삼을 것이다.


조정의 명령이 엄하면 때때로 군기를 보수하는 일은 그만둘 수 없다.


『속대전』에 "각 고을의 군기는 절도사가 불시에 어느 한 고을을 택하여 부정을 적발하고 사고를 잡아내서 수령의 죄를 논한다"라고 규정되어 있다. ○ 순찰하면서 점검할 적에 사고의 많고 적음에 따라 해당 수령을 경중에 의해 처벌하고 죄목을 들어 위에 보고한다. ○ 조총과 화약을 관의 무기고에 보관하지 않고 부정을 저지른 자는 절도사나 수령이 범월례犯越例[15]에 의해 단죄한다. 案 조총이 좋고 나쁜 것은 철통에 관계된다.

---

14 『속대전·병전·군기軍器』.
15 범월례犯越例: 허가 없이 국경을 넘어간 죄에 준해서 처벌한다는 의미.

원통 내부의 둥글기가 아주 고르고 총열이 곧아야 필시 목표물에 적중한다. 총의 원통 내부가 고르지 못하고 탄환이 곧게 나가지 못한다면 총이 100자루 있어도 다 쓸모없는 것이다. 본래 좋은 총이었다 해도 쇠가 녹이 나서 총알이 총구에 걸리거나 또 혹은 석환石丸을 섞어 사용하여 돌조각이 쇠를 긁어 따로 선이 생겨서 총알이 나가는 길이 고르지 못하게 되면 다 못 쓸 총이다. 무릇 민간의 못 쓸 총들은 모두 다 무기고에 들어가고 무기고에 보관되어 있는 좋은 총들이 날마다 민간으로 흩어져 들어간다. 대개 못 쓸 총의 값은 100푼에 불과한데 좋은 총의 값은 10냥이 되기도 하니 창고를 담당한 자가 그 차액을 노리고 훔쳐서 판다. 점검할 때 수량은 들어맞는다 해도 진짜는 이미 빠져나갔으니 장차 어디에 쓸 것인가. 총통에는 관례적으로 글자가 새겨져 있는데 그 글자 수가 많지 않아서 본떠 새기기 쉽다. 마땅히 글자 수를 늘려서 새긴 글자를 중기重記에 기록해두었다가 점검하는 날에 그 글자까지 함께 조사하면 어느 정도 폐단이 잡힐 것이다.

『속대전』에 "각 고을과 진鎭에서 군기를 정해진 이외에 따로 비치해놓은 자에 대해서는 포상을 한다"라고 규정되어 있다. ○ 조총은 탄환과 함께, 활은 화살과 함께 갖춰놓아야 별도 비치한 것으로 간주한다. ○ 낡은 군기를 모두 탈 없이 보수하고 나서 새 군기를 비치한 자라야 상을 준다. ○『대전통편』에 "각 군영과 고을에서 낡은 병기를 보수하지 않고 새 병기만 갖추어놓으면 그 건수가 많다 해도 가자加資는 허용하지 않고 말을 하사해서 포상한다"라고 규정되어 있다. 案 요즘 이른바 병기를 보수한다고 하는 자들이란 혹은 좋아하는 기생을 면역시키기 위해 병기 보수를 빙자해서 굽은 화살 수백 개와 틀어진 활 수십 개를 원납願納이라 하여 형식적으로 꾸며 장부에 허수로 불려놓으며, 또 혹은 부민과 요호들에게서 병기를 빙자해서 원납을 받아들이는데 그중 열에 일곱은 빼돌리고 나머지 셋만을 바치는 것으로 꾸며 사람의 눈을 속인다. 깃대를 만든다는 핑계로 백성들의 대밭에서 대를 베어 100개고 1000개고 다 서울로 가는 배에 실어 등을 다는 장대로 팔아먹으며, 화살 깃을 만든다는 핑계로 소첩訴牒을 낼 때마다 꿩깃 하나씩을 받는가 하면 기두旗頭를 만든다는 핑계로 소첩이 있을 때마다 꿩 꼬리 하나씩을 받는다. 깃과 꼬리를 요구대로 바치지 못하면 백성들이 원통한 일이 있어도 뜻을 펴지 못한다. 이 모두 구차하고 불합리한 정사이니 해서는 안 될 일이다. ○ 수령이 꿩의 깃과 꼬리를 받아 관의 창고에 넣어두면 창고를 맡은 자가 상인들과 짜고 받은 것을 상인들에게 내주어 도로 팔게 한다. 백성들이 소첩을 내려 하면 부득이 이 깃이나 꼬리를 사지 않을 수 없다. 깃 하나에 1전, 꼬리 하나에 5전을 하니 이는 삼척모三脊茅[16]와 무엇이 다르리오. 필경에는 의혹과 비방이 수령에게로 돌아갈 텐데 이를 어찌 깨닫지 못하는가.

『속대전』에 "군기를 훔친 자는 병조에서 임금께 보고하여 효시하고 이를 붙잡은 자도 포상한다"라고 규정되어 있다. 案 활·조총·창·칼·징·북 등등은 훔쳐낸 수효의 많고 적음에 따라 형벌을 올리거나 내린다. 화약을 훔친 것이 100근 미만인 자는 사형을 감해 무거운 곤장을 쳐야 할 것이다【100근이 넘으면 사형에 처해짐을 알 수 있다】.

---

16 삼척모三脊茅: 중국의 장강長江과 회수淮水 사이에서 나는 띠풀의 일종. 예로부터 이를 상서로운 풀이라고 생각하여 봉선封禪할 때에 사용했다고 한다.

제4조 무예 권장

勸武

우리나라는 습속이 유하고 소극적이어서 무예를
좋아하지 않는다. 연습하는 것은 활쏘기뿐인데,
요즘은 활쏘기도 힘쓰지 않는다. 무예를 권장하는
일은 오늘날의 급선무이다.

활과 화살, 창과 방패는 모두 태곳적의 무기이다. 우리나라의 풍속은
창과 방패가 무엇인지도 모르고 활과 화살만을 무기로 삼아왔다. 그러나
활을 만들 때 활줄은 약한데 아교만 두껍게 발랐기 때문에 처음에는 강
하다가 뒤에는 약하고 겨울에는 강하나 여름에는 약하며 맑은 날씨에는
강하나 습한 날씨에는 약하다. 매번 활고자가 벗겨지고 활 끝이 뒤틀려
서 한 번 쏘고서는 불에 말리고 한 번 당기고서는 도지개로 바로잡아야
한다. 시위를 당기기 힘들고 부러질까 걱정되니 각궁角弓은 활이라 할 수
도 없는 것이다. 화살을 만들 때 시누대의 껍질을 벗기고 불에 쪼여서 습
기에 약한 데다가 박두鞴頭[1]만 있고 촉이 없으니 활쏘기 내기에나 쓰인
다. 쇠촉이라는 것도 사람이 상할까 염려하여 만든 것처럼 끝이 날카롭

---

1 박두鞴頭: 화살 끝의 쇠촉을 박는 뼈로 된 부분.

지 않아 물건을 뚫기 어렵다. 나라 안에 있는 화살은 대부분 이런 따위들이며, 관청의 창고에는 혹 날카로운 화살이 있지만 만에 하나도 못 된다. 난리라도 나게 되면 모두가 맨손이요 잡을 무기가 없다. 그리고 100여 년 이래로 무과시험의 폐단이 점차 심해져서 마침내 온 나라에 활을 잡고 나서는 사람이 하나도 없는 지경이 되었으며, 오늘날에 와서는 막다른 상태에 이르렀다.

식년마다 치르는 향시鄕試는 모집 인원이 25명이며【호서·호남이 이렇고 영남은 30명이다】, 이를 좌도와 우도로 나누면 한쪽이 12명이다. 정원의 숫자가 이처럼 적은데도 응시하러 오는 자가 5~6명에 불과해서 이 정원도 충당할 도리가 없다. 그 5~6명도 시읍試邑【과장科場을 각 고을마다 돌아가면서 설치하는데 과장을 설치한 고을을 가리켜 시읍이라 하였다】의 군교들을 억지로 합격시켜서 허명으로 순서를 매겨 충원한다. 폐단이 여기에 이르렀으니 또한 깊이 생각해볼 문제이다. 수령이 무예를 권장하려 한들 무엇으로 할 수 있겠는가.

무과의 폐단이 이렇게 극심하게 된 것은 무엇 때문인가. 첫째는 격축擊逐이요, 둘째는 공로空老요, 셋째는 징포徵布요, 넷째는 만과萬科요, 다섯째는 무액無額이다. 이 다섯 가지가 크게 문란을 초래하는 원인이다. 이 다섯 가지 폐단이 없어지지 않고는 세상에 활을 들고 나서는 이가 없게 될 것이다.

1)격축이란 어떤 것인가? 식년시式年試와 증광시增廣試의 규정은 열 가지 무예와 한 가지 병서를 강講하여 여러 가지 재주를 널리 시험하므로 한 가지 기예로만 뽑는 정시만과庭試萬科[2]와는 같지 않았다. 그러므로 옛날에는 식년시나 증광시 출신자는 병조에서 채용할 때 다른 종류의 무과

출신보다 우선시했다. 시험장에서 많은 점수를 따는 것은 전적으로 멀리 쏘는 것에 달려 있는데, 철전鐵箭과 목전木箭【우리말로 세전細箭이다】에서 점수를 많이 따지 못하면 끝내 급제할 도리가 없다. 평안도와 함경도 지방의 용맹한 무사와 영호남 지방의 빼어난 재사들은 매양 철전과 목전 쏘기에서 높은 점수를 얻기 때문에 서울의 무장 가문 출신으로 비단옷 입은 연약한 부류들은 이들을 대적할 수가 없다. 그래서 무뢰배들을 널리 모아서 격축법을 행하는 것이다. 먼 시골의 활 잘 쏘는 사람이 회시를 보러 서울로 올라오면 무뢰배들이 뒷골목에서 노리거나 술집에서 시비를 걸어 제각기 6냥짜리 몽둥이를 들고 등뼈를 두들겨 부순다. 이쪽은 떼거리로 달려들고 저쪽은 본디 소수이니 어떻게 상대가 되겠는가. 유혈이 낭자하여 평생 병신을 만들어놓으니 과거에 응시할 수도 없게 된다. 혹시 이 횡포를 벗어나서 시험장에서 높은 점수를 얻게 되면 그의 번호를 몰래 시험관에게 알려주므로, 시골 출신으로 활쏘기에서 높은 점수를 얻은 자라도 강석講席에 들어가면 7명의 시험관들이 서로 눈짓해서 짜고 까다롭게 흠을 잡아 기어코 낙방을 시킨다. 병서를 외울 때 구두에 착오가 없고 문리에 통한 자라도 7명의 시험관들이 서로 의론하여 6통1불六通一不 [3]로 낙방을 시킨다【강법講法에 '통'과 '불통'이 서로 섞인 자는 낙방시키니 이른바 '하나의 불통이 여섯 통을 죽인다[一不殺六通]'라는 것이다】. 건륭 경술년(1790)에 내가 대관臺官으로 감시관監試官이 되어 이런 일들을 직접 목도했다. 어떤

---

2 정시만과庭試萬科: 임금 앞에서 보이는 과거시험을 정시라 하는데 특히 무과에서 합격자를 많이 내기 때문에 만과라고 부른 것이다.

3 6통1불六通一不: 경서를 외우는 것으로 시험을 치르는데 '통'은 합격이고 '불'은 불합격을 뜻한다. 여기서는 무과시험이므로 무경武經을 외운다.

이가 활쏘기 점수와 잡기雜技 점수가 150~160점이나 되고 무경도 잘 외어 열 가지 무예와 한 가지 강講에 하나의 착오도 없었는데 억울하게 낙방하여 피를 토하고 돌아갔다. 반면에 비단옷 입은 연약한 무리들이 다 1등을 차지하여 풍악을 울리며 준마를 타고 시험장을 나오니 천하에 원통함으로 화기和氣를 상하는 일이 이보다 더 심한 것이 어디 있으랴! 낙방한 사람은 자기 집으로 돌아가서 활과 화살을 꺾어버리고 자손들에게 무예를 익히지 못하게 훈계한다. 또한 향중에서 서로 오고 가며 다시는 무예 공부를 하지 말라고 이른다. 이것이 지방에서 무과를 보러 올라오는 자가 끊어지는 까닭이다.

2)공로란 무엇인가? 세력 있는 집안은 만과萬科 출신이라도 하루아침에 승진하여 남북으로 군직을 두루 거쳐 10년 이내에 드디어 병사兵使 자리에 오르지만, 시골 사람은 식년 출신이라도 막히고 뒤처지고 말라비틀어져서 10대에 걸쳐 내려온 가산을 길에서 다 탕진하게 된다. 우리나라 습속에 무인을 천시하는데 무과에 합격하고도 벼슬하지 못하는 자를 더욱 천하게 여긴다. 가문의 선대에 흠이 하나만 있어도 그 자손은 삼사三司[4]에 통하지 못하니, 이 때문에 자손에게 경계하여 무예를 익히지 못하게 하는 것이다. 무과에 응시하는 자가 끊어지는 원인은 합격하고도 속절없이 늙어가는 데에 있다.

3)징포란 무엇인가? 근래의 관례에 무과 출신은 그 아들과 사위, 아우와 조카딸까지 모두 군적에 실려 유청군관有廳軍官[5]이란 이름으로 매년

---

4 삼사三司: 사헌부·사간원·홍문관을 통칭하는 말. 문과에 합격하더라도 가문이 좋지 못한 자는 관행적으로 이 삼사의 벼슬자리에 임용될 수 없었다. 삼사에 오르지 못하면 출세에 한계가 있었다.

포 1필을 바치는데【돈으로는 2냥이다】 병조에서 조사하여 어린아이 하나라도 숨기거나 빠지지 않게 하며, 혹 숨기거나 빠지면 군리가 찾아내어 토색질이 끝이 없다. 군적에 오를 나이가 되었건 안 되었건 하나같이 돈을 내니 이 때문에 문중에 무과 출신이 한 명이라도 나면 삼족이 모두 침탈을 받는다. 본래 군역이 있던 자는 이중으로 바치고 본래 군역이 없던 자는 새로 내게 된다. 대저 과거라는 것은 영예로운 것이다. 그런데 영예를 구하다가 영화도 얻지 못하고 도리어 재앙과 욕을 당하니 백성을 모집한들 누가 응시하겠는가. 자손에게 경계하여 무예를 익히지 못하게 하니 이것이 무과 응시자가 끊어지는 까닭이다.

4)만과란 무엇인가. 나라에 큰 경사가 있으면 과거시험을 보여 기쁨을 표현한다. 겨우 화살 한 대를 맞힌 자도 다 합격시켜서 합격자가 천 명이 넘기도 하고 수천 명에까지 이른다. 이것이 이른바 만과이다. 만과라는 명칭부터 천하여 백성들이 합격자로 대접하지 않으며 이런 이유로 병조에서도 들어 쓰지를 않는다. 그런데 화살 한 대를 쏘아 맞혀서 뜻을 얻으니 잘 쏘는 자도 합격이요 못 쏘는 자도 합격이다. 잘하고 못하고의 분간도 없고 훌륭하고 훌륭하지 못하고의 구분도 없다. 백성들에게 무슨 권장이 되겠는가. 무예를 익히지 않아도 합격할 수 있으니 자손에게 경계하여 무예를 익히지 못하게 하는 것이다. 무과의 응시자가 끊어지는 한

---

5 유청군관有廳軍官: 인조 때 군적에 빠진 장정을 색출해 군영의 군정에 보충하고 나머지 장정은 병조에 소속시켰다. 또 본래 군적에 편입되지 않는 교생·원생 중 강講에 낙제한 사람을 군적에 넣어 낙강군落講軍이라 하여 군포를 거두었다. 숙종 때에는 사정청査正廳을 두어 충순忠順·충찬忠贊·충장忠壯 등 3위의 군보軍保를 금군청禁軍廳으로 옮기고 남은 인력을 병조로 옮겨 포를 거두었고, 영조 25년에 와서 이들 보충군補充軍과 낙강군 및 나머지 인력을 합쳐 유청군有廳軍이라 하고 포를 거두었다.

원인이다.

　5)무액이란 무엇인가? 문과와 무과를 막론하고 응시자의 정원이 있는 법인데 우리나라는 과거에 정원이 없기 때문에 백 가지 폐단이 겹겹이 일어나서 마침내 큰 문란에 빠진다. 무과를 보러 가는 자를 각 고을에서 먼저 활쏘기와 총쏘기를 시험하여 여기에서 합격한 자들만 과거에 응시하게 하면 대리 응시자가 없어질 것이다. 지금은 10명이 과거에 합격하면 10명 다 대리 응시자요 100명이 합격하면 100명 다 대리 응시자이다. 돈 있는 자는 결습決拾[6]이 무엇인지도 모르면서 소년등과를 하고 돈이 없는 자는 활 쏘는 기술이 양유기養由基[7]나 후예后羿[8]에 못지않은 솜씨라도 백발이 되도록 초라하게 지낸다. 온 나라 사람으로 하여금 눈을 부릅뜨고 주먹을 불끈 쥐고서 오직 돈으로만 도모하게 만드는데 활을 들고 열심히 익힐 자가 다시 어디에 있겠는가. 그러니 자손에게 경계하여 무예 공부를 하지 못하게 한다. 이것이 무과 응시자가 끊어지는 까닭이다.

　이상의 다섯 가지 문란이 그치지 않는 한 수령이 아무리 입술이 타고 혀가 닳도록 백성들에게 권장을 해도 무술에 힘쓰는 자를 얻지 못할 것이다.


수령으로서 한 고을에 오래 있는 경우 6년 동안
근무하기도 한다. 이런 점을 헤아려서 무예를

---

6　결습決拾: 활을 쏠 때 쓰는 도구. 결決은 시위를 쉽게 당기기 위해 엄지손가락에 끼는 깍지, 습拾은 활을 쏠 때 왼팔을 싸서 활줄이 닿는 것을 막는 팔찌의 일종이다.
7　양유기養由基: 중국 춘추시대 초나라의 인물로 활쏘기의 명수. 100보 밖에 있는 버들잎을 맞혔다 한다.
8　후예后羿: 중국 고대에 전설적인 활쏘기의 명수. 유궁국有窮國의 왕이었는데 자기가 가르친 한착寒浞에게 죽임을 당했다.

## 장려한다면 백성들이 따를 것이다.

먼 지방의 백성들은 향임이나 교임校任을 벼슬처럼 여기고 순제旬題[9]나 월과月課[10]를 과거처럼 생각한다. 이런 사실로 미루어보면 비록 과거제도는 문란하게 되었다 해도 수령으로 있는 자가 장려하고 효과적인 방법으로 고과를 시행한다면 필시 백성들에게 격려가 될 것이다. 5~6년에 걸쳐서 습속이 차츰 형성되면 그 기풍이 멀리 퍼져서 필경 국가에 도움이 될 수 있다. 과거제도가 타락하였다 하여 무예를 권장하는 일을 폐기해서는 안 된다. 어떻게 해야 할까? 대개 식년시와 증광시에 소용되는 열 가지 기예와 한 가지 병서 강독을 모두 다 익힐 것은 없다. 다만 정시와 별시 및 병영의 도시都試에 소용되는 것만을 수령이 장려한다면 필시 따르는 자가 나올 것이다. 첫째는 철전鐵箭【6냥이다】이요, 둘째는 목전木箭이요, 셋째는 편전片箭[11]이요, 넷째는 관혁貫革이요, 다섯째는 강노强弩요, 여섯째는 기추騎芻[12]요, 일곱째는 조총이요, 여덟째는 무경武經이다【손무孫武·오기吳起 등이 지은 칠서七書와 『병학지남』 등】. 이 여덟 가지 기예로 군사들을 뽑아 훈련시키는 것이 좋은 방법이다【혹자는 철전은 없애는 것이 옳다고도 한다】.

읍내 안에서 무사를 뽑는 데는 아전과 군교 및 한량閑良을 불구하고 30세 미만인 자만을 선발 대상으로 하고, 외촌外村에는 사족과 토족 및 중하층 중에 자원자가 있으면 모두 그 재주를 시험하여 다른 사람과 겨

---

9  순제旬題: 성균관이나 향교에서 열흘마다 학생들에게 부과하는 시문詩文 시험.
10  월과月課: 달마다 보이는 시문 시험을 일컫는 말.
11  편전片箭: 짧고 작은 화살.
12  기추騎芻: 말을 타고 다니면서 활 쏘는 것.

룰 만한 자를 선발 대상으로 하되 20명 혹은 30명을 뽑는다[무예에 관한 고시는 시간이 걸려서 문예 고시처럼 용이하지 않다. 뽑는 인원이 많아지면 정사에 방해가 된다]. 그 명칭은 권무청勸武廳이라 할 것이다. ○ 몸이 아프거나 상을 당해서 대신 출두하는 법은 한결같이 과예課藝 유생들의 규정에 준한다['과거 공부를 힘쓰도록 함'(제7부 제6조)에 상세하다]. ○ 1년에 12회를 소집하되 봄에는 입하立夏 이전에 5회 훈련을 실시하고 가을 겨울로는 백로白露 이후에 7회 훈련을 실시한다[더운 여름철에는 무예를 익히기 어렵다]. 훈련이 끝난 후에는 득점을 많이 한 자를 뽑아 상을 준다. ○ 상으로 주는 물건은 각궁角弓·화살촉·편전片箭·창복韔箙·전통箭筒[남쪽에 좋은 것이 많다]·팔찌와 깍지 이외에 부채·빗, 그리고 무경칠서武經七書나 『병학지남』 등도 모두 좋다. 무사는 문사와 달라서 방을 붙이는 날 풍악으로 앞을 인도하도록 하고, 술과 고기의 비용을 주어 무청武廳에 나가 즐겁게 놀도록 하는 것이 좋다. ○ 문과에 힘쓰게 하고 무과도 권장하자면 다 비용이 들기 마련이다. 문예는 향교에 재물이 있어서 아껴 쓰면 남는 것이 있지만 무예에 드는 비용은 나올 데가 없다. 황해도와 평안도는 그래도 무청이 성해서 지역의 수교나 호민과 의논하면 돈 나올 곳을 찾을 수 있지만, 남쪽 지방은 마련할 길이 없다. 수령이 어떻게든 조치를 취해야 할 것이다.

신라의 김암金巖은 김유신金庾信의 후예이다. 그가 패강진浿江鎭의 우두머리가 되어 가는 곳마다 백성을 극진히 보살피고 농사짓는 여가에 여섯 가지 진 치는 법을 가르치니 사람들이 모두 이롭게 여겼다.

이태연李泰淵이 평안감사로 있을 때 보니, 조정이 평안도 사람들을 변방민으로 여겼고 평안도 사람들 또한 이 때문에 스스로 출세하기를 단념하고 있었다. 사기를 진작시키지 않으면 조정이 평안도민을 버린 것이나 마찬가지라고 생각했다. 그가 이런 실정을 임금께 보고하였던바 임금이 매우 옳게 여기고 곧 중신 정지화鄭知和를 보내어 특별히 대과시험을 보여 문신 4명과 무사 400명을 뽑았다. 이로부터 평안도민이 크게 기뻐하며 국가에 충성할 뜻을 두게 되었다.

## 강노(强弩, 쇠뇌)를 설치하고 발사하는 일을 연습하지 않으면 안 된다.

유천화劉天和는 말하였다. "한나라의 경공耿恭[13]·우후虞詡[14], 당나라의 이정李靖[15]·곽자의郭子儀, 송나라의 유기劉錡[16]·오린吳璘[17]·종택宗澤 등 전대의 명장들은 강노를 써서 오랑캐를 수없이 무찔렀다. 한나라는 강노장군이라는 관직을 두었고 송나라는 처음으로 신비노神臂弩[18]라는 제도를

---

**13** 경공耿恭: 중국 후한 때 사람. 흉노 정벌에 공을 세워 장수교위長水校尉가 되었으나 마방馬防에게 거역하여 면직되었다.

**14** 우후虞詡, ?~137: 중국 후한 때 사람. 자는 승경升卿. 영초永初 연간에 조가장朝歌長이 되어 적 수백 명을 죽여 명성이 높았다. 무도태수武都太守가 되어 강족羌族을 크게 격파하여 상서복야가 되었고 이후 상서령에 이르렀다.

**15** 이정李靖, 571~649: 중국 당나라 사람. 병법에 밝아 고조 때 행군총관이 되어 소선蕭銑을 평정하고 태종 때 병부상서가 되었다. 돌궐을 쳐서 영토를 넓힌 공이 있었다. 위국공衛國公에 봉해지고 상서우복야를 거쳐 서해도행군대총관으로 토곡혼吐谷渾을 격파하기도 했다. 그의 용병론을 모은 책이『이위공문대李衛公問對』이다.

**16** 유기劉錡, 1098~1162: 중국 송나라 사람. 자는 신숙信叔이다. 고종 초년에 서하西夏와 싸워 여러 번 이겨 서하 사람들이 유도호劉都護가 온다는 말로 우는 아이를 달랬다 한다. 동경유수가 되어 금나라 군대를 격퇴했고, 벼슬이 태자태보에 이르렀다.

**17** 오린吳璘, 1102~1167: 중국 북송시대 인물. 자는 당경唐卿이다. 소흥紹興 초년에 통제화상원군마가 되어 올출兀朮의 금나라 군대를 물리쳤다. 진봉로경략안무사秦鳳路經略按撫使·사천선무사 등을 역임하고 효종孝宗 때 태부가 되었으며 신왕信王으로 추봉되었다.

**18** 신비노神臂弩: 중국 북송 신종 때 이굉李宏이 발명한 강력한 쇠뇌로, 사정거리가 340여 보였다고 한다. 다른 기록에서는 이굉을 이정李定이라고도 한다.

두었는데 이 역시 사실은 강노였다. 나는 이를 꼭 믿지 않았더니 근래 섬서성陝西省 성루의 옛 기록에 신비노 수백 개가 100여 년 동안 전해내려온 것을 보고서야 예전에도 이 제도가 있었음을 알았다. 비록 모두 허물어졌지만 제도는 그대로 남아 있으며, 다만 화살은 없어졌다. 내가 신중히 모방하여 그 제조 방법대로 만들었는데, 넓고 두텁고 단단하고 강하게 하여, 큰 활은 그 힘을 150근, 120근, 90근의 3등급으로 하였다. 사람의 힘에 강약이 있는 점을 고려한 것이다. 그 길이는 모두 4척 5촌이다. 화살은 가장 멀리 나갔을 때 그 끝이 300보 정도 간 것을 표준으로 삼았다. 화살의 길이는 모두 7촌 5푼이며 무게는 6전錢 정도로 하고 역시 3등급으로 나눠 강노와 같게 하였다. 다시 한나라 경공의 법을 본받아서 화살촉을 네모나고 날카롭게 만들고 또 하남河南 숭현嵩縣 등지의 범 잡는 화살에 쓰는 약을 구해 발라서 사람이나 말이 맞으면 즉시 죽게 하였다. 강노는 오랑캐들이 가장 두려워하는 무기였다. 그 화살촉의 뒤쪽에는 1푼 길이의 작은 철관이 있고 화살대가 들어가는 곳은 안쪽에 아교를 칠하고 밖에는 죽사竹絲로 얽어서 오랑캐가 주워도 다시 사용할 수 없도록 만들었다. 대개 오랑캐들은 활 쏘는 기예가 극히 정교하여 화살을 허비하는 일이 없지만 이것을 사용하면 족히 이길 수 있었다. 내가 감히 중국이 자랑할 만한 최고의 기술은 다른 무엇이 아니고 바로 이 강노라고 감히 주장했다."

당형천唐荊川의 『무편武編』[19]에서 말하였다. "강노는 아주 강력한 무기이다. 굳은 것을 뚫을 수 있고 화살이 멀리 가며 험한 곳을 공격하고 좁

---

19 『무편武編』: 중국 명대에 나온 병서의 하나. 당순지唐順之가 저술한 것으로 형천荊川은 그의 호이다. 문장가로서 이름이 높았으며 외적을 물리친 공을 세운 바 있다.

은 곳을 지키며 적과 부딪쳐 제어하는 데는 강노가 아니면 이길 수 없다. 어떤 사람은 강노를 쓰는 것은 싸움에 불편하다고 여기지만 그것은 강노가 싸움에 불편한 것이 아니라 장수 된 자가 강노에 익숙하지 못하기 때문이다. 강노를 잘 이용하는 자는 줄을 5층으로 하고 층마다 3개나 5개의 화살을 모아서 쏘며, 쏘고 난 후에는 끌어당겨서 펼치고 펼친 후에는 또 차례로 쏘아서 화살깃이 번득이며 이어져 끊이지 않게 한다. 높은 곳에서 낮은 곳을 대적하기에 더욱 적당하다. 그리고 노수弩手에게 각기 요도腰刀 한 자루를 휴대하게 하여 적이 가까이 오면 강노에 걸터앉아 칼을 쓴다. 이렇게 하면 멀리 있는 적을 쏘는 강노와 가까이 있는 적을 베는 칼이 상보가 될 것이다. 교노법教弩法에 '강노를 설치할 때에는 정丁 자로 세우고 사격할 때에는 팔八 자로 벌리며 소매를 걷어 올리고 옷깃을 접고서 왼손으로 들어 올리고 오른손으로는 위로 가슴 언저리에 닿게 당긴다. 당기는 데는 넓고 좁음이 있다. 왼쪽으로 위[腥] 부위에서 오른쪽으로 어깨까지 펼쳐서 배 쪽으로 당겨 화살을 가슴에 닿도록 안착시키고 높이 손을 들어, 적이 먼 데 있으면 머리를 들어 쏘고 적이 가까이 있으면 몸을 펴서 쏘며 적이 우측에 있으면 몸을 우측으로 돌리고 적이 좌측에 있으면 좌측으로 돌리며, 적이 높은 곳에 있으면 손을 받들어 쏘고 적이 아래 있으면 손을 낮추어 쏜다. 쏘고 난 직후에는 '죽어라'라고 소리치며, 적이 죽은 후에는 다시 시위를 당겨둔다'라고 나와 있다."

호령하고 기거동작하는 법, 치고 찌르는 자세 등은 모름지기 외침의 우환이 있을 것을 대비해서 연습해야 할 일이다.

태상太常 조군丁君[20]이 양주揚州를 지키고 있을 때 관부의 서북쪽으로
한곳을 지정하여 무성한 풀을 베고 다듬은 다음, 성을 잇대어 담장을 쌓
고 담장과 나란히 해자를 팠는데, 그 둘레가 600보였다. 대나무 1만 주
를 심어 그 위를 덮이게 하니 높은 정자가 담장 위로 서게 되었다. 또 동
남쪽으로 담을 따라 30궤軌[21]쯤에 당堂을 세우니, 당의 남북향으로 길이
가 8연筵[22]이요 넓이가 8연이다. 그 정북방으로는 활터를 만들어 나무
800그루를 줄지어 심으니, 옆으로 날개처럼 펼쳐졌다. 그리고 또 서쪽으
로 12궤쯤에 누정을 세워 이무정肄武亭이라 하였는데, 남북으로 길이가
4연이요 넓이도 같았다. 이 누정에도 당과 같이 활터를 만들고 같은 방향
으로 나무를 둘러 심었다. 이곳에서 계절에 따라 군사들을 훈련시켜 싸
우고 활 쏘고 동작하는 법 등을 가르쳤다.[23]

진릉晉陵 장공張公이 신주信州를 다스릴 때, 주의 서북쪽으로 지세가 높
은 자리에 새로 병영을 세우고 주둔한 군대를 이곳에 옮겼다. 때에 따라
군사들에게 찌르고 치고 움직이는 법을 훈련시켰다. 실로 전에 없던 일
이었다.[24]

---

20 태상太常 조군丁君: 태상은 중국 한나라 이래로 종묘예의를 관장하던 벼슬. 태상 벼슬에
  있던 조 모를 가리키지만 누구인지 확실치 않다.
21 궤軌: 차의 바퀴와 바퀴 사이의 거리. 보통 8척이며 6척으로 하는 경우도 있다.
22 연筵: 건축물의 길이를 재는 단위. 1장(丈, 약 10자)과 같다.
23 이 대목은 출전이 왕안석의 「양주신원정기揚州新園亭記」이다.
24 이 대목은 출전이 왕안석의 「신주흥조기信州興造記」이다.

應變

제 5 조 변란에 대응하는 법

수령은 군무를 맡은 관원이다. 기밀에 속한 일
가운데는 미처 생각지 못한 변고가 많으므로 대응
방법을 미리 강구해야 한다.

인품의 대소는 그 사람의 국량에 달려 있다. 국량이 얕고 좁은 자는 조그마한 일에 낙담하기도 하고 허튼 소문에 마음이 동요되기도 하여, 마침내 뭇사람의 마음을 어지럽게 만들고 뭇사람의 비웃음을 한 몸에 받게 되지만, 국량이 깊고 넓은 사람이 큰일을 만나면 태연히 웃고 이야기하며 대처할 것이다. 모름지기 평소에 지난 역사를 두루 살펴서 옛사람들이 일을 처리한 사례들을 모아 읽고 마음 깊이 젖어들게 하면 일을 당해서 두려움이 없이 바르게 처리할 수 있을 것이다.

유언비어는 아무 근거 없이 생기기도 하고 무슨
기미가 있어서 생기기도 하는 것이니, 수령은 조용히
진정시키기도 하고 묵묵히 관찰하기도 해야 한다.

요즘 부세가 과중하고 관리들이 탐학을 일삼아서 백성들이 살아가기 어려운 지경에 이르러 다들 난리가 나기를 바라고 있다. 이에 요망한 말들이 동쪽에서 일어나고 서쪽에서 호응하니, 이런 것들을 잡아서 다 법대로 살육한다면 살아남을 자가 하나도 없을 것이다. "유언비어가 거두어져서 보리 뿌리로 들어간다"라는 속담이 있는데 보리가 익을 철이 되어 농사일로 바빠지면 백성들이 오고가고 할 겨를이 없기 때문에 유언비어가 저절로 가라앉는다는 뜻이다. 유언비어는 들어도 못 들은 척하여 조용히 잠재우는 것이 옳다. 혹 흉악한 무리들이 뜻을 잃고 나라를 원망해서 음모를 꾸며 난리를 일으키려 하면 필시 먼저 유언비어를 퍼뜨려 백성들의 마음을 뒤흔든다. 영조 4년(1728)에 역적 이인좌李麟佐[1] 등이 반란을 일으켰는데 그 2년 전부터 유언비어가 크게 일어났으며[2], 순조 12년(1812)에 홍경래 등 토적土賊이 변란을 일으켰는데 이때도 그 2년 전부터 유언비어가 크게 일어났다.[3] 이들은 모두 이미 겪어본바 뚜렷한 증거이다. 이런 때에 당해서 수령이 귀가 막힌 듯 듣지 않고 신경 쓰지 않는다면 충청도 청주에서 병사가 죽임을 당하고[4] 평안도 가산에서 군수가

---

1 이인좌李麟佐, ?~1728 : 영조의 즉위로 노론의 전횡이 노골화되자 불만을 품은 일부 소론과 남인을 규합, 정희량鄭希亮 등과 공모하여 반란을 일으켰다. 이른바 무신란이라고 일컫는 사건이다. 이인좌는 소론계의 주동 인물이다.

2 영조가 그의 형인 경종을 시해했다는 풍문이다. 이 풍문은 대역부도에 해당하는 것이라 하여 죄인을 잡아들여 취조하였다. 이 조사의 기록인 추안推案과 국안鞫案에는 그 내용이 포함되었을 것이나 기주관記注官으로 하여금 그 내용을 일체 사서에 기록하지 못하게 하였으므로 현재는 풍문의 구체적인 내용을 알 수가 없다.

3 서북인에 대한 조선 정부의 차별 대우와 신미 연간의 흉년으로 인해 불만 세력들이 정부의 부정부패를 척결하고 세상을 바로잡을 새로운 인물이 서북에서 날 것이라는 등의 말을 퍼뜨렸다. 그 말 중에는 '임신기병壬申起兵'이라는 문구를 "일一 자는 사士 자 위에 삐딱하게 썼으니 임壬이요, 귀신神이 옷衣을 벗었으니 신申이요, 십팔十八, 즉 주走 자에 이己 자를 더했으니 기起이며, 구丘 아래에 다리 두 개, 즉 팔八이 붙었으니 병이라〔一士橫冠 鬼神脫衣 十八加一己 小丘有兩足〕" 하고 풀이하는 말이 크게 유행하였다 한다. 떠도는 말이란 대개 이런 따위의 것이다.

죽임을 당하는⁵ 꼴이 되기 십상이다. ○ 무릇 이러한 때를 만나면 수령은 마땅히 아들·조카·친척·막료 중에서 기지가 있고 치밀한 사람을 뽑아 부근 지역을 두루 돌아다니며 그 뿌리를 찾고 그 소굴을 엿보아 변란에 대처할 방도를 도모해야 가히 직무를 유기하지 않는다 할 것이다. 만약 변란이 일어나는 날에 앉아서 칼날을 받게 되면 비록 절개와 의리에는 하자가 없다 하더라도 직무를 유기한 잘못은 그대로 남지 않을 수 없다. 조정에서는 매양 아름다운 행적을 이루어주려는 뜻으로 그 절개와 의리를 표창하고 그 허물을 따지지 않지만 나라의 녹봉을 먹는 자는 단지 절개와 의리로 보답한다고만 생각하지 말고 반드시 절개와 의리 외에 변란의 기미를 살펴서 일이 일어나기에 앞서 준비함으로써 변란의 싹을 없애고 화근을 끊어야만 바야흐로 그 임무를 다했다 말할 수 있을 것이다.

장영이 익주를 다스릴 때의 일이다. "머리가 하얗게 센 노인이 오후가 되면 남녀를 불문하고 잡아먹는다"라는 말이 민간에 나돌았다. 관내에 민심이 뒤숭숭했고 저녁이 되면 길에 행인이 끊어졌다. 장영은 서포犀浦⁶의 지현知縣을 불러 "고을로 돌아가 저자 가운데서 귀명인歸明人⁷으로 아직도 향리에서 두통거리가 되고 있는 무리를 찾아보면 그중에 필시 유언비어를 퍼트리는 자가 있을 것이다. 단지 증거만을 찾아 데려오라"라고 말했다. 다음 날 과연 그런 자를 찾아서 익주로 올려보냈다. 그자를 저자

---

4 1728년의 이인좌의 난 때 충청도 병마절도사 이봉상李鳳祥이 죽음을 당한 사실을 가리킨다.
5 1811년의 홍경래의 난 때 가산군수嘉山郡守 정시鄭蓍가 죽음을 당한 것을 가리킨다.
6 서포犀浦: 중국 사천성四川省의 성도成都 서쪽에 있는 지명. 명대에 이곳은 익주의 관하고을이었다.
7 귀명인歸明人: 원주에서 "어두움을 버리고 밝은 데로 나온 자를 가리킨다"라고 하였다. 전과자이지만 개전한 자를 가리키는 말이다.

에서 공개적으로 처형함에 그날로 민심이 조용해졌고 야시장도 전과 같이 섰다. 이에 장영이 "요사스런 소문이 퍼지면 요사한 기운이 거기에 타고 도는데, 요괴는 형체가 있고 유언비어는 소리가 있다. 유언비어를 그치게 하는 방법은 내용을 파악해서 결단하는 데 있는 것이요, 힘으로 강압하는 데 있는 것은 아니다"라고 했다.

두굉杜紘[8]이 운주鄆州[9]를 다스릴 때의 일이다. 원래 성 모퉁이에 깃발이 걸려 있었는데 그 위에 요사스런 말을 적어놓고 난을 일으키려는 자가 있어 백성들이 두려워 떨었다. 이윽고 초장草場에서 백주에 불이 났는데 대개 깃발에 적혀 있던 예언 중 하나였다. 백성들은 더욱 두려워했으며, 어떤 이는 성내를 크게 수색하기를 청했다. 두굉이 웃으면서 "간계는 바로 여기에 있다. 내가 동요되기를 틈타 변란을 일으키려고 하는데 무엇 때문에 저들의 술수에 빠질 것이랴. 저자는 아무것도 할 수 없을 것이다"라고 말하였다. 얼마 지나지 않아서 도적을 체포했는데 곧 요사스런 말을 꾸며낸 자였다. 드디어 그자를 처단했다.

무릇 괘서(掛書, 이름을 밝히지 않고 내건 글)와 투서는 혹은 불살라 없애거나, 혹은 조용히 살펴봐야 할 것이다.

『대명률』에는 "무릇 참위서讖緯書[10]·요서妖書·요언妖言을 만들거나 퍼

---

8  두굉杜紘: 중국 송나라 철종 때 사람. 자는 군장君章이다. 대리경·형부시랑 등을 역임했다. 저서로『주의奏議』『역설易說』이 있다.
9  운주鄆州: 중국 산동성 운성현鄆城縣에 있었던 옛 지명.
10  참위서讖緯書: 참위에 속하는 책. 참위는 원래 전한때에 일어나 후한 때에 성행했던 학술이다. 참학讖學은 도참圖讖 등으로 미래를 예언하는 것이며, 위학緯學은 경학經學에 상대

뜨려 군중을 현혹시킨 자는 참형에 처한다"라고 규정되어 있다. ○『경국대전』에는 "익명서匿名書는 비록 국사에 관계되는 건이라도 부자간에도 서로 전할 수 없다. 만약 말을 옮기고 전한 자와 여러 날 가지고 있으면서 태워버리지 않은 자는 모두 법에 따라 논죄한다"[11]라고 규정되어 있다. ○『국조보감』에 이렇게 나와 있다. "영조 31년(1755) 3월에 역적 윤지尹志[12]가 나주에서 밤낮으로 나라를 원망하며 그의 아들 광철光哲로 하여금 나주의 향임 및 서리들과 결탁하여 계를 만들고 군중을 모아 반역을 도모했다. 그리하여 객사에 괘서를 붙여 민심을 선동한 것이다. 감사 조운규趙雲逵[13]가 체포해 올림에, 임금은 윤지 등을 국문하고 사건에 관련된 자들을 죽이거나 유배 보내기를 차등 있게 하였다."

○ 무릇 괘서와 투서가 반역에 속하여 놀라운 기미가 있는 경우 문제가 큰 건은 수령이 영문에 직접 달려가 감사와 의논할 일이요 작은 건은 수리나 수향首鄕을 보내 감사에게 보고할 일이다. 혹 고을 사람들이 서로 무함하거나 아전들이 서로 무고하고 날조하여 사사로운 원한을 갚으려고 하는 따위는 즉각 불태워 함부로 전파되지 않도록 해야 할 것이다. 그런 중에 혹 사사로운 원한에서 나왔더라도 실질적인 근거가 있고 중요한 일에 관계된 문제는 조용히 살펴서 그 싹과 기맥을 찾아내야 한다.

---

되는 것으로 복서예언卜筮豫言에 관한 내용이 많다. 후세에도 인심세태의 변화에 따라 참위의 설이 끊이지 않고 유행했다.
11 『경국대전·형전·추단推斷』.
12 윤지尹志, 1688~1755 : 자는 사심士心이다. 소론계 인사로 벼슬은 지평에 이르렀다. 영조 즉위년(1724)에 소론이 모두 추방당할 때 제주도에 유배되었고, 뒤에 나주로 이배되었다가 1743년에 전리田里에 방출되었다. 오랜 귀양살이를 하는 동안 조정에 큰 원망을 품게 되어 노론을 제거할 목적으로 1755년 나주에서 괘서하였다가 참수되었다.
13 조운규趙雲逵, 1714~1774 : 자는 사형士亨이다. 전라도 관찰사·판중추부사 등을 역임하였다.

○ 이속들이 서로 무함하면서 숨겨진 일을 고발하는데 혹은 재결災結을 훔쳐 먹었다, 혹은 창고의 곡식을 환롱幻弄하였다, 혹은 첨정簽丁할 때 뇌물을 먹었다, 혹은 백성의 재산을 가로챘다고 한다. 이런 따위는 대부분 실상에 속하는 것이요 거짓으로 무고하는 것이 아니기 십상이다. 마땅히 몰래 사람을 시켜 염탐해서 실제의 부정을 찾아 죄악을 징계하기를 도모해야 할 것이요, 투서자가 마음이 바르지 못하다 하여 그냥 덮어두어서는 안 된다. 대체로 투서를 당하는 자는 수리나 유력한 아전이다. 유력한 아전이란 아침저녁으로 수령의 곁에서 가까이 모시고 있는 사람이어서 동료들이 감히 그의 부정을 직언하지 못하기에 밀고하는 것이다. 그대로 덮어두어서 되겠는가.

○ 중들은 산속에 머물러 있어서 법규를 모른다. 익명으로 투서해도 사람을 죽일 수 있다고 생각하여, 눈 한 번 흘긴 원한을 가지고도 곧 투서하는 일이 있다. 옛날에 환성喚醒 지안志安[14]은 승려 1000명을 모아 불경을 강론하다가 무함을 당하여 제주도로 귀양 가서 죽었고, 연담蓮潭 유일有一[15]은 승려 수백 명을 모아 불경을 강론하다가 무함을 당하여 창평현昌平縣의 옥에 갇혀 거의 죽을 뻔하다가 살아났다. 무릇 이러한 일을 만나면 무함한 흉인凶人을 염탐해 잡아서 반좌율反坐律로 다스릴 것이요, 잘못

---

**14** 지안志安, 1664~1729 : 호는 환성喚醒, 자는 삼낙三諾, 속성俗姓은 정鄭이다. 1725년 전라도 금구 금산사의 화엄대법회華嚴大法會에서 승려 1400명에게 설법하는 등 여러 곳에서 강석을 열어 후학을 교도, 종풍宗風을 떨쳤다. 1729년 법회 일로 무고를 받아 지리산에서 잡혀 호남의 옥에 갇혔다가 곧 풀려났으나 반대 의견이 나와 제주에 유배되었고, 도착한 지 7일 만에 죽었다. 저서로는 『환성집喚醒集』『선문오종강요禪門五宗綱要』가 있다.

**15** 유일有一, 1720~1799 : 호는 연담蓮潭, 자는 무이無二, 속성은 천千이다. 1750년 장흥 보림사에서 강석을 열어 30년 동안 선교를 강의했다. 1779년 서봉사瑞鳳寺의 주지로 있을 때, 무고로 투옥되었다가 얼마 후 풀려났다. 시승으로 알려졌으며, 저서로는 『연담임하록蓮潭林下錄』 등이 있다.

의혹을 품어서 죄 없는 자를 곤경에 빠뜨려서는 안 될 일이다. 승도의 모반이란 이치상으로 보아 필시 없을 것이니 의심할 여지가 없다.

간숙공 설규가 촉 지역에 주둔하고 있을 때의 일이다. 백성 중에서 위촉僞蜀[16] 때에 중서랑中書郎[17]을 지낸 자가 있었는데 그가 밤에 비단 주머니를 서문에 걸어놓아서 문지기가 그것을 가져다 설규에게 올렸다. 이 지방 사람들 중에 그 중서랑을 따르는 무리가 1만 명이나 되었는데 인심이 흉흉해서 유언비어를 퍼뜨리고는 설규가 어떻게 하는가를 주시하는 판이었다. 설규는 주리主吏에게 그 비단 주머니를 치워버리게 하고 거들떠보지도 않았다. 인심이 이내 진정되었다.

조상관趙尚寬[18]이 하중부河中府[19]를 다스릴 때의 일이다. 신용神勇[20] 소속 병사들이 대교大校[21]의 탐학을 견디지 못해 익명서를 새겨서 대교가 변란을 일으킨다고 무고하였다. 조상관은 "망령된 소리다" 하고 익명서를 태워버리게 했다. 이에 곧 민심이 안정되었다. 얼마 지나지 않아 임금에게 아뢰어 대교를 쫓아내고 신용의 병사들을 여러 군영에 분속시켰다.

위나라의 국연魏國淵[22]이 위군魏郡[23] 태수로 옮겼을 때 투서하여 비방한

---

16 위촉僞蜀: 중국 5대10국의 하나인 후촉後蜀. 후당後唐의 맹지상孟知祥이 세운 나라였는데 송나라 왕금성王金城의 공격을 받고 항복하였다. 위촉이란 정당성이 없는 왕조라는 뜻에서 붙여진 것이다.

17 중서랑中書郎: 중국의 관명. 중서성中書省의 낭관.

18 조상관趙尚寬, 995~1062: 중국 북송시대 사람. 자는 제지濟之이다. 인종 때에 지방관으로 훌륭한 행적이 있었으며, 사농경에 이르렀다.

19 하중부河中府: 지금의 중국 산서성 영제현 永濟縣.

20 신용神勇: 중국 송나라 때의 군부대의 명칭.

21 대교大校: 중국 병제에서 대교는 두 가지 용례가 있는데 하나는 장군의 바로 아래 지휘관을 지칭하며, 다른 하나는 교관 중에서 높은 위치에 있는 자를 지칭한다. 여기서는 후자에 해당하는 것으로 보인다.

22 국연國淵: 중국 삼국시대 위나라 사람. 자는 자니 子尼이다. 위군태수와 태복太僕을 역임

자가 있었다. 조조曹操가 이를 미워하여 그 주모자를 기어이 알아내려고 하였으나, 국연은 투서한 문서를 감춰두고 밖으로 드러내지 않도록 청하였다. 투서의 내용에 「이경부二京賦」<sup>24</sup>를 인용한 곳이 많았기에 국연은 공조功曹<sup>25</sup>에게 지시를 내려 "이곳은 도련都輦<sup>26</sup>에 속해 있음에도 학문하는 자가 적다"라고 하고 젊은 사람 몇 명을 뽑아 스승에게 나아가 글을 읽게 하였다. 국연은 이들을 보낼 임시에 불러서 보고 배운 것이 부족함을 지적하며 "「이경부」는 박물博物의 글이다. 그럼에도 세상 사람들이 소홀히 여겨서 배울 만한 스승이 적다. 「이경부」를 능히 가르칠 스승을 구해 나아가서 배우도록 하라"라고 훈계하였다. 또 따로 비밀 지시를 내려 열흘 내에 그것을 읽을 수 있는 자를 알아내서 찾아가 수업을 받게 했다. 아전이 그를 따라 가서 그 스승에게 청하여 전문箋文<sup>27</sup>을 짓도록 했는데, 그가 지은 글을 그 투서와 비교해보니 같은 손에서 나온 것이었다. 이에 그를 붙잡아 와서 조사하여 실상을 모조리 파악하게 되었다(『후한서』).

송나라 왕안례王安禮<sup>28</sup>가 개봉부開封府를 다스릴 때의 일이다. 어떤 자가 투서로 한 부호가 역모를 꾸미고 있다고 고발하여 도성 사람들이 자

---

했다. 정현鄭玄의 제자.

23 위군魏郡: 중국 하남성에 있었던 군명. 이곳에 위나라의 수도가 있었다.

24 「이경부二京賦」: 중국 후한 때 장형張衡이 지은 작품. 한나라 때 서경인 장안長安과 동경인 낙양洛陽을 사부詞賦 형식으로 표현한 것임.

25 공조功曹: 중국 한나라 때 관직으로 주군州郡 서리胥吏.

26 도련都輦: 수도를 가리키는 말. 연곡輦轂은 서울을 뜻한다.

27 전문箋文: 임금에게 올리는 문체의 일종. 대개 변려문으로 대구를 쓰고 화려한 것이 특징이다.

28 왕안례王安禮, 1034~1095: 왕안석의 동생. 자는 화보和甫이다. 한림학사翰林學士를 역임했고 상서우승에 이르렀다. 해묵은 송사를 신속히 판결하여 3개월이 지나지 않아 옥에 갇힌 사람이 없었다 한다.

못 두려워하였다. 왕안례는 그런 일이 없을 것이라 생각했지만 수일 후에 지시를 내려 근원을 캐보도록 했다. 그 부호를 조사해보니 전혀 근거가 없었다. 이에 일찍이 누구와 원수진 일이 있는가를 물으니 수개월 전에 장지狀紙를 파는 마생馬生이란 자가 돈을 빌려달라고 했는데 들어주지 않아 자못 원망하는 말을 하더라고 하였다. 이에 몰래 다른 일로 마생을 잡아들여 앞에서 성명을 쓰게 했다. 그 글씨를 익명서와 대조해보니 글자가 조금도 다름이 없었다. 국문하여 자복을 받아냈다.

## 변란이 일어나면 놀라 동요하지 말고 조용히 생각하며 사태의 추이에 따라 대응해야 할 것이다.

송나라 우윤칙虞允則[29]이 일찍이 군인들을 모아 연회를 베풀고 있었는데 병기고에서 불이 났다. 우윤칙은 풍악을 울리며 잔치를 중지하지 않았고, 이내 불이 꺼졌다. 어떤 이가 힐문을 하자 우윤칙은 "병기가 소장된 곳은 화재 방비가 매우 엄하다. 바야흐로 연회를 베푸는데 불이 났으니 필시 어떤 간악한 자의 소행이다. 만약 연회를 중도에 파하고 진화 작업에 나선다면 일이 어떻게 될지 예측하기 어렵다"라고 대답했다.

익위翊衛[30] 박인朴璘[31]이 평강현령平康縣令으로 있을 때의 일이다. 임진

---

29 우윤칙虞允則: 중국 북송 때의 장령將領 이윤칙(李允則, 953~1028)인 듯하다. 본문의 내용이 『송사宋史』에는 이윤칙의 기사로 되어 있다.

30 익위翊衛: 세자익위사世子翊衛司에 소속된 관직. 세자를 보필하고 교도하는 직책으로 정5품이다. 훌륭하다는 평가를 받는 학자를 뽑아 보임했다.

31 박인朴璘, 1547~1595: 자는 중온仲溫, 호는 남촌南村이다. 사마시에 합격한 후 음보蔭補로 익위翊衛가 되고, 임진왜란 때 선조를 호종扈從했다. 군기시판관軍器寺判官·개성부도사開城府都事 등을 지냈고 격무에 시달리다 병사하였다.

왜란이 일어났는데 마침 그때 지봉芝峰 이수광李睟光[32]이 종사관從事官[33]으로 평강을 지나가게 되었다. 이수광은 적과 싸우는 가운데 왕의 지령에 따라 분주하게 다니느라 마음이 안정되지 않았는데, 박인의 얼굴은 한가하고 단아하기가 평상시와 다름없었다. 이수광은 마음속으로 기이하게 생각하여 후일에 그의 묘지墓誌를 지을 때 이 일을 기록하였다.

권준權晙[34]이 순조 11년(1811)에 연안부사가 되었는데, 그때 가산의 역적 홍경래가 바야흐로 험한 곳에 웅거하여 나오지 않으니 인심이 흉흉하였다. 전임 부사가 아전과 군교, 관노 등을 동원하여 밤낮으로 쉬지 않고 관아를 지키게 하니 이들이 심히 괴롭게 여겼다. 권준은 부임하자마자 바로 수비를 풀고 여느 때와 같이 성문을 활짝 열어놓았다. 관내 백성들이 아주 좋아했다.


그 지방 민속이 사납고 거칠어 관장을 해치려 든다면, 혹은 잡아 죽이고 혹은 조용히 진정시키되 그 기미를 살펴서 간악한 행위를 꺾을 일이요 고착된 방식을 써서는 안 될 것이다.


설장유薛長孺[35]가 한주漢州[36]의 통판으로 있을 때의 일이다. 병졸들이 영

---

32 이수광李睟光, 1563~1628 : 자는 윤경潤卿이다. 벼슬은 이조판서에 이르렀다. 임진왜란 전후 사신으로 여러 차례 명나라에 왕래하였고, 마테오 리치의 『천주실의天主實義』를 얻어왔다. 그의 저서인 『지봉유설芝峰類說』은 한국 최초의 백과사전적인 저술로 평가된다.
33 종사관從事官 : 임시직인데 어떤 기관의 보좌관으로 당하 문관에서 임명하였다.
34 권준權晙 : 조선 순조 때의 문신으로 경상도 암행어사를 지낸 바 있다.
35 설장유薛長孺 : 미상.
36 한주漢州 : 중국 사천성 광한현廣漢縣.

문을 닫고 방화와 살인을 자행하며 지주知州와 병마감압兵馬監押[37]을 죽이려고 하였다. 이 사태를 고하는 자가 있었는데 지주와 감압은 두려워 감히 나서지 못하였으나 설장유는 앞장서 나가 영문을 두드리면서 일깨우고 타일렀다. "너희들은 모두 부모와 처자가 있는 몸인데 무슨 까닭에 이런 일을 저지르는가. 모의에 가담하지 않은 자들은 다 이쪽에 와서 서라." 이에 병졸들이 감히 동요하지 못하였다. 오직 주동했던 8명만이 성문을 뛰쳐나가 여러 고을로 흩어지더니 결국 시골구석에서 붙잡히고 말았다.

간숙공 설규가 성도成都에 있을 때 일이다. 하루는 대동문 밖에서 주연을 벌이고 있는데 성안의 수졸戍卒들이 난을 일으켰다가 얼마 지나지 않아서 붙잡혔다. 도감都監[38]이 와서 그에게 보고하자 지시하기를, 잡은 곳에서 술이나 마시라 하니 민간에서는 신통한 판단이라고 하였다.

문간공文簡公 정임程琳이 익주益州를 다스릴 때의 일이다. 한 군사가 감군監軍[39]에게 군졸들의 반란이 일어날 것이라고 고발했다. 감군이 이 일을 정임에게 보고하자 정임은 웃으면서 말했다. "군의 동정은 내가 알고 있다. 참으로 무슨 모의가 있으면 보고를 기다리지 않을 것이다. 지금 고발한 자를 데려오라." 감군이 부르러 갔으나 그자는 끝내 나타나지 않았다. 정임 역시 이 일을 불문에 부쳤다.

안수충安守忠[40]은 이주易州를 맡아 다스릴 때 정사를 간소하고도 차분

---

37 병마감압兵馬監押: 중국 송대의 관직명. 여러 주의 군사 업무를 관장했다.

38 도감都監: 중국 송대의 관직명. 주도감州都監은 본 주의 둔주屯駐·병갑兵甲·훈련訓練·차사差使의 일을 관장하는 관원.

39 감군監軍: 군대의 감독하는 직책.

40 안수충安守忠, 932~1000: 중국 송나라 사람. 자는 신신信臣이다. 벼슬은 감덕군절도관찰유후感德軍節度觀察留侯에 이르렀다.

히 하기를 힘썼다. 한번은 막료들과 연회를 베풀었는데 변란을 꾸미려는 군교가 있었다. 문지기가 다급히 와서 아뢰었다. 안수충은 아무렇지도 않은 일처럼 웃으면서 좌객들을 돌아보며 "저들이 술주정을 하는 모양이니 잡아버리면 그만이다"라고 말하였다. 사람들이 그의 진중한 태도에 탄복하였다.

유궤劉几[41]가 보주保州를 맡아 다스릴 때이다. 바야흐로 봄이 되어 연회를 성대하게 베풀고 빈객들과 밤새도록 술을 마시며 즐기던 중에 갑자기 어떤 자가 나타나 병졸들이 변란을 일으키려 한다고 아뢰었다. 유궤는 불문에 부치고 꽃을 꺾어 좌객들에게 머리에 올리게 하고 술을 더 실컷 마셨다. 그리고 한편으로 비밀리에 사람들을 나누어 보내 변란을 모의한 자들을 잡도록 하였는데 얼마 지나지 않아서 다 잡혀 들어왔다. 유궤는 그대로 술을 진탕 마셔 아침에 이르렀다. 사람들이 탄복하며 그를 '꽃을 머리에 인 유사또〔戴花劉使〕'라고 불렀다.

소송蘇頌이 항주杭州를 다스릴 때의 일이다. 바야흐로 연회를 벌이고 있는 즈음 장사壯士들이 결집하여 관리를 해치려고 한다는 말을 듣고 그는 태연히 담소하면서 병관兵官에게 비밀히 지시하여 그 우두머리를 잡아 옥에 가두도록 하였다. 좌객들은 알지도 못했다.

감사 정언황丁彦璜이 신계현령新溪縣令이 되었을 때의 일이다. 당시 고을의 아전들이 변란을 일으켜 현령을 포위하고 화살과 돌멩이로 위협했다. 현령은 며칠간 포위 속에 있다가 겨우 탈출하였다. 이에 조정에서 정언황을 택해서 대신 부임하게 했다. 그는 현에 당도하자마자 우두머리를

---

41 유궤劉几, 1008~1088 : 중국 송나라 사람. 자는 백수伯壽이다. 벼슬은 비서감에 이르렀다.

잡아 죽이고 나머지는 불문에 부쳤다. 그 지역에서 변란을 일으킨 자들의 이름을 열거한 것을 올린 자가 많았으나 그는 펼쳐보지도 않고 아전들을 모아놓고서 밀고장들을 불사르니 인심이 드디어 안정되었다. ○ 신계와 곡산, 수안遂安 등지는 민심이 고약하고 사나워서 수령의 정사가 좋지 못하면 곧바로 모의해서 변란을 일으켰다. 건륭 연간에 토족土族들이 수안의 언진산彦眞山에 웅거하였는데 간신히 토벌했다. 수십 년 전에 곡산 백성들이 군포를 무겁게 거둔다 하여 1000여 명이 일제히 호소하며 소리치다가 난을 일으켜서 관장을 쫓아내겠다고 공공연히 떠들었다. 그로부터 10여 년 후에 과연 민란이 일어나 곡산부사를 쫓아냈다. 안핵사按覈使[42] 홍희신洪羲臣[43]이 이대성李大成·한극일韓極一 등 40여 명을 목 베고 이리저리 유배 보낸 자 또한 수백 명이 되었다. 모두 관장이 사태의 기미를 파악하는 데 밝지 못해 이 지경에 이른 것이다. 이런 일을 처리하는 법은 그 우두머리 되는 자는 목을 베고 마지못해 추종한 자들은 벌을 주지 말아서 민심을 진정시킬 따름이요, 사람 죽이는 일을 위주를 삼아서는 안 된다.

또 무릇 수령의 정사가 좋지 못하면 아전과 백성 중에서 원한을 품은 자들이 산에 올라가 크게 욕지거리를 하는데 이를 산호山呼라 한다. 무릇 이러한 변을 당하는 수령은 옳게 처신하기가 가장 어려운데, 만약 자기의 정사가 탐학하고 법을 어겨서 족히 이러한 지경에 이를 만하다고 생각하면 마땅히 곧 눈치 채고 떠남으로써 더 큰 욕을 면할 것이요, 만약 아전을 단속하여 포흠을 징수하고 강한 자를 눌러 부세를 균평하게 함

---

42 안핵사按覈使: 지방에 사건이 발생했을 때 그 일을 조사하기 위하여 파견되는 임시 관리.
43 홍희신洪羲臣: 조선 순조 때 사람으로 이조참판·수원부 유수 등을 역임하였다.

으로써 이러한 일이 일어난 경우라면 수령은 단호하게 동요되지 말아서 아전 단속을 더욱 엄하게 하며 결심을 더욱 꿋꿋이 하고, 또 간혹 별도로 기발한 꾀를 내어 범인을 잡아서 죄를 주고 용서하지 말아야 할 것이다.

한위공韓魏公이 북문을 지키고 있을 때의 일이다. 조성령朝城令이 어느 파수병에게 곤장을 쳤는데 바야흐로 두 대를 때리자 문득 패악스럽게 욕설을 내뱉었다. 현령이 이 사실을 부府에 보고하자, 한위공은 그 병사를 오게 하여 네가 관장에게 욕을 한 것이 사실이냐고 물었다. 그 병사가 "당시에는 분에 못 이겨 실제로 그러한 일이 있었습니다"라고 대답했다. 한위공은 "너는 금병禁兵⁴⁴이라 계급이 있는데 어찌 이와 같을 수가 있느냐?"라고 하고, 즉시 해장解狀⁴⁵에 "저자에 끌고 가 목을 베라"라고 판결하였다. 그때 그는 조용하고 평화스러워 얼굴색이 조금도 변하지 않았는데, 그가 판결문을 쓴 다음 붓을 던지는 것을 보고서 사람들은 보통과 전혀 다른 판결이 있었음을 알았다.


강도나 유적流賊들이 모여 변란을 일으키면 회유하여 항복하게도 하고 계교를 써서 잡기도 해야 할 것이다.


한나라 장강張綱⁴⁶이 광릉廣陵⁴⁷ 태수로 있을 때의 일이다〔순제順帝 (후한의 8대 황제)〕. 당시 이 지방의 도적 장영張嬰이 양주楊州와 서주徐州 등지에서

---

44 금병禁兵: 금위병禁衛兵. 궁궐을 지키고 황제를 호위하는 군사.
45 해장解狀: 죄인을 압송할 때 휴대하는 공문.
46 장강張綱, 108~143: 중국 후한 때 사람. 자는 문기文紀이다. 경학에 밝았다.
47 광릉廣陵: 중국 강소성 강도현江都縣의 동북쪽에 있었던 지명. 양주와 서주는 광릉과 같은 성에 있다.

노략질을 하였다. 장강이 수레 한 대를 타고 장영의 산채山寨 앞으로 나아가니 장영이 크게 놀라 달아나서 산채의 문을 닫았다. 장강이 문 밖에서 아전과 병사들을 돌려보내고 수행원 10여 명만 남겨놓은 다음, 장영에게 글을 보내 만나보기를 청했다. 장영이 곧 나와서 배알을 하는 것이었다. 장강은 그를 맞아 상석에 앉히고 깨우치는 말을 했다. "전후로 이천석二千石들이 탐욕과 포학을 자행했기 때문에 그대들이 분을 품고 모이게 되었으니 죄는 실로 이천석에게 있는 것이다. 하지만 그대들의 행위 또한 의로운 일은 아니다. 우리 성상께서 어질고 거룩하여 교화의 덕으로 반민叛民들을 복종시키려고 하기에 내가 온 것이니, 지금은 실로 전화위복의 기회라. 만약 옳은 말을 듣고도 따르지 않는다면 성상이 진노하여 형주荊州·양주·연주兗州·예주豫州의 큰 군대가 구름처럼 모여들어 몸과 머리가 두 동강이 나고 종자가 끊길 터이니 양자의 이해를 그대는 깊이 헤아려보라." 장영이 울면서 "먼 지방의 어리석은 백성들이 억울한 침탈을 견디다 못해 무리를 지어 살기 위해 의롭지 못한 짓을 해왔거니와, 이제 훌륭한 사또의 말씀을 들으니 곧 우리들이 다시 삶을 얻을 기회입니다"라고 말하고 자기 진영으로 돌아갔다. 다음 날 그가 부하 1만여 명과 처자를 데리고 스스로 결박을 하고서 항복해왔다. 장강은 한 대의 수레로 장영의 산채에 들어가 술잔을 나누며 잔치를 베풀고 그 무리들을 흩어 보냈다. 그들이 가는 대로 내버려두었으며, 친히 거처를 정해주고 농지를 돌보아주기도 하고 자제들 중에 아전이 되고자 하는 자는 불러들이니 민심이 기꺼이 복종하여 남쪽 고을들이 편안하게 되었다.

고려 윤위尹威[48]가 남원부南原府를 몰래 사찰할 때의 일이다. 남원부 경내에 도적이 패거리를 불러 모아 산중에 소굴을 만들었는데 이 소굴이 자못 공고하였다. 윤위는 말 한 필로 남원부에 들어가서 저들을 화복으로 타이르니 도적들이 감읍하여 명을 따르게 되었다. 이에 우두머리를 목 베고 남은 자들은 모두 용서해주니 온 경내가 편안해졌다.

왕수인王守仁이 남공南赣[49]의 순무어사巡撫御史로 있을 때 일이다. 남공에는 험한 산들이 많아서 도적의 소굴이 되기 쉬웠다. 남안南安의 횡수橫水와 통강桶岡 등 여러 산채에 사지산謝志山과 남천봉藍天鳳이라는 두목이 있었고, 장주漳州[50]·이두涖頭[51] 등지의 산채에는 지대빈池大鬢 등의 두목이 있었다. 이에 복건성福建省·강서성江西省·호광성湖廣省[52]·광동성廣東省에 이르는 사방 천리가 온통 난리에 휩싸였다. 병부상서 왕경王瓊[53]이 왕수인의 재주를 알고 특별히 천거하여 등용시켰더니, 왕수인이 군사를 뽑아 여러 도적들을 차례로 쳐서 평정하였다. 왕수인이 횡수에 이르자 사지산 등 도적들이 창졸간에 험한 곳에 웅거하여 대항하였다. 그가 적의 소굴 30리 밖에 군사를 주둔시키고 밤에 그 지방 병정 중에 산을 잘 타는 자 400명을 따로 뽑아 그들에게 각기 깃발 하나와 총포를 가지고 샛길로 나가 절벽을 타고 험한 곳에 올라가게 하여 적의 소굴에서 가까운 좌우의 가장 높은 산꼭대기에 나누어 배치했다. 그리고 엎드려 적의 동정을 엿보다가 우리 군사가 험한 곳에 이를 때쯤 총포로 대응하게 하였다.

---

48 윤위尹威: 고려 신종神宗 때의 사람. 호는 벽송碧松이다. 남원南原과 서도西都의 유수 등을 역임했다. 덕행과 문장을 갖추었으며 사람들이 재상의 그릇이라 하였다.

49 남공南赣: 중국 강서성의 남부 지역을 가리키는 말. 그 지역에 공강이 흐르고 있다.

50 장주漳州: 중국 복건성에 속한 부명.

51 이두涖頭: 중국 광동성廣東省 화평현和平縣의 서북쪽에 있는 산 이름.

52 호광성湖廣省: 중국 호남·호북의 옛 이름.

53 왕경王瓊, 1459~1532: 중국 명나라 때 사람. 자는 덕화德華, 시호는 공양恭襄이다. 세종 때 섬서삼변陝西三邊의 군무를 맡아 공로가 가장 컸다. 저서로는 『진계주의晉溪奏議』 등이 있다.

또 미리 사람을 보내 밤에 장정을 이끌고 절벽을 따라 험한 곳으로 올라가 통나무와 큰 돌을 굴리게 하였다. 왕수인이 군대를 이끌고 18면의 험한 요새로 진격하자 적들은 바야흐로 험한 곳에 의지하여 대적하려고 하였다. 그때 홀연히 소굴에서 가까운 여러 산꼭대기에서 포성이 우레처럼 들리고 연기와 불꽃이 하늘에 치솟았다. 왕수인이 군사를 휘몰아 나아가 도적을 핍박하니 도적들이 크게 놀라 어찌할 바를 모르고 관병이 이미 저의 소굴들을 다 점령했다고 생각하여 마침내 험한 곳을 버리고 도주했다. 하지만 도적들은 물러나서 돌아갈 곳이 없어 크게 무너졌다. 드디어 횡수의 큰 소굴을 깨뜨렸다.

○ 횡수가 이미 무너지자, 이두의 도적 지대빈이 두려워하여 자기 동생인 지중안池仲安을 보내 노약자 200명을 이끌고 왕수인에게 나아가 항복하겠다고 했다. 곧 토벌에 참가하여 공을 세우기를 원한다고 했으나, 실은 허실을 엿보아 내응하려는 속셈이었다. 왕수인은 이를 알면서도 별초別哨[54]에 배속시켜 저들이 돌아갈 길을 멀게 했다. 그리고 몰래 사람을 보내 이두에 가까운 여러 고을에서 도적에게 피해를 당한 자들을 부르고 이들에게 물어서 적의 실정을 파악하고는 각자에게 방책을 주어 돌려보냈다. 병졸들을 비밀리에 모아두고는 통강이 평정되는 때를 기다려 군대를 동원할 시기를 알려주겠다고 하였다. 통강이 평정되자 지대빈은 더욱 두려워하였다. 왕수인은 이두로 사자使者를 보내 도적들에게 고기와 술을 내려주었는데, 사자가 도적의 경비가 엄한 것을 알아차리자 도적들이 사자를 속여 "용천龍川[55]에 새로 귀순한 백성 정지고鄭志高와 노가盧珂 등

---

54 별초別哨: 경계 임무를 맡기 위해 따로 편성된 부대.
55 용천龍川: 중국 광동성 화평현의 동남쪽에 있던 현 이름.

에게 복수하기 위하여 엄습하려는 이유이지, 관병을 염려하기 때문이 아니다"라고 했다. 왕수인이 그 말을 믿는 척하며 노가와 정지고의 소행에 노하여 임천臨川에 격문을 보내 두 사람이 군사를 제 마음대로 한 일을 조사하게 하고, 또 지대빈에게 명하여 길을 터놓고 군사가 돌아오기를 기다려 이들을 치자고 하였다. 지대빈은 거짓으로 사람을 보내 사례하면서 관병에게 수고를 끼칠 것이 아니라 스스로 방어해야 한다고 하였다. 사실 노가·정지고·진영陳英 등은 용천에서 진작 투항해온 사람들로 옛 부하 3000여 명을 그대로 거느리고 있었다. 그때 여러 현의 백성들이 모두 지대빈에게 억지로 위협을 당하고 있었으나 오직 이 세 사람만은 도적들에게 저항하니 도적들도 이들을 원수로 여겼다. 왕수인이 군대를 돌이켜 오는데 세 사람이 와서 변란을 고하면서 지대빈의 거짓 항복한 실상을 말했다. 당시 지중안이 마침 군사를 거느리고 왕수인의 군영에 있었으므로 왕수인은 거짓으로 노한 척하며 변란을 고한 세 사람을 결박하여 장차 참수하겠다면서 "지대빈이 바야흐로 동생을 보내 군사를 거느리고 공을 세우려고 하는데 어찌 그런 일이 있을 수 있는가"라고 하였다. 지중안이 드디어 머리를 조아리며 세 사람의 죄악을 열거하니 왕수인은 거짓으로 믿는 체하고 노가 등을 칼을 씌워 옥에 가뒀다. 그리고 비밀히 사람을 시켜 옥으로 가서 이 세 사람에게 자기의 본뜻을 알려서 두려워하지 않게 하였다. 그리고 그의 부하 세 사람을 그들의 본거지로 보내어 돌아가서 군사를 모아 왕수인을 기다리라고 하였다. 왕수인은 남공으로 돌아와 풍악을 울리며 장사들을 잘 먹이고 명령하기를 "횡수와 통강이 이미 평정되고 이두가 귀순하여 경내가 걱정 없게 되었다. 백성들이 오래 괴로움을 당했으니 의당 휴식을 취하며 즐길 것이다"라고 한 후

드디어 군대를 흩어 귀농을 시켰다. 이에 지중안을 보내 그의 형에게 노가 등이 붙잡힌 것을 알리게 했다. 또 일부러 사자를 보내 지대빈으로 하여금 경비를 풀지 말고 노가 일당의 습격에 방비하라 일렀더니 지대빈이 크게 안심하였다. 왕수인은 별도로 지중안과 친한 사람을 매수하여 지중안을 설득했다. 그에게 지대빈이 스스로 와서 호소하게 하자며 "순무사의 뜻이 진실로 후한데 어찌 친히 한번 가서 사례하지 않는가. 하물며 노가 등의 말이 먹혀 들어가지 못하게 할 필요가 있다"라고 하니 지대빈이 이를 믿고 자기 부하들에게 "펴고자 하면 먼저 굽혀야 하는 법이니, 남공 순무어사의 술책을 모름지기 직접 가서 보아야겠다" 하고 드디어 그 도당 40여 명을 거느리고 공주贛州로 갔다. 왕수인은 앞서 이미 여러 군현과 용천 등지에 격문을 보내 군사를 정비하고서 지시를 기다리라고 하였다. 이때에 이르러 지대빈이 길을 떠났다는 것을 탐지하고 재빨리 사람을 파견하여 여러 고을의 군사를 움직여 이두에서 기다리게 하였다. 그러나 길이 적의 소굴을 거쳐야 도달할 수 있기 때문에 별도로 거짓 격문을 보내 노가 일당을 체포하라는 내용을 만들어 거짓으로 적에게 보이도록 하니, 도적들이 과연 격문을 보고 드디어 마음을 쓰지 않았다. 지대빈이 공주에 이르러 왕수인을 배알할 때 군문에 군사를 부리는 형상이 없으며, 또 노가의 무리들이 감옥에 갇혀 있는 것을 엿보아 알고는 마음에 더욱 안심이 되어서 그의 산채에 사람을 보내 일당에게 다른 일이 없다고 보고했다. 이에 왕수인이 노가 등을 밤에 풀어주어 샛길로 돌아가 군대를 일으키게 하는 한편, 여러 관속들에게 명하여 차례로 고기와 술을 마련해서 날마다 지대빈 등에게 잔치를 베풀게 하여 그가 돌아가는 것을 늦추었다. 시일이 오래되어 노가가 이미 지대빈의 소굴에 당도하고 여러 군현의 군사가 크게 모였을 것을 짐작하고 왕수인은 뜰에 호궤할 음식을 차리되 이에 앞서 갑사甲士를 매복시켜 놓고, 지대빈 등을 인도하여 들어오게 한 뒤 모두 사로잡고 노가의 보고서를 제시하며 심문하니 모두 자복하였다. 드디어 모두 옥에 가두고 각 고을의 군사들을 독려하여 다 같이 적의 소굴에 도착했다. 왕수인은 친병親兵을 거느리고 용남현龍南縣 냉수冷水를 거쳐 지름길로 하리下浰의 큰 소굴로 곧장 쳐들어가고 여러 고을의 군사들은 모두 삼리三浰로 들어가게 했다. 도적들은 이미 오래 전에 경비가 해이해져서 갑자기 관군들이 사방에서 몰려온다는 소식에 놀라고 두려워하면서도 부대를 나누어 저항했다. 관군이 세 길로 의각지세犄角之勢[56]를 이루어 진격하니 도적들은 크게 무너졌다. 드디어 삼리의 큰 소굴을 무찔렀다.

사자양謝子襄이 처주處州를 다스릴 때의 일이다. 반적 오미吳米가 산속에 웅거하여 반란을 일으켰는데 조정에서 군사를 보내 토벌하려 하니 그 지역의 민심이 흉흉하였다. 사자양이 힘써 군대를 성중에 머무르게 하여 밖으로 나가지 못하게 하고, 스스로 꾀를 써서 습격하여 그 괴수를 잡으니 나머지 일당은 흩어져버렸다.

만관萬觀[57]이 엄주嚴州[58]를 다스릴 때의 일이다. 부府 동쪽의 칠리랑七里瀧에 고기잡이배 수백 척이 있었는데 가끔 여행자를 약탈하는 사건이 일어났다. 만관은 배 10척씩을 한 갑甲으로 편성, 지역을 나누어 경비를 책

---

56 의각지세犄角之勢: 서로 협조하고 의지하는 형세.
57 만관萬觀: 중국 명나라 초기의 인물. 자는 경훈經訓이다. 지방관으로서 치적이 훌륭하다는 일컬음을 받았으며, 산동포정사山東布政使에 이르렀다.
58 엄주嚴州: 중국 절강성에 속한 지명. 칠리랑은 그 지역에 있는 물 이름.

임지도록 했다. 이에 한 달이 못 되어 도적의 종적이 사라졌다.

황처신黃處信[59]이 평강현령으로 있을 때의 일이다. 윤풍립尹豊立이란 자가 사교를 끼고서 도당을 모아 수백 명이 되었다. 이들을 이끌고 이웃 고을로 들어가 관의 창고를 부수고 병기를 훔쳤다. 황처신은 용감한 군사를 뽑아서 방책을 주고 도적을 잡아 법에 따라 처단하도록 하였다. 얼마 후 밤에 화광이 일어나자 백성들 사이에서 윤풍립 무리가 들어온다고 떠들썩하며 곧 난리가 일어날 기미가 보였다. 그러나 관장이 동요하지 않고 앉아 있자 이내 진정이 되었다.

박동선朴東善[60]이 남포현감藍浦縣監으로 일을 때의 일이다. 역적 이몽학李夢鶴[61]이 홍주洪州를 기습하려는 것을 탐문하고서 급히 수사水使 최호崔湖[62]를 맞아 함께 토벌을 하자고 의논하였다. 최호가 "나는 수군을 거느리고 있거늘 어떻게 육지의 적을 알겠소"라고 대답했다. 그럼에도 박동선이 힘껏 주장하여 함께 병사를 거느리고 홍주로 나아갔다. 홍주목사 홍가신洪可臣[63]과 군대를 합하여 성으로 올라가서 적을 기다렸다. 적이 성

---

59 황처신黃處信: 미상.

60 박동선朴東善, 1562~1640: 자는 자수子粹, 호는 서포西浦이다. 벼슬은 형조판서에 이르렀다.

61 이몽학李夢鶴, ?~1596: 왕족의 서얼 출신으로 임진왜란 중 모속관募粟官 한현韓絢의 부하로 들어가 그와 함께 반란을 모의했다. 왜적이 다시 침입할 것에 대비할 의병을 규합한다는 명목으로 장정을 모집하는 한편, 부여 무량사無量寺를 중심으로 동갑회同甲會의 비밀결사를 조직했다. 1596년 7월에 충청도 홍산鴻山에서 군사 600~700명을 이끌고 반란을 일으켰다. 한때 충청남도 지역에서 기세를 떨쳤으나 홍주에서 패배, 부하의 손에 죽임을 당했다.

62 최호崔湖, 1536~1597: 자는 수부秀夫, 시호는 충원忠元이다. 1596년 충청도 수군절도사로서 이몽학의 난을 평정하는 데 공을 세웠고, 1597년 정유재란 때 칠천량漆川梁 해전에서 원균元均과 함께 전사하였다.

63 홍가신洪可臣, 1541~1615: 자는 흥도興道, 호는 만전당晩全堂·간옹艮翁이다. 1588년 수원부사로 있을 때 구황에 공이 있었으며, 이몽학의 난을 평정한 공으로 1604년에 청난공

아래 당도해서 소리소리 지르다가 결국 쳐들어오지 못했다. 실정이 드러나고 형세가 궁하게 되어서 저절로 무너져 물러갔다. 저들 무리가 결국 이몽학의 머리를 베어 항복하고 말았다. 실로 박동선이 앞장서 대비하였기 때문이었다.

민여검閔汝儉이 곽산군수郭山郡守로 있을 때의 일이다. 그는 부지런히 무비武備에 힘썼는데 일찍이 수령들과 약속하여 "우리들이 이처럼 다사한 때를 당하여 다 같이 방어의 명을 받았으니 바로 일이 닥쳤을 때 내가 한 발짝이라도 물러서면 당신들이 나를 베고 당신들 중에 한 발짝이라도 물러서는 사람이 있으면 내가 또한 그렇게 하리다"라고 말했다. 이괄李适이 부원수副元帥로서 순찰하러 왔을 때 그 부하들을 엄중히 단속하여 감히 백성을 침해하지 못하게 했다. 후일 이괄이 반란을 일으킬 적에 유독 민여검만 부르지 않았다. 대개 민여검은 흔들어서 떨어뜨릴 수 있는 인물이 아닌 줄 알았기 때문이다.

토적土賊이 이미 평정되어도 민심은 의심하여
두려워할 터이니, 의당 성심과 믿음을 보여서 안심을
시킬 것이다.

이수일李守一이 함경도의 북병사가 되었다. 전에 반적 국경인鞠景仁[64]

---

신 1등이 되었다. 벼슬은 형조판서에 이르렀다.

64  국경인鞠景仁, ?~1592. 원래 전주의 토족으로 죄를 지어 회령會寧에 유배되었다. 그곳의 아전으로 있다가 임진왜란 때 선조의 두 왕자를 잡아 일본군에 넘기고 투항하였으나 뒤에 지방 의병에 의하여 참살되었다.

등이 왕자를 붙잡아가지고 왜적에게 붙은 사건이 있었다. 평정이 되자 그 사건에 관련자들은 저마다 죽음이 두려워서 몰래 강을 건너 북쪽 오랑캐에게 투신을 하였다. 이수일이 백성들을 잘 타이르고 위무하자 얼마 지나지 않아 민심이 크게 안정되었다.

제 6 조 외침을 막아내기

禦寇

【군사에 관한 일은 크고 복잡하기 때문에 갖추어 서술하기 어렵다. 다만 수령이 행해야

할 일 가운데서 뚜렷한 것을 뽑아 백에 하나 정도 기록한다.】

외침의 전란을 만나면 지방을 맡은 신하는 의당
경내를 지켜야 할 것이니, 방어의 책임은 도성을
지키는 장수와 마찬가지이다.

위나라 학소郝昭[1]가 진창陳倉[2]을 지키고 있을 때의 일이다. 제갈량諸葛
亮이 수만 명의 군대를 이끌고 산관散關[3]으로 나와서 진창을 포위하고 사
람을 보내 학소를 회유했으나 항복하지 않았다. 학소의 군대는 수천 명
에 불과했다. 제갈량이 구름사다리를 세우고 충거衝車[4]로 성벽에 접근하
면서 공격해왔다. 학소는 이에 맞서 구름사다리에 불화살을 쏘아서 수많
은 적군이 불에 타 죽고, 줄에 돌을 매달아 충거를 쳐서 부수었다. 제갈
량은 또 100척 높이의 정란井欄[5]을 세우고 성안으로 화살을 쏘아대며 흙

---

1 학소郝昭: 중국 삼국시대 위나라의 장군. 자는 백도伯道이다. 잡호장군이 되어 하서河西
를 10여 년 지켰으며, 진창陳倉을 방어한 공으로 제후에 봉해졌다.
2 진창陳倉: 중국 섬서성에 있는 지명. 한나라 이래 군사상의 요충지였다.
3 산관散關: 중국 섬서성에 있는 지명. 일명 대산관大散關. 촉 땅에서 장안으로 들어오는
관문.
4 충거衝車: 성을 공격하기 위한 장비로 수레 앞에 큰 쇳덩이를 붙여 성을 파괴할 때 쓰
는 것.
5 정란井欄: 성을 공격할 때 설치하는 시설. 정방형의 높은 난간으로 그 위에 올라서서 성을
향해 활을 쏜다.

으로 해자를 메우고 곧바로 성벽을 기어올랐다. 학소는 이에 대적해서 성안에 이중 담장을 쌓았으며, 제갈량이 땅굴을 파서 성안으로 뚫고 들어오려 하자 학소도 맞 땅굴을 파서 막았다. 주야로 공방전을 벌이기를 20여 일이 지났다. 위나라에서 장합張郃[6]을 구원군으로 보냈는데, 구원병이 도착하기 전에 제갈량은 군량이 떨어져서 철수하였다.

진晉나라 장전張俊[7]이 무위태수武威太守로 있을 때의 일이다. 후조後趙의 마추麻秋[8]가 부한枹罕[9]을 공격해왔는데 진창태수晉昌太守 낭탄郞坦이 외성을 포기하려고 했다. 장전이 "외성을 포기하면 백성들의 마음이 동요할 것이다. 큰일을 그르치게 된다" 하고는 성을 고수했다. 마추가 군사 8만 명을 거느리고 성의 해자를 여러 겹 둘러싸고 구름사다리를 동원하고 땅굴을 파는 등 온갖 방법을 써서 공격해왔으나 장전은 성안에서 끝까지 방어했다. 마추의 군대는 사상자가 많이 나서 대하大夏[10]로 후퇴했다. 장중화張重華[11]가 사애謝艾를 원군으로 파견하여 후조의 군대를 크게 격파했다.

환겸桓謙[12]이 쳐들어오자 형주荊州[13] 자사 유도규劉道規[14]가 격파하여 환

---

6 장합張郃, ?~231 : 중국 삼국시대 위나라의 명장. 처음에 원소袁紹를 추종하다가 후에 조조 쪽으로 넘어왔다. 벼슬은 정서거기장군征西車騎將軍에 이르렀는데, 목문木門에서 제갈량과 싸우다가 화살에 맞아 죽었다.
7 장전張俊 : 중국 진晉나라 사람. 자는 사연士然이다. 벼슬은 태자서자에 이르렀다.
8 마추麻秋, ?~350 : 중국 남북조시대 후조後趙의 인물. 호인胡人으로, 석호石虎에 벼슬하여 정동장군이 되었는데, 성질이 사납고 무서워 시속에서 아이들이 울 때 "마호麻胡가 온다"라고 하면 울음을 그쳤다고 한다.
9 부한枹罕 : 중국 감숙성甘肅省에 속한 지명.
10 대하大夏 : 중국 감숙성 가까이 있는 곳으로 지금의 영하寧夏 회족자치구에 속한 지역.
11 장중화張重華, 327~353 : 중국 5호16국시대 전량前涼의 제5대 임금. 346년에서 353년까지 9년간 재위했다.
12 환겸桓謙, ?~410 : 중국 남북조시대 동진의 인물. 자는 경조敬祖이다. 벼슬은 상서, 표기대

겸을 죽였다. 처음에 환겸이 지강枝江에 이르렀을 때 강릉江陵의 사민士民들이 모두 환겸에게 편지를 보내 성내의 허실을 알리고 내응하겠다고 했다. 유도규가 이 편지들을 입수했지만 모두 태워버리고 보지도 않았다. 이에 백성들이 크게 안심했다.

송나라 심박沈璞[15]이 우이盱眙[16] 태수로 있을 때의 일이다. 당시 강회江淮 지방은 평온했는데, 그가 부임해서는 그 고을이 요충지라며 성곽을 수리하고 해자를 파고 물자와 양식을 비축하고 화살과 돌멩이를 준비하는 등 성을 지킬 대비를 했다. 막료들이 모두 반대하고, 조정에서도 지나친 일로 보았다. 후위後魏의 군대가 남쪽으로 쳐들어오자 수령들이 대부분 성을 버리고 달아났다. 어떤 이가 그에게 건강建康으로 돌아갈 것을 권했으나, 그는 "적군이 만약 성이 작다고 돌아보지 않고 통과하면 무엇을 두려워할 것인가? 만약 육박해서 공격해오면 이야말로 나는 나라에 은혜를 갚을 날이요, 제군들은 공을 세울 기회이다. 어찌 버리고 간단 말인가?"라고 말했다. 그리고 정병 2000명을 모집하고서 "이만하면 충분하다"하고 장질臧質[17]과 함께 성을 지켰다. 후위의 군사들이 구거鉤車[18]로 성의

---

장군에 이르렀다. 환진桓振이 난에 가담하였다가 패하여 죽었다.

13 형주荊州 : 지금의 중국 호북성에 있는 지명. 지강枝江과 강릉江陵은 형주에 소속된 지명.

14 유도규劉道規, 370~412 : 중국 남조 송나라 사람. 무제武帝의 아우. 자는 도칙道則이다. 여러 차례 군공을 세워 형주자사에 이르렀으며, 그의 사후에 아우인 무제가 양위를 받아 임천군왕臨川郡王으로 추봉이 되었다.

15 심박沈璞, 416~453 : 중국 육조의 송나라 사람. 자는 도진道眞이다. 문장을 잘하는 것으로 불려나와 지방 행정에 치적을 올렸으며 군공을 세우기도 했다.

16 우이盱眙 : 중국 안휘성에 속한 지명. 건강建康은 지금의 남경으로 당시 수도였다.

17 장질臧質, 400~454 : 중국 남조의 송나라 사람. 자는 함문含文이다. 거기장군, 강주자사 등을 지냈다.

18 구거鉤車 : 성을 공격할 때 쓰는 장비. 수레에 갈고리를 설치한 것.

망루望樓에 갈고리질을 하니, 성안에서 활고지 줄로 구거를 잡아매 수백 명이 힘을 다해 끌어당겨 적들이 구거를 빼내지 못했다. 밤이 되자 밧줄에 통을 매달고 병사들이 타고 내려가서 갈고리를 끊어왔다. 이튿날 후위의 군대가 다시 충거로 성을 공격했지만 워낙 견고해서 충거가 성을 들이받아도 겨우 흙 몇 되가 떨어지는 정도였다. 또 후위의 병사들이 성에 달라붙어 기어올랐으나 살상을 당한 병사들이 1만여 명을 헤아려 쌓인 시체가 성 높이와 맞먹을 정도였다. 공략한 지 30일이 지나도록 성을 끝내 무너뜨리지 못하자 후위의 임금은 공격하던 도구들을 불태우고 물러났다. 장질은 심박을 성주라 하여 노판露板[19]에 기록하려 했으나, 심박은 굳이 사양하고 공을 장질에게 돌렸다. 송나라 임금이 이 말을 듣고 더욱 가상하게 여겼다.

서천西川[20] 지방에 남만 사람들이 침입해왔다. 절도사 노탐盧耽이 전前 노주자사瀘州刺史 양경복楊慶復과 함께 방어하는 도구를 정비했다. 2월에 저들이 구름사다리와 충거 등을 동원해서 사면으로 성을 공격해오자 성 위에서 갈고리로 끌어당겨 불을 지르고 기름을 뿌려 적군 2000여 명을 불태워 죽였다. 남만 사람들은 공격하던 도구 3000여 개를 불에 잃어버리고 물러갔다.

조주趙犨[21]가 진주陳州[22] 자사로 있을 때 일이다. 황소黃巢[23]가 반란을 일

---

**19** 노판露板: 노포露布와 같은 말. 전투에서 세운 공을 기록하여 조정에 보고하거나 알리는 것. 내용을 봉함하지 않고 공개하기 때문에 '노露' 자를 썼다.
**20** 서천西川: 중국 사천성의 별칭. 노주瀘州는 사천성의 남쪽에 있는 지명.
**21** 조주趙犨, 824~889: 중국 당나라 때 인물. 인품이 경건하였으며 말을 잘 타고 활을 잘 쏘았다. 관직은 검교사도를 거쳐 동중서문하평장사에 이르렀다.
**22** 진주陳州: 중국의 하남성 항성현項城縣 동부에 있는 지명.
**23** 황소黃巢, 820~884: 중국 당나라 희종僖宗 때 반란을 일으킨 인물. 대대로 소금을 팔아

으키매 조주는 부하 장교들에게, "황소가 장안長安에서 꺾이지 않으면 진주가 요충이 될 것이다"라고 말하고, 성곽을 수리하고 병기를 정비하는가 하면 말먹이와 양곡을 비축했다. 그리고 용맹한 병사들을 많이 모집해서 자제들로 하여금 나누어 거느리도록 했다. 과연 황소가 군사를 이끌고 와서 성을 포위하고 참호를 다섯 겹으로 판 뒤 백방으로 공격했다. 진주 사람들이 크게 두려워하므로 조주는 "나의 가문은 오래도록 진주의 녹을 먹어, 이 지방과 더불어 죽고 살기를 함께 할 것이다. 나라를 위해 죽는 것이 역적에게 굴복하여 사는 것보다 낫지 않느냐? 이의가 있는 자는 목을 베리라"라고 타이른 다음 성문을 열고 나가서 적을 쳐부쉈다. 적들이 에워싸고 공격한 지 300일 만에 결국 포위를 풀고 물러갔다.

맹종정孟宗政[24]이 조양棗陽[25]을 지킬 때 일이다. 금나라 장수 완안와가完顏訛可가 보병과 기병을 거느리고 조양성으로 밀어닥쳤다. 맹종정은 부대에 모래를 담아서 누대를 높이고, 오줌독을 준비하여 적의 화공火攻에 대비했다. 금나라 군사들이 주야로 성을 공략했지만 맹종정이 굳게 지키니, 금나라 사람들이 맹종정을 존경해서 맹야야孟爺爺라고 불렀다.

도노陶魯[26]가 신회현新會縣[27]의 승丞으로 있을 당시 약관의 나이였다. 광

---

부를 축적하여 망명객을 끌어 모았는데, 먼저 왕선지王仙芝가 반란을 일으키자 거기에 호응했고, 왕선지가 패망하자 그 무리를 수습해서 충천대장군衝天大將軍이라 칭했다. 한때 기세가 등등하여 수도를 함락하고 국호를 대제大齊라고 칭했으나 이내 패망하여 자결하고 말았다.

**24** 맹종정孟宗政, 1164~1223 : 중국 남송시대 인물. 자는 덕부德夫이다. 형악도통제荊鄂都統制로 있을 때 죽었는데 그가 죽은 날 사람들이 저자를 파하고 통곡했다 한다.

**25** 조양棗陽 : 중국의 호북성 양양襄陽에 있는 지명.

**26** 도노陶魯, 1434~1498 : 중국 명나라 때 인물. 자는 자강自强이다. 신회현승으로 여러 차례 전공을 세워 벼슬이 광동안찰부사, 호광포정사에 이르렀고 광서 지역의 병비도 겸해 도삼광陶三廣이라고도 불렸다.

우廣右의 요적猛賊[28]이 노략질을 했는데, 그가 부로들을 관아의 뜰에 불러 모으고 다짐하며 "적의 기세가 장차 우리 성을 삼키려 한다. 여러분들은 능히 자제들을 거느리고 나를 따라서 우리 성읍을 사수하고 가족들을 보호하겠소?"라고 하니, 모두들 "좋다" 하며 호응했다. 이에 보루를 쌓고 백성들과 더불어 지키되, 그가 중심에 서서 동서의 도적들이 공격하는 요충을 막았다. 보성輔城을 세워서 보루를 호위하며, 밖으로는 해자를 파서 보성을 수호했다. 그리고 가시철을 깔고 대꼬챙이를 세워서 해자를 보완하도록 했다. 사람들이 자기 땅 지키기에 죽음을 각오하여 싸우고, 따로 산채에 군대를 주둔시켜서 서로 구원하게 하니 온 고을의 형세가 마치 가슴과 배처럼 긴밀히 연계가 되어서 요적이 접근하였으나 넘어서지 못했다. 부로들이 모두 칭송하기를 "우리들이 처자를 보전하고 자손들이 길이 살게 된 것은 모두 도승陶丞의 공덕이다"라고 했다.

고려 송문주宋文冑[29]가 죽주竹州[30] 방호별감防護別監[31]으로 있을 때의 일이다. 몽고 군대가 성 아래 이르러 항복하라고 회유하니, 성안의 사졸들이 출격하여 적을 쫓아냈다. 몽고군은 다시 포를 가지고 사면으로 성을 공략하여 성문이 무너지자, 성안에서도 이에 맞서 포를 쏘아 공격하니 감히 접근하지 못했다. 몽고군은 또 인유人油를 준비해서 짚단에 뿌리고 불을 질러 공격했다. 성안의 사졸들이 일시에 성문을 열고 돌격해 나

---

27 신회현新會縣: 지금의 중국 광동성에 속한 지역. 광우는 광동 지역을 지칭하는 말이다.
28 요적猛賊: 요猛는 중국 남방에 있었던 만족蠻族의 일종.
29 송문주宋文冑: 고려 고종 때 인물. 박서朴犀와 함께 구주성의 싸움에 참여하고 그 공으로 낭장에 승진, 고종 23년에 죽주의 방호별감이 되었으며 좌우위장군에 임명되었다.
30 죽주竹州: 경기도 안성시 죽산면의 옛 이름.
31 방호별감防護別監: 고려 때 무관의 직책. 지방 고을의 방어를 맡았다.

가서 몽고군은 사상자가 셀 수 없이 많았다. 몽고군은 온갖 방도로 공격했으나 끝끝내 성을 함락시키지 못했다. 송문주가 구주龜州에 있을 때 몽고의 공성 전술을 잘 알고 있었기 때문에 저들의 계획을 미리 다 헤아려서 여러 사람들에게 "오늘은 적군이 반드시 무슨 기계를 쓸 것이니 우리는 응당 무슨 기계로 대비해야 할 것이다"라고 말했는데, 적군이 이르렀을 때 과연 그의 말과 같았다. 성안에서 모두 그를 '신명'이라고 일컬었다. ○ 하루는 적군이 성문에다 불을 질러 불길이 치솟았다. 송문주가 성벽 위에서 물을 뿌리자, 물을 뿌리는 대로 불길이 더욱 타올라 도저히 잡히지 않았다. 성안의 사람들이 황겁해서 어찌할 줄 모르는데, 한 늙은 병졸이 "내가 들으니 몽고 사람들은 죽은 사람의 몸뚱이로 기름을 짜서 불을 지르는데, 물이 닿으면 더욱 타오른다 합니다. 이는 필시 인유를 성문에 뿌린 것입니다"라고 말했다. 드디어 그릇에 흙을 담아서 위에서 뿌리니 마침내 불이 꺼졌다. 案 앞에서 포로 공격했다고 한 것은, 기계를 설치해서 돌을 쏜 것이지 화포는 아니다.

고려 이지중李止中[32]이 영주永州【지금의 영천】의 관장으로 나갔을 때 일이다. 임술년(1382) 봄부터 왜구가 침입하여 전후에 잇따라 휩쓸어 괴롭힌 것이 무려 36번이나 되었다. 영주 백성들은 모두 강을 건너 서쪽으로 피난해 입에 겨우 풀칠이나 하고 지내면서 고향 땅으로 돌아가려 하지 않았다. 그랬던 백성들이 이지중이 부임한다는 말을 듣고 모두들 손을 잡고 돌아와서 역사役事를 부지런히 했다. 성이 완성되었을 때 마침 적군이 접근하였는데, 그가 방어할 장비를 갖추고 사람들에게 성안에 들어가서

---

32 이지중李止中: 고려 때 무관으로 몽고군의 침입을 막아냈다.

병기를 가지고 대비하도록 했다. 인심이 이미 견고하니 왜구도 어찌할 도리가 없었다.

고려 박서朴犀[33]가 서북면병마사西北面兵馬使【고종 때 일이다】로 있을 때의 일이다. 몽고의 원수 살례탑撒禮塔[34]이 철주鐵州를 도륙하고 구주龜州[35]에 이르러 성을 에워싸고 30일 동안 온갖 꾀를 써서 공격했다. 박서가 기민하게 상황 변화에 대응하여 굳게 지키니, 몽고군이 이기지 못하고 물러갔다. 당시 몽고 장수 중에 나이가 70세에 가까운 자가 성 아래 이르러 성루와 기계들을 둘러보고 탄식하기를 "내가 성인이 되어 종군한 이래 천하의 성지城池와 공방의 상태를 두루 보았으되, 일찍이 이처럼 공격을 받고도 끝내 항복하지 않는 사례는 보지 못했다. 성중의 여러 장수들이 후일에 필시 장상이 될 것이다"라고 말했다. 후에 박서는 과연 문하평장사에 이르렀다.

고려 김경손金慶孫[36]이 정주靜州【지금의 평안도 의주】 분도장군으로 있을 때의 일이다. 몽고군이 압록강을 건너 쳐들어와 정주에 이르렀다. 김경손은 죽음을 내건 용사 12명을 거느리고 성문을 열고 나가 힘껏 싸워 적

---

33 박서朴犀: 고려 고종 때 인물. 고종 18년(1231) 서북면병마사로 있을 때 삭주朔州 분도장군 김중온金仲溫, 정주靜州 분도장군 김경손金慶孫 등과 함께 구주성龜州城을 지켰으며, 이에 몽고군은 개성을 공격해 함락시키고 귀로에 다시 공격했으나 끝내 격파하지 못했다. 벼슬은 문하평장사에 이르렀다.

34 살례탑撒禮塔, ?~1232: 살리타이. 몽고의 무장. 몽고가 누차 고려를 침략할 때 지휘관으로 나왔는데 1232년에 처인성(處仁城, 지금의 용인)의 싸움에서 김윤후金允侯에게 사살되었다.

35 철주鐵州·구주龜州: 평안북도의 철산鐵山과 구성龜城.

36 김경손金慶孫, ?~1251: 본관은 전주全州. 고종 18년에 정주 분도장군으로 몽고군을 막는 데 공을 세웠고 뒤에 전라도 지휘사로서 군공을 세웠다. 최씨 정권의 배척을 받아 죽임을 당했다.

병을 물리쳤다. 후에 몽고군이 다시 쳐들어와서 20여 일 동안 크게 싸웠는데, 김경손이 상황에 따라 방비를 하여 대처하는 것이 귀신같았다. 몽고인들이 "이 성은 이소적대以小敵大로 맞서니 하늘이 돕는 것이지 사람 힘이 아니다"라고 하고 마침내 포위를 풀고 물러갔다. 김경손은 곧이어 대장군에 임명되었다.

고려 김훤金晅[37]이 금주金州[38] 방어사로 있을 때의 일이다. 밀양 사람들이 자기 고을 수령을 죽이고서 삼별초三別抄[39]에 호응하여 각 군현에 첩문牒文을 보내니 군현이 모두 바람에 휩쓸리듯 쏠렸다. 김훤이 군대를 출동시켜 먼저 적의 길을 차단하고 경주판관 엄수안嚴守安[40]을 불렀다. 엄수안이 당도하자 서로 더불어 군대를 통솔하며 안렴사 이숙진李淑眞[41]에게 보고해서 적을 토벌할 계책을 세웠다. 이숙진은 겁이 나서 술승術僧을 불러 길흉을 점치느라 토벌을 지연시켰다. 김훤이 손에 든 칼로 그 중을 치니 이숙진이 두려워서 따랐다. 반군들이 이 사실을 알고 우두머리를 베어 죽이고 항복했다.

---

**37** 김훤金晅, 1234~1305 : 자는 용회用晦, 본관은 의성義城이다. 고려 원종元宗 때 문과에 급제. 삼별초를 토벌한 공으로 예부낭중이 되고 정당문학에 이르렀다.

**38** 금주金州 : 지금의 경상남도 김해.

**39** 삼별초三別抄 : 최씨 집권 시대에 조직된 특별 군사 조직인 좌별초左別抄·우별초右別抄·신의군神義軍을 지칭한다. 이들은 고려가 몽고와 강화를 맺고 고려 정부가 개경으로 환도한 것에 반대하여 봉기하였다. 이를 역사에서는 삼별초의 항쟁이라 부른다. 그들이 친원적인 개경 정부에 반대되는 정권을 수립하고 항전의 기치를 세우자 일반 백성들도 호응했다. 본영을 진도에 두고 여원麗元 연합군과 맞서 싸우다가 제주도로 본영을 옮겨 끝까지 굴하지 않았으나 1273년 끝내 진압되고 말았다.

**40** 엄수안嚴守安, ?~1298 : 고려 후기의 문신. 영월寧越의 군리로 중방서리가 되었고 원종 때 문과에 급제, 부지밀직사사에 이르렀다.

**41** 이숙진李淑眞 : 고려 원종 때 문신. 삼별초가 강화도에서 진도로 내려갈 때 전중서사인으로 강화도에 있으면서 삼별초의 후미를 공격하였다. 본문의 일은 이숙진이 경상도 관찰사로 있을 때의 일이다.

고려 김응덕金應德[42] 이 나주의 사록司錄으로 있을 때의 일이다. 당시 삼별초가 반란을 일으켜 진도를 거점으로 삼고 있었는데, 형세가 매우 대단하여 주군들이 기세만 보고도 휩쓸렸다. 반군이 머지않아 고을의 경계에 이르게 되자, 김응덕은 부사副使 박부朴琈 등과 함께 이럴까 저럴까 결단을 내리지 못하고 있었다. 상호장上戶長[43] 정지려鄭之呂가 개연히 말하기를 "실로 성을 지켜낼 수 없다면 차라리 산속에 들어가 숨는 것이 낫지요. 고을의 수리가 되어서 무슨 면목으로 나라를 배반하고 반적을 따르겠소"라고 하니, 김응덕 또한 성을 고수하기로 결심했다. 그는 본 고을과 도내의 여러 지방에 첩문을 보내고 금성산성錦城山城[44] 으로 들어가서 지켰다. 나무를 세워 목책을 만들고 장졸들을 훈련시켰다. 적군이 쳐들어오자 사졸들도 모두 상처를 싸매고 죽음으로 지켜서, 적군이 7일 동안 밤낮으로 성을 공격했으나 끝내 함락시키지 못했다.

고려 윤가관尹可觀[45] 이 영해寧海을 지키러 나갔을 때의 일이다. 당시 왜구가 축산도丑山島【영해에 속해 있다】를 경유해서 쳐들어와 원춘原春[46] ·양광楊廣[47] 등 여러 도를 침범해서 공주에까지 이르렀다. 한 고을이 지켜내지 못하면 3도가 해를 입게 되니, 그는 성을 고치고 보수해 견고하게 방어했

---

42 김응덕金應德: 고려 원종 때 무장. 원종 11년(1270)에 나주사록으로서 삼별초를 물리친 공으로 섭오위攝伍尉가 되었으며, 후에 진도의 삼별초를 토벌하는 데도 공이 있었다.

43 상호장上戶長: 고려시대에 수석 호장을 가리킨다.

44 금성산성錦城山城: 전라남도 나주의 진산인 금성산에 있던 산성. 둘레는 2946척, 높이 12척으로 삼면이 험한 요새였다. 고려 이후로는 폐해졌다.

45 윤가관尹可觀, ?~1387: 본관은 해평이다. 무략武略이 있었으며 벼슬은 판밀직사사에 이르렀다.

46 원춘原春: 고려 때 행정구역. 강원도 지역으로 원주와 춘주에서 딴 것임.

47 양광楊廣: 고려 때 행정구역. 지금의 경기도 및 충청도 일부이다. 양주와 광주에서 딴 명칭.

다. 고려 창왕 1년(1389) 봄에 박문부朴文富가 이 고을을 대신 지키게 되었는데, 왜구가 다시 침입하여 밤에 해안에 닿았다. 박문부가 즉시 성문을 열고 적군을 향해서 돌격하니 적군이 달아나버렸다.

고려 말엽 피원량皮元亮이 용담龍潭[48] 현령으로 있을 때의 일이다. 왜구가 진포鎭浦[49]로 들어와서 주군을 침략하니 그가 염군리廉君利·고윤덕高允德 등과 함께 고을 남쪽의 바위산에 방책을 세우고, 높은 데 올라가 6곳에 돌을 쌓아놓고서 적이 들어오기를 기다렸다가 돌을 마구 굴려 내렸다. 적군은 방비가 있는 것을 엿보고 감히 접근하지 못하고 마침내 멀리 달아나 온 고을이 평온하였다.

이윤경李潤慶[50]이 전주부윤으로 있을 때의 일이다. 가정 을묘년의 난[51]을 당하여 영암靈巖의 수성장이 되었는데 방어사 김경석金景錫에게 출병하도록 권하여 함께 싸우니 적이 패주했고 관군은 적의 머리 200여 급을 얻었다. 마침 그의 아우 이준경李浚慶[52]이 도순찰사[53]가 되었는데 조정에서는 형으로서 아우의 절제節制를 받는 것이 불가하다고 하여 이윤경을 소환하려고 했다. 군사들이 이윤경이 떠난다는 소문을 듣고 동요하고 두

---

48 용담龍潭: 지금의 전라북도 진안군에 속한 고을.

49 진포鎭浦: 충청남도 서천군 남쪽에 있었던 해포.

50 이윤경李潤慶, 1498~1562: 자는 중길重吉, 호는 숭덕재崇德齋, 본관은 광주廣州이다. 중종 때 문과에 급제, 전주부윤으로 있을 때 영암 수성장에 임명되어 공을 세웠으며, 병조판서에 이르렀다.

51 가정 을묘년의 난: 조선 명종 10년(1555)에 왜구들이 전선 60여 척을 이끌고 전라도 완도 해역으로 침입, 약탈을 하고 영암성靈巖城을 포위한 사건. 을묘왜변.

52 이준경李浚慶, 1499~1572: 자는 원길元吉, 호는 동고東皐, 시호는 충정忠正, 본관은 광주이다. 벼슬은 영의정에 이르렀다.

53 도순찰사都巡察使: 지방의 큰 변고가 있을 때 중앙에서 파견되는 임시 직책으로, 그 권한이 일반 순찰사인 감사보다 상위에 있었다.

려워하여 "우리들은 사또를 믿고 이 성을 지켰으니 우리들 역시 흩어질수밖에 없다"라고 드러내놓고 말했다. 방어사 및 여러 종사들 역시 모두당황해서 어찌할 줄 몰랐다. 이윤경은 즉시 아우인 도순찰사에게 사신私信을 보내 "이곳 군중의 사세를 보건대 모두 나를 믿고 흔들리지 않는데내가 한번 움직이고 보면 짐작 못할 일이 생길까 우려된다. 우리는 대대로 국은을 입고 벼슬을 하여 여기에 이르렀으니 지금은 바로 내가 몸을돌보지 않고 나라를 위해 죽을 날이다. 나는 이곳을 떠날 수가 없다"라고하였다. 도순찰사도 이윤경에게 부득이 그대로 머물러 성을 지키게 하니마침내 승리를 이루었다. ○ 당시 이준경이 편지를 보내 영암성에서 나오기를 권유했으나 이윤경은 편지를 들이지 말도록 지시했다. 또다시 편지를 가지고 왔을 때에는 활을 쏘게 해서 성안으로 들어오지도 못하게 했다. 이윤경은 미리 궁노수弓弩手를 매복시키고 또 마름쇠[菱鐵]를 길에 설치한 다음, 재인才人들을 시켜 채색옷을 차려 입고 정재呈才[54]하는 모양으로 놀게 했다. 적군이 익진翼陣을 펼치고 공격해오다가 쇠뇌에 맞아 죽고마름쇠에 찔려서 접근하지 못했다. 그리고 광대놀음을 구경하는 데 정신이 팔린 사이 남치근南致勤[55] 등이 군대를 나누어 양익진兩翼陣으로 불의에 엄습해서 모두 섬멸했다.

장의현張義賢[56]이 부령부사富寧府使로 있을 때의 일이다. 그는 본래 명장

---

**54** 정재呈才: 광대들이 여러 사람들 앞에서 연희를 하고 재주를 부리는 것. 정재呈才.

**55** 남치근南致勤, ?~1570: 자는 근지勤之, 본관은 의령宜寧이다. 중종 때 무과에 올라 왜구를 막는 데 공을 세우고 한성부판윤을 지냈으며, 삼도토포사로서 임꺽정의 난을 토벌하였다.

**56** 장의현張義賢: 선조 때 무신. 일명 응현應賢. 호는 오류정五柳亭, 본관은 구례求禮이다. 병마절도사 필무弼武의 아들. 부령부사로서 이탕개尼湯介의 침입을 막았으며, 벼슬은 경기도 수군절도사에 이르렀다.

의 후예인데 계미년의 난리[57]에 여진족이 난을 일으켜서 두 번이나 포위를 당했다. 그는 충성심으로 용맹을 떨쳐 쇠잔한 병졸들을 고무해서 날마다 불어나는 적군과 싸워 날선 무기를 막아내고 기세를 저지하여 이로 인해 함락되지 않았다.

심신겸沈信謙이 가산군수嘉山郡守로 있을 때의 일이다. 임진왜란을 만나 인심이 무너져서 난민들이 창고로 뛰어들어 곡물들을 마구 훔쳐갔다. 마침 임금 행차가 가산을 지나는데 그가 정승 류성룡柳成龍에게 "이 고을은 양곡이 자못 넉넉하고 관청에도 또한 쌀 1000석이 들어 있어 이것으로 명나라 군대를 먹이려고 하였지요. 일이 불행히도 이 지경에 이르렀습니다. 만약에 공이 조금 머물러서 진정시키면 고을 사람들이 감히 동요하지 못할 것이요, 그렇지 않으면 난을 일으켜서 저 역시 여기에 남아 있을 수 없고 장차 해변으로 도피할 수밖에 없습니다"라고 말했으나 류성룡은 그의 건의를 따르지 않고 효성령曉星嶺[58]을 향해 떠났다. 고을 사람들이 난을 일으켜 창고의 곡식을 전부 잃고 심신겸 역시 성을 버리고 갔다.

이희건李希建[59]이 용천부사龍川府使로 있을 때의 일이다. 정묘년(1627) 정월에 철기(鐵騎: 철갑을 입고 무장한 기병) 10여 만 명이 밤에 압록강을 건너 의주를 기습해서 함락하고 날이 새기도 전에 돌기突騎[60]로 길을 나누어 진군하여, 일군은 곧장 능한凌漢[61]으로 달려들고 일군은 사포蛇浦로 들어

---

57 계미년의 난리: 조선 선조 16년(1583)에 여진족이 두만강변의 경원慶源·온성穩城·경성鏡城·동관진潼關鎭 등을 쳐들어온 사건. 이탕개의 난.

58 효성령曉星嶺: 평안북도 운전군 가산리 서쪽에 있는 고개.

59 이희건李希建, 1576~1627: 자는 중식仲植, 본관은 홍주洪州이다. 무과에 올라 용천부사로 있을 때 이괄의 반란을 평정하는 공을 세워 홍양군洪陽君에 봉해졌고 정묘호란 때 용골산성龍骨山城에서 전사했다.

60 돌기突騎: 선봉에서 적진으로 돌격하는 기병 부대.

가서 모문룡毛文龍[62]을 습격하려 했다. 철산부사 안경심安景深은 탈출하여 웅골산熊骨山[63]으로 달아났고 이희건은 구성龜城에서 병마절도사와 만났다가 변란의 소식을 듣고 즉시 휘하 수십 명과 더불어 적진을 뚫고 웅골산으로 돌아가서 군사를 모으고 굳게 지켰다. 적군이 그의 용맹을 꺼려서 감히 공격하지 못했으며, 이로 인해서 백성들이 안도했고 인근 지방의 피난민들도 많이 이곳으로 모여들었다.

이위국李緯國이 곡산군수로 있을 때의 일이다. 병자년(1636) 가을에 이르러 그는 청나라 군대가 반드시 쳐들어올 것을 알고 상소를 올려서 팔도의 승병 대장이 되어 스스로 한 부대를 맡아 죽음으로 나라에 보답하기를 청했는데, 그 말이 매우 강개하였다. 대개 곡산과 이천伊川 사이에 몽고군이 통과하던 옛길이 있기 때문에 그는 달운성達雲城[64]을 쌓고 적의 목줄을 누르려고 한 것이다. 이해 겨울에 과연 청나라 군대가 침공했다.

병법에 "허하면 실한 것처럼 보이게 하고, 실하면 허한 것처럼 보이게 한다"라고 했는데, 이 말은 방어하는 자로서 마땅히 알아두어야 한다.

---

61 능한凌漢: 평안북도 곽산에 있는 지명.
62 모문룡毛文龍, 1576~1629: 중국 명나라 장군. 요동도사遼東都司로 있을 때 청나라 태종이 요양遼陽을 함락하자 그 지방의 군민을 거느리고 압록강을 건너와서 철산鐵山의 가도假島에 주둔해 있었다. 이 때문에 청나라에 여러 차례 문제가 야기되었고 조선에서는 이들의 군량을 공급해야 했다. 인조 7년에 요동경략遼東經略 원숭환袁崇煥이 그를 여순旅順으로 유인하여 죽였다(3권 148면 참조).
63 웅골산熊骨山: 평안북도 철산에 있는 산 이름.
64 달운성達雲城: 황해도 곡산부 북쪽 60리에 달보고성達寶古城이 있으며, 달보산達寶山은 일명 달운산達雲山이다(『동국여지도서大東輿地圖書·곡산부谷山府·고적古蹟』). 달운성은 곧 달보고성을 말한다.

한나라 염범廉范이 운중태수雲中太守로 있을 때의 일이다. 흉노가 크게 쳐들어와서 막아 싸우게 되었는데, 이속들이 군사가 적다며 이웃 고을에 편지를 보내 구원병을 청하자고 했으나 그가 허락하지 않았다. 날이 저물자 군사들을 시켜 각자 홰를 두 개씩 묶어서 세 군데에 불을 붙이니 군영 안이 하늘에 별이 가득 찬 듯 보였다. 흉노는 구원군이 도착한 것으로 생각하고 크게 놀라서 새벽이 되기를 기다려 퇴각하려 했다. 그는 군사들에게 일찍 밥을 먹이고 새벽에 추격해서 적의 머리 수백 급을 베었으며, 저희들끼리 밟히고 깔려서 죽은 자 또한 1000여 명이나 되었다. 이로 인해서 흉노가 다시는 감히 운중 지방을 엿보지 못했다.

송나라 소승지蕭承之[65]가 제남齊南[66]태수로 있을 때의 일이다. 북위北魏의 군대가 제남 지방으로 쳐들어와서 그가 군사 수백 명을 거느리고 대적하게 되었다. 북위의 군사가 몰려들자, 그는 병장기를 감추고 성문을 열어놓게 했다. 모두들 나서서 "적은 많고 우리들은 적은데 어찌해서 적을 가볍게 봅니까" 하고 항의했으나, 그는 "지금 외롭게 곤궁한 성을 지키고 있으니 사세가 매우 급박하다. 만약 다시 약한 듯이 보이면 필시 도륙을 당할 것이다. 오직 강하게 보이고 기다려야 한다"라고 했다. 북위 사람들은 복병이 있는가 의심하여 드디어 군대를 끌고 물러갔다.

서위西魏의 우문측宇文測[67]이 수주綏州[68]를 맡아 다스릴 때의 일이다. 매

---

**65** 소승지蕭承之, 384~447: 중국 남북조시대 송나라의 인물. 자는 사백嗣伯이다. 남조 송나라가 건국된 뒤에는 위열장군威烈將軍, 제남군 태수 등을 지냈다.

**66** 제남齊南: 중국 산동성에 있는 지명. 지금은 제남濟南이라 한다.

**67** 우문측宇文測, 489~546: 중국 남북조시대 서위西魏 사람. 자는 징경澄鏡이다. 광천공廣川公에 봉해졌고 시중侍中·개부의동삼사開府儀同三司를 역임했다. 원문에 우문측이 당나라

년 황하만 얼어붙으면 돌궐突厥[69]이 침노해서 노략질을 했다. 그가 부임해서 백성들을 모두 옛날처럼 안정시키고, 요로 수백 곳에다 나무를 쌓게 하고 이어서 멀리 척후병을 보내 저들의 동정을 엿보았다. 그해 12월에 돌궐이 연곡連谷[70]으로 쳐들어와 국경에서 수십 리 거리에 이르렀다. 그는 나무를 쌓아둔 곳에다 일시에 불을 지르게 했다. 돌궐은 대군이 이른 것으로 생각하고 두려워 달아나다가 저희들끼리 짓밟아서 짐승과 군수 물품을 내버린 것이 헤아릴 수 없었다. 그는 서서히 부대를 거느리고 나가서 버려진 물건들을 수습하여 백성들에게 나누어주었다.

당나라 장수규張守珪[71]가 과주瓜州[72] 자사로 있을 때의 일이다. 오랑캐가 기습해왔는데, 성 위에 술자리를 마련하고 여러 장수들을 불러 풍악을 연주하고 놀았다. 오랑캐는 방비가 있는 것으로 의심하여 군대를 돌려 급히 물러갔다. 이에 장수규는 군사를 풀어 추격했다. ○ 당나라 곽왕霍王 원궤元軌[73]가 정주定州[74]를 지킬 때의 일이다. 돌궐이 쳐들어왔는데, 그가 성문을 열어놓고 깃발을 감추게 하였더니 저들이 의심해서 감히 들어오지 못하고 밤에 달아났다.

---

인물로 나와 있는 것은 『통전通典·병육兵六·시강示強』에 의거해 보건대 착오이다.

68 수주綏州: 중국 섬서성에 있는 지명.
69 돌궐突厥: 종족의 명칭. 흉노의 별종이다. 수나라와 당나라 때 그 형세가 강성하여 중국의 서북 변경을 수차 괴롭혔는데 후에 회흘回紇에게 멸망당하여 동아시아와 서아시아로 이주하였다.
70 연곡連谷: 중국 섬서성에 있던 지명.
71 장수규張守珪, 684~740: 중국 당나라의 합주陝州 사람. 자는 원보元寶이다. 개원開元 연간에 과주자사가 되었고 보국대장군에 이르렀다.
72 과주瓜州: 중국 감숙성 돈황敦煌에 있던 지명.
73 원궤元軌, 622~688: 중국 당나라 고조高祖의 아들 이원궤李元軌. 벼슬은 사도司徒에 이르렀고, 곽왕霍王에 봉해졌다.
74 정주定州: 지금의 중국 하북성 정주시.

송나라 풍찬馮讚[75]이 재주梓州[76]를 맡아 다스릴 때의 일이다. 당시 검외劍外[77] 지방이 처음 평정되었는데, 일을 보기 시작한 지 겨우 며칠이 지나지 않아 가짜 군교 상관진上官進이 사졸을 불러 모아 3000여 명으로 밤에 재주성을 공격했다. 풍찬이 "적군이 밤을 틈타 기습하는데, 오합지중烏合之衆을 회초리 몽둥이로 치고 때려서 억지로 몰고 왔으니 필시 굳은 뜻이 없을 것이다. 신중하게 버티고 있기만 하면 아침에 저절로 무너질 것이다" 하고 몸소 지휘하고 순시했다. 그리고 남몰래 명을 내려 시각을 빨리 알리게 해서 밤중이 못 되어 오경(五更, 새벽 3시~5시)을 알리는 북을 치니 적군이 모두 달아나버렸다.

정승 이완李浣[78]이 평안도 숙천부사肅川府使로 있을 때의 일이다. 당시 청나라 장수 용골대龍骨大[79]가 500명의 기병을 거느리고 갑자기 안주로 들어와 병마절도사 유비柳斐를 협박해서 호시互市[80]를 안주로 옮기려 했다. 유비가 이에 응하지 않으니 용골대는 칼을 뽑아 유비가 쓴 모자를 치고 또 군사로 성문을 포위하고 지켰다. 이완은 이 소식을 듣고 즉시 군마

---

75 풍찬馮讚, 914~980 : 중국 송나라 초기의 인물. 자는 예신禮臣이다. 벼슬은 대리경大理卿에 이르렀다.

76 재주梓州 : 중국 사천성에 있던 지명.

77 검외劍外 : 중국 사천성 성도成都의 바깥 지방을 지칭하는 말.

78 이완李浣, 1602~1674 : 자는 징지澄之, 본관은 경주이다. 인조 때 무과에 올라 병조판서·훈련대장을 역임하고 우의정으로 등용되었으나, 그해 병사했다.

79 용골대龍骨大, 1596~1648 : 중국 청나라 장수. 만주족. 원명은 영고이대英固爾岱 또는 영아이대英俄爾垈이다. 청나라 태종의 신임을 받은 장군으로 병자호란 때 침략군의 지휘관이었고 전후 수차례 우리나라를 내왕하며 정탐한 바 있다.

80 호시互市 : 조선시대에 외국과 상호 교역을 하던 장소를 호시라 했다. 만주와의 교역을 위해 의주에 있는 중강中江에 시장을 열었다. 중강개시는 광해군 때 혁파되었다가 이후 청의 요구로 다시 열렸다. 여기서는 청나라 측에서 중강개시를 안주로 옮기자고 요구한 것으로 생각된다.

를 출동해서 깃발을 들고 북을 울리며 성 밖을 요란하게 지나갔다. 그리고 계곡 사이에 진을 치고 밤에 쳐들어갈 것이라고 소문을 냈다. 이에 용골대는 달아나버렸다『우암집』].

## 지키기만 하고 공격하지 않아 적으로 하여금 경내를 통과하도록 내버려두는 것은 임금을 저버리는 일이다. 어찌 추격을 하지 않을 수 있겠는가?

삼국시대 오나라의 종리목鍾離牧[81]이 무릉태수武陵太守로 있을 때의 일이다. 위나라에서 곽순郭純을 보내 남만의 족속들을 끌어들여서 유양酉陽[82]을 공격했다. 온 고을이 떨고 두려워했는데, 종리목은 "바깥에서 안으로 침입해서 백성들을 속이고 유혹하고 있으니 응당 그 뿌리가 깊지 않을 때 박멸해버려야 한다. 이는 불 끄는 일은 빨리 서두를수록 좋다는 격이다"라고 하고 즉시 휘하의 군사를 거느리고 새벽부터 밤까지 진군하여 험한 산길을 따라 근 2000여 리를 가서 딴 마음을 품은 간악한 백성 1000여 명을 죽였다. 곽순 등은 도주해 흩어졌고 오계五溪[83] 지역이 평정되었다.

이구李矩[84]가 영양滎陽[85] 태수로 있을 때의 일이다. 한漢[86]의 유창劉暢[87]이

---

81  종리목鍾離牧: 중국 삼국시대 오나라의 인물. 자는 자간子幹이다.
82  유양酉陽: 중국의 사천성에 속한 지명. 호남성과 사천성의 교통의 요지.
83  오계五溪: 중국 무릉武陵 지역에 '오계'가 있는데 웅계雄溪·만계樠溪·무계無溪·유계酉溪·진계辰溪이다. 이곳에 남방의 소수민족들이 거주하고 있었다. 지금의 호남성과 귀주성의 접경 지역.
84  이구李矩, ?~325: 중국 5호16국시대 진晉사람. 자는 세회世迴이다. 여러 번 군공을 세웠으나 후에 석륵石勒의 장수 석량石良에게 밀려 군대를 이끌고 남으로 도주하다 죽었다.
85  영양滎陽: 지금의 중국 하남성에 속한 지명.
86  한漢: 중국 5호16국시대에 흉노족 유연劉淵이 건국한 나라인 전조前趙(304~329). 유연

군사 3만 명을 거느리고 공격해왔는데, 이구는 미처 방비하지 못하여 사신을 보내 거짓으로 항복했다. 유창은 이를 믿고 다시 대비하지 않고 있었다. 이구가 밤에 기습하려고 하니 사졸들이 모두 걱정하고 두려워했다. 이에 장수 곽송郭誦을 보내서 자산子産의 사당[88]에 빌도록 하고, 무당의 말로 꾸며서 "자산의 교시가 있으니, 응당 신병神兵을 보내서 우리를 도와줄 것이다"라고 했다. 사람들이 모두 좋아 날뛰며 다투어 나아가 유창의 진영을 습격했다. 유창은 간신히 몸만 빠져나와 달아났다. ○ 이구가 영양을 지킬 때의 일이다. 석륵石勒[89]이 몸소 군대를 거느리고 영양으로 쳐들어왔다. 이구는 노약자들을 대피시키고 함께 산중으로 들어가 소와 말들을 그곳에 풀어놓은 다음, 군사를 매복시키고 기다렸다. 적군이 소와 말을 다투어 잡는 판에 복병이 일어나서 함성을 지르니 그 소리가 산골을 울렸다. 드디어 적을 크게 격파하고, 죽이고 붙잡은 자가 아주 많았다. 석륵은 이에 철수했다.

남양태수南梁太守 풍도근馮道根[90]이 부릉阜陵[91]을 지킬 때의 일이다. 그가

---

은 자신이 유방의 후예라고 주장하면서 국명을 '한漢'이라 하였다. 한漢이 서진西晉을 멸망시킨 뒤 318년에 수도를 장안長安으로 옮기면서 국명을 조趙로 고쳤다. 이 나라를 석륵石勒이 세운 후조後趙와 구분하기 위하여 한조漢趙 혹은 전조라고 부른다.

87  유창劉暢: 중국 5호16국시대 한漢 나라 사람. 소무제昭武帝 유총劉聰 의 종제從弟 로, 317년에 서진西晉 공격에 가담하여 공을 세웠다.

88  자산子産 의 사당: 자산은 중국 춘추시대 정나라의 훌륭한 인물인 공손교公孫僑 (2권 212면 주 11 참조). 그를 모신 사당이 그 지역에 있었던 것으로 보인다.

89  석륵石勒, 274~333: 중국 남북조시대의 인물. 본래 갈족羯族으로 소년 시절에 낙양에서 장사꾼 노릇을 하다가 군도의 두목이 되고 진晉 나라 태흥太興 연간에 전조前趙에 반란을 일으켜 황제를 자칭했다. 16국 중에 가장 강성했으며 14년간 재위했다. 시호는 명제明帝 이다.

90  풍도근馮道根, 463~520: 중국 남북조시대 양나라 사람. 자는 거기巨基이다. 무제武帝 때 군공을 세우고 벼슬은 산기상시·좌군장군에 이르렀다.

91  부릉阜陵: 지금의 중국 안휘성에 속한 지명.

처음 도임하자 성곽과 해자를 보수하고 적이 곧 쳐들어올 것처럼 척후병을 멀리 내보냈다. 많은 사람들이 자못 비웃으니 그는 "방어에 겁내는 자는 싸움에 용감한 법이다"라고 했다. 성의 역사가 끝나기도 전에 북위의 당법종黨法宗 등이 무리 2만 명을 거느리고 쳐들어와서 성 아래에 이르렀다. 모두들 실색하고 있는데 그는 성문을 활짝 열어놓게 하고 느슨한 복장으로 성에 올라가 정예 군사 200명을 뽑아 데리고 나가서 북위의 군대와 싸워 격파했다. "한가로울 때 바삐 하고 분주할 때 한가롭게 한다" 함은 그를 두고 이른 말이다.

양선楊璇[92]이 영릉태수로 있을 때의 일이다. 당시 창오蒼梧·계양桂陽[93] 등지에서 도적들이 무리를 지어서 군현을 공격했다. 적은 숫자가 많고 양선은 세력이 약해서 관내의 백성들이 모두 걱정하고 두려워했다. 그는 특별히 마차 수십 대를 제작하여 배낭排囊[94]에 석회石灰를 담아 수레 위에 싣고 베 끈을 말의 꼬리에 매달았다. 그리고 병거兵車를 만들어 궁노弓弩를 쏠 수 있게 설치하고는 급히 전투에 임하였다. 이에 마차를 선두에 세우고 바람을 따라 석회 가루를 뿌리니 적군이 눈을 뜨지 못했다. 이때 베에다 불을 붙이니 베가 타자 말들이 놀라 적진으로 내달았다. 뒤이어 병거에서 궁노를 어지럽게 쏘아대고 징과 북을 마구 울리니 도적들 모두 놀라 흩어졌다. 그 뒤를 추격하니 죽고 다친 자가 무수하였으며, 두령의 목도 베었다. 이에 고을 경내가 깨끗하게 되었다.

---

92  양선楊璇: 중국 후한의 인물. 자는 기평機平이다. 영제靈帝 때 영릉태수를 거쳐 발해태수를 지냈다.

93  창오蒼梧·계양桂陽: 중국의 호남성에 있는 산 이름.

94  배낭排囊: 쇠를 버릴 때 불에 바람을 불어넣는 기구. 즉 풀무. 야낭冶囊이라고도 한다.

장영이 익주를 맡아 다스릴 때의 일이다. 익주에 용맹군이라는 부대가 있었는데 원래 군도를 모아서 충원한 것이었다. 용맹군이 해체되어 도적으로 돌아가니 촉 지역 사람들이 크게 두려워했다. 장영은 어느 날 영할鈴轄[95]을 불러서 인끈을 맡겼다. 영할이 영문을 모르고 어리둥절함에, 그는 "지금 도적이 들끓는데 영할이 편히 앉아 있다니, 이는 내가 직접 나가기를 바라는 것이다. 영할이 응당 익주의 일을 맡아야겠다"라고 말하고 출정하려 했다. 영할이 비로소 놀라 "제가 가겠습니다"라고 했다. 장영이 "어느 때 가겠는가" 하니, "지금 바로 나가겠습니다"라고 했다. 장영은 성문에서 주연을 베풀고 "영할이 곧 출정할 것이니 내가 지금 전송한다"라고 알렸다. 영할은 부득이 군사를 인솔해서 성문을 나서려고 하였다. 술이 몇 순배 돌 즈음 영할은 "제가 공에게 청할 일이 있습니다"라고 말했다. "무엇인가?" "병기와 양식을 요청하는 대로 모두 대어주십시오." "좋다. 노부老夫 또한 청할 일이 있다." "무엇입니까?" "영할이 만약 공을 세우지 못하고 돌아오면 이 성루 아래서 너의 머리를 베겠다." 영할이 떨면서 "이 어른이 하는 것을 보니 내 목을 베는 것쯤 어렵지 않을 것 같다" 하고 출정했다. 영할이 힘을 다해 싸워 적을 크게 깨트려서 마침내 난이 평정되었다.

허규許逵[96]가 악릉령樂陵令으로 있을 때의 일이다. 군도 유칠劉七의 무리가 기전畿甸[97]에서 여기저기 출몰하였는데, 그는 백성들로 하여금 각자

---

95 영할鈴轄: 태수에 대한 호칭.
96 허규許逵, 1484~1519: 중국 명나라 때 인물. 자는 여등汝登이다. 악릉관현지현樂陵官縣知縣을 지내면서 도적을 소탕한 공이 있었고, 산동첨사山東僉事, 강서안찰부사江西按察副使 등을 역임했다.
97 기전畿甸: 서울에서 가까운 지역을 이르는 말. 중국 명나라 때 수도가 북경이었으므로

집에 담장을 세워 높이를 처마보다 높게 만들고 거기에 규圭형<sup>98</sup>의 구멍을 뚫어 겨우 사람이 들어올 수 있게 했다. 집집마다 장정 한 명이 칼을 들고 그 구멍 안에서 망을 보게 하고 나머지 사람들은 모두 대오에 들도록 했다. 또 골목 안에 병사를 매복을 시키고 성문을 활짝 열어놓았다가 적군이 다다랐을 때 깃발을 들어 신호하여 복병이 일어나게 하니 적병은 화공도 못 하고 병기도 쓸 수가 없었다. 이에 적병을 다 죽이고 사로잡았다. 이로부터 도적이 감히 악릉성에는 가까이 오지 못했다. 案 담장의 구멍은 마땅히 바깥은 좁고 안은 넓게 만들어야 한다.

여궐余闕<sup>99</sup>이 안경安慶<sup>100</sup>을 지킬 때 명령이 엄하고 미더웠으며 아랫사람과 고락을 함께 했다. 일찍이 싸움터에서 화살과 돌이 마구 날아오자 병사들이 자기의 방패를 들어 여궐을 막았다. 여궐은 기어이 물리치며 "너희들도 각기 다 목숨이 귀중하다. 어찌 나를 가려주고 있는가?"라고 말했다. 이 때문에 부하들이 오히려 목숨을 내걸고 싸웠다.

고려 조신曹愼<sup>101</sup>이 원주판관으로 있을 때의 일이다. 거란이 침입해왔는데 원충갑元沖甲<sup>102</sup>과 더불어 힘을 다해서 방어했다. 조신이 북채를 들

---

기전은 북경을 둘러싼 하북성 지역에 해당한다. 악릉은 산동성에 속한 고을이지만 하북성과 인접한 지역이다.

**98** 규圭형: 밑은 넓고 위는 뾰족한 모양을 지칭한다.

**99** 여궐余闕, 1303~1358: 중국 원나라 때의 인물. 자는 정심廷心이다. 원통元統 초에 진사에 급제, 벼슬은 참지정사에 이르렀다. 경술經術에도 뜻을 두어 오경에 모두 주석을 남겼다.

**100** 안경安慶: 지금의 중국 안휘성에 속한 지명.

**101** 조신曹愼: 고려 충렬왕 때 인물. 흥원창興原倉 판관으로 있을 때 철령鐵嶺을 넘어 원주에 쳐들어온 합단哈丹을 물리치는 데 공을 세웠다.

**102** 원충갑元沖甲, 1250~1321: 본관은 원주原州이다. 향공진사로 본 고을 별초別抄에 소속되어 있었다. 합단이 침입하여 원주성을 포위하자 전후 10차에 걸쳐 분전을 하여 수많은 적을 사살하고 성을 지켰다. 삼사우윤에 오르고 뒤에 응양군鷹揚軍 상호군上護軍이 되었다.

고 직접 북을 치다가 적의 화살이 오른편 팔에 박혔다. 그래도 북소리는 쇠하지 않았다. 적군이 뒤로 조금 밀리자 뒤에 있던 적들이 놀라 동요하여 저희들끼리 서로 짓밟혀서 혼란에 빠졌다. 원주 군사들이 높은 데서 쳐내려가니 그 소리가 산천을 울리고 적군의 시체가 골짜기에 쌓였다.

고려 김경손이 나주도 지휘사羅州道指揮使[103]로 있을 때의 일이다. 당시에 율원栗原[104]의 도적 두목 이연년李延年[105]이 해양海陽[106] 등 고을을 노략질하다가 김경손이 나주에 있다는 것을 알고 그 무리들을 이끌고 와서 나주성을 포위했다. 김경손은 별초別抄[107] 30여 명을 뽑아서 나가 싸워 이연년을 죽이고 여세를 몰아 추격하니 적군의 무리들이 크게 무너졌다. 그리하여 그 지역이 다시 평정되었다. 김경손은 중앙으로 들어가서 추밀원 지주사로 임명되었다.

고려 곽충룡郭翀龍이 혜성군槥城郡【지금의 면천沔川[108]】을 맡아 다스릴 때의 일이다. 그는 본래 서생이라 군사에는 익숙하지 못했다. 왜적이 돌연히 쳐들어오매 온 고을이 달아나고 숨기에 바빴으나, 그는 말에 올라 창을 비껴들고 용기를 내어 병사들을 격려하니, 모두 일당백으로 싸워 먼저 길목을 차단했다. 적군은 불리하여 퇴각했다.

고려 우왕禑王 때 최운해崔雲海[109]가 순흥부를 다스렸는데 왜구가 침입

---

103 나주도 지휘사羅州道指揮使 : 나주도는 곧 전라도임. 이 지역의 군사 지휘관.
104 율원栗原 : 전라남도 담양군의 옛 이름.
105 이연년李延年, ?~1237 : 고려 때 농민 반란의 지도자. 고종 19년에 아우와 함께 담양 지방에서 봉기하여 광주 일대를 휩쓸고 나주성을 포위 공격하다가 전사했다.
106 해양海陽 : 지금의 광주광역시 지역을 고려 때 해양이라 칭했다.
107 별초別抄 : 별도로 선발한 부대. 삼별초三別抄도 여기에서 유래한 것이다.
108 면천沔川 : 지금의 충청남도 당진시에 속한 고을.
109 최운해崔雲海, 1347~1404 : 자는 호보浩甫, 본관은 통천이다. 전라도 부원수로서 우왕 때 요동정벌에 참여한 바 있고 조선왕조로 들어와서 경상도 병마도절제사 등을 역임했다.

하여 객사를 점령했다. 그가 매일 나가서 왜구와 싸우고, 노획한 말이나 소, 재물들이 있을 때마다 병졸과 백성들에게 나누어주었더니, 크게 승전을 하였다. 이에 고을 안이 평화롭게 되었다. ○ 삼척군은 성이 협소하고 위태로웠다. 고려 우왕 때 왜구가 들끓어서 나라에서 이곳을 지키기가 어렵다고 여기게 되었는데, 남은南誾[110]이 군수가 되기를 자청했다. 그가 부임하자 적군이 갑자기 쳐들어왔는데 그 스스로가 기병 10여 명을 거느리고 성문을 열고 나가 돌격하니 적이 패주하였다.

정종鄭悰[111]이 경성판관鏡城判官으로 있을 때의 일이다. 이징옥李澄玉[112]이 모반하여 대금황제大金皇帝라 자칭하고 장차 두만강을 건너가서 금나라의 옛 수도에 웅거하려 하였다. 이징옥의 부대가 종성鐘城에 다다랐을 때 날이 저물었다. 정종이 밤에 그를 치려는 생각으로 이징옥에게 "어둔 밤에 행군을 하면 부대가 서로 잃어버릴 염려가 있다. 내일 아침까지 기다려서 행군하는 것이 좋다"라고 진언했다. 이징옥도 그 말이 옳다고 여기고 의자에 기대어 졸고 있었다. 정종이 사사死士를 데리고 돌입하니 이징옥은 높은 담장을 뛰어넘어 민가에 숨었다. 정종은 끝내 뒤쫓아가서 죽였다【정종鄭悰은 이름이 정종鄭種이라고 해야 맞다고도 한다】. 案『여지지輿地志』

---

110  남은南誾, 1354~1398: 본관은 의령이다. 고려 공민왕 때 문과에 급제, 이성계를 도와 조선을 세우는 데 공헌하여 의령군宜寧君에 봉해졌다. 이방원李芳遠에게 죽임을 당했다.
111  정종鄭悰: 이름이 '種(종)'이 옳은 듯하다. 정종鄭悰은 문종文宗의 사위인 영양위寧陽尉이다. 정종(鄭種, 1417~1476)은 자가 무부畝夫, 호는 오로재吾老齋이며 본관은 동래東萊이다. 이시애李施愛의 난에 공을 세워 동평군東平君의 봉을 받았고 벼슬은 경주부윤에 이르렀다. 실록의 기사에도 정종鄭種으로 되어 있다.
112  이징옥李澄玉, ?~1453: 호는 원봉圓峰, 본관은 양산梁山이다. 세종 초 김종서金宗瑞를 따라 북변北邊에 종군, 6진 개척에 공을 세웠으며, 김종서에 이어 함길도 도절제사가 되었다. 오랫동안 북변에서 여진을 방어하다가 김종서가 죽임을 당하고 자신도 함께 쫓겨나게 되자 중앙 정부에 반기를 들어 대금황제大金皇帝를 자칭하고 봉기했다가 실패하였다.

에서는 이 싸움에 경성 도진무사 이행검李行儉이 계교를 써서 이징옥을 머물러 있게 하여 이 공을 이룬 것으로 나와 있다.[113]

김수문金秀文[114]이 제주목사로 있을 때의 일이다. 명종 을묘년에 왜구가 영암에서 패배하여 달아나 제주에 이르렀는데, 그가 힘껏 싸워 물리쳤다. 이 일이 보고되자, 임금이 글을 내려, "왜적이 제주 땅을 침범했다는 소식을 듣고 멀리 떨어진 고도孤島에 병력도 얼마 안 되니 마음에 걸려서 잠도 편히 자지 못했노라. 이제 경의 승전보를 보니, 경이 나라에 바친 충의가 아니고는 어찌 능히 소수로 다수의 적군을 무찔러 이 대첩을 이루었겠는가. 특별히 경에게 관등을 한 등급 높이고 단의段衣[115] 한 벌을 내리노라"라고 하였다.

선조 16년(1583)에 여진족 추장 우을지내亐乙只乃가 무리들을 이끌고 와서 아산보阿山堡[116]를 포위했는데 적군이 성을 넘어들어 거의 함락될 지경이었다. 이성利城[117] 현감 이지시李之詩[118]가 구원을 와서 적을 많이 쏘아 죽여 적이 물러갔다. 이지시도 적의 화살에 맞았으나 크게 다치지는 않았다.

---

113 『동국여지승람·경성鏡城·명환名宦』에 의하면 이행검李行儉은 도진무로 있었는데 이징옥이 대금황제라 자칭하고 강을 건너려 할 때 이행검이 계교를 써서 종성에 머물게 하여 죽였으며, 이 공으로 첨지중추부사로 특별 승진이 되었다 한다.

114 김수문金秀文, ?~1568: 자는 성장成章, 본관은 고령高靈이다. 중종 때 문과에 급제했다. 여진족이 종성에 침입해서 백성을 붙잡아가자 그들과 싸워 백성들을 다시 데려온 일이 있고 제주목사로서 왜적을 물리친 공으로 한성판윤에 올랐다. 평안도 병마절도사로서 여진과 싸우다가 전사하였다.

115 단의段衣: 광택이 나고 두꺼운 비단으로 만든 옷. 단段=단緞.

116 아산보阿山堡: 함경북도 경원慶源에 있는 지명으로 군사상의 요지.

117 이성利城: 함경남도 이원利原의 옛 이름.

118 이지시李之詩, ?~1592: 자는 영이詠而, 호는 송암松菴, 본관은 단양丹陽이다. 선조 초 무과에 장원급제하고 임진왜란 때 경기도 용인에서 싸우다 전사했다.

신립申砬[119]이 온성부사穩城府使로 있을 때의 일이다. 계미년(1583)에 여진족이 쳐들어오자 아산보를 구원하기 위해 달려가는데 안원보安原堡[120]를 통과할 때 토병土兵[121] 1명이 성을 넘어 달아났다. 신립은 먼저 이자를 참수해서 높은 장대에 매달아 군사들의 마음을 진정시켰다. 그리고 성머리에 줄지어 서서 사기를 북돋우니 적이 원군이 온 줄 알고 감히 접근하지 못했다. ○ 당시 적군이 경원부慶源府를 함락시키고 진입해서 마구 살육을 자행하여 시체가 성중에 가득하고 흐르는 피에 방패가 뜰 지경이었다. 남녀노소와 소·말·닭·돼지나 관청이 소장하고 있는 물품 및 옥에 갇힌 죄수들을 여진족들이 모두 다 끌어갔다. 판관 양사의梁士毅는 향교로 몰래 들어가서 구멍 속에 몸을 숨기고 두려워 나오지 못했으며, 그의 첩이 적에게 붙잡혀서 울부짖으며 끌려가도 나와서 싸우지를 못했다. 이튿날 적이 다시 와서 창고의 곡식을 실어가려고 세 겹으로 에워쌌다. 신립은 안원보로부터 변란의 소식을 듣고 자기 예하의 정예 군사와 지방 관군을 거느리고 먼저 이곳에 당도해서 성 머리에 늘어서서 죽기로 싸웠다. 화살이 비 오듯 했고 오랑캐 하나가 백마를 타고 의기양양하여 내닫는데 신립이 화살 한 대로 꺼꾸러뜨리니 적의 기세가 바람에 쓰러지듯 넘어가서 곧 도망쳐 가버렸다.

신립이 역시 온성부사로 있을 때 일이다. 계미년 봄에 여진족 1만여 기

---

**119** 신립申砬, 1546~1592: 자는 입지立之, 본관은 평산平山이다. 선조 초 무과에 급제, 여진족을 토벌한 공으로 함경도 병마절도사가 되고 임진왜란 때 삼도순변사로 출전, 충주에서 패전하여 죽었다.

**120** 안원보安原堡: 함경북도 경원에 있는 군사상의 요지.

**121** 토병土兵: 평안도·함경도 방어를 위해 현지에서 징발한 병사. 다른 지방에서 번상된 군사와 구분해서 토병이라 한 것이다. 이 경우 아산보의 병사이다.

병이 마전동麻田洞으로부터 쳐들어와 훈융보訓戎堡[122]를 포위하여 두 번 세 번 진퇴를 거듭했다. 적군이 장성長城의 문을 뜯어서 충교衝橋[123]를 만들어서 성을 부수니 연기와 불꽃이 하늘에 치솟았다. 종성판관 원희元喜가 종일 맞서 싸워 화살이 떨어지고 힘이 다했다. 신립이 황자파黃柘坡에서 이 소식을 듣고 샛길로 달려와서 돌진을 하니 적군이 신립의 얼굴을 알아보고 놀라 "온성 영감이 왔다" 하며 즉시 활을 들어 신호하고 퇴각했다. 첨사 신상절申尙節 등은 밖에서 구원이 이른 줄을 알고 성문을 열고 출전했으며, 신립 또한 달아나는 적을 추격하여 물리쳤다. ○ 여진족 율보리粟甫里와 이탕개尼湯介가 종성부를 침공하여 긴 활을 휘두르고 와하며 일제히 강을 건너오니 그로 인해 강물의 흐름이 멈출 지경이었다. 여진족이 가축과 재산을 약탈하고는 강을 건너 달아나는데 신립이 강변까지 뒤따라가 적을 베고 말을 빼앗았으며, 판관 원희 역시 휘하의 정예 병사들과 함께 달려 나와 힘껏 싸워서 물리쳤다.

황진黃進이 동복현감同福縣監으로 있을 때의 일이다. 그 고을에 협선루挾仙樓라는 누각이 있었다. 그에게는 준마가 있었는데 매양 관아가 파하면 갑옷을 걸치고 말을 달리면서, 혹 뛰어오르게도 하고 누각 위에 오르게도 하며 자신의 능력을 시험해보았다. 임진왜란 때 그는 이광李洸[124]을 따라 근왕勤王하여 북상하던 중에 용인에 이르러 군사가 크게 무너졌는데, 황진만은 거느린 부대를 잘 보전하여 화살 하나 잃지 않았다. 편장偏

---

122 훈융보訓戎堡: 함경북도 경원에 있는 군사상의 요지.

123 충교衝橋: 성을 공격할 때 사용하는 장비의 일종.

124 이광李洸, 1541~1607: 자는 사무士武, 호는 우계雨溪, 본관은 덕수德水이다. 선조 때 문과에 급제, 임진왜란 때 전라도 관찰사로서 근왕병勤王兵을 일으켰다.

將[125] 하나가 자기 수하의 병졸들을 다 잃어버리고 걸어와서 호소하기를 "장차 어찌하면 좋을까"라고 했다. 황진이 신임하는 사람을 보내 편장의 병졸들이 숨은 곳을 두루 찾아다니며 타이르니, 고동〔角〕 소리 한 번에 달아났던 자들이 모두 모여들었다. 그 편장은 황진의 손을 잡고 탄식하며 "공은 참으로 장군이요"라고 말했다. 금산錦山에 주둔한 적군이 다시 남하하려 하자 황진은 여러 장수들과 함께 이현梨峴【어떤 본에는 웅치熊峙[126]로 되어 있다】으로 가서 지켰다. 적군이 크게 공격해오자 그는 자청하여 요충을 맡아서는, 화살을 쏘면 두 사람이나 꿰뚫었다. 날아온 탄알이 그의 정강이에 맞았으나 그가 더욱 기운을 떨치니 드디어 적군이 대패했다. 그는 또 이마에 유탄을 맞았으나 다행히 죽지 않아서 휘하의 군사들이 그를 메고 동복으로 돌아갔다. ○ 뒤에 황진은 익산군수益山郡守가 되었다. 당시 왜군이 서울을 점거한 상태였는데 그는 대군을 따라서 진격하여 한강 남쪽 언덕에 당도했다. 적군이 대적해오자 다른 장수들이 다 퇴각하고 그 홀로 적에게 여러 겹 포위되었다. 이틀이 지나 그는 홀연히 말을 힘껏 채찍질하여 돌진하면서 좌우로 휘둘러 치니 적의 피가 얼굴에 뿌려져서 흘러내렸다. 또한 적군의 말을 빼앗아 타고 아군 진영으로 돌아왔다. 그는 이 공으로 관품이 올랐다.

정경달丁景達[127]이 선산부사로 있을 때의 일이다. 임진왜란을 당하여 적

---

125 편장偏將: 대장을 보좌하는 장수. 부장副將. 편비偏裨.

126 웅치熊峙: 일명 웅현熊峴, 곰티재. 진안에서 전주로 가는 사이에 있는 고개로 지금의 전라북도 완주군에 있다. 임진왜란 당시 이곳에서 왜군과 치열한 전투가 있었다. 이 싸움을 그린 작품으로서 조성립趙成立이 지은 「비부탄」이 있다.

127 정경달丁景達, 1542~1602: 자는 이회而晦, 호는 반곡盤谷, 본관은 영광靈光이다. 전라도 장흥 사람으로, 선조 3년(1570)에 문과에 급제, 임진왜란 때 여러 차례 전공을 세웠다. 문집으로 『반곡집盤谷集』이 전한다.

군이 고을을 점령하여 물러가지 않았다. 그는 달아나 산골에 숨었다가 고을 백성과 장교와 아전들을 불러 모아 의논하여 네 곳에 채寨를 설치했는데 낙동강 동쪽에 둘, 서쪽에 둘이었다. 그러나 적이 중간을 차지해 있고 또 강물이 불어서 강 동쪽의 두 채에 명령이 통하지 못했다. 정경달은 경내를 넷으로 나누어 네 개의 도청都廳을 세우고 각기 장령將領 1명, 향소鄕所 1명, 복병장伏兵將 6명, 유격장遊擊將 18명을 두어 각각 군사를 거느리고 있으면서 적이 쳐들어오면 피하고 돌아가면 다시 진을 쳐서 논밭의 곡식을 거두어들이기도 하고, 낙오한 적을 잡아 베기도 하여 노획한 물자가 많았다. 적군이 정경달을 기필코 사로잡으려 했으나 끝내 잡히지 않았다. 충무공이 순천 수영에 있을 때 그가 장수로서 지략이 있는 줄을 알고 불러서 종사관으로 삼았다.

정충신鄭忠信[128]이 안주목사로 있을 때의 일이다. 이괄이 반란을 일으키자 정충신이 도원수 장만張晩[129]에게 달려갔다. 장만은 정충신에게 이괄이 어떻게 나올 계책인지를 물었다. 정충신이 대답하기를 "적이 만약 새로 일으킨 날카로운 기세를 타서 곧바로 한강을 건너 승여乘輿[130]를 핍박한다면 안위를 예측하기 어려우니 이것이 저들에게 상책입니다. 다음은 평안도와 황해도 지방을 점거하고 서쪽으로 모장毛將【모문룡】과 결탁해서

---

128 정충신鄭忠信, 1576~1636 : 자는 가행可行, 호는 만운晩雲이다. 원래 광주의 이속 출신인데, 그곳 목사로 있었던 권율權慄에게 발탁되어 무과에 급제하고 무장으로서 많은 공을 세웠다. 특히 이괄의 난 때 공훈으로 금남군錦南君에 봉해졌으며, 포도대장, 경상도 병마절도사 등을 역임했다.

129 장만張晩, 1566~1629 : 자는 호고好古, 호는 낙서洛西, 본관은 인동仁同이다. 선조 때 문과에 급제, 광해군 때 병조판서를 역임했으나 대북파의 반대로 물러났고 인조반정 후 팔도도원수로서 이괄의 난을 평정했다.

130 승여乘輿 : 왕의 행차를 가리킴. 이때 국왕 인조는 공주로 몽진을 갔다.

기세를 높이면 조정이 쉽사리 제어할 수 없을 것이니 이것이 저들에게 중책입니다. 그리고 사잇길로 재빨리 서울로 올라가 빈 성을 지키고 있는 것이 저들에게 하책이지요. 이괄은 사람이 날카롭지만 꾀는 없기 때문이 필시 하책을 쓸 것입니다"라고 했다. 도원수가 그를 선봉장으로 삼아 장차 출병하려는데 이날 어떤 사람이 직성칠살直星七殺[131]은 병가에서 꺼리는 날이라고 하자, 그는 "어찌 부모의 병환 소식을 듣고 날짜를 택하여 갈 것인가?"라고 말했다. 그가 서울 지경에 당도해서 "먼저 북쪽 산을 차지하는 자가 이긴다. 지금 우리가 안현鞍峴[132]을 점거하여 진을 치고 도성을 내려다보며 북풍을 이용하여 공격하면 적군이 크게 무너질 것이다"라고 했다. 이튿날 드디어 역적을 사로잡았다【정충신은 고려의 명장 정지鄭地의 후손이다】. ○ 국왕 행차가 공주로부터 올라오자 서도의 수령들이 모두 나와서 한강 머리에서 임금을 맞이했다. 정충신은 "수토지신守土之臣[133]은 직분이 마땅히 자기 고을을 지키는 데 있다. 적이 이미 평정되었으니 의당 고을로 돌아가야 할 것이요, 강 머리에서 임금을 맞이하는 일은 직분이 아니다"라고 말하고 곧바로 안주로 돌아갔다.

정승 이완이 수안군수遂安郡守로 있을 때의 일이다. 병자년(1636) 12월에 청나라 군대가 이르렀는데 그는 정방산성正方山城[134] 중군中軍[135]으로 차출이 되었다. 그는 집안사람들에게 부탁해서 대부인을 모시고 산골

---

131  직성칠살直星七殺: 옛날 점성술에 쓰던 말로 칠살기일七殺忌日이라고도 함.
132  안현鞍峴: 길마재 혹은 무악재. 지금의 서울 서대문에서 홍은동으로 넘어가는 고개. 그 오른쪽이 인왕산이고 왼쪽은 안산이다.
133  수토지신守土之臣: 지역을 맡아 지키는 신하. 중앙의 관인에 대해서 지방 수령을 가리키는 말.
134  정방산성正方山城: 황해도 황주에 있는 산성.
135  중군中軍: 각 군영의 대장이나 사使의 버금이 되는 벼슬. 부관에 해당한다.

로 피난을 가도록 하고 밤중에 정방산성으로 떠났다. 수하에 있던 아전 하나가 도망치려고 하자 즉시 목을 베었고 또 도중에 한 장교가 가족들을 끌고 산으로 들어가는 것을 보고 목을 벤 다음 나무를 쪼개서 그 죄상을 기록했다. 산성에 당도하자 그는 "적병은 철기鐵騎의 수가 많고 날래니 대적하기 어렵다. 모름지기 요새에 매복하여 그 형세를 막아야 한다"라고 말했으나 원수元帥 김자점金自點[136]이 결단을 내리지 못했다. 이완은 철기병이 드문드문 성 아래로 통과하는 것을 보고 김자점에게 "저것은 적의 척후 부대이니 대진大陣이 장차 이를 것이다. 청컨대, 동선령洞仙嶺[137]에 병사들을 매복시켰다가 대진이 당도하기를 기다려서 포석砲石을 발사하고 일제히 공격하면 청의 군대를 무찌를 수 있을 것이다"라고 하니, 김자점이 그 계책을 따랐다. 적의 기병 300~400명이 과연 뒤이어 이르매 김자점은 성 위에서 북을 울리고 깃발을 휘둘렀다. 이완이 사람을 시켜 보고하기를 "저것은 선봉이니 필히 대진을 기다려야 한다. 오늘 싸움에 아무리 유리하더라도 이는 조그만 것을 얻으려다 큰 것을 잃게 될 것이다"라고 주장했으나 김자점은 듣지 않았다. 이완은 그래도 자기 수하의 군대를 단속하여 움직이지 않고 "대사의 성패는 이 한 번의 움직임에 달려 있다. 죽어도 명을 따를 수 없다" 하니 김자점이 노하여 임금이 하사한 상방검尙方劍을 자기 휘하의 사람에게 주면서 "이완 이하 모두 명을 따르지 않는 자는 목을 베라"라고 호령했다. 이완이 성내어 꾸짖으며 "큰일을 그르치다니!" 하고 소리쳤다. 그러나 원수의 명을 어길 수

---

**136** 김자점金自點, 1588~1651 : 자는 성지成之, 본관은 안동이다. 인조반정의 공신으로 벼슬은 영의정에 이르렀으나 후에 역모죄로 처형을 당했다.

**137** 동선령洞仙嶺 : 황해도 황주에 있는 고개. 군사상의 요지.

없어 부득이 진군해서 적군을 유인하니 적은 아군이 약한 것을 보고 즉시 추격해왔다. 이완이 진퇴를 거듭하는 중에 기병장 김응해金應海가 적군에게 쫓기어 위급하게 되었다. 이완이 활을 쏘아 금갑金甲을 입고 백마를 탄 적군 하나를 맞춰서 김응해는 위기를 면했다. 드디어 함께 적을 산속으로 유인해 들어가 호포號砲[138]를 울리니 복병이 일제히 일어나서 적이 대패하였다. 그가 군사를 거두어 성으로 들어가자 성중의 사람들이 모두 축하했으나 그는 홀로 계책을 잃게 된 것을 탄식해 마지않았다. 이튿날 적의 대진이 온 들판을 덮고 밀려오는데 기치가 온통 황색인 것을 보고 이완은 "이는 틀림없이 청나라 황제이다"라고 말했다. 김자점이 다시 복병의 계책을 쓰려고 하자 이완은 "어제 살아남은 적이 벌써 달려가 보고했을 테니 이제는 이미 성공할 수 없을 것이다"라고 말했다. 과연 그의 말과 같았다. ○ 그때 마침 남한산성으로부터 왕명이 내려왔는데 "무리진 달빛 아래 외로운 성이 위기일발이거늘 경 등은 어찌하여 바라만 보고 있는가"라고 했다. 이에 이완은 여러 장수들과 행군하여 토산兎山 지경에 당도했다. 밤중에 흰 기운이 주위를 감돌고 있어 그는 마음에 근심이 되었다. 날이 밝자 원수 김자점에게 가서 일을 의논하는데 적군이 갑자기 이르러 원문轅門[139]으로 난입했다. 김자점은 급히 달아나 산으로 올라가버리고 이완은 걸어서 산허리에 이르러 고동을 불어 군사를 불러 모았다. 흩어졌던 군사들이 모인 수가 겨우 50~60명인데 둥그렇게 진을 치고 적을 향해 맞서니 적군이 10겹이나 포위했다. 그는 돌려가며 포를 쏘게 하여 아침부터 정오에 이르렀으나 적의 공격은 더욱 맹렬했다. 그

---

138 호포號砲: 군호로 쏘는 대포.
139 원문轅門: 군영을 가리키는 말. 원래 수레의 끌채를 마주 세워서 문처럼 만든 것.

는 "여기가 내 죽을 땅이다" 하고 물러서지 않아 화살을 세 번이나 맞고 쓰러졌다. 마침 달아나는 말 한 필이 있어 말에 뛰어올라 나는 듯이 달려 산꼭대기에 이르렀다. 그리하여 원수 김자점과 만나게 되니 대개 천우신조라고 할 것이다. 행조行朝[140]에서 강화가 이루어졌다는 소식을 듣고 이에 전투를 끝내게 되었다.

민여검이 곽산군수로 있을 때의 일이다. 이괄이 반란을 일으키자 평안도 감사가 경황이 없어 관인官印마저 버리고 달아났는데 민여검이 길에서 주워 돌려주니 감사가 크게 부끄러워했다. 감사는 곧 민여검에게 물러가 본군을 지켜 북방 오랑캐에 대비하라고 하였다. 민여검은 대의를 들어서 "어찌 차마 적을 군부君父에게 맡기고 편안한 땅에 물러가 있겠소"라고 말했다. 강가에 이르렀을 때 여러 장수들이 선뜻 건너려 하지 않자 민여검이 강개하여 먼저 출발했다. 누군가 그의 소매를 붙잡았지만 민여검이 뿌리치고 강을 건너니 다른 장수들도 그의 뒤를 따라서 강을 건넜다. 그는 선봉장 정충신을 뒤쫓아가서 드디어 안현 전투에 동참하여 적을 퇴패시켰다.

영조 4년(1728)에 정희량鄭希亮[141] 등이 군사를 모아 반란을 일으켰다. 경상감사 황선黃璿[142]이 우방장右防將인 성주목사 이보혁李普赫[143]과 좌방장左

---

140 행조行朝: 임금이 임시로 가 있는 곳. 여기서는 남한산성을 가리킴.
141 정희량鄭希亮, ?~1728: 본명은 준유遵儒, 본관은 초계草溪이다. 동계桐溪 정온鄭蘊의 후손으로, 경종이 죽은 뒤 영조가 왕위에 오르고 노론이 집권한 것에 반대해 충청도의 이인좌 등과 연합 전선을 펴고 경상도에서 봉기하였다. 안음安陰·거창居昌·합천陜川·삼가三嘉 등 여러 고을을 제압했으나 결국 실패했다.
142 황선黃璿, 1682~1728: 자는 성재聖在, 호는 노정鷺汀, 본관은 장수長水이다. 숙종 때 문과에 급제, 벼슬은 대사성에 이르렀다.
143 이보혁李普赫, 1684~1762: 자는 성원聲遠, 본관은 용인龍仁이다. 음보로 등용이 되어 벼슬은 공조판서에 이르렀다.

防將인 선산부사 박필건朴弼健[144]에게 격문을 보내 관군을 출동시켜 적을 치도록 했다. 이보혁은 합천군으로 들어가서 적에 가담한 중 해림海琳을 붙잡아 살려주는 대신 다시 적진으로 들어가도록 하여 성주·합천 두 고을 장교들과 함께 밤에 적의 장막의 줄과 받침대를 끊어 넘어뜨리고 적을 덮쳐 마구 죽였다. 박필건은 먼저 우지령牛旨嶺[145]을 점거했고 곤양군수昆陽郡守 우하형禹夏亨[146] 또한 군사를 거느리고 합류하여, 적군을 조우해서 깃발을 휘두르고 크게 고함치니 적군이 일시에 다 무너졌다. 드디어 이웅보李熊輔·정희량·나숭곤羅崇坤·이세규李世奎 등을 붙잡아 모두 목을 베었다. 황선이 장계를 올려 이보혁과 박필건이 적을 격파한 상황을 말하고 우하형이 성급하게 여러 적의 목을 벤 실책을 논해서 아뢰었다.


굳센 충절로 사졸을 격려해서 약간의 공이라도
세우는 것이 으뜸이고, 형세가 불리하고 힘이 다한
나머지 죽음으로써 삼강오륜을 부지하는 것 또한
본분이다.


양나라 왕림王琳[147]이 의주宜州[148]자사로 있을 때의 일이다. 후경侯景[149]

---

**144** 박필건朴弼健, 1671~1738 : 자는 경운景運, 본관은 반남潘南이다. 벼슬은 호조참판에 이르렀다.

**145** 우지령牛旨嶺 : 경상남도 거창군에 있는 고개. 우두령牛頭嶺이라고도 함.

**146** 우하형禹夏亨 : 자는 회숙會叔, 본관은 단양이다. 황해도 봉산 사람으로 숙종 때 무과에 급제, 황해도와 경상도의 병마절도사를 지냈다.

**147** 왕림王琳, 526~573 : 중국 남북조시대 인물. 자는 자형子珩이다. 본래 양나라 때의 무장이었으나 양나라가 망한 뒤에 북제로 들어갔다.

**148** 의주宜州 : 지금의 중국 호북성 의창宜昌. 장강을 끼고 있는 군사 요충지.

**149** 후경侯景, 503~552 : 중국 남북조시대 남조의 인물. 반란을 일으켜 양나라를 멸망시켰으

이 반란을 일으켜 대군을 거느리고 수륙 양면으로 진군하니 장강長江 연변의 방어 진지들이 기세만 보고도 항복했다. 후경의 군대가 장강을 건너서 왕순王珣 등을 잡아가지고 의주성 밑에 당도해서는 왕순을 시켜 그아우 왕림을 설득하도록 했다. 왕림은 "형님은 임금의 명을 받들어 적과싸우다가 국난에 죽지 못했는데 마음에 부끄럼도 없이 도리어 나를 유혹하다니요"라고 소리치고 활을 들어 쏘았다. 이에 왕순은 부끄러워 물러갔다. 후경이 백방으로 성을 공격했으나 왕림은 성안에서 북을 치고 기세를 올리며 활과 돌을 비 오듯 퍼부어서 수많은 적군을 죽였다. 이에 후경이 퇴각했다.

후위의 최해崔楷[150]는 은주자사殷州刺史로 임명되자 병기와 양식을 요청했으나 지원을 받지 못했다. 누군가 그에게 가족을 놓아두고 단신으로부임할 것을 권했다. 그는 "내가 들으니 '남의 녹을 먹는 자는 남의 근심을 근심한다'라고 하였소. 내가 단신으로 부임하면 장졸들 누가 뜻을 굳게 먹고 싸우겠소" 하고는 전 가족을 거느리고 그 지방에 부임했다. 갈영葛榮[151]이 성에 가까이 쳐들어오자 또 옆에서 어린아이와 여자들만이라도 피란시키도록 권하여, 그는 어린 아들과 딸 하나를 밤에 밖으로 내보냈다가 이내 뉘우치고 뒤쫓아가서 데려오도록 했다. 적군이 성에 다다르자 장졸들이 서로 앞 다투어 나서서 "최공은 자기 가족 100명의 생명을아끼지 않는데 우리들은 어찌 한 몸을 아낄 것인가" 하고 끝까지 싸워 죽

나 결국 패망했다.

150 최해崔楷, 477~527 : 중국 남북조시대 후위의 인물. 자는 계칙季則이다. 태자중사인太子中舍人, 좌중랑장左中郎將을 역임했고, 효창孝昌 초에 은주자사로 나갔다.

151 갈영葛榮, ?~528 : 중국 남북조시대 북위北魏의 인물. 선비족鮮卑族 출신으로 한때 하북성 지역을 차지하고 천자로 자칭, 국호를 제齊라고 일컬었으나 실패했다.

은 자가 즐비했으나 그래도 최해를 배반한 자가 없었다. 성이 함락되어도 최해는 절의를 지켜 굽히지 않았고 갈영은 결국 그를 죽였다.

안진경顔眞卿이 평원태수平原太守로 있을 때의 일이다. 안진경은 안녹산安祿山이 반란을 일으킬 줄 알고 장마철의 겨를을 이용해서 성을 수축하고 해자를 파고 장정의 수를 파악하여 창고를 충실히 해놓았다. 안녹산은 안진경을 한낱 서생이라고 얕잡아 보아 안진경에게 통첩을 보내 평원과 박博의 군대로 하진河津을 방어하라고 했다. 안진경이 이평李平을 사잇길로 보내 이 사태를 보고하니, 임금이 기뻐하며 "짐이 안진경이 어떤 모양을 하고 있는지 걱정했더니 능히 이처럼 할 수 있었단 말인가"라고 했다.

안고경顔杲卿[152]이 상산태수常山太守로 있을 때이다. 당시 안녹산이 고성藁城에 이르매 그가 무력으로 능히 당해내지 못해 장사長史[153] 원이겸袁履謙과 함께 가서 안녹산을 맞이하였다. 안녹산은 그에게 금자金紫[154]를 내리고 그의 자제를 볼모로 잡아간 다음, 그대로 상산을 지키도록 했다. 그는 상산으로 돌아와서 원이겸과 의논하여 군사를 일으켜 안녹산을 치기로 계획하고 여러 고을에 격문을 보내니 하북河北 지방의 여러 군현에서 호응하는 자가 17곳이 되었다. 사사명史思明 등이 군대를 거느리고 와서 성을 포위하니, 안고경은 주야로 적군과 맞서 싸웠으나 끝내 양식이 다하고 화살이 떨어져 성이 함락되었다. 적이 안고경을 붙잡아서 낙양洛陽으로 보내니 그는 눈을 부릅뜨고 안녹산을 꾸짖어 "조갈구臊羯狗[155]야, 어

---

152 안고경顔杲卿, 692~756 : 중국 당나라 때 인물. 안진경의 종형從兄.
153 장사長史 : 자사 아래에 있는 관원.
154 금자金紫 : 금인金印과 자수紫綬의 줄인 말. 천자가 높은 벼슬아치에게 하사하는 것.
155 조갈구臊羯狗 : 누린내 나는 갈羯의 개라는 뜻. '오랑캐'라는 말과 비슷한 의미. 안녹산이 호족胡族 출신이기 때문에 욕하는 말로 쓴 것이다.

찌 나를 빨리 죽이지 않는가" 라고 소리쳤다. 안녹산은 크게 노하여 원이 겸과 함께 중교中橋[156]의 기둥에 결박해놓고 살을 뜯어냈다. ○ 군자는 "애석하다. 비록 군사를 일으킬 뜻이 마음속에 있었다지만, 먼저 금자를 받은 것은 예가 아니다. 진작 죽어 깨끗하게 절개를 지키는 것만 못하다"라고 한다.

장순張巡이 진원령眞源令으로 있을 때의 일이다. 당시 안녹산이 반란을 일으키매 그는 이속과 백성들을 거느리고 현원황제묘玄元皇帝廟[157]에 곡을 하고 군사를 일으켜 적과 싸웠다. 적군이 성을 포위하여 아주 위급하게 되자 그는 대청에 천자의 화상을 설치하고 장졸들에게 참배하도록 한 다음, 대의를 들어 격려하였다. 양식이 떨어지고 성이 함락되기에 이르러 그는 서쪽으로 향해 두 번 절하고 "신은 힘이 다했습니다. 살아서 폐하께 갚을 길이 없으매 죽어서 마땅히 여귀가 되어 적을 죽일 것입니다" 하고 허원許遠[158]·남제운南霽雲[159]·뇌만춘雷萬春[160] 등 36명과 함께 죽었다.

송나라 조앙발趙昂發[161]이 지주池州의 통판으로 있을 때의 일이다. 원나

---

156 중교中橋: 천진교天津橋의 별칭. 낙양洛陽의 낙수洛水에 놓여 있으며 지금은 상부교上浮橋라고 부르는 것이다.

157 현원황제묘玄元皇帝廟: 노자를 모시는 사당. 중국 당나라 때 노자를 추존해서 현원황제玄元皇帝라 하고 양경兩京 및 각 주에 현원황제묘를 두게 하였다.

158 허원許遠, 709~757: 중국 당나라 사람. 안록산의 난이 났을 때 수양睢陽의 태수로서 장순의 군대 3000명과 함께 끝까지 항적하다가 양식이 떨어지고 외원이 끊어지자 장렬하게 죽었다.

159 남제운南霽雲, 712~757: 중국 당나라 사람. 농민 출신으로 공부를 좋아했고 말타기와 활쏘기에 능했다. 안록산의 난에 기병하여 장수가 되고 장순을 따라 수양睢陽을 지키다가 함께 죽었다.

160 뇌만춘雷萬春, 701~757: 중국 당나라 사람. 장순의 편장으로 장순의 신임을 받았고, 안록산의 난 때 함께 죽었다.

161 조앙발趙昂發, ?~1276: 중국 남송 사람. 자는 한경漢卿이다. 순우淳祐 10년(1250)에 급제, 지주통판으로 있을 당시 원의 군대가 쳐들어오자 지주수池州守는 달아났고 그가 그

라 군대가 성에 다다랐는데 그는 일이 어찌할 도리가 없음을 알고 처 옹씨雍氏에게 "성이 장차 함락될 텐데, 나는 성을 지키는 신하라 버리고 떠날 수가 없소. 당신은 먼저 나가서 피하시오"라고 말했다. 옹씨 또한 "당신은 명관命官이요 나는 명부命婦<sup>162</sup>인데 당신만 충신이 되고 나는 충신부忠臣婦가 되지 말란 말이요"라고 했다. 그는 웃으며 "이 어찌 부녀자가 능히 할 수 있는 일이오?"라고 하자, 옹씨는 "내가 당신보다 먼저 죽으리다"라고 말하니 그가 웃으며 옹씨를 말렸다. 원나라 군대가 성에 육박하자 조앙발은 새벽에 일어나서 책상 위에 "나라는 배반할 수 없고 성을 지키면서 항복할 수 없으매 우리 부부가 함께 죽어 절의를 나란히 이루노라"라고 쓰고, 드디어 옹씨와 더불어 종용당從容堂에서 목을 매 죽었다.

신라의 필부匹夫<sup>163</sup>가 무열왕 때 중성重城【지금의 적성積城】현령으로 있을 때 고구려 군대가 쳐들어와서 성을 포위했다. 필부가 성을 지키고 싸운 지 20여 일이나 되었다. 고구려 군대가 그만 돌아가려고 하는데 대나마大奈麻<sup>164</sup> 비삽比歃이 몰래 사람을 보내 성안에 양식이 떨어지고 힘이 다 된 것을 알려서 고구려 사람들이 다시 공격해왔다. 필부는 비삽의 머리를 베어 성 밖으로 던지며 주먹을 불끈 쥐고 한 번 소리치니 병든 사람까지 다 일어났다. 본숙本宿·모지謀支·미제美齊 등과 더불어 대항해 싸우다가 화살이 그의 몸에 집중해서 꽂히니 피가 발꿈치까지 흘러내려 마침내

지방을 맡게 되었다.

162 명부命婦: 부인 중의 봉호를 받은 사람을 명부라 칭한다. 곧 비·빈·공주 및 일반 벼슬아치들의 부인이다.

163 필부匹夫, ?~660: 신라 무열왕 때의 인물. 아찬阿飡 존대尊臺의 아들이며 사량부沙梁部 출신이다. 무열왕 7년에 고구려·말갈 연합군이 칠중성七重城을 포위하였을 때 그곳 수령으로서 끝까지 지키다가 전사하였다.

164 대나마大奈麻: 신라 때 10품의 벼슬.

죽음을 맞았다. 왕이 크게 통곡하며 필부에게 급찬級湌[165]을 추증하였다.

고려 김원정金元禎이 철산군수鐵山郡守로 있을 때 북방 오랑캐 군사의 침입을 받았다. 그는 굳게 성을 지키다가 힘이 다해서 면하기 어려울 줄 알고 드디어 관의 창고에 불을 지르고 처자와 함께 불 속에 뛰어들어 죽었다.

고려 조효립曹孝立[166]이 춘주春州를 맡아 있을 때 몽고 군대가 성을 몇 겹으로 둘러싸고 여러 날 공격해오는데 샘물이 다 마르고 병졸들이 몹시 지쳐 있었다. 그는 성을 지킬 수 없음을 알고 처와 더불어 불 속에 뛰어들어 죽었다.

고려 최춘명崔椿命[167]이 자주慈州[168]의 부사副使로 있을 때의 일이다. 몽고 군대가 들어와서 포위하였는데【고종 18년】 그가 고수하여 함락되지 않았다. 임금이 몽고 장수 살례탑이 힐책할 것을 걱정하여 사람을 보내 항복하라고 달래었으나 그는 성문을 닫고 응답하지 않았다. 삼군의 장수들이 왕명으로 항복함에 이르러, 회안공淮安公 왕정王侹[169]이 대집성大集成[170]을 보내서 항복하라고 권유했다. 최춘명은 성루에 앉아서 사람을 시켜

---

165 급찬級湌: 신라 때 9품의 벼슬.
166 조효립曹孝立, ?~1253: 고려 고종 때 인물. 춘주(春州, 춘천)에 있을 때 몽고 군사에게 성을 겹겹으로 포위당하여 끝까지 항전하였다.
167 최춘명崔椿命, ?~1250: 본관은 해주海州, 최충崔冲의 후손이다. 고종 18년 자주慈州의 부사로 있으면서 성이 몽고군에게 포위되었는데 군게 지키고 항복하지 않았다. 이때 이미 몽고와 화의를 맺은 뒤였으므로 고려 정부에서 항복하도록 타일렀으나 끝내 굴하지 않았다.
168 자주慈州: 지금의 평안남도 순천군 자산면의 옛 이름.
169 왕정王侹, ?~1234: 고려의 왕족, 신종의 딸 경녕궁주敬寧宮主와 결혼하여 회안공에 봉해졌다. 몽고와 강화하는 과정에서 살례탑의 접반을 맡았다.
170 대집성大集成, ?~1236: 고려 고종 때의 인물. 대장군·서북면병마사를 역임했다.

"성안에서는 회안공이 있는 줄 알지 못한다"라고 대답했다. 대집성이 성으로 들어오려 하자 그는 좌우를 시켜 활을 쏘았다. 대집성이 도망가 최이崔怡에게 고자질을 하여 최춘명이 곧 죽게 되었으나 얼굴빛은 조금도 변함이 없었다. 몽고 사람이 이를 보고 "이 사람은 우리에게는 명을 거역한 자이지만 너희에게는 충신이다. 우리들도 죽이지 않는데 너희들에게는 성을 지킨 충신을 죽이는 것이 옳은가?" 하고 굳이 청하여 최춘명을 석방하였다. 후에 공을 논함에 1등이 되었다.

신면申㴐[171]이 관찰사로서 함흥부윤을 겸하고 있었다. 이시애李施愛의 무리가 그를 죽이려고 꾀하여 군사를 일으켜 관아를 포위했다. 신면은 피할 수 없을 줄 알고 활과 화살을 가지고 성루에 올라가서 네 명을 쏘아 죽이고 화살이 떨어지자 그 활을 꺾어버리고 적을 꾸짖다가 죽었다[다른 본에는 신면이 곡루曲樓에 숨어 있는 것을 한 아전이 가리켜주어서 해를 입었다고 나와 있다].

장흥부사 한온韓蘊, 영광군수 이덕견李德堅이 을묘년(1555)의 난을 만나 병마절도사 원적元績과 함께 달량보達梁堡[172]에 진을 치고 있다가 왜적이 크게 몰려와서 성이 함락되고 한온은 전사했다. 이에 고을 사람들이 향사鄕祠에 제사 지냈다.

송상현宋象賢이 동래부사로 있을 때의 일이다. 임진년 4월에 왜군이 부산을 함락했다. 좌병마절도사 이각李珏은 동래로 들어왔다가 부산이 함

---

171  신면申㴐, ? ~1467: 본관은 고령이다. 도승지를 거쳐 함길도 관찰사에 이르렀다. 신숙주
申叔舟의 아들.
172  달량보達梁堡: 전라남도 영암군의 남쪽 해변에 있었던 군사 요지. 수군만호水軍萬戶가
있었다.

락되매 왜군의 날카로운 기세를 피해서 물러나 소산역蘇山驛<sup>173</sup>에 진을 쳤다. 송상현은 이각에게 떠나지 말고 함께 성을 지키자고 했으나 이각은 응하지 않았다. 4월 15일에 왜군이 동래성으로 육박해오자, 송상현은 남문의 문루에 올라가 병사들의 전의를 북돋우며 지휘하였으나 반나절 만에 성이 함락되었다. 그는 꼿꼿이 앉아서 칼을 맞고 죽었다. 왜인들이 그의 죽음에 경의를 표하여 관에 넣어 성 밖에 묻고 표목을 세워두었다.

정발鄭撥<sup>174</sup>이 부산 절제사節制使<sup>175</sup>가 되어서 떠나려 할 때 어머니께 울면서 하직하기를 "자식이 벼슬을 구한 것은 본래 어버이를 봉양하기 위해서인데 기왕 임금의 신하가 되었으니 또한 마땅히 나라를 위해 죽어야 합니다. 충과 효 두 가지 모두를 온전히 할 수 없으니 어머니께서는 이 자식을 걱정하지 마옵소서"라고 하니 어머니도 눈물을 감추고 등을 어루만지며 "떠나거라. 네가 충신이 되면 내가 무슨 유감이 있겠느냐"라고 했다. 그는 무릎을 꿇고 말씀을 들은 다음, 아내를 돌아보고 "어머님 섬기기를 내가 있을 때와 같이 하시오"라고 말하니 좌우에서 모두 눈물을 흘렸다. 그가 부산진에 부임해서 이른 아침부터 밤늦게까지 온갖 준비를 하여 사수할 계책을 세웠다. 정발에게는 흔昕이라는 아들이 있었는데, 그를 따라 임지에 와 있었다. 임진년 4월 초3일에 망해루望海樓에서 잔치를 배설하고 술이 반쯤 돌았을 때 이 아들을 불러서 "오늘 내가 너와 영결을 해야겠다. 네가 만약 천천히 가다가는 필시 화가 미칠 것이다. 지금

---

173 소산역蘇山驛: 부산 동래 지역에 있었던 역.
174 정발鄭撥, 1553~1592: 자는 자고子固, 호는 백운白雲, 본관은 경주이다. 무과에 올라 선전관을 거쳐 부산진첨절제사가 되었다.
175 절제사節制使: 각 진영에 속했던 종3품의 벼슬. 원명은 첨절제사僉節制使이며 줄여서 첨사僉使라고 부른다.

곧 떠나거라"라고 경계하였다. 아들이 울면서 "어찌 차마 혼자 돌아가겠습니까"라고 했으나, 그는 "부자가 함께 죽는 것은 이익될 것이 없다. 너는 돌아가서 나의 어머니와 너의 어머니를 봉양하라" 하고 종자를 꾸짖어 말에 부축해 태워서 떠나보냈다. 그달 13일에 그가 급히 배를 타고 바다로 나가니 적선이 이미 바다에 가득해 있었다. 그는 겨우 전함 3척으로 한편 싸우고 한편 물러나 성으로 돌아와서 성 밖의 인가를 모두 불 질러 싸움에 편리하도록 하고 샛길로 사람을 보내 구원을 청했다. 이날 밤하늘에 구름 한 점 없이 월색이 낮과 같이 밝은데 그는 성루에서 칼을 기대고 앉아 소경으로 하여금 퉁소를 불게 했다. 평일처럼 한가롭게 보여서 군사와 백성들이 진정되어 동요하지 않았다. 이튿날 새벽에 적이 육박하여 성에 기어올라오자 칼 기운이 하늘에 뻗치고 포성이 땅을 흔들었다. 그는 장졸들을 거느리고 성을 순시하며 사기를 북돋우니 활을 쏘아 죽인 적의 숫자가 무수하여 시체가 산처럼 쌓였다. 정오 무렵 성안에 화살이 떨어졌다. 한 측근이 "성을 빠져나가서 원병을 기다립시다"라고 했지만, 그는 "나는 마땅히 이 성의 귀신이 되겠다. 또 성을 버리라고 말하는 자는 참할 것이다"라고 하고 군중에 명령을 내려 "떠나고 싶은 자는 떠나라" 하니 사졸들이 모두 눈물을 흘리며 감히 자기 위치를 떠나지 않았다. 이윽고 그는 탄환을 맞았고 성도 드디어 함락되었다[『약천집藥泉集』].

김시민金時敏[176]이 진주목사로 있을 때 임진왜란을 만났다. 그는 성을

---

[176] 김시민金時敏, 1554~1592 : 자는 면오勉吾, 본관은 안동이다. 무과에 급제해 진주판관으로 부임한 이듬해 임진왜란이 일어나 목사를 대신해서 적을 방어하여 목사로 승진했고 이어 경상우도 병마절도사가 되었다. 이해 10월에 적의 대병이 재차 진주성을 공격해와서 7일 동안 치열한 싸움 끝에 물리쳤지만 적탄에 맞아 죽었다.

수축하고 적을 방어하여 왜적이 이기지 못하고 물러갔다. 그다음 해 6월에 왜적이 다시 진주성을 포위하여 8일 만에 성이 함락되었다. 이때 목사는 서예원徐禮元[177]이었으며, 판관 성수경成守璟,[178] 창의사 김천일金千鎰,[179] 본도 병마절도사 최경회崔慶會,[180] 충청도 병마절도사 황진黃進, 의병복수장 고종후高從厚[181] 등이 모두 다 전사했다. 죽은 군인과 백성이 6만여 명에 이르렀고 말과 소, 닭과 개까지 씨도 남기지 않았다. 저들은 성을 허물고 해자를 메우고 우물을 덮고 나무를 베는 등 이전의 패전을 분풀이했다. 그날이 6월 28일이었다. 당시 밖에서 구원군이 오지 않은 데다가 김천일이 거느린 부대는 모두 서울의 시정에서 끌어모은 무리들이었다. 그리고 김천일과 서예원의 사이가 좋지 않아 주객 간에 서로 시기하여 명령이 엇갈렸다. 이런 여러 이유로 크게 패전한 것이다. ○ 김천일·최경회·황진 등이 죽음에 임해서 시를 지었다.[182] "촉석루 아래 세 장사 술 한

---

**177** 서예원徐禮元, ?~1593 : 선조 때 무신. 임진왜란이 일어났을 때 김해부사로서 적과 싸웠고, 이듬해 진주목사가 되어 성이 함락될 때 왜적에게 죽었다.

**178** 성수경成守璟, ?~1593 : 본관은 창녕昌寧. 음관으로 진주판관에 보임되었다. 의병장 김천일과 한날에 전사했다. 『선조실록宣祖實錄』 등에는 그의 이름이 수경守慶으로 되어 있다.

**179** 김천일金千鎰, 1537~1593 : 자는 사중士重, 호는 건재健齋, 본관은 언양彦陽이다. 이항李恒의 문인. 임진왜란 때 고경명高敬命·박광옥朴光玉 등과 의병을 일으켜 국왕을 구원하기 위해 북상하여 강화江華로 들어갔다. 조정으로부터 창의사의 칭호를 받았으며, 남진하여 진주성에 주둔하게 되었다. 저서로 『건재집健齋集』이 있다.

**180** 최경회崔慶會, 1532~1593 : 자는 선우善遇, 호는 삼계三溪·일휴당日休堂, 본관은 해주이다. 문과에 급제, 영해군수를 지냄. 임진왜란 때 경상우도 의병장으로 전공을 세우고 진주성 싸움에 참여했다.

**181** 고종후高從厚, 1554~1593 : 자는 도충道沖, 호는 준봉隼峰이다. 고경명高敬命의 아들. 문과 급제하여 현령에 이르렀다. 임진왜란 때 부친을 따라 의병을 일으키고 금산錦山 싸움에서 부친이 전사하자 일단 귀가했다가 이듬해 다시 의병을 일으켜 복수의병장으로 자칭하고 진주성 싸움에 참여했다.

**182** 김성일金誠一의 『학봉집鶴峰集』에 의하면 이 시는 김성일이 지은 것으로 되어 있다.

잔 들고 웃으며 강물을 가리킨다. 강물은 유구한 세월에 도도히 흐르니 물결이 마르지 않듯 혼도 죽지 않으리라." 그 후 신유한申維翰[183]이 시를 지어 붙이기를 "천지간에 임금을 보답한 세 장사라, 강산에 나그네 발길을 멈추게 하는 누각이로다"라고 했다.

안음현감安陰縣監 곽준郭䞭[184]이 정유년(1597)에 왜군이 다시 크게 침입해오자 황석산성黃石山城[185]으로 들어갔다. 당시 의병장 곽재우郭再祐[186]가 창녕의 화왕산성火王山城[187]으로 들어가서 죽음으로 지키기로 작정했다. 적이 산성 아래 이르러 바라보니 산세가 깎아지른 것 같고 성안에 사람들이 조용하고 차분하여 조금도 동요가 없음을 보고 적은 화왕산성을 공격을 하지 않고 그냥 통과하여 황석산성을 공격했다. 황석산성이 함락될 때 곽준이 아들 이상履祥·이후履厚와 함께 죽었으며, 그의 딸이 유문호柳文虎에게 출가했는데 이 부부도 죽었다. ○ 함양의 전 군수 조종도趙宗道[188]가 일찍이 "내가 일찍이 나라에 벼슬을 한 몸이거늘 도망치고 숨는 무리와 함께 풀숲 사이에서 죽을 수 없다. 죽으려면 마땅히 정정당당하게 죽

---

183 신유한申維翰, 1681~1752: 자는 주백周伯, 호는 청천青泉, 본관은 영해寧海이다. 시인으로 유명하다. 제술관製述官이 되어 통신사의 일원으로 일본에 다녀왔다. 이때의 견문으로 『해유록海遊錄』을 남겼고, 저서에 『청천집青泉集』이 있다.

184 곽준郭䞭, 1550~1597: 자는 양정養靜, 호는 존재存齋, 본관은 현풍玄風이다. 임진왜란 때 김면金沔과 함께 의병을 일으켰고 김성일의 천거로 자여도찰방自如道察訪이 되었다.

185 황석산성黃石山城: 경상남도 함양군 안의安義에 있었던 산성.

186 곽재우郭再祐, 1552~1617: 자는 계수季綏, 호는 망우당忘憂堂, 본관은 현풍이다. 조식曹植의 문인. 영남의 의병장으로서 대표적인 인물. 벼슬은 함경도 관찰사에 이르렀다. 저서에 『망우당집忘憂堂集』이 있다.

187 화왕산성火王山城: 경상남도 창녕昌寧에 있었던 산성.

188 조종도趙宗道, 1537~1597: 자는 백유伯由, 호는 대소헌大笑軒, 본관은 함안咸安이다. 여러 고을의 현감을 역임했고 정유재란 때 의병을 일으켜 싸우다가 황석산성에서 전사했다.

어야 한다"라고 하더니, 처자를 거느리고 황석산성으로 들어가 시를 지어 "공동산崆峒山 밖은 살아서 기쁨이로되 순원巡遠의 성城 안에서는 죽음이 영광이로다"[189] 라 하고 드디어 곽준과 함께 싸우다가 죽었다.

정시鄭蓍[190]가 가산군수로 있을 때의 일이다. 신미년(1811) 겨울에 토적 홍경래가 이희저李禧著 등과 군사를 동원하여 난을 일으키매, 그 고을의 아전과 군교들이 모두 적과 내통하였는데 수청 기생이 정시에게 그 기미를 밀고하고 달아나라고 권했다. 그는 "이 땅을 지켜야 하는 신하로서 이곳을 떠날 수 없다"라고 말하고, 급기야 적이 이른 줄 알고 촛불을 밝히고 단정히 앉아 있는데 오직 기생 한 명이 그의 곁에 있었다. 적이 곧장 대청으로 올라서 그 부하를 시켜 끌어내려 항복을 받으려 했다. 정시는 적을 꾸짖고 끝내 굴하지 않아 드디어 죽음을 당했다. 그 아버지와 아우 역시 함께 죽음을 당했다. 관찰사 정만석鄭晩錫이 만가輓歌를 지어 "만고에 강상綱常을 지킨 삼부자, 다섯 고을이 풍우에 휩쓸리는데 한 남아가 있었도다"라고 하였다. 이 일이 임금에게 알려져 특별히 병조판서로 증직되었다. 그는 한강寒岡 정구鄭逑의 후손이다. ○ 당시 선천부사 김익순金益淳[191]은 적에게 투항하였다. 적은 그를 군관으로 임명했다. 김익순은 군복을 갖추어 입고 명함을 바치기까지 했다. 뒤에 관군에게 체포되어 처형을 당했다. 나머지 몇 고을의 관장들은 혹은 산으로 도피하고 혹은 옥

---

189 공동산崆峒山은 광성자廣成子라는 신선이 살았다는 곳이며, '순원巡遠의 성城'은 장순과 허원이 싸우던 수양성睢陽城을 가리킨다. 절조를 지켜 죽음이 떳떳하다는 심경을 표현한 내용이다.

190 정시鄭蓍, 1768~1811 : 자는 덕원德園, 호는 백우伯友, 본관은 청주淸州이다. 정조 때 무과에 급제, 선전관을 거쳐 가산군수가 되었다. .

191 김익순金益淳, ?~1812 : 본관은 안동. 선천부사로 있을 때 홍경래 군에 투항하였으며, 그로 인해 참형을 당했다. 시인으로 유명한 김병연(金炳淵, 김삿갓)의 조부이다.

에 갇혔는데 오직 가산군수만 절의를 세웠던 것이다.

임금이 난을 피해 왔을 때에 땅을 지키는 신하로서는
토산품을 진상하여 충성을 표하는 것이 직분의
떳떳한 도리이다.

고려 김은부金殷傅[192]가 공주 절도사로 있을 때, 현종이 거란을 피하여
남으로 내려왔다. 그는 예를 갖추어 교외로 나가 영접하고 의복과 토산
물을 바쳤다. 임금이 파산역巴山驛[193]에 당도했을 때 역리들이 모두 달아
나 임금의 식사를 지공할 수 없는 형편이었다. 그가 또 음식을 진상하여
아침저녁으로 나누어 지공했다.

고려 최재崔宰[194]가 공민왕 때 상주목사로 있었는데, 공민왕 10년(1361)
겨울에 임금이 홍건적의 난을 피해 남으로 내려왔다. 그 이듬해 봄에 임
금이 상주로 행차하매 그는 정성껏 지공을 하되 조금이라도 백성들에게
피해가 가지 않도록 했다. 임금의 측근에게 선물 바치는 것을 하지 않아
서 손을 내밀었던 자가 그를 자못 좋지 않게 여겼다.

한강 정구가 통천군수通川郡守로 있을 때의 일이다. 왜군이 깊숙이 쳐들
어와서 임금이 평양으로 몽진했다가 가산군嘉山郡에 당도했다. 각 도에서
바쳐 올리는 것이 다 끊어졌는데 오직 통천에서만 사람을 보내 진상을

192 김은부金殷傅, ?~1017: 수주水州 안산현安山縣 출신. 현종 때 공주 절도사로서 피난을
  온 국왕을 잘 보살핀 일로 알려졌고, 벼슬이 호부상서에 이르렀다.
193 파산역巴山驛: 충청남도 공주 지방에 있던 역.
194 최재崔宰, 1303~1378: 자는 재지宰之, 본관은 전주이다. 충숙왕 때 문과에 급제, 상주목
  사를 거쳐 전리판서典理判書에 이르렀다.

했다. ○ 그 당시 임금의 수레가 밤중에 동파역東坡驛[195]에 당도했다. 파주목사 허진許晉과 장단부사 구효연具孝淵이 지대차사원支待差使員[196]으로 그곳에 대기하고 있다가 임시 어주御廚를 설치했다. 호위하던 사람들이 종일 굶주린 나머지 어주 안으로 난입해서 마구 빼앗아갔다. 임금이 식사를 하지 못하게 되자 허진과 구효연은 두려워서 달아났다.

광주목사廣州牧使 허호許瑀의 일이다. 인조 15년(1637) 정월 초하루 아침, 청나라 군대가 삼전도三田渡에 주둔하고 있는 상태였다. 허호는 포위된 성안에서 떡국을 만들어 임금께 올리고 나서 그 나머지를 백관에 나누어주었다. 한 사람 앞에 가래떡 몇 가닥 정도였는데 떡을 나누어 받은 이들이 모두 눈물을 흘렸다.

전란의 화가 미치지 않는 지역에서는 백성을 잘
보살펴 물자를 비축하고 농사를 권장해서 군수軍需를
넉넉하게 하는 일도 나라를 지키는 직분이다.

전란이 나면 그 적의 공격이 아무리 날카롭더라도 대개 어느 한 지역에서 충돌이 일어나지, 온 국토가 전화에 휩싸이는 것은 아니다. 병란이 닿지 않는 곳에서는 백성을 안정시키기에 힘써야 한다. 미리 겁을 내서 물고기가 숨고 짐승이 달아나듯 백성들이 뿔뿔이 흩어지도록 내버려두고, 거두고 보살피는 일을 하지 않으면 전란에 직접 노출된 지역은 어

---

195 동파역東坡驛: 경기도 장단長湍에 있던 옛날 역.
196 지대차사원支待差使員: 지방 수령 중에서 선발된 임시직. 주로 중국 사신을 접대하기 위한 기구였는데 이 경우는 아주 특수한 사례이다.

디에서 힘을 얻을 것인가? 수령은 의당 주민들을 불러 이해利害로 타일러서 각자 안도하도록 하고, 농사를 지어 재물을 비축, 능히 필요한 공급을 하여 백성을 편안하게 하고 나라를 방어하면, 전장에 나가 화살과 총알을 무릅쓴 자보다 공이 못하지 않을 것이다. 만약 그때의 형세상 눈앞에 전란이 닥치게 되면 아무쪼록 성곽을 공고히 하고 해자를 파며, 병기와 갑옷을 수선하여 방어할 도리를 차려야 할 것이다. 또 만약에 읍성이 너무 낮거나 터져 있어서 적의 공격을 막아낼 수 없으면, 지형을 헤아리고 하천을 살펴서 요새가 될 만한 곳을 택해 보루를 많이 설치하고, 나무와 돌을 다량으로 쌓아두고 양곡을 저장해놓은 다음, 적군이 이용하지 못하도록 들판을 비우고서 기다릴 것이다. 그러고 나서 한편으로 주민들로 하여금 틈틈이 요새에서 내려가 농사를 짓고, 다른 한편으로 멀리 척후를 세워두면 적이 쳐들어오더라도 충분히 방어할 수 있다. 쳐들어오지 않으면 각자 돌아가서 살 것이니 어느 쪽이건 무방하다. 향토를 버리고 산으로 숨고 바다로 달아나는 자들은 대개 다 낭패하여 입지를 잃고 길에서 죽고 말 것이다. 의당 이러한 뜻을 거듭거듭 백성들에게 설명하여 경솔하게 움직이지 말도록 해야 한다. 이에 대한 규모와 절목은 모두 『민보의民堡議』[197] 3권에 자세하니 여기서는 거듭 서술하지 않는다.

고려 김이金怡[198]가 장흥부사로 있을 때의 일이다. 합단哈丹[199]이 침입

197 『민보의民堡議』: 다산이 지은 국방에 관한 저술. 외침과 반란에 백성이 자치적으로 대처할 전술·장비·조직 등에 관해서 상세히 서술했다. 조선 후기의 국내외적으로 불안한 상황과 관련해서 쓴 것이다.

198 김이金怡, 1265~1327: 초명은 지정之琔·정미廷美, 자는 열심悅心·은지隱之이다. 벼슬은 첨의정승僉議政丞·첨의중찬僉議中贊에 이르렀다.

199 합단哈丹: 중국 원나라의 북쪽 변경에서 내안乃顔이란 인물이 반란을 일으켰는데, 합단은 그 잔당으로 고려에 쳐들어온 자이다. 고려의 동북 국경을 침입하여 철령을 넘어서

해왔는데 나라에서 각 주현에 명령을 내려 요새를 점거해서 스스로 지키도록 했다. 그는 안렴사 강취姜就에게 "천병天兵[200]이 이 조그만 도적을 제압하는 것은 도마 위의 고기를 써는 일에 지나지 않는다. 어찌 남쪽 고을까지 도적들이 들어올 것인가. 또 식食은 백성에게 하늘이다. 갈고 심는 일은 다 시기가 있는데 그 시기를 놓쳐서는 안 된다" 하고 나가서 농사 짓기를 청했다. 강취는 "만약 명령을 어기면 견책을 받을 터인데 어찌할 것인가?"라고 막았다. 김이는 돌아와서 "농부가 농사를 못 지으면 천하가 굶주림을 당한다. 명령을 그대로 따라서 농사를 짓지 않으면 굶어 죽는 사람이 많을 것이요, 명령을 따르지 않고 농사를 지으면 죄를 받을 사람은 나 하나뿐이다" 하고, 백성들로 하여금 나가서 농사를 짓도록 했다. 적은 과연 연기燕岐에 이르러 패망하고 끝났다. 다른 고을은 모두 수확한 것이 없었으나 장흥만은 큰 풍년이 들었다.

홍처후가 제천현감으로 있을 때 청나라 군대가 쳐들어왔다. 그는 관하에 명을 내려 사민士民들을 가볍게 움직이지 못하도록 한 다음, 건장하고 용맹한 자를 뽑아 방어 계책을 세웠다. 당시 청나라의 철기병이 휩쓸면 무너지지 않은 고을이 없었으나, 유독 제천은 끄떡하지 않았다. 홍무적洪茂績[201]이 독운관督運官[202]으로 제천에 와서 보고 찬탄해 마지않았다.

---

양근楊根을 함락하기에 이르렀다. 국왕은 강도江都로 옮겨가서 원나라에 원병을 청해 남하한 합단의 부대를 연기燕岐에서 대파, 섬멸했다. 충렬왕 16~17년의 일이다.

**200** 천병天兵: 여기서는 우리나라의 군대를 뜻한다.

**201** 홍무적洪茂績, 1577~1656: 자는 면숙勉叔, 호는 백석白石, 본관은 남양南陽이다. 벼슬은 우참찬에 이르렀다.

**202** 독운관督運官: 조운漕運을 독려하는 관원. 조운은 선편을 이용해서 세곡을 운반하는 것을 가리킴.

제 9 부 형전 6조

# 刑典六條

제 1 조 송사를 심리하기 상

聽訟

송사를 심리하는 근본은 성의誠意[1]에 있고, 성의의
근본은 혼자 있을 때 마음가짐과 행동을 바르게
하는〔愼獨〕데 있다.

『중용』에서는 『시경詩經』을 인용하여 "'무언無言의 교화에 백성을 감동
시키면, 다툼이 없다'[2]라고 하였으니, 군자가 상을 주지 않아도 백성들은
서로 착한 일을 권하며, 벌을 주지 않아도 백성들은 작두와 도끼 같은 형
구보다 두려워한다"[3]라고 하였다. 『대학』에서는 공자의 말을 인용하여,
"송사를 심리하는 일은 나도 다른 사람과 다르지 않겠지만, 나는 근본적
으로 쟁송이 일어나지 않도록 할 것이로다"[4]라고 하였다. 『중용』에서는
먼저 잠소潛昭와 옥루屋漏[5]의 뜻을 말하여 혼자 있을 때 마음가짐과 행동

---

1 성의誠意: 『대학』의 8조목 중 하나로, 뜻을 정성스럽게 가진다는 의미.
2 『중용』에서 『시경·상송商頌·열조烈祖』를 인용한 것. 주자는 '주奏'를 신명神明에 나아가
  는 것으로 보고 이 인용문을 신명의 강림을 빌 적에 정성과 공경을 지극히 하면 말하지
  않아도 백성들이 저절로 교화된다는 의미로 해석하였으나, 다산은 이 인용문이 백성을
  교화하는 내용이라고 보아, '주가奏假'를 백성을 감동시키는 것으로 해석하였다.
3 『중용집주中庸集註』 33장.
4 『논어·안연顏淵』의 청송장聽訟章에 나오는 말.
5 잠소潛昭·옥루屋漏: '잠소'는 아무리 숨겨져 있다 해도 드러난다는 의미(『중용』: "潛雖伏矣
  亦孔之昭."). '옥루'는 가옥의 서북쪽 모서리로 신을 모셔두는 곳(『시경·대아大雅·억抑』: "相在

을 바르게 한다는 것의 의미를 밝힌 다음, 이어 "백성을 감동시키면"이라는 구절을 인용했고, 『대학』에서는 성의와 지선至善의 뜻을 두루 설명한 다음 청송의 구절을 끌어다 끝맺었다. 그 깊은 이치와 미묘한 뜻이 서로 대응이 되는 것이다. 송사를 심리하는 것과 아예 쟁송이 없게 하는 것은 그 차이가 실로 크다. 송사를 심리하는 것은 말과 표정으로 백성을 교화하는 일이다. 쟁송이 없게 한다는 것은 "내가 밝은 덕으로 교화하여, 소리를 지르거나 표정을 드러내지 않는다"[6]라는 취지이다. 성인은 언제나 마음가짐과 행동을 바르게 갖고 성의를 간직하여 몸을 닦는 것을 먼저 생각하므로, 자연히 백성들이 우러러보고 두려워하여 감히 사실이 아닌 말을 진술하지 못하는 것이다. 이는 백성을 교화하는 지극한 효과이다. 천하의 만민은 빽빽하고 총총하여 집집마다 타이르고 달래는 것도 불가능하며, 입과 혀로 다 따지고 가르칠 수는 없는 노릇이다. 그러므로 성인의 도는 통치자가 정성을 극진히 하고 공경을 돈독히 하면 천하가 저절로 평온해지는 데 있다. 이 모두가 근본적으로 쟁송이 일어나지 않도록 한다는 뜻이다.

그다음으로는 자신의 몸가짐을 규율하는 것이니,
훈계하고 가르치며 억울함을 풀어주면 또한 쟁송이
없어질 것이다.

수나라 유광劉曠[7]이 평향현령平鄕縣令으로 있을 때에 뛰어난 치적이 있

---

爾室 尙不愧于屋漏.").
6 『시경·대아·황의皇矣』.

었다. 의리로써 밝혀 타이르매 소송하러 온 자들이 대부분 자기 허물을 깨우치고 돌아갔다. 그리하여 감옥에는 풀이 가득 자라고, 관아의 뜰에는 새 잡는 그물을 쳐도 괜찮을 지경이 되었다. 고경高穎[8]이 그를 천거하여 거주자사苣州刺史가 되었다.

장영이 익주자사로 있을 때의 일이다. 문서를 꾸며 소송하는 자가 있으면 실상과 허위를 분명하게 알아 그 자리에서 판결을 내렸다. 매양 소송을 판결할 때, 실상은 가벼운데 형률이 무겁게 적용된 경우와 실상은 중한데 형률이 가볍게 적용된 경우를 정확히 구분하여 판례가 될 말을 남겼다. 그 지역의 사람들이 장영이 판결한 말을 판각하여 책을 만들었는데 『계민집戒民集』[9]이라고 일렀다. 대개 풍속을 두터이 하고 효도와 예의를 중히 하는 것으로 근본을 삼았다.

전탁田鐸[10]이 좌천되어 봉주蓬州를 다스릴 때의 일이다. 자사가 순시하다가 봉주에 이르러 보니 쟁송하는 자가 없어 적막한 지경이었다. 의아하게 생각했는데 이윽고 봉주에는 억울한 백성이 없음을 알게 되었다. 자사가 크게 감탄하고 돌아가서 그를 조정에 천거하여 광동廣東의 첨사僉事[11]로 발탁하도록 하였다[『명사』에 실려 있다].

---

7 유광劉曠: 중국 수나라 때 인물. 지방관으로서 선정을 베풀어 죄를 진 자가 없어 감옥이 텅 빈 것으로 유명했다.
8 고경高穎, 541~607: 중국 수나라 문제 때 공신. 오랫동안 재상으로 있으면서 조정과 민간에서 모두 추앙을 받아 '진재상眞宰相'이라 일컬어졌다.
9 『계민집戒民集』: 중국 북송의 문신인 장영이 익주자사로 있을 때 만들어진 판례집. 민정서로 분류되는 책.
10 전탁田鐸: 중국 명나라 때 인물. 자는 진지振之이다. 봉주와 광동 지방의 관인으로서 훌륭한 치적이 있었다.
11 첨사僉事: 중국 명대의 관제로, 도지휘사사의 속관. 공사의 판단과 검찰 업무를 주관하였다.

송사의 심리審理를 물 흐르듯 거침없이 하는 것은
타고난 재능이 있어야만 가능하기에 위험한 일이다.
송사의 심리는 필히 마음을 다해서 정확히 따져야
확실한 법이다. 그러므로 송사를 줄이고자 하면
심리를 세밀하게 해야 하니 더뎌지기 마련이다.
그렇게 하면 한번 판결이 내려진 후에는 그런 소송이
다시 제기되지 않게 된다.

수령 중에 참을성이 없는 자는 으레 소장訴狀을 접수하면 그 사건의 근원부터 파고들어 밝히려 하지 않고 눈앞에 대하는 소장의 문면文面만 의거해서 판단한다. 더듬고 찾아도 얽혀 있어서 옳은 것도 같고 틀린 것도 같은데 급히 판결문을 적고 나서 아전과 졸개들에게 소리쳐 물러가게 한다. 그리하여 당장 일이 끝난 것만을 다행으로 여기는 것이다. 이 일이 수령에게는 비록 자질구레한 것일지라도 백성에게는 실로 큰 문제이다. 판결을 명백히 내려 한쪽이 이기고 한쪽이 지게 된 다음에야 비로소 일이 끝난다. 수령의 위엄으로 비록 여러 번 번거롭게 하기는 어렵다 치더라도 소송에 얽힌 감정이 어찌 쉽게 저절로 가라앉을 수 있겠는가. 풀을 제거하되 뿌리를 남겨두면 해마다 다시 살아나는 법이니, 한 가지 일로 서로 다투는 것이 다섯 차례, 열 차례에 이르고 보면 소송이 날로 번거로워지는 원인이 되어 마침내 가려낼 도리가 없게 된다.

정선이 말하였다. "업무 처리가 재빠르고 응답이 물 흐르듯 하여 책상 위에 문서가 남아 있지 않으면 기쁜 일인 것 같지만, 급히 서둘다가는 열에 아홉은 착오를 일으킨다. 오히려 치밀하고 자세하고 침착하고 신중하게 처리함을 우선으로 삼아야 좋다."

호태초가 말하였다. "수령으로서 송사를 맺고 끊어 처리하지 못하는 것은 더욱 많은 일을 만나게 되는 원인이 된다. 매양 소장을 접할 때 새로운 문제는 거의 없고 이미 다루었던 것이 허다히 열에 일고여덟이나 된다. 담당자가 소장을 읽어야 하는 노력만 들고 민호가 진청陳請을 하는 수고를 더할 뿐이다. 어찌 한 건 한 건 분명히 마감을 해서 뒤가 깨끗하게 되는 것만 같을 것인가." ○ 또 말하였다. "송사의 판결이 번거롭다고 꺼려서 뒤로 미루어 자꾸 쌓이다보면 아무리 정신을 다해 하더라도 처리하기가 어려워진다. 또한 날마다 송사를 심리하면, 수령으로서는 다른 일도 많은데 소송 서류 때문에 피곤해질 것이다. 하루를 걸러서 순서대로 소송을 처리함만 같지 못하다. 면面 별로 각각 구분지어놓고, 1일은 아무 면의 송사를 심리하고 3일은 아무 면의 송사를 심리하여, 5일, 7일, 9일로 순번을 정해서, 예정한 날짜를 바꾸거나 넘어가지 않게 하면 아마도 쉽게 일을 마칠 수가 있을 것이다. 또한 어떤 자가 한때의 분이 치솟아 송사를 일으키려 하더라도 날짜가 조금 지나면 분이 풀리고 사건도 가라앉아서 서로 화해하여 다시 오지 않게 되는 수도 있을 것이다." 案 백성의 송사 가운데에는 시각을 다투는 절박한 건도 있는데 이런 경우 날짜를 구분하거나 하루걸러 심리하는 방법은 좋지 않다.

막혀서 소통이 되지 못하면 민정民情은 그 때문에 답답해할 것이다. 호소하고 싶은 백성들이 마치 자기 부모의 집에 오는 것 같이 한다면 이야말로 훌륭한 수령이라고 할 수 있다.

가리고 막히는 폐단과 막히지 않고 통하는 방법은 이미 앞의 머리 편【'업무를 시작함'(제1부 제6조)】에 상세히 나와 있다.

호태초는 말하였다. "백성들이 수령을 하늘처럼 멀리 있는 줄만 알고 신처럼 두렵게 여기니, 원통함을 머금고 고통을 삼키면서도 수령 앞에 와서 호소할 길이 없다. 요행히 수령 앞에 간다 해도 관졸들이 막고 꾸짖으며 매질을 해대는데, 겁 많고 나약한 자는 벌써 정신이 아득해지고 기운을 잃게 된다. 관문과 관정을 활짝 열고 관졸들을 멀리 있게 하며 수령이 몸소 백성을 불러들여 자리 앞에 앉히고서 부드러운 낯빛으로 물어, 하고 싶은 말을 다 하도록 한다. 정 가로막혀서 통할 수 없는 때에는 관문 밖에다 징 같은 것을 걸어놓고 직접 치도록 한다. 이같이 하면 민정이 전해지지 못하는 일이 없을 것이다." ○ 북을 달아두는 방법은 이미 앞 편에 나와 있다【'업무를 시작함'(제1부 제6조)】.

자하산인紫霞山人은 말하였다. "어린아이의 병을 의서에서는 벙어리과 〔啞科〕라고도 부른다. 아프거나 가려워도 스스로 말할 수가 없기 때문이다. 항시 보면 촌백성들이 원통함을 호소하고 싶어도, 권세 있는 아전이나 간악한 좌수 등과 관련된 일이면 이들의 노여움을 건드릴까 두려워 감히 드러내 말하지 못한다. 그런 까닭에 백성의 말하는 것이 우물쭈물해져서 하나같이 사리에 어긋난 듯 보인다. 이것이 그들이 벙어리처럼 되는 첫 번째 이유이다. 또한 백성들은 법도 모르고 문자도 모르므로 서당의 훈장에게 부탁해서 대신 소장을 쓰게 된다. 이들은 글이 형편없는 수준인데 어떻게 공문서에 쓰는 이두식 문체를 알 것인가? 그렇기에 사건에 대한 확실한 증거는 빠뜨리고 중요하지 않은 부분만을 늘어놓게 된다. 본래 사리로 보아 정당한 일임에도 소장의 표현이 사리에 어긋난 듯이 되고 만다. 이것이 그들이 벙어리처럼 되는 두 번째 이유이다. 백성은 관정에 나가더라도 상하의 관졸들이 좌우에서 매질을 해대니 마음과 혼이 나가서 말이 나오지 못하거늘, 소송 상대방은 간사한 아전이나 간교한 호민이라 말솜씨가 대쪽을 쪼개는 것처럼 듣기에도 시원하다. 이자가 한번 크게 웃으며 공갈을 하면 백성은 억눌려서 말이 막히기 마련이다. 이것이 그들이 벙어리가 되는 세 번째 이유이다. 내가 전에 지방관으로 있으면서 매양 보면 관장이 엎드리라고만 해도 어리석은 백성은 매를 맞을 듯 양다리를 뻗고 엎드려 마치 두꺼비가 물 위에 떠 있는 형상을 하고 있다. 불쌍해서 차마 매를 칠 수가 없었다. 요컨대 수령은 백성들의 송사 듣기를 마치 어린아이의 병을 살펴보듯 해야지 위엄과 억압으로 해서는 결코 일이 되지 않는다."

『다산필담』에서 이렇게 말했다. "수령 된 자는 성질이 번거로움을 싫어하고 일에 밝지 못해, 일단 소장을 대하면 으레 '조사해 보고하라[查稟]'는 말을 급한 일을 넘기는 수단으로 삼고 있다. 그래서 이 일이 향청이나 담당 아전, 혹은 향갑이나 전감田監에게 맡겨진다. 백성들이 하소연하는 내용이 대부분 이 무리들의 농간으로 어지럽게 얽힌 문제인 줄을 모르는 것이다. 비록 백성의 소장 안에 이들 몇 사람의 이름이 들어 있지 않다 하더라도, 일의 줄거리를 파헤치면 모두가 이 무리들과 닿아 있다. 백성들은 이들의 위세가 겁이 나서 감히 드러낸 말을 못할 뿐이다. 수령이 직접 나서서 조사해 밝히면, 반드시 이 무리들 가운데 응당 가볍게 곤장을 몇 대 때릴 자가 있고, 곤장을 수십 대 때릴 자도 있으며, 돈을 토해내야 할 자도 있을 터인데, 도리어 이 무리들로 하여금 그 일을 조사해 보고하라고 하다니, 그 얼마나 억울한 노릇인가? 어린애가 호랑이에게 쫓겨 부모의 품속으로 뛰어드는 것을 부모가 도리어 어린애를 호랑이 입속으로 내던지는 꼴이다. 누가 이 사람을 자애롭다 할 것이랴! '조사하여 보고하라'는 수령의 말이 이와 무엇이 다른가?"

　호태초는 말하였다. "소송 문서는 다들 아전으로 하여금 그 요지를 발췌하여 제시하게 하는데, 이를 일러 사목事目이라 한다. 아전이 다른 사람의 부탁을 받고서 이치가 바른 자의 것은 모두 다 제시하지 않고 이치가 비뚤어진 자의 것은 도리어 편들어 말하니 그 때문에 판결을 많이 그르친다. 수령이 스스로 문서 하나하나를 넘겨가면서 조사해야 마땅하다."○ 무릇 사람이란 보는 것은 잘 볼 수 있지만 듣는 것은 잘 듣기 어렵다. 하물며 관청은 번잡하고 떠들썩한 곳이니, 어찌 잘 들을 수가 있겠는가. 아전으로 하여금 소장을 보고하게 하는 일은 심히 불편한 것이다. 바야흐로 백성이 소장을 꾸밀 때에는 간신히 남의 손을 빌려서 자신의 간곡한 속사정을 적어낸 것인데, 아전이 그 소장을 보고할 때에는 알맹이는 빼내버리고 그 끝부분만 아뢰게 된다. 수령이 아무리 신과 같이 밝다 해도 단지 그 끝부분만을 듣고서야 어떻게 시비를 가릴 수가 있을 것인가. 수령은 마땅히 하나하나 친히 살펴서, 비슷비슷한 종류의 소장은 끝부분만을 보아도 되겠지만 새롭고 특별한 내용은 그 전말을 자세히 읽어봐야 한다. 그래서 당사자를 대질시켜야 할 경우에는 대질시키고, 즉결해야만 할 것은 사리를 따라 명확히 판결해줄 것이며, 조사하여 밝혀내야 할 경우에는 별도로 책상머리에 놓아두었다가 다른 소장의 제결題決이 끝난 다음에 바로 조사하여 밝힐 것이다. 아전으로 하여금 조사해 보고하도록 하는 것은 반드시 폐지해야 한다.

한위공이 대명부大名府[12]를 다스릴 때에 문서와 소장이 심히 많았으나 일이 크고 작음을 막론하고 모두 다 직접 살펴보았다. 아무리 병중에 있더라도, 들어와 물어보고 명령을 듣게 하여 내실에 누워서까지 그 일을 처리하였다. 어떤 이가 전체 사무를 좀 줄여서 속관에게 맡기고 다소 편하게 지내라고 권하자, "쌍방의 소장이 관청에 들어와 있으니 이는 인간의 대사이다. 혹은 생사에 관련되기도 하며, 또 혹은 빼앗기도 하고 뺏기기도 하는 일이 한마디 결판에서 나오는 것이다. 내 어찌 이 일을 소략하게 할 수가 있겠는가. 몸소 하더라도 제대로 하지 못할까 두려운데, 하물며 다른 사람에게 맡길 수 있겠는가?"라고 대답했다.

송나라 왕대거汪待舉[13]가 처주處州를 맡아 다스릴 때에 정사를 보살핌에 백성들의 사정을 자세하고 간곡하게 살폈다. 백성들 사이에 쟁송이 있으면 불러서 얼굴을 마주보게 하고 시비를 판결했으며 이 일을 결코 아전에게 맡기지 않았다. 백성들이 시를 지어 칭송하기를 "관사는 도리어 절처럼 고요하고, 아전들이 흡사히 야인처럼 한가롭다"라고 하였다.

당기唐夔[14]는 신창령新昌令으로 임명되자 옥사를 판결할 때 백성들의 속사정을 살펴 곡진하게 처리했으며, 부임한 지 두서너 달도 지나지 않아 관정에 밀린 서류가 없어져서 아전들은 모두 신발 만드는 일이나 하였다. 관문에는 문지기를 세우지 않고 일이 있는 자는 곧바로 들어오도

---

12 대명부大名府: 지금의 중국 북경. 송나라 때는 대명부라고 불렀다.
13 왕대거汪待舉: 중국 송나라 때 사람. 자는 회충懷忠이다. 소흥紹興 연간에 처주지사를 지냈다.
14 당기唐夔: 중국 명나라 때 인물. 자는 종소宗昭이다. 홍치弘治 3년(1490)에 진사가 되었다.

록 하였는데 법을 어기는 자가 없었다. 송사에 잘못한 자가 있더라도 가벼이 회초리나 치고 경계할 따름이었다. 또한 일을 줄이고 경비를 절약하니 간교한 폐단이 말끔히 맑아지게 되었다. 아전들이 주머니가 비어서 많이들 사직하고 물러나기에 이르렀다.

> 무릇 급하게 달려와서 송사를 제출하는 자가 있으면,
> 그의 말만 믿지 말고 느긋하게 대응하여 서서히 그
> 실상을 살필 것이다.

정선이 말하였다. "관에 소송을 제기할 때에는 대체로 일을 부풀리고 왜곡해서 말을 만든다. 구타 사건이면 살인이 났다 하고, 재물로 다투면 빼앗겼다 하며, 남의 집에 들어갔으면 물건을 훔쳤다 하고, 묘역을 범했으면 시신을 파내었다 하는 식이다. 한 사람을 고발하면서 으레 그 부자 형제를 끌어넣고 심지어는 관계없는 집안까지도 평소 묵은 감정이 있으면 함께 집어넣는다. 시비가 가려지기 전에 우선 불려 와서 한바탕 소란을 겪게 함으로써 돈이나 재물을 축내고 부녀자를 욕되게 하여 분풀이를 할 수 있다고 생각하는 것이다. 이런 경우에는 반좌법反坐法[15]이 엄연히 있으니 과연 허망한 짓에 속하거든 단연코 그 죄를 처벌해야 할 것이다【호태초의 설도 대개 이와 같다】.

무릇 소송을 제기하는 사람의 말이 제아무리 굉장히 놀랄 만한 일이라도 한쪽 편의 말만을 그대로 믿어서는 안 된다. 잘잘못을 일체 따지지 말

---

**15** 반좌법反坐法: 타인의 죄를 날조, 무고한 자에 대해 무고한 그 죄를 적용하던 법례.

고, "양쪽의 소장을 받고 나서 대질하여 처리할 것이다. 여기에 한 자라도 더 보태서는 안 된다"라고만 쓴다. 항시 보면 수령으로서 세련되지 못한 자는 갑이 제소하면 갑이 옳다고 장황하게 논단하여 을을 간사한 자로 만들고, 을이 제소하면 을이 옳다고 하여 갑의 주장을 완전히 뒤집어 갑을 거짓말쟁이로 만든다. 두세 번 뒤집어엎고 아침저녁으로 바뀌는 것이 '무두질한 사슴 가죽 같고 성난 두꺼비의 씨름 같아[熟鹿之皮 怒蟾之觝]'[16] 조롱하는 소리가 온 고을에 넘칠 것이다. 이는 크게 조심할 일이다.

정선은 말하였다. "소송을 판결하는 기한은 되도록 늦춰 잡는 것이 좋다. 어떤 자가 한때 화가 나서 소장을 제출하려 하다가도 날짜가 조금 지나면 성이 풀리고 사건도 가라앉아 서로 화해하여 관아에 오지 않는 경우가 허다하다. 이 또한 송사를 처리하는 한 방법이다." 案 이 방법은 참으로 묘한 것이다. 무릇 싸워서 폭행을 당했다고 와서 고소하는 경우에는 판결하기를 "가해자를 그 마을에서 책임지고 잡아두라. 10여 일 후에 양편을 대질시켜 따져보겠다"라고 하면, 필경에는 아무도 오지 않을 것이다. 비록 실제로 폭행 사건이 일어났다 하더라도 서서히 다스려도 늦을 것은 없으며, 살인 사건이라도 책임을 지워서 붙잡아두면 우려할 것이 없다.

동한東漢의 두기가 하동태수로 있을 때의 일이다. 백성 가운데 소송을 제기하여 서로 다투는 자가 있으면 그가 직접 불러 보아 사리로 타이르

---

16  무두질한 사슴 가죽은 매우 부드러워서 그 위에 "日"을 쓰면 잡아당기기에 따라서 "日(일)"로도 "曰(왈)"로도 보이므로 줏대 없이 오락가락 하는 태도를 비꼬는 비유로 쓰인다. 두꺼비의 씨름이란 엎치락뒤치락하여 승부가 나지 않는 경우를 말하는데, 여기서는 판결을 자꾸 뒤엎는 수령의 태도를 비꼬는 의미로 사용된 것이다.

고 돌려보내서 스스로 깨닫게 했다. 그리고는 다시 생각해보아도 불만이 있으면 재차 와서 고소하도록 하였다. 고을의 부로들이 자기네끼리 꾸중하고 타일러 "사또께서 이같이 하시는데 어찌 가르침을 따르지 않느냐?"라고 했다. 그로부터 송사가 줄어들었다.

범순인이 낙양을 다스릴 때의 일이다. 백성 중에 싸움을 하고 관에 와서 고소하는 자가 있으면, "내가 너를 살펴보니 나쁜 사람이 아니요, 몸도 다친 곳이 없거늘 왜 굳이 와서 소송을 하는가?"라고 타일렀다. 그 백성이 사실대로 아뢰면, 그는 "네가 마땅히 스스로 고쳐서 새로운 사람이 되도록 하여라" 하고는 벌을 주지 않고 보냈다. 온 고을이 감화되어 드디어 싸움질하는 백성이 없어졌다.

육구연陸九淵이 일찍이 밤에 요속들과 앉아 있는데, 아전이 들어와 어떤 늙은이가 심히 급한 일을 가지고 고발하러 왔다고 아뢰었다. 불러다 물어보니 그 늙은이는 몸을 부들부들 떨면서 말하여 도통 알아들을 수가 없었다. 아전으로 하여금 소장을 받아쓰도록 했더니, 자기 아들이 군졸에게 맞아 죽었다는 내용이었다. 육구연이 다음 날 제소하라고 판결을 내리니 요속들이 난처하게 여겼다. 육구연은 "그대들은 이 사건이 꼭 그런지 안 그런지 어찌 아느냐?"라고 했다. 이튿날 새벽에 알아보니 노인의 아들은 과연 별 탈이 없었다.

조예趙豫가 송강태수松江太守로 있을 적의 일이다. 매양 송사하는 자를 보아 급한 건이 아니면 타일러 "내일 오라"라고 하였다. 처음에는 다들 비웃어, "송강태수 내일"이라는 민요가 나왔다. 사람들이 허다히 일시의 분을 못 참고 송사를 하는데 하룻밤을 자고 나면 분이 가라앉거나 여러 사람이 말려서 수그러지는 경우가 많았다. 구거鉤鉅[17]의 방식을 써서 명

성을 올리는 것과 비교해보면 마음가짐이 실로 하늘과 땅 차이가 있다고
할 것이다.

유구劉矩[18]가 옹구현령雍丘縣令으로 옮겨가서 백성들이 예절을 지키고
양보하기에 힘쓰도록 교화하였다. 송사하러 오는 자가 있으면 앞에 불러
다놓고 말이 귀에 쏙 들어가도록 타일렀다. 분은 참는 것이 좋으니 그런
일로 관정에 들어와서는 안 되는 법이라 하고 집에 돌아가서 다시 곰곰
이 생각해보도록 했다. 송사하려는 자들이 크게 감화되었다.

도승학陶承學[19]이 휘주徽州를 맡아 다스릴 때의 일이다. 백성들이 남에
게 지기 싫어 송사를 좋아하면 그가 면전에 불러서 "이 일은 아주 조그만
문제인데 어찌 관부를 번거롭게 하는가? 우선 돌아가서 어른들과 의논
해보라. 그래도 못 참겠거든 다시 오너라" 하고 일렀다. 그러고 나면 그
만두는 자가 열에 아홉이 되었다. 송사를 판결함이 매우 기민해서 관청
에는 미루어둔 소장이 없었다. 휘하 고을 백성의 옥사가 올라와도 불과
나락 반 되[半升] 찧는 사이에 처리를 하였다. 이에 '반 되 태수'라는 칭호
가 붙었다. 달마다 두 번씩 소장을 받았는데, 처음에는 한 번에 수백 명
이 몰려왔으나 2년 후에는 몇 사람에 불과했다가 마침내 한 사람도 없게
되었다. 관아 앞의 식당이 다 없어지고 길거리가 한산해졌다.

---

17  구거鉤鉅: 구거는 갈고리와 비슷하게 생긴 병기. 구거鉤距라고도 함. 이것을 이용하여 남
    의 은밀한 정상을 들추어낸다는 뜻에서 범행을 귀신같이 잡아낸다는 의미로 쓰이게 됨.
    구거의 법으로 이름을 얻은 것은 중국 한나라 조광한趙廣漢의 고사이다(2권 211면 참조).
18  유구劉矩: 중국 후한 때 사람. 자는 숙방叔方이다. 벼슬이 태위太尉에 이르렀다.
19  도승학陶承學, 1518~1598: 중국 명나라 때 사람. 자는 자술子述이다. 하남포정사·남경예
    부상서를 지냈다.

한마디 말로 옥사를 판결하되 귀신같이 하는 것은
특별한 재주를 타고나야 가능한 일이다. 법인으로서
본받을 일은 아니다.

　주박朱博이 기주자사冀州刺史로 있을 때 일이다. 그는 원래 무관 출신이
어서 법리로 다스리는 데 경험이 없었다. 자사로 부임해서 관내를 순행
하자 아전과 백성 수백 명이 길을 막고 제각기 호소하였다. 그는 수레를
세워두고 400~500명을 모두 다 판결해 보냈는데 그 처리하는 솜씨가 신
과 같았다. 아전과 백성들이 크게 놀랐으니, 사또가 문제를 대응하는 능
력이 이와 같을 줄은 전혀 예상하지 못했던 것이다.

　배도裵度가 동주同州 참군參軍[20]으로 있을 때에 서리書吏 몇 사람에게 종
이 몇 장을 붙여서 앞으로 가져오라 하고 그 사이에 송사를 판결했다. 이
에 사람들이 '벽력霹靂 같은 솜씨'라고 칭송하였다.

　기국공祁國公 두연杜衍이 평강平康을 맡았을 때의 일이다. 그가 공무로
다른 고을에 가 있으면, 고을에 송사하러 온 백성들이 재판을 받으려 하
지 않고 사또가 돌아오기를 기다렸다.

　성옹盛顒[21]이 속록읍束鹿邑[22]을 다스릴 때의 일이다. 형률을 쓰지 않았
으며 송사를 하는 자가 있으면 사리로 깨우쳐주니, 곧 머리를 조아리고
받아들여 다시는 따지지 않았다. 이웃 고을에서 여러 해 동안 판결이 나

---

20　참군參軍: 중국 후한 말 이래 주州 자사의 속관으로서 주의 사무를 분장하던 관직.
21　성옹盛顒, 1418?~1492?: 중국 명대의 문신. 자는 시망時望이다. 섬서좌포정사·형부우시
　　랑을 지냈다.
22　속록읍束鹿邑: 중국 하북성에 있던 옛 현의 이름.

지 못한 사건을 가지고 와서 판결해주기를 청하면, 그가 한마디 말로써 결판을 내리니 모두 마음으로 승복하고 돌아갔다. 백성들이 "성옹이 고을을 다스리매 맑기가 물 같고 밝기가 거울 같다"라고 하였다. 그 고을의 교외에 황폐한 땅이 있었는데 자연히 사람들이 모여들어 저자를 이루게 되니 사람들이 지목하여 청관점淸官店 [23]이라 하였다.

장순張淳이 영강지현永康知縣으로 있을 때의 일이다. 이곳은 아전과 백성들이 평소에 아주 간악하고 교활하여 관장 7명이 연이어 파직을 당하였다. 장순이 이곳에 이르러 밤낮으로 소송 서류를 검토해서 송사하는 자 수천 명을 판결하되 물 흐르듯 하니, 아전과 백성들이 크게 놀라고 승복하여 소송이 줄어들었다. 무릇 나아와 고소하는 자가 있으면 즉시 판결의 시기를 일러주고 양 당사자가 기일에 맞추어 나오면 그는 잠깐 사이에 나누어 판결하여 지체함이 없었다. 그 고장 사람들이 장순을 두고 밥 한 그릇 싸는 동안에 판결을 끝마친다고 해서 장일포張─包라고 불렀다. 그가 민첩하고 과단성 있는 판결을 내리는 것이 마치 포증包拯과 같음을 두고 이른 것이었다.

오주吳湊 [24]가 경조윤京兆尹으로 있을 때의 일이다. 무릇 의심이 가는 옥사로 판결하기 어려운 것이 있으면 아전들이 그가 출타할 때를 기다려 내어놓았다. 트집 잡힐 것을 모면하기 위해서였다. 오주는 아무리 창졸 간이라도 반드시 사건의 간교하고 잘못된 곳을 지적해서 붓을 들어 판결하는 데 조금의 어긋남도 없었다. 아전에게 큰 허물이 없고는 태형을 내리지도 않았으니, 아전들이 더욱 두려워하고 조심하였다.

---

23 청관점淸官店: 훌륭한 관인 덕택에 번영하게 된 취락이라는 뜻.
24 오주吳湊, 729~800: 중국 당나라 때 사람. 경조윤 겸 병부상서를 지냈다.

이창정李昌庭이 은율현감殷栗縣監으로 있을 때의 일이다. 이창정은 관찰
사 최동립崔東立[25]과 평소에 사이가 좋지 못하였다. 최 감사는 은율에 이
르러 의혹이 있는 송사 수십 건을 그에게 판결하게 했다. 그가 판결하는
데 소장의 뒤에서 바람이 일어날 지경이었다. 또한 도의 공안貢案[26]을 그
에게 맡겨서 다시 책정하게 하니, 그는 아전을 불러 숫자를 맞추게 하면
서 잠깐 사이에 일을 끝내었다. 최동립이 탄복하여 포상하는 글을 나라
에 올리면서, "이창정은 백성을 다스리는 재능이 옛날 공수와 황패에 비
견할 만하다"라고 하였다.

이태연이 충청도 공주를 다스릴 때의 일이다. 공주는 호구가 2만여 호
를 내려가지 않았으되 그는 한번 보면 누가 어느 동네에 살고 나이가 몇
살인지 잊지 않았다. 서남 지역 사방의 일[27]로 문서가 쌓여 있었으나, 그
는 좌우로 응대하고 웃으면서 판결하여 동헌이 항상 정돈되어 있고 여유
도 있었다.


## 인륜의 소송은 천륜에 관계되니 마땅히 분명하게 판결해야 할 일이다.


황패가 영천태수로 있을 때의 일이다. 어떤 부잣집에 형제가 함께 살

---

**25** 최동립崔東立, 1577~1611 : 자는 탁이卓爾, 호는 행원杏園이다. 독운어사·황해도 관찰사
를 지냈다.

**26** 공안貢案 : 크게는 조세와 공물 등 국가 세입의 전 물목과 액수를 기록한 문서. 작게는 조
선 전기 공납제에서 각 주현별 상납 특산물인 공물의 물목과 액수를 갖추어 기록한 문서.
여기서는 후자의 뜻으로 쓰였다.

**27** 원문은 "서남사무西南四務"이다. 공주는 충청도 서남 지역의 으뜸 되는 고을이었으므로
그 지역 사방의 많은 업무가 공주에서 처리되고 있었다는 사실을 뜻하는 듯하다.

고 있었는데, 아랫동서와 맏동서가 같은 시기에 임신을 하였다. 맏동서가 유산을 했는데 이 사실을 숨기고 있다가, 아랫동서가 아들을 낳자 그 아이를 자기 아들이라고 우겼다. 그리하여 쟁송이 3년을 끌어오고 있었다. 황패가 사람을 시켜 그 아이를 안아 관정으로 데려와, 두 동서로 하여금 다투어 데려가도록 했다. 맏동서는 힘을 다 써서 거칠게 끌어당기는데 아랫동서는 혹시라도 다칠까 싶어 조심하는 모양이 심히 안타까워 보였다. 황패는 맏동서를 꾸짖기를 "너는 집안의 재산을 탐내어 이 아이를 차지하고자 하니, 어찌 다칠까봐 걱정하겠느냐"라고 하였다. 맏동서는 처벌을 받게 되었다. ○ 그 당시 입후立後[28]의 법이 지금 우리나라의 시속과 같지 않았던 까닭에 이처럼 기괴한 일이 벌어졌던 것이다.

병길丙吉[29]이 진류陳留[30]를 맡아 다스릴 때의 일이다. 어떤 부잣집 늙은이가 나이 90세까지 아들이 없었는데, 이웃집 여자를 취하여 하룻밤을 자고 나서 죽었다. 후에 그 여자 몸에서 아들 하나가 태어나 성장하게 되자 그 늙은이의 딸은 "우리 아버지가 여자를 얻어 하룻밤 자고 죽었으니, 이 아이는 우리 아버지의 자식이 아니다"라고 주장했다. 그래서 재산을 다툰 지가 여러 해 되었으나 결말이 나지 않았다. 병길은 "일찍이 듣건대, 늙은이의 아들은 그림자가 없으며 추위에 약하다"라고 말했다. 그리고 마침 늦가을이 되어 나이가 같은 다른 아이를 데려다가 함께 옷을

---

28  입후立後 : 입후는 아들이 없을 때 후계자를 세우는 것. 당시 우리나라의 관행은 적장자가 아니라도 아들이 없으면 양자를 세웠다. 다산은 적장자만 입후를 하는 것이 예법인데 차자 이하의 경우까지 양자를 들이는 것은 옳지 않다고 주장했다.
29  병길丙吉, ?~B.C. 55 : 중국 한나라의 명신名臣. 자는 소경少卿, 시호는 정定이다. 박양후博陽侯에 봉해졌다.
30  진류陳留 : 중국 하남성에 있던 옛 현 이름.

벗기고 시험해보았다. 그 늙은이의 아들 혼자 춥다고 하며, 한낮이 되어
도 그림자가 없었다. 이에 그 문제가 바로잡혀졌다. 案 그림자는 형체에
서 생겨나는 것이니 형체가 있는 물건이 어찌 그림자가 없을 수 있겠는
가. 후세 사람들이 이를 사실로 믿고 본보기로 삼아 판결을 한다면, 필시
남의 아비와 자식 사이의 천륜을 그르치는 일이 있을 것이다.

　곽숭郭崇[31]이 강서자사江西刺史로 있을 때의 일이다. 수춘현壽春縣 사
람 구태苟泰가 아들이 세 살 때 도적을 만나 잃어버렸다. 수년 동안 거처
를 모르고 있다가 뒤에 같은 현에 사는 조봉백趙奉伯이란 사람의 집에 있
는 것을 알게 되었다. 두 집에서 서로 자기 자식이라고 다투는데 각기 이
웃의 증인이 있어, 관가에서는 판결을 내릴 수 없었다. 곽숭은 두 아비와
아이를 다른 곳에 감금해두었다가 수십 일이 지나서, "너의 아들이 어제
불행히 병이 나서 갑자기 죽었다"라고 말하였다. 구태는 이 말을 듣고 부
르짖으며 슬픔을 이기지 못했으며, 조봉백은 한숨만 쉴 따름이었다. 곽
숭은 드디어 그 아이를 구태에게 돌려주었다. 이에 조봉백은 죄를 자백
하였다. ○ 어떤 책에는 이숭李崇【이숭은 북위의 효문제孝文帝 때의 인물이다】이
라고 나와 있다.

　정명도가 진성령으로 있을 때의 일이다. 부자인 장씨의 아들이 그 아
비가 죽었는데, 얼마 지나지 않아 어떤 노인이 집에 와서 "내가 너의 아
비다"라고 하였다. 장씨 아들은 크게 놀라고 의심이 나서 관에 나아가 사
실인지 가려 달라고 호소하였다. 늙은이가 "내가 의원 노릇 하러 멀리 떠
난 사이에 내 처가 아들을 낳았는데 가난해서 기르지를 못하고 장씨에게

---

31 곽숭郭崇, 908~965 : 중국 당나라에서 송나라에 걸치는 시대의 인물. 경성도순검사·중서
　령 등을 지냈다.

준 것이다. 모년 모월 모일에 아무개가 안아다주었다"라고 하였다. 정명
도가 "네가 어찌 그리 자세히 기억하느냐" 하고 물으니, 노인은 "약법책
藥法冊에 써놓았습니다"라고 대답하였다. 그 책을 가져오게 하여 보니 "모
년 모월 모일에 아무개가 아이를 안아다 장 아무개 영감에게 주었다"라
고 쓰여 있었다. 장씨 아들에게 나이가 몇 살인가를 물으니 36세라고 하
였다. 다시 "너의 아비는 나이가 몇인가" 물으니, 76세라고 하였다. 드디
어 그 늙은이에게 "이 아들이 태어난 해에 그 아비는 나이 40세였는데,
사람들이 영감이라고 불렀겠느냐"라고 따졌다. 그 늙은이는 놀라 드디어
죄를 자복하였다.

한억韓億이 양주洋州[32]를 맡아 다스릴 때의 일이다. 대교大校[33] 이신李申
이 재산이 많기로 향리에서 유명한 자인데, 그 형의 아들을 성姓이 다르
다고 무함하고, 동네의 형의 아들과 생긴 모습이 닮은 노파에게 뇌물을
주어 자기 자식이라고 우기도록 했다. 그리고 형수를 술이 취하게 해서
다른 자를 시켜 겁탈하고는 화장대며 패물 따위를 빼앗았다. 형수의 친정
조카가 관가에 고소했으나, 이신이 뇌물을 바쳐서 도리어 형수와 그 조카
가 이신을 무고했다고 자백하도록 만들어 이들은 곤장을 맞고 물러났다.
10여 년이 지난 후에 한억이 부임하자 이들이 다시 제소를 하였다. 한억
이 그 형수와 조카의 억울함을 짐작하고 전후의 소송 서류를 검토해보니
유의乳醫[34]를 증인으로 부른 적이 한 번도 없다는 것을 알게 되었다. 하루
는 이신의 무리를 모두 불러서 관정에 세우고 유의를 불러 물었다. 드디

---

32 양주洋州: 중국 섬서성에 있었던 고을 이름.
33 대교大校: 장교 중에서 제일 윗자리에 있는 자.
34 유의乳醫: 산파를 가리킴.

어 이신의 무리가 죄를 받게 되었고, 자식과 어미는 원상태를 회복했다.

　전라도 영광 사람인 이범李範이 다음과 같이 고소하였다. "늘그막에 1녀 1남을 두었는데, 첩의 자식인 유기有機가 적모嫡母의 몸에서 난 자식이 아니라 여종이 낳은 아이를 데려다 내 자식으로 삼았다고 합니다. 청하옵건대 유기의 죄를 다스려주옵소서." 군수가 유기를 심문하니, 유기는 "적모가 몰래 여종의 자식을 데려올 때에 제가 직접 눈으로 보았습니다"라고 하였다. 송사가 오래도록 판결이 나지 않아, 임금이 명하여 대신으로 하여금 논의하게 하였다. ○ 판중추부사 민진원閔鎭遠의 논의는 다음과 같았다. "이범의 공초에, '그의 처가 17년 동안 단산한 끝에 51세가 되어 딸을 낳고 52세가 되어 아들을 낳았다'라고 한다. 『황제소문黃帝素問』[35]에 여자는 7·7에 천계天癸[36]가 마르고 지도地道[37]가 불통不通하는 고로 자식을 낳지 못한다고 하였는데, 7·7은 49세이다.[38] 세상의 부녀자가 49세에 수태하여 50세에 자식을 낳는 예는 간혹 있지만, 50세 이후로 자식을 낳는 사례는 전혀 없다. 하물며 17년을 단산한 후 50세가 지나서 해마다 자식을 낳는다는 것은 도저히 그럴 수 없는 일이다. 이범이 피를 섞어보기를 청하여 그 도에서 심문할 적에 피를 섞어보니 자식과 어미의 피뿐만 아니라 다른 사람의 피 또한 서로 합해졌다.[39] 이것을 가지고서는 증

---

35　『황제소문黃帝素問』: 한의학의 고전적인 저술. 중국 고대의 전설적 존재인 황제黃帝와 명의名醫 기백岐伯 사이의 문답을 기록한 형식으로 되어 있다.
36　천계天癸: 사람의 생식 능력을 증식시키는 물질. 곧 여성의 월경을 지칭함.
37　지도地道: 콩팥의 기운에 따라 월경을 통하게 한다는 근원적인 생리.
38　『황제소문』에서 여자는 7배수로 7세에 이빨을 갈고 14세에 초경이 시작되며, 49세에 월경이 끝나고 단산이 되는 것으로 나와 있다. 반면에 남자는 8배수로 8세에 이빨을 갈고 16세에 사춘기가 와서 생식 능력을 갖는 것으로 나와 있다.
39　합혈법은 두 사람의 피를 서로 합하는 것으로, 예전에 부자를 판별할 수 없을 경우 아버지와 아들의 피를 물에 떨어뜨리면 반드시 합한다고 하여 재판할 때에 부자간인가 아닌

거할 수가 없는 것이다." 이 논의를 가지고 심문하니, 다 자복하였다.

골육끼리 쟁송을 벌여 의를 저버리고 재물에 목숨을
건 자는 마땅히 엄하게 징계하여 다스려야 할 것이다.

　당나라 이걸李傑[40]이 하남윤으로 있을 때의 일이다. 어떤 과부가 그 자식이 불효한다고 고소해왔는데, 그 자식은 변명을 하지 못하고 다만 어미에게 죄를 졌으니 죽음을 달게 받겠다고만 말하였다. 이걸이 그 아들의 억울함을 알아차리고 어미에게 "너는 과부로 살아온 지 17년에 오직 이 자식이 있을 뿐이다. 지금 이 자식이 죽게 되었는데 후회가 없느냐" 하고 물었다. 어미는 "자식이 무뢰하고 불손하니 어찌 애석할 것이 있겠습니까"라고 대답했다. 이걸은 "정말 그렇다면 관을 사오라. 자식의 시신을 넣어주겠다" 하고는 사람을 시켜서 몰래 엿보게 하였다. 과부가 나가 한 도사를 만나서는 "일이 다 끝났다. 곧 관이 도착할 것이다"라고 말하는 것이었다. 이걸이 곧 도사를 잡아들여 심문하니 "나는 과부와 사통해왔는데 그 아들이 방해하므로 없애고자 한 것입니다"라고 승복하였다. 이에 그 자식을 놓아주고 그 여자와 도사를 처형해서 한 관에 넣었다.

　송나라 이약곡李若谷이 병주幷州를 다스릴 때의 일이다. 어떤 백성이 고

---

가를 검사하는 방법으로 사용하였다. 동이에 담긴 물에 아버지와 자식이 각기 피를 떨어뜨리는데, 부자간이 틀림없을 경우에는 두 사람의 피가 응결하여 풀어지지 않고, 만일 부자간이 아닐 경우에는 두 사람의 피가 풀어져서 서로 합하지 않기 때문에 이것으로 천륜天倫을 증명하였다.

40　이걸李傑: 중국 당나라 인물. 본명은 무광務光이다. 명경과에 발탁되어 하남윤·어사대부를 지냈다.

소하기를, 숙부가 자기를 조카로 인정하지 않고 재산을 다 차지하려 한다고 하였다. 여러 차례 수령이 바뀌었음에도 바로잡히지 못한 건이었다. 이약곡은 그 조카에게 집에 가서 숙부를 때리라고 하였다. 조카가 감히 그럴 수가 없다고 하였으나, 이약곡은 기어이 그렇게 하도록 시켰다. 조카가 그 말대로 하자, 숙부는 과연 조카가 숙부를 구타했다고 고발하였다. 그래서 그의 죄를 다스리고 재산을 나누어 받도록 처리했다.

장제현張齊賢[41]이 지방관으로 있을 때의 일이다. 당시 친척 간에 재산 분배가 균평하지 못하다고 다투다가 서로 소송을 제기했다. 장제현이 관부에서 그 사람들을 불러 물었다. "너는 저 사람이 차지한 재산이 많고 네가 차지한 재산이 적다고 그러는 것이냐?" "그렇습니다." 두 사람의 대답이 다 그러했다. 그는 쌍방 간에 서명을 하게 하고 두 아전을 불러서 갑은 을의 집을 차지하고 을은 갑의 집을 차지하게 하고는 재산을 일체 옮겨가지 못하게 했다. 그러자 둘의 소송이 가라앉았다. ○『대학』에 "사람들은 자기 땅의 곡식 이삭이 큰 것을 알지 못한다"라고 나와 있는데 이를 두고 이른 것이다.

장영이 항주를 다스릴 때의 일이다. 어떤 부호가 병이 들어 장차 죽게 되었는데 아들은 겨우 세 살이었다. 이에 그 사위에게 재산을 맡게 하고 유서에 쓰기를 "재산을 분배하게 되거든 10분의 3을 아들에게 주고 10분의 7을 사위에게 주라"라고 하였다. 아들이 장성하자 재산 문제로 소송을 제기했다. 사위가 그 유서를 관부에 제출하고 원래 약속대로 해야 한다

---

41 장제현張齊賢, 942~1014: 중국 북송시대 인물. 자는 사량師亮이다. 병부상서·동중서문하평장사를 지냈다. 낙양에 옮겨 살면서 『낙양진신구문기洛陽縉紳舊聞記』라는 기록을 남겼다.

고 주장했다. 장영은 술을 따라 땅에 부어 신을 부르는 의식을 거행하고 "너의 장인은 지혜로운 사람이다. 그때에 아들이 어렸으므로 이 유서를 너에게 주었던 것이다. 그렇지 하지 않았으면 어린 아들은 네 손에 죽었을 것이다" 하고는 명하여 재산의 10분의 3을 사위에게 주고 10분의 7을 아들이 차지하도록 판결했다. 둘 다 울면서 사례하고 물러갔다. 案『경국대전』의 분재分財의 법에 토지·가옥·노비 모두 일정한 비율이 정해져 있다.[42] 무릇 이런 소송을 만나면 응당 국법에 따라 판결해야 한다【경대부卿大夫로서 한 문호가 성립되어 있으면 응당 종손에게 많이 돌아가도록 해야 한다. 아래 조항에 나온다】.

송나라 낭간郎簡[43]이 두주竇州를 맡아 다스릴 때의 일이다. 어떤 아전이 죽었는데 그 아들이 어리므로 사위가 거짓으로 문권文券을 만들어 그 농지를 차지하였다. 뒤에 아들이 장성하여 여러 차례 소송을 일으켰으나 바로잡히지 않으니, 그대로 조정에 호소하였는데, 조정에서 낭간에게 내려서 조사해 처리하게 하였다. 낭간이 옛 문서를 내보이면서 "이것이 너의 장인의 글씨냐" 하고 묻자 "그렇습니다"라고 답하였다. 다음에는 위조 문권을 내어 보이니, 글씨 모양이 같지 않았다. 이에 그 사위가 죄를 받게 되었다.

장희숭張希崇[44]이 기주祁州[45]를 다스릴 때의 일이다. 곽씨郭氏에게 양아

---

42 『경국대전·형전·사천私賤』에 노비를 나누어 상속해주는 것에 관한 조항이 실려 있으며, 같은 조에 전지와 가옥도 동일률로 처리한다고 규정해놓았다.
43 낭간郎簡, 968~1056: 중국 북송시대 인물. 자는 숙염叔廉·거경居敬, 호는 무림거사武林居士이다. 형부시랑을 지냈다.
44 장희숭張希崇, 888~939: 중국 오대의 후당後唐 사람. 자는 덕봉德峯이다. 『춘추좌전』에 정통했으며 영무절도사를 지냈다.
45 『구오대사舊五代史·진서晉書』에는 "빈주邠州"로 되어 있다.

들이 있었는데 어릴 적부터 보호해서 성인이 될 때까지 키웠다. 그런데 장성한 후 패악하여 말을 듣지 않으므로 양아들을 쫓아버렸다. 곽씨 부부는 연이어 죽었고, 부부에게 적자가 있어 그 또한 장성하였다. 그때 곽씨의 여러 친족들이 양아들과 짜고서 양아들을 친자식이라고 하며, 곽씨의 재산을 나눠 가지려고 양아들을 도와 소송을 일으켰다. 여러 차례 심리를 해도 결말이 나지 않았다. 장희숭이 그 소장을 검토해보고서 판결하기를 "아비가 살았을 적에 이미 떠나갔고 어미가 죽어도 와보지 않았다. 양아들이라고 한다면 20년을 키워준 은혜를 저버린 것이요, 친자식이라고 한다면 3000가지 패역의 죄를 범한 것이다. 부모의 사후 문제는 모두 친자에게 부여되는 일이요, 소송을 일으킨 무리들은 법에 의해 형벌을 받아야 할 것이다"라고 하였다. 듣는 이들이 모두 장희숭의 밝은 판단에 탄복하였다.

왕한王罕[46]이 담주潭州를 다스릴 때의 일이다. 송사를 심리함에 있어 실정을 살피기에 힘쓰고 위엄과 형벌을 가하지 않았다. 전부터 한 미친 여자가 여러 차례 고소를 벌였는데 말이 조리가 없어 전임 수령들은 그때마다 꾸짖어 쫓아버렸다. 왕한만이 자상하게 물으니, 그 여자는 자식이 없이 남편이 죽고 첩의 아들이 하나 있는데, 그 아들이 마침내 적모嫡母인 자신을 쫓아내고 집과 재산을 전부 빼앗아 차지했다는 것이었다. 그 여자는 여러 차례 고소했으나 옳은 판결을 받지 못하여 분통이 나서 그만 미친 것이다. 왕한이 첩의 죄를 다스리고 재산을 돌려주니 그 여자의 미친증이 곧 나았다. 고을 사람들이 신명한 사또라고 칭송했다.

---

46 왕한王罕: 중국 송나라 때 인물. 자는 사언師言이다. 광록경을 지냈다.

부민富民 장씨는 늙도록 아들이 없어 사위가 들어와서 살았다. 후에 첩이 아들을 낳았는데 이름을 '일비一飛'라고 지었다. 이 아이가 네 살 때 장씨가 죽었다. 장씨는 병이 들자 사위에게 "첩의 자식에게는 내 재산을 맡길 수가 없으니 마땅히 너희 부부에게 주겠다. 다만 저 모자를 부양하여 굶어죽지 않도록 해준다면 음덕이 될 것이다"라고 이르고, 종이에 "장일비오자야가재진여오서외인부득쟁탈張一非吾子也家財盡與吾壻外人不得爭奪"[47]이라는 글을 써서 남겼다. 사위는 이에 전 재산을 독차지하고 의심치 않았다. 뒤에 첩의 아들이 장성해서 관에 고소하여 재산을 나누어 갖기를 요구하였다. 사위가 그 문서를 제시하니 관에서도 이론이 없었다. 후일에 어떤 어사가 지나가자 첩의 아들이 다시 고소를 하였다. 사위는 전과 같이 그 문서를 증거로 제시했다. 어사는 문서의 구절을 고쳐서 "장일비는 내 아들이니 가재를 모두 준다. 내 사위는 외인이니 다투어 빼앗지 못한다"라고 읽었다. 또 "너의 장인이 분명히 내 사위는 외인이라고 하였는데 네가 아직도 감히 그 재산을 차지하고 있느냐. '일비一飛'를 '일비一非'로 바꿔 쓴 것은 아들이 어리므로 너에게 해를 당할까 염려했기 때문이다" 하고 재산을 첩의 아들에게 주라고 판정했다. 사람들이 아주 통쾌하게 여겼다.

후임候臨이 동양령東陽令으로 있을 때의 일이다. 다른 고을의 백성이 재산을 나누면서 인척의 집에 재물을 맡겨두었는데 그 집에서 재물을 감추

---

47 이 구절은 "장일은 내 아들이 아니다. 가산을 모두 내 사위에게 주니 외인은 다투어 빼앗지 못한다"라고 해석되는 것이 일반적이다. 그런데 非 자와 飛 자는 음이 서로 같아 상통하는 것으로 해석하면 "장일비는 내 아들이니 가산을 모두 준다. 내 사위는 외인이니 다투어 빼앗지 못한다"라는 말이 되기도 한다.

고 내주지 않았다. 여러 차례 소송을 제기했으나 해결을 못하였다. 후임이 정사에 밝다는 소문을 듣고 와서 바로잡아 주기를 청하였다. 후임은 "나의 관할 지역이 네가 사는 곳과 다르므로 법으로 다스리기 어렵다. 다만 그 재물의 명단과 숫자를 다 적어두고 가거라"라고 하였다. 그로부터 반년이 지나서 강도 하나를 잡았는데 후임은 강도로 하여금 거짓으로 장물을 아무개 집에 갖다두었다고 진술하게 하였다. 이에 그 사람을 붙잡아다 하옥시키고 문초를 하니, 그 사람이 울며 강도가 말한 금과 비단은 모두 인척이 갖다둔 것이라고 자백하였다. 후임은 즉시 사람을 보내어 그 백성을 찾아 확인시키고, 재물을 모두 돌려주었다[소설에서 나왔다].

고려의 손변孫抃[48]은 성품이 굳센 데다가 행정 실무에 능하였다. 일찍이 경상도 안찰사로 나갔는데, 동생과 누이가 서로 송사하여 다투었다. 누이가 "아비가 임종할 때에 가산을 모두 나에게 주었으며, 동생에게 준 것은 옷과 모자 한 벌과 신발 한 켤레, 종이 한 권입니다. 문서가 모두 있습니다"라고 하여, 여러 해 동안 결말이 나지 않았다. 손변이 두 사람을 불러서 물었다. "너희 아비가 죽을 때 너희의 나이는 각각 몇 살이었으며 너희 어미는 어디에 있었더냐?" "어미는 먼저 죽었으며, 저는 이미 시집갔고 동생은 이빨을 갈 나이였습니다." 손변이 "부모의 마음이 어찌 아들과 딸에 대해 후하고 박함이 있겠느냐. 그런데 이 아이가 의지할 곳은 누이뿐이었다. 만약 재산을 똑같이 나누어주면 아마도 아이의 양육이 온전하지 못했을 것이다. 아이가 장성하게 되면 이 종이를 가지고 소장을 만들고 이 옷과 모자를 착용하고 이 신발 신고서 관에 가서 고소하라는 의

---

48 손변孫抃, ?~1251 : 고려 고종 때 사람. 벼슬은 수사공상서좌복야守司空尙書左僕也에 이르렀으며, 성품이 굳세고 행정에 뛰어났다.

미다. 그러면 제대로 판결해줄 이가 있을 것으로 기대한 것이다. 하필 네 가지 물건을 남겨 놓은 뜻이다" 하고는, 드디어 가산을 절반씩 나누어 갖도록 했다. 남매는 감격하여 울면서 물러갔다.

안수晏殊[49]가 낙양을 다스릴 때의 일이다. 한 거인擧人의 행낭 속에 든 물건이 세를 바치지 않은 것이라고 그의 노복이 고발을 하였다. 안수는 "거인은 큰 잘못을 범했다 할 수 없거늘, 노복이 상전을 고발하는 풍조를 자라게 방치할 수 없는 일이다"라고 말했다. 그리하여 거인은 세원稅院[50]에 가서 세를 물도록 했으며, 노복은 죄를 다스려 돌려보냈다.

## 농지의 소송은 민산民産에 관계된 바이니, 한결같이 공정하게 처리해야 백성이 승복할 것이다.

왕지王志[51]가 선성宣城[52]의 내사內史[53]로 있을 때 청렴하고 신중해서 백성들에게 은혜를 베풀었다. 그 고장의 백성인 장예張倪와 오경吳慶이 농지를 가지고 서로 다투어 한 해가 지나도 결말이 나지 않았다. 왕지가 부임하자 부로들이 "사또가 덕정을 베푸는데 우리가 이 같은 쟁송을 벌여서 되겠느냐"라고 하였다. 이에 장예와 오경이 서로 이끌고 나가서 죄를

---

49  안수晏殊, 991~1055: 중국 송나라 문신. 자는 동숙同叔, 시호는 원헌元獻이다. 동중서문 하평장사를 지냈다. 범중엄·구양수 등이 모두 그의 문인이다.

50  세원稅院: 세금을 걷는 기관.

51  왕지王志, 460~513: 중국 남북조시대 양나라 관인. 자는 차도次道이다. 산기상시를 지냈다.

52  선성宣城: 중국 안휘성에 있는 지명.

53  내사內史: 중국 한나라 때 이후 남북조 시기까지에 두었던 각 왕국의 지방 행정관. 군수와 동급이었다.

청하였다. 서로 양보하는 바람에 쟁송하던 농지는 묵은 땅이 되었다.

송나라 인수현仁壽縣에 홍씨洪氏라는 아전이 있었는데, 이웃 사람의 전
지를 탐내 속여서 위조문서를 만들었다. 그 문서에 찻물을 들여 햇수가
오래 된 양으로 꾸며서 고을에 제출하고 송사를 벌였다. 현령 강 모가 그
문건을 가져다 접힌 곳을 펴보고 "만약 햇수가 오래된 종이라면 접힌 곳
이 응당 흰빛일 터인데, 겉과 속이 다 같은 것을 보면 위조문서이다" 하
고 심문하여 자백을 받았다.

고정자高定子[54]가 협강현夾江縣[55]을 다스릴 때의 일이다. 이웃 고을에 농
지로 쟁송이 일어나 10여 년이나 결말이 나지 않았다. 상급 기관에서 이
일을 고정자에게 위촉하였다. 그가 검토해보니 증거 문서가 거짓으로 꾸
민 것임을 알 수 있었다. 그자가 불복하자 고정자가 "가정嘉定 개원改元[56]
의 조서詔書는 3월에 비로소 현에 도착하는데 어떻게 가정 원년 정월의
문서가 있을 수 있는가"라고 하였다. 드디어 양쪽 소송의 결말이 나게 되
었다. ○ 무릇 위조문서는 필시 들통이 날 곳이 있다. 사리에 밝은 자가
살펴보면 잡아낼 수 있는 것이다. 내가 남쪽 지방에서 본바 어떤 자가 자
기 조상이 만력萬曆 임진년에 군공을 세워 특지로 정릉 참봉貞陵參奉[57]을
임명받았다고 하였다. 정릉은 태종 때로부터 참봉을 두지 않았다가 숙
종 때 와서야 복구되었다.[58] 어찌 만력 연간에 정릉 참봉이 있을 수 있겠

---

**54** 고정자高定子, 1177~1247 : 중국 송나라 문신. 자는 첨숙瞻叔이다. 육경에 박통했으며 참
지정사를 지냈다.

**55** 협강현夾江縣 : 중국 사천성에 있던 옛 현 이름.

**56** 가정嘉定 개원改元 : 가정은 송나라 영종寧宗의 연호(1208~1224). 영종은 경원慶元·가태
嘉泰·개희開禧 등의 연호를 쓰다가 1208년에 가정으로 연호를 바꾸었다.

**57** 정릉 참봉貞陵參奉 : 정릉은 태조의 계비인 신덕왕후神德王后 강씨의 능. 참봉은 능의 관
리 책임자인 종9품직.

는가. 능이 많은데 하필 정릉으로 꾸미다니 하늘의 이치가 있는 것 같다. 무릇 위조문서는 으레 어느 한 곳에 어긋난 점이 있게 마련이니, 모두 같은 이치이다.

신응시辛應時<sup>59</sup>가 호남의 감사로 있을 때이다. 남원에 어떤 부자가 종교에 현혹되어 가산을 다 바쳐 부처를 섬기며 만복사萬福寺에 농지를 시주하고는 영구히 바친다는 문권을 주어 자기의 정성을 표하였다. 그러나 그 부자는 후일에 마침내 굶어죽음을 면치 못하였다. 그에게 아들이 하나가 있었지만 아들 역시 빌어먹고 다니다가 장차 굶주려 죽을 신세가 되자 아들이 소장을 갖추어 관에 호소하여 절에 바친 농지를 돌려받으려고 하였다. 그는 여러 차례 소송했으나 매번 지다가, 이후에 감사에게 호소하였다. 신응시가 그 소장의 끄트머리에다 손수 판결하기를 "농지를 바친 뜻은 본래 복을 구함인데, 몸은 이미 굶어죽고 그 자식은 빌어먹으니 부처의 영험이 없는 줄을 여기에 의거해보면 가히 알 수 있다. 농지는 본 주인에게 돌려주고 복은 부처에게서 받으라"라고 하였다. 온 도내가 통쾌하게 여겼다. 案 이 판결문에 또한 대강 운韻을 맞췄다.

이몽량李夢亮<sup>60</sup>이 나주목사로 있을 때 호민이 제기한 사리에 어긋난 소송【농지 소송이었다】을 판결한 일이 있었다. 그 후로 수년이 지나 승정원에 들어갔는데, 형조에서 본 도의 이첩移牒에 따라 임금의 재결을 받을 공문을 붙여 보내왔는데, 곧 그 백성의 소송이었다. 이몽량은 동료들에게 "이

---

58 정릉은 원래 서울 도성 내의 정동貞洞에 있었는데 태종 때 이를 성 밖의 정릉동貞陵洞으로 폐치廢置하였다가 조선 후기의 숙종 때 다시 능의 위호位號를 복구하였다.

59 신응시辛應時, 1532~1585 : 명종과 선조 때의 관인. 자는 군망君望, 호는 백록白麓이다. 예조참의·대사간을 지냈다.

60 이몽량李夢亮, 1499~1564 : 자는 응명應明이다. 형조판서와 우참판 등을 지냈다.

소송이 사리에 어긋난 것임을 내가 알고 있다. 비록 목사가 잘못 판결하였다 하더라도 관찰사는 반드시 다시 잘못하는 일이 없어야 한다"라고 하자, 동료들이 웃으면서 "공문서가 모두 첨부되어 있는데 어찌 그렇다는 것을 증명할 수 있는가"라고 하였다. 그는 마음속에 홀로 의아해 마지 않다가 손으로 그 문서의 도장 찍은 자리를 문지르자 종이에 점점 결이 일어나더니, 손톱으로 긁자 과연 도장을 찍은 얇은 종이가 서명의 끝에 붙어 있었다. 함께 있던 사람들이 크게 놀라 임금께 아뢰고 형조로 넘겨서 그 간교한 일이 바로잡히게 되었다.

이시현李時顯이 홍산현감鴻山縣監으로 있을 때의 일이다. 어떤 백성이 권세가와 농지 소송을 하였는데, 전후의 수령들이 모두 권세가의 견제를 받아서 판결을 내릴 수가 없었다. 그러나 이시현은 그 권세가와 더불어 터놓고 지내는 가까운 사이였음에도 구애되지 않고 바로 판결을 내렸다.

정재륜鄭載崙이 말하였다. "어떤 무부武夫가 수령으로 있을 때에 백성의 농지 소송이 있었는데 갑이 옳고 을이 그른 것을 그 무부는 공평하게 판결해주었다. 어떤 권세 있는 재상이 을에게 뇌물을 받고 그 수령에게 글을 보내 위엄과 함께 포악함을 과시하자, 그 무부는 갑을 불러 눈물을 흘리며 '내가 권세 있는 재상의 말을 따르지 않으면 내 관직을 보전할 수가 없으니, 잘못인 줄 알면서도 그릇되게 판결하지 않을 수가 없다. 너는 다른 날 지하에 가서 도산刀山[61]의 지옥에서 나를 찾아보아라'라고 했다. 갑은 가슴을 치고 통곡하며 물러갔다. 오늘날 세태의 한심스러움이 이와 같다."

---

61 도산刀山: 칼날을 세워 둔 산이라는 말이니, 참혹한 형벌을 가하는 곳이라는 뜻이다.

적속狄粟이 곡성령穀城令으로 있을 때의 일이다. 백성의 농지 소송이 있었는데 그가 잘못된 판결을 내리자, 그 백성이 고소하여 견책을 받게 되었다. 이윽고 관에서 건장한 자들을 군인으로 뽑는데 어떤 사람이 고하기를, 농지로 소송을 일으킨 자가 장정을 숨기고 징병을 피하려 한다고 하였다. 적속이 웃으며 "일찍이 나를 고소한 사람이다. 억울한 백성이 능히 스스로 억울함을 푸는 것은 이 수령 또한 바라는 바다. 내 어찌 유감이 있다고 해서 보복하려 하겠는가" 하고는 그대로 두고 불문에 부쳤다. 그 고을 사람들이 감복하였다.

소와 말에 관련한 소송에서는 명성이 드러난다.
옛사람들이 아름다운 본보기를 남겼으니 대체로
본받을 만하다.

송나라 고헌지顧憲之[62]가 건강령建康令으로 있을 때의 일이다. 소를 훔쳐 간 자가 있어서 본 주인과 소를 놓고 다투게 되었다. 고헌지가 소의 고삐를 풀어 제 가는 대로 맡겨두니 소가 곧장 제 주인집으로 돌아갔다. 훔친 자는 도둑질한 죄를 받게 되었다【『남사』에 있다】.

후주後周의 우중문于仲文[63]이 안고태수安固太守로 있을 때의 일이다. 임任과 두杜 두 집에서 각기 소를 잃었는데 후에 한 마리가 나타나 다툼이

---

**62** 고헌지顧憲之: 중국 남북조 때의 송나라와 제나라의 관인. 자는 사사士思이다. 송나라에서 건강령을, 제나라에서 상서이부낭중과 예장태수를 지냈다.

**63** 우중문于仲文, 545~613: 중국 남북조 때의 후주後周에서 수나라에 걸쳐 살았던 인물. 자는 차무次武이다. 전공을 세워 우익위대장군에 이르렀다. 수나라 양제 때 고구려에 쳐들어왔다가 을지문덕에게 패하고 돌아갔던 바로 그 장군이다.

일어났다. 우중문이 두 집 모두에게 각각 소떼를 몰아오게 하여 찾아낸 소 한 마리를 놓아두자 임가의 소떼 속으로 들어갔다. 또 사람을 시켜서 그 소에 상처를 조금 내게 했더니, 임가는 안타까워했으나 두가는 태연했다. 두가가 죄를 받게 되었다[『북사』에 있다].

당나라 장윤제張允濟[64]가 무양령武陽令으로 있을 때의 일이다. 이웃 고을인 원무현元武縣에서 암소를 가지고 처가에 의탁해 사는 자가 있었다. 8~9년 사이에 암소가 10여 마리의 송아지를 낳았는데 따로 나가 살게 되자 처가에서는 소를 주지 않았다. 그 고을에 여러 번 소송했으나 판결을 얻지 못하여, 사위는 경계를 넘어 무양현으로 와서 고소했다. 장윤제가 "너의 고을에 수령이 있는데 어찌하여 이곳으로 왔는가?" 하니 그는 눈물을 흘리며 돌아가려 하지 않고 이유를 아뢰었다. 장윤제는 부하들로 하여금 그 사람을 묶고 옷을 머리에 뒤집어씌워 얼굴을 가린 다음, 그의 처가 마을로 가 소도둑을 잡았다고 했다. 그러고는 그 마을의 소들이 어디에서 왔는지를 조사했다. 처가에서는 까닭을 모르고 그 일에 연루될까 겁이 나, "이 소들은 사위 집의 소입니다"라고 하였다. 장윤제는 사위에게 뒤집어씌운 베적삼을 벗기게 하고는, "이 사람이 사위이니, 마땅히 소를 돌려주라"라고 하였다.

당나라 배자운裵子雲[65]이 신향령新鄕令으로 있을 때의 일이다. 그 고을 사람 왕공王恭이 변방으로 수자리를 살러 가면서 암소 6마리를 장인 이진李璡의 집에다 맡겨두었는데 5년간 맡아 기르는 사이에 송아지 30마

---

64 장윤제張允濟: 중국 당나라 때 사람. 유주자사幽州刺史를 지냈다.
65 배자운裵子雲: 중국 당나라 때 사람. 행적은 미상. 본문의 기록은 『상우록尙友錄』에 전한다.

리를 낳았다. 왕공이 돌아와 소를 찾으니, 장인은 "암소 2마리는 이미 죽었다"라고 하면서 늙은 암소 4마리만 돌려주었다. 왕공이 고소하자 배자운은 왕공을 옥에 가두었다. 그리고는 소도둑을 잡는다고 하면서 이진을 불러와 "도둑이 너와 함께 소 30마리를 훔쳐서 너의 집에 감추어두었으므로 너를 불러 같이 대질시키는 것이다" 하고 꾸짖고는, 이에 옷으로 왕공의 얼굴을 가리고 데려오게 하는 한편, 이진에게는 실토하라고 다그쳤다. 그제야 이진은 "소는 사위의 암소가 낳은 것이요 도둑질한 것이 아닙니다" 하고 사실대로 아뢰었다. 배자운은 왕공이 둘러쓴 옷을 벗기도록 했다. 이진은 놀라 곧 소를 돌려주었다. 온 고을이 수령의 밝은 통찰에 머리를 숙였다.

이순李順[66]의 무리 중에 남의 소를 죽이고 도망친 자가 있었다. 장영이 그에게 자수하도록 종용하며 그 어미를 10일 동안 구금했으나 그자는 나타나지 않았다. 이에 어미를 풀어주고 그의 처를 구금하였다. 그러자 하룻밤 만에 그가 출두했다. 장영이 판결하기를 "어미를 구금하기는 열흘 밤이요 처를 잡아두기는 하룻밤인데, 문에 기대어 기다리는 정성[67]에는 어찌 그리 소홀히 하고 머리 얹어준 정情[68]에는 어찌 그리 두터운가. 전에는 무리 지어 악행을 일삼더니, 이제 와서 도망쳤다가 자수를 종용함에도 오히려 관망만 하고 있었다니! 저자에 끌어다 목을 베어야 마땅하

---

66  이순李順: 미상.
67  원문은 "의문지망倚門之望"이다. 밖에 나간 아들이 저녁때가 되어도 돌아오지 않으면 어머니는 대문에 기대어 기다린다는 의미.
68  원문은 "결발지정結髮之情"이다. 옛 풍습에 혼인식을 거행한 날 밤에 신랑과 신부가 좌우의 계臺를 합해서 묶는데 이를 결발結髮이라 했다. '결발지정'이란 부부의 은정을 이르는바, 곧 부부가 됨을 뜻한다.

다"라고 하였다. 그로부터 자수하는 자가 연이었는데 모두 돌려보내 생업에 종사하게 했다. 일반 백성들도 모두 편히 살게 되었다.

남창南昌의 축祝 태수는 청렴하고 유능한 사람으로 명성을 얻었다. 관내의 영부寧府[69]에 키우는 학鶴이 있었는데, 어떤 백성의 개가 학을 물어 죽여서 부졸府卒이 소송을 제기했다. 학에게는 금패金牌가 있었는데, 천자가 하사한 것이었다. 축 태수는 "학이 금패를 차고 있었으나 개는 글자를 알지 못한다. 개가 학을 물어 죽였다 해도 이 어찌 사람에게 관계된 일이겠느냐" 하고는 마침내 개 주인을 석방했다. 또 양쪽 집의 소가 싸워서 한 집의 소가 죽었다. 이에 판결하기를 "두 소가 서로 싸워 하나는 죽고 하나는 살았다. 죽은 소는 삶아서 함께 나누어 먹고 산 소는 함께 부릴 것이다"라고 판결하였다. 案 옛사람의 판결문에는 운韻을 달지 않은 것이 없다.[70] 수령으로 글을 할 줄 아는 자는 마땅히 이를 본받을 것이요, 아무렇게나 해서는 안 된다.

효숙공孝肅公 포증이 천장현天長縣을 다스릴 때의 일이다. 도둑이 들어 소의 혀를 잘라갔다고 고소한 자가 있었다. 포증은 그 사람에게 돌아가서 소를 잡아 팔라고 하였다. 이윽고 어떤 자가 와서 사사로이 소를 잡은 자가 있다고 고발함에 포증이 "어째서 그 집 소의 혀를 잘라놓고 지금 또 이렇게 고발까지 하느냐" 하고 큰소리로 꾸짖자 그 도둑이 놀라 자복하였다.

---

69 영부寧府: 옛날에 중국에서는 큰 귀족에게 공·후 등의 작위를 주고 명의상의 제후로 분봉건국分封建國하는 제도가 있었다. 여기서 영부는 그러한 명의상의 제후국, 즉 영국寧國을 다스리는 관부를 가리킨다. 영국부寧國府의 약칭인데 그 귀족의 저택을 가리킨다.

70 학을 물어 죽인 개에 대한 판결문의 원문은 "鶴帶金牌, 犬不識字. 禽獸相傷, 豈干人事."이다. 이 판결문에서 짝수 구句의 끝 자에 운韻이 들어가 있다.

○ 고려의 이보림李寶林이 경산부京山府【지금의 성주星州이다】 수령으로 있을 때의 일이다. 어떤 자가 와서 이웃 사람이 자기 집 소의 혀를 잘랐다고 고소하였는데 이웃 사람은 불복하였다. 이보림은 그 소를 목마르게 하고는, 물에 간장을 타 동네 사람들을 모아놓고 "차례차례 소에게 그 물을 먹이게 하되 소가 물을 마시려 하거든 곧 중지시키라"라고 말하였다. 동네 사람들이 그 명령대로 하는데, 고소당한 자의 차례가 되자 소가 놀라서 달아났다. 그자를 심문하니, 과연 "소가 내 벼를 뜯어먹어서 그 혀를 잘랐습니다"라고 자백하는 것이었다. 또 어떤 사람의 말이 달아나 다른 사람의 보리를 거의 다 뜯어먹었다. 말 주인이 보릿가을이 되면 변상하겠다고 약속하고는, 여름이 되자 보리 이삭이 다시 나서 수확을 할 수 있게 되었다며 물어줄 생각을 하지 않는 것이었다. 그래서 보리밭 주인이 고소하였다. 이보림은 말 주인은 앉고 보리밭 주인은 서게 하고는, "둘 다 달음질을 치되 따라가지 못하는 자에게 벌을 주겠다"라고 말하였다. 말 주인이 따라가지 못하자 이보림이 그를 꾸짖었다. 말 주인은 "저 사람은 서 있고 나는 앉아 있었는데, 어떻게 따라갈 수 있겠습니까?"라고 하였다. 이에 이보림이 "보리 또한 마찬가지다. 보리가 말에게 뜯어 먹히고 나면 어떻게 제대로 자라 익을 수 있겠느냐?"라고 말하고는 곧 말 주인에게 곤장을 치고 보리값을 물어주게 하였다.

송나라 석공필石公弼이 위주衛州의 사법참군司法參軍[71]으로 있을 때의 일이다. 기수淇水[72]의 목장에서 키우는 말이 뛰쳐나가 어떤 사람의 논에서

---

71 사법참군司法參軍: 주州의 사법에 관한 임무를 보좌하는 참모.
72 기수淇水: 중국 하남성 지역의 황하 지류의 하나. 이곳에 관에서 관리하는 목장이 있었다.

벼를 뜯어먹다가 그 논의 주인에게 상해를 입었다. 당시 말을 기르는 법이 지극히 엄하여, 군수 한종철韓宗哲이 논 주인을 중벌에 처하려 하자, 석공필은 논 주인이 무죄라고 주장했다. 군수가 "저 사람이 관가의 말에 상해를 입혔는데 어째서 무죄인가"하고 반문했다. 석공필은 "짐승이 사람의 식량을 먹는데 그 주인이 어찌 막지 않겠으며, 막으면 어찌 다치지 않겠소. 설사 상림원上林苑[73]의 호랑이라도 우리를 뛰쳐나와 사람을 잡아먹었다면 그 짐승을 죽여야 하지 않겠소. 지금은 응당 말 먹이는 자를 징계할 일이요 논 주인을 처벌해서는 안 됩니다"라고 말했다. 군수가 노하여 자기의 주장대로 관리에게 집행하도록 하였는데, 얼마 뒤에 조정에서 사자使者가 나와 죄수들을 다시 조사하여, 석공필의 주장대로 따르게 되었다.


재백財帛의 소송으로 증거 문서가 없는 경우에도
그 실상과 허위를 자세히 살펴보면 사실이 드러나게
될 것이다.


당나라 조화趙和[74]가 강음령江陰令으로 있을 때의 일이다. 회음淮陰 지역의 두 농부가 서로 가까이 살았는데, 동쪽 집이 서쪽 집에 집문서를 잡히고 돈 100만 민緡을 빌리면서 뒷날 돈을 갚고 집문서를 찾기로 약속하였다. 먼저 8000민을 갖다주고 다음 날 나머지 돈을 다 갚고서 집문서를 찾아가기로 하여, 믿고서 8000민을 갚은 것에 대한 영수증을 받아두

---

73 상림원上林苑: 중국에서 역대 황제의 후원을 가리키는 말.
74 조화趙和: 중국 당나라 관인. 출신과 이력은 미상. 본문의 기록은 『상우록』에 전한다.

지 않았다. 다음 날 나머지 돈을 가져가서 갚자, 서쪽 집은 어제 돈 받은 일을 잡아떼고 부인하였다. 동쪽 집은 보증인도 없고 증거 문서도 없이 원님을 찾아가 고소했다. 조화는 이에 한 가지 계교를 생각해내었다. 하루는 도적 잡는 아전 몇 사람을 불러 영장을 가지고 회음에 가서 이렇게 아뢰도록 했다. "강음의 도적 문서에 같은 패가 적혀 있는데, 성명과 정황이 모두 서쪽 집을 지목하고 있으니, 청컨대 체포해 보내주소서." 서쪽 집 사람이 오자 조화는 "어찌 강음에 와서 도적질을 했느냐" 하고 물었다. 잡혀온 자가 울면서 "저 같은 농부는 배를 저을 줄도 모릅니다"라고 하였다. 조화가 "도적질한 것이 금붙이와 비단이 많다. 이런 물건은 농가에서 가지고 있을 것이 아니다"라고 다그쳤다. 그자가 대답하기를, 벼는 농사지어 얻은 것이며 비단은 제 집 베틀에서 짜낸 것이요, 돈은 동쪽 집이 빌려간 돈을 도로 받은 것이라고 하였다. 조화가 "네가 과연 도적이 아니라면 어째서 동쪽 이웃이 갖다 갚은 8000민을 숨겨놓고 속이느냐" 하고는 드디어 그 동쪽 집을 불러다 대질시켰다. 그자는 부끄럽고 두려워 마침내 죄를 실토하였다. 이에 묶어서 제 관할 고을로 보내 추징해서 지급토록 하였다.

정호程顥가 호현주부鄠縣主簿로 있을 때의 일이다. 어떤 백성이 형의 집을 빌려 살고 있었는데 땅을 파다가 감추어둔 돈을 얻었다. 형의 아들이 고을에 고소하였으나 현령이 판결을 내리지 못하였다. 정호는 "이건 쉽게 판정할 수 있다" 하고는, 그 형의 아들에게 "너의 아비가 돈을 감추어둔 것이 몇 해나 되느냐"라고 물으니, 40년이라고 대답하였다. "집을 빌려서 산 것은 얼마나 되었느냐" 하니, 20년이라고 하였다. 즉시 돈 만 개 정도를 가져다 살펴보고 나서 집을 빌린 자에게 "지금 관가에서 주조한 돈은 5~6년이 지나지 않아 세상에 널리 퍼진다. 이 돈은 전부 다 네가 집을 빌리기 전에 주조한 것이다. 왜 이렇게 되었겠느냐"라고 하니, 그자가 드디어 자복하였다【새 돈이 섞여 있지 않고 전부 예전에 주조한 돈만 있었던 점을 말한 것이다】. 현령이 대단히 기이하게 여겼다.

당나라 장작張鷟[75]이 하양위河陽尉로 있을 때의 일이다. 여원呂元이란 자가 창감倉監 풍침馮忱의 문서를 위조하여 창고의 곡식을 몰래 타갔다. 풍침은 자기가 문서를 만들어주지 않았다고 부인하였으나 여원은 맞다고 강하게 주장했다. 장작이 이에 여원이 제시한 문서를 가져다 양쪽 머리 부분을 가린 채 한 글자만 남겨놓고서 여원에게 묻기를 "이것이 너의 글씨라면 곧 그렇다 하고 그렇지 않으면 곧 아니라 하라"라고 하니, 여원은 아니라고 하였다. 가린 곳을 치우니 여원이 제시한 문서였다. 먼저 여원에게 곤장 50대를 쳤다. 또 속여서 풍침의 글씨를 가리고 두 글자만 남겨서 물어보니, 여원은 그렇다고 답하였다. 가린 곳을 치우니 곧 속여 만든 문서였다. 여원이 이에 죄를 자백했다.

설선薛宣이 임회태수臨淮太守로 있을 때의 일이다. 어떤 사람이 합사 비단을 가지고 시장에 가다가 비를 만나자 그것을 펴들어 덮어썼다. 뒤에 오던 한 사람이 같이 그 밑에 들어오기를 청하니 비단 한끝을 주어 잡게 하였다. 비가 개자 헤어지게 되었는데, 서로가 "이건 내 물건이다"라고 주장하여 다투다가 관가에 가서 고소를 하였다. 설선이 아전을 불러 비단을 끊어 각각 절반씩 나눠주게 하고는 아전으로 하여금 뒤를 따라가면서 살펴보게 하였다. 뒷사람은 기뻐하면서 "사또 덕분이다, 사또 덕분

---

**75** 장작張鷟, 660?~740?: 중국 당나라 때 인물. 자는 문성文成, 호는 부휴자浮休子이다. 저서에 『조야첨재朝野僉載』가 있으며 『유선굴遊仙窟』이란 전기소설도 지었다.

이야"라고 하였고, 비단 주인은 억울해 마지않았다. 설선이 그 실상을 알고는 잡아다 심문하여, 죄를 자백 받았다. ○ 무릇 재물을 가지고 소송하는 경우, 증빙할 문서가 없으면 우선 절반씩 잃도록 하여 그 피해를 균등하게 하고 서서히 그 말씨와 낯빛을 살펴보면 실상과 허위가 가려져 시비를 판결할 수가 있다. 이러한 사례가 많다. 근래 수령들을 보면 그대로 절반씩을 잃고 물러가게 하는 식으로 처리하고 만다. 백성들이 허다히 별명을 붙여 '반실태수半失太守'라고 부른다. 이는 최하급의 수령이다.

후위의 이혜李惠[76]가 옹주자사雍州刺史로 있을 때의 일이다. 나뭇짐을 진 자와 소금을 진 자가 양가죽 하나를 두고 다투기를 각기 자기 등에 실었던 물건이라고 하였다. 이혜가 아전에게 "이 양가죽을 두들겨보면 그 주인을 알아낼 수 있다"라고 하자 뭇 아랫사람들이 아무 말이 없었다. 이혜가 양가죽을 뜰 위에 놓고 막대기로 두들기게 하니, 소금가루가 조금 보였다. 다투던 자들에게 이를 보이며, 나뭇짐 진 자를 벌 받게 하였다【『북사』에 있다】.

송나라 부염傅琰은 무강령武康令으로 있다가 산음령山陰令으로 옮겨갔는데 어디서나 유능하다는 이름을 얻어 부성인傅聖人이라고 일컬어졌다. 그가 산음령으로 있을 때에 바늘 파는 할멈과 사탕 파는 할멈이 단사團絲[77]를 가지고 서로 자기 것이라고 다투었다. 부염이 단사를 기둥에 걸어놓고 채찍으로 두들기며 살펴보니 쇳가루가 나왔다. 그래서 사탕 파는 할멈을 벌주었다.

『남사』에 나와 있다. 부염이 산음령으로 있을 때에 두 농부가 닭을 두

---

76 이혜李惠: 중국 후위의 인물. 외척으로 정남대장군·청주자사 등을 역임했다.
77 단사團絲: 비단 짜는 실을 둥그렇게 만든 것.

고 서로 자기 것이라고 다투었다. 부염이 각자에게 "무엇을 먹여 닭을 키우는가" 하고 물었더니, 한 사람은 좁쌀을 먹인다 했고 다른 한 사람은 콩을 먹인다 하였다. 이에 닭을 잡아 배를 가르니 좁쌀이 나왔다. 콩을 먹인다고 한 자를 벌주었다. 온 고을이 그를 신명하다고 일컬었다.

이형李亨[78]이 은령鄞令으로 있을 때의 일이다. 포전을 가꾸는 자의 가지가 갓 익었는데 이웃 사람이 몰래 따서 저자에 내다 파는 것을 주인이 뒤를 밟아서 서로 다투던 끝에 관가에 고소하였다. 원님이 가지를 관정에 쏟아놓게 하고는 웃으면서 그 이웃 사람을 보고 말했다. "네가 바로 도둑이다. 만약 정말 네가 가꾼 가지라면 이렇게 작은 것까지 다 따겠느냐?" 드디어 그자가 죄를 받았다.

원나라의 호장유胡長孺[79]가 영해주부寧海主簿[80]로 있을 때【지대至大 연간 (1308~1311)】할멈들이 절간에 모여서 불경을 외우며 복을 빌고 있던 중에 한 여자가 옷을 잃어버렸다. 마침 호장유가 향촌으로 나오는 것을 보고 앞에 와서 고소를 했다. 그는 할멈들에게 합장했던 손에 모두 다 보리를 쥐고서 처음처럼 부처를 돌며 불경을 외도록 하였다. 그리고 그 자신이 눈을 감고서 이빨을 조근거리며 신이 내린 형상을 짓고 "내가 신령님께 감시하도록 하였노라. 몇 바퀴 도는 동안에 옷을 훔쳐간 자의 손에 있는 보리는 싹이 날 것이다"라고 하였다. 그러자 한 할멈이 자꾸 손바닥을 들여다보는 것이었다. 그는 즉시 그 할멈을 지적하여 잡아 묶도록 하여,

78  이형李亨: 미상.
79  호장유胡長孺, 1249~1323 : 중국 원나라 때 학자. 자는 급중汲仲, 호는 석당石塘이다. 저서에 『와부편瓦缶編』 등이 있다.
80  영해주부寧海主簿 : 영해寧海는 지금의 중국 절강성에 두었던 원나라 때 현의 이름. 주부主簿는 정부 각 부서에서 문서와 부적簿籍을 주관하는 직책이다.

훔친 옷을 돌려주게 하였다. ○ 영가永嘉[81] 고을에 아우가 보요주步搖珠[82]를 형에게 맡겨두었다가 돌려받으려고 하자, 그 형수가 보요주를 아깝게 여겨 이미 도둑맞았다고 거짓말을 했다. 여러 차례 소송을 했으나 해결을 보지 못함에 호장유에게 와서 고소를 하였다. 이에 "너는 우리 고을 백성이 아니다" 하고 꾸짖어 돌려보냈다. 그리고 오래지 않아 어떤 도둑을 다스리게 되자, 호장유는 그 도둑을 사주하여 영가의 아무가 보요주를 받아서 장물로 간직하고 있다고 무고하게 하였다. 그 형을 즉시 관정으로 잡아들이자 형이 변명해 마지않았다. 호장유는 "너의 집에 이 물건이 있는 것이 사실인데 어째서 무고라 하느냐"라고 심문했다. 형은 당황해서 "있기는 있습니다마는 아우가 맡겨둔 것입니다" 하고 대답하였다. 보요주를 급히 가져와 증거를 대도록 하고, 아우를 불러 보이며 "이것이 너의 물건이냐"라고 물으니 "그렇습니다"라고 대답했다. 드디어 보요주가 동생에게 돌아가게 되었다. ○ 어떤 백성이 밭에 거름을 주려고 오줌통을 짊어지고 가다가 잘못해서 군졸의 옷에 부딪쳤다. 군졸은 그 백성을 때려 다치게 하고 오줌통을 부숴버렸는데 백성은 끝까지 군졸의 이름을 알 수가 없었다. 그 백성이 고소하자 호장유는 짐짓 그가 무고한다고 화내는 체하면서 백성을 저자에다 형틀을 씌워 세워두고 좌우로 하여금 몰래 엿보게 하였다. 전날 그를 때린 군졸이 지나가면서 손가락으로 가리키며 쾌재를 불렀다. 곧 그자를 붙잡아 소속된 곳[군졸이 배속되어 있는 군문]으로 데리고 가서 오줌통을 물어주게 하였다. 案 호장유의 처사는 모

---

81  영가永嘉: 중국 절강성 온주溫州에 있는 고을 이름. 호장유가 주부로 있었던 영해寧海는 이곳에서 멀지 않은 지역이다.
82  보요주步搖珠: 걸어가면 저절로 흔들거리는 구슬로 귀중하게 여기는 것이었다.

두가 교묘하게 속이는 짓이니 본받을 일이 못 된다. 눈을 감고 신이 내린 흉내를 낸 행동은 체모만 손상할 뿐이다. 만약 그 할멈이 영리해서 그가 속이는 줄을 미리 알고 손바닥을 들여다보지 않았던들 어찌했을 것인가. 형수가 보물을 훔치고 형 또한 그 사실을 알았을 텐데 동생이 되어 가지고 친형을 고발했고 수령으로서 그 일을 심판하였으니 무엇으로 백성을 가르칠 것인가. 수완을 부릴 곳이 없어 안타깝다 하더라도 백성을 교화하는 일의 중요성을 잊어버려서야 될 것인가.

호장유가 영해주부로 있을 때에 상급 기관에 가서 업무를 보고하고 돌아오니 아전이 농간질한 자들이 있어 여러 차례 조사했으나 자백하지 않는다고 아뢰었다. 그가 아전에게 "이는 쉬운 일이다" 하고는, 그 아전을 밤에 책상 밑에 들어가 엎드려 있게 했다. 날이 밝을 무렵 농간질한 자들을 불러 심문하니, 더욱 완강하게 부인했다. 호장유는 일부러 영장令長[83]에게 "아까 들으니 조정에서 조서가 내려온다고 하는데, 맞이하러 나가지 않아도 되겠느냐"라고 한 연후에 졸개들에게 소리쳐 "농간질한 자들을 동쪽과 서쪽의 두 기둥에다 묶어놓으라" 하고는 관아를 비우고 나갔다. 관정에는 사람이 하나도 없었다. 농간질한 자 둘이 서로 마주보고서 "일이 이같이 되었으니 죽더라도 승복하지 말아야 한다. 그러면 저절로 풀려날 것이다"라고 하였다. 그 말이 끝나기도 전에 책상 밑에 숨어 있던 아전이 뛰어나오니, 농간질한 자들은 놀라 머리를 조아리고 죄를 받게 되었다【호장유의 일은 모두 『이학통록理學通錄』[84]에 나온다】.

---

83  영장令長: 이 경우는 이속의 우두머리를 가리킨다.
84  『이학통록理學通錄』: 『송계원명이학통록宋季元明理學通錄』의 약칭. 퇴계 이황의 저술이다. 주자 이래 송나라, 원나라, 명나라 성리학자들의 행적을 기록한 책. 본집 11권, 외집

투명한 마음으로 사물을 비춰보고 어진 뜻이
미물에까지 미치게 된다면, 특이한 소문이 널리
퍼지고 훌륭한 명성이 후세에 전해질 것이다.

    온창溫彰[85]이 경조윤으로 있을 때 하루는 방울을 울리는 소리가 들려
서 살펴보니 까마귀였다. 그는 '이는 필시 사람이 그 새끼를 잡았기 때문
에 호소하는 짓이다'라고 생각하고는, 아전에게 명해 알아보도록 하니
과연 새끼를 잡은 자가 있었다.

    장차산張次山[86]이 태산수泰山守[87]가 되어 고을을 다스릴 때의 일이다. 일
찍이 황새가 계석戒石 앞에 모여 앉은 것이 마치 무엇을 하소연하는 듯
하였다. 그는 황새들을 먼저 날려 보내고 군관으로 하여금 그 뒤를 따라
가게 했다. 황새가 어떤 큰 나무 위로 날아가 앉았는데 그 근처 이웃집에
새끼 두 마리를 잡은 자가 있었다. 장차산이 그 죄를 다스리자 황새가 날
아갔다. 案 이 두 가지 일은 신기하고 이상한 일이 아니다. 제비가 사람
집안에 집을 짓는 것은 사람에게 의지함으로써 해를 멀리하려는 뜻이요,
참새가 기와지붕에서 지저귀는 것은 사람에게 호소하여 환난을 제거하

---

미분권未分卷 1책으로 되어 있다.

85  온창溫彰: 중국 당나라 때 대리승大理丞을 거쳐 경조윤을 지낸 인물로 온장溫璋이 있는
데, 동일인인 듯하다.

86  장차산張次山: 중국 남송시대 인물로 장차산이 있는데 『민중이학연원고閩中理學淵源考』
권8에 나온다.

87  태산수泰山守: 태산은 중국 산동성에 있는 명산. 진나라 때에 이 산을 수호하는 관원으로
태산수라는 직명이 확인된다. 후세에는 이 직명이 나타나지 않는데 태산의 사묘가 있는
태안泰安의 수령을 가리키는 것으로 추정되기도 한다.

려는 뜻이다. 새나 짐승이 하소연하는 것은 흔히 있는 일인데, 다만 어리석은 인간은 알아채지 못하고, 유독 밝은 자만이 깨달아 아는 것이다.

聽訟

묘지에 관한 송사는 지금 고질이 되었다. 싸우고 구타하여 살상하는 사건의 절반이 이 때문에 일어나며, 남의 묘를 파내는 범행을 스스로 효도하는 일이라 생각하고 있다. 이 문제의 판결은 분명히 하지 않으면 안 된다.

『주례·춘관종백春官宗伯』에 "총인冢人은 공묘公墓[1]의 땅을 관장하는데 묘역을 분별하여 도면을 작성하되 선왕先王의 묘는 가운데 모시고 소昭·목穆으로 좌우에 배치한다. 작위爵位의 등급에 따라 봉분의 정도와 심는 나무의 수효를 정하며, 묘위墓位를 바로하고 묘역에 필蹕[2]하며 묘금墓禁을 지킨다"라고 하였다. ○ 정현은 말했다. "왕공王公의 묘를 구丘라 하고 여러 신하의 묘를 봉封이라 한다. 한나라 율법에 열후列侯[3]의 무덤은 높이가 4장丈[4]이며 관내후關內侯[5] 이하 서인庶人에 이르기까지 각각 차등

---

1 공묘公墓: 왕과 왕족의 묘역. 왕묘王墓라고도 함. 중국 주나라 때는 왕성 밖 근교에 두고 공묘를 관장하는 직책으로 총인冢人을 두었다.
2 필蹕: 행인의 통행을 금하는 것.
3 열후列侯: 중국 한나라 때의 제도. 왕자로서 후侯에 봉해진 것을 제후, 신하가 공적이 있어 후에 봉해진 것을 열후 혹은 철후徹侯라 하였다.

이 있다."○ 정현은 또 말했다. "묘위는 봉분이 자리 잡은 앞뒤를 가리키는 것이며 묘금은 봉분 주위의 경계를 말한다."○ 가공언賈公彦[6]은 이렇게 말했다. "지위가 높은 자는 봉분이 높고 나무가 많으며, 지위가 낮은 자는 봉분이 낮고 나무가 적다. 『춘추위春秋緯』[7]의 기록에 '천자의 봉분은 높이가 세 길[仞]인데 소나무를 심으며, 제후는 봉분의 높이를 그 절반으로 하고 측백나무[柏]를 심으며, 대부大夫[8]는 8척인데 약초를 심고, 사士[9]는 4척인데 괴목槐木을 심고, 서인은 봉분이 없고 버드나무를 심는다'라고 하였다."○ 가공언은 또 "묘역은 분묘 둘레의 도랑의 두둑을 말하고, 필罼이란 행인을 막아서 가까이 오지 못하게 하는 것이며, 금禁은 금지·단속해서 함부로 들어오지 못하게 함을 이른다"라고 하였다. ▣案 공자가 부모를 방防[10] 땅에 합장할 때 봉분의 높이가 4척이라 하였으니 대개 사士의 예를 따른 것이다. 그런데 공자는 "예전에는 묘만 쓰고 봉분을 하지 않았다. 나는 사방으로 돌아다니는 처지이기 때문에 봉분을 하지 않을

---

4 장丈: 길이의 단위로 10척尺.

5 관내후關內侯: 중국 진나라와 한나라 때 봉한 벼슬 이름. 서열이 19급으로 철후 다음 자리임. 후세에는 수도首都의 시장에 해당하는 직위를 관내후라고 일컬었다.

6 가공언賈公彦: 중국 당나라 때 학자. 벼슬이 태학박사에 이름. 『주례의소周禮義疏』『의례의소儀禮義疏』등 경전의 주해를 편찬했다.

7 『춘추위春秋緯』: 시위詩緯·역위易緯·서위書緯·예위禮緯·악위樂緯·효경위孝經緯 와 함께 위서緯書의 일종. 『수서隋書·경적지經籍志』에, 양나라에 『춘추위』30권이 있었다고 한다.

8 대부大夫: 중국 고대에 천자와 제후가 설정했던 고위직으로 경卿과 사士의 중간 위치. 후세로 와서는 정1품에서 4품에 이르는 관인을 통칭했다. 조선조에서는 대게 문무관 1, 2품과 문관 3, 4품을 지칭했다.

9 사士: 중국 고대의 관제에 있어서 대부의 밑에 있는 관직을 말함. 조선조의 낭관郞官에 해당하는 것이다. 또 우리나라에서는 관행적으로 선비의 한자어로 쓰였다. 이때 사=선비는 독서하는 사람을 의미했다.

10 방防: 지금의 중국 산동성 곡부曲阜에 있는 지명. 『사기·공자세가孔子世家』에 공자가 부모를 장사 지낸 곳으로 나와 있다.

수 없다"라고 하였다. 봉분을 만드는 것이 공자의 본의가 아니었던 것이다. 옛날의 도수度數[11]라는 것은 봉분의 높이를 제한하는 일에 불과했으나 지금의 도수는 무덤의 둘레에 금장禁葬하는 폭을 각기 걸음의 수로 정해놓은 것이다. 이것이 또한 옛날과 지금의 다른 점이다.

『주례·춘관종백』에 "묘대부墓大夫는 방묘邦墓[12]의 지역을 관장하여 도면을 작성하고, 나라의 백성들로 하여금 족장族葬[13]을 하게 하되 그 금령을 맡아서 묘위를 바로하고, 그 도수를 맡아 제각기 따로 묘역을 가지게 한다. 묘지를 다투는 자가 있으면 그 옥송을 들어 처리한다"라고 하였다. ○ 정현은 말했다. "방묘의 지역은 만백성의 장사 지내는 땅이니, 옛날에는 만백성의 묘지가 한곳에 정해져 있어 그 땅을 나누어 제각기 묘역을 갖게 하여 족장을 하게 함으로써 서로가 편리하도록 하였다." [鏞案] 이른바 방묘의 지역이라는 것은 우리나라의 동서 근교의 묘지와 같은 것이다. 모든 백성이 장사를 지내 무덤들이 총총히 있으나 그 가운데 또한 작은 구역으로 나뉘어져 각자가 봉분 주위의 경계를 지킨다. 주나라 법에는 소·목의 차례로 장사하여 정연하게 규격이 있었는데, 우리나라 법은 묘를 쓰는 일에 차례와 질서가 없이 혼란스런 모양이 되었다. 의원醫員·역관譯官·산학算學·율사律士 등의 묘는 다 동서 근교에 있었는데, 근세로 와서 비로소 따로 먼 교외를 차지하였다.[14] 역시 세상 풍속이 변한 것이

---

11 도수度數: 『주례·춘관종백·묘대부墓大夫』의 주注에 도수는 "작등지대소爵等之大小"라고 했다. 여기에서는 벼슬 등급에 따라 무덤의 크기를 정하는 제도를 가리키는 것.

12 방묘邦墓: 중국 주나라 때 족장族葬하는 곳. 백성이 누구나 장사 지낼 수 있는 묘역으로 이를 관장하는 직책으로 묘대부를 두었다.

13 족장族葬: 백성들이 집안〔五服之內〕끼리 소목을 정해 차례로 묘를 써나가는 것.

14 이들은 조선시대 서울의 중인, 즉 세습적인 기술직 관리로서 대개 부를 축적하여 복잡한 근교의 묘지를 떠나 교외에 별도의 가족 묘지를 장만하였다.

다. 주나라 때에는 비록 묘지에 관한 송사가 있었으나 그 다투는 일이 묘와 묘 사이의 땅이나 경계 등에 관한 것으로, 혹시 훗날 묘 터가 갑자기 좁아질 것을 우려한 데 불과했던 것이요, 지금의 풍속처럼 주맥主脈[15]이니 안대案對[16]의 청룡靑龍이니 백호白虎[17]니 하는 등 지맥을 따져 좋은 기운이 혹시 부딪칠까 걱정하는 것과는 달랐다.

『예기』에 일렀다. "계무자季武子[18]가 묘각墓閣을 지었는데, 두씨杜氏가 서쪽 계절階節 밑에 장사를 지내고자 하여 묘역을 함께하기를 청하므로 이를 허락하였다. 두씨가 그 묘역 안에 들어가서 감히 곡하지 못하거늘, 계무자가 '묘역을 함께하는 것이 옛 법은 아니다. 주공周公 이래로 아직 바뀐 일이 없었다. 그런데 내가 지금 묘역을 같이 쓰는 큰일은 허락하고서 곡하는 작은 일을 허락하지 않겠는가' 하고 곡을 하게 하였다." ○『안자춘추晏子春秋』[19]에 이렇게 나와 있다. "경공景公이 노침路寢[20]에서 자는데, 밤중에 남자의 곡소리가 들렸다. 이튿날 물으니 분성괄盆成适[21]이란 사람이었다. 그는 아비의 묘가 노침【이 노침은 분성괄이 아비의 묘를 쓴 이후에 새로 지은 것이다】에 붙어 있어 죽은 어미를 부장祔葬할 수 없다는 것이었다.

---

15  주맥主脈: 풍수설에서 묏자리 뒤쪽에 내려온 지맥을 가리키는 말.
16  안대案對: 묏자리 맞은편의 산. 안산案山이라고 한다.
17  청룡靑龍·백호白虎: 묏자리 주산에서 갈려나간 왼쪽 기슭을 청룡, 오른쪽의 기슭을 백호라 하며, 여럿이 겹칠 경우에는 내청룡·외청룡, 내백호·외백호로 나눠 부른다.
18  계무자季武子, ?~B.C. 535: 중국 춘추시대의 노나라 대부인 계손숙季孫宿. 시호가 무武이다.
19 『안자춘추晏子春秋』: 중국 춘추시대 제나라 대부 안영晏嬰의 저서. 8권으로 되어 있다. 안영의 행적을 적은 내용이어서 대개 뒷사람의 추술追述로 봄.
20  노침路寢: 군주가 정사를 보던 정침正寢. 정전正殿.
21  분성괄盆成适: 중국 전국시대 사람. 맹자가 그의 재주를 기린 바 있다. 제나라에서 벼슬하였다.

경공은 '슬픈 일이로다' 하며 흉문[凶門][22]을 열어 분성괄을 들어오게 하니, 그가 상복을 벗고 들어와 어미의 장사를 지내면서도 감히 곡을 못하다가 흉문을 나선 후에야 소리를 내서 곡을 하였다." [鏞案] 『안자춘추』에는 또 봉어하[逢於何][23]가 합장을 했다는 사실이 실려 있어 이와 비슷하니 이는 옛날의 도리이다. 어찌 묏자리를 넓게 차지하고 다투어 송사를 해서 남의 묘를 파내가게 하기를 오늘날의 습속처럼 하였겠는가.

정선이 말하였다. "세상 사람들이 진나라 곽박[郭璞][24]의 풍수설에 미혹하여 좋은 터를 탐내 구하느라 몇 년이 가도록 어버이를 장사 지내지 않는 자가 있다. 또 이미 장사 지낸 묏자리가 불길하다 하여 한 번 파서 옮기는 데 그치지 않고 서너 차례나 옮기는 자도 있다. 묏자리를 다투느라 송사를 벌여 어버이 시신이 땅에 들어가기도 전에 집안이 쑥밭이 되는 일도 있고, 형제간에 각기 화복이 다르다는 풍수쟁이의 말에 빠져 심지어는 혈육 간에 서로 원수가 되는 일도 있다." ○ 또 이렇게 말하였다. "어버이를 장사 지내는 자가 풍수설을 믿는데 빠져 남의 산을 침범해 차지하고 다른 사람의 무덤을 파서 유골을 버리는 데까지 이른다. 원한이 잇달고 송사가 얽혀서 죽기를 한정하고 이기려고만 드는 것이다. 그래서 가산을 다 쏟고 가업을 망치고도 좋은 터는 끝내 얻지 못한다. 복을 받는 것은 멀고 화를 받는 것은 가까우니 어찌 그 어리석음이 하나같이 이

---

22 흉문[凶門]: 상가[喪家]의 북문[北門].

23 봉어하[逢於何]: 중국 춘추시대 사람. 『안자춘추』에 의하면, 그의 어미가 죽었는데 아비의 묘가 제나라 경공의 노침에 들어 있어, 경공의 신하인 안영에게 간청하여 안영의 주선으로 합장하게 되었다고 한다.

24 곽박[郭璞], 276~324: 중국 진[晉]나라 사람. 자는 경순[景純]이다. 음양역산[陰陽曆算]과 오행복서[五行卜筮]에 능했다. 『이아[爾雅]』『산해경[山海經]』『초사[楚辭]』 등에 주[注]를 달았고 『복운[卜韻]』『통림[洞林]』 등을 지었다.

지경에 이르렀는가." ○ 사마온공司馬溫公이 어버이 상사를 당하여 장례를 지내는데, 가만히 지사地師[25]에게 주의를 주었다. "나에게 선산이 있어서 거기에 장사 지내려 하니, 너는 다른 말을 하지 말라. 내가 하라는 대로만 하면 돈 2만 전을 너에게 줄 것이요, 그렇게 하지 않으면 다른 지사를 불러 쓰겠다." 지사는 "오직 명령대로 하겠습니다"라고 대답했다. 그래서 혈穴[26]을 잡고 묏자리의 방향을 정하는 일을 모두 사마온공의 뜻대로 하였다. 이처럼 풍수설에 구애받지 않았으되 그 형제는 모두 부귀와 장수를 누렸으니 어찌 화복을 믿어 구차스럽게 어리석은 지사의 말에 속임과 희롱을 받을 것인가.

박지원朴趾源의 『열하일기熱河日記』에 다음과 같이 쓰여 있다. "(중국에 가서 보니) 길가의 분묘들은 모두 담장으로 싸여 있는데 그 둘레가 수백 보步씩 되고, 소나무·측백나무·버드나무 등속이 줄지어 가지런하게 심어져 있었다." [案] 서건학徐乾學[27]의 『독례통고讀禮通考』에 족장소목도族葬昭穆圖가 실려 있는데, 근세의 이름난 학자들이 그 족장의 법을 되살려 점차 습속이 된 것이다. 또한 중국의 유주幽州·연주兗州 등지는 넓은 들판으로 산이 없어 청룡이다, 백호다, 안산案山이다, 대산對山이다 하는 등의 지형을 어디 의지해볼 데가 없으므로 담장을 둘러싸 묘역을 만들었다. 소와 목의 순서대로 묻히게 되어, 모두 가장 위의 조상을 자좌오향子坐午向[28]으

---

25  지사地師: 묏자리나 집터를 잘 잡는 사람. 지관地官. 풍수風水.
26  혈穴: 풍수설에 있어서 묏자리에 정기가 모인 자리. 즉 관이 들어가는 곳이다.
27  서건학徐乾學, 1631~1694: 중국 청나라 때 학자. 자는 원일原一, 호는 건암健庵이다. 벼슬은 형부상서에 이르렀다. 『대청일통지大淸一統志』 『명사明史』 『청회전淸會典』의 편찬에 참여했으며, 저서로 『독례통고讀禮通考』 『우포집虞浦集』 『벽산집碧山集』 등이 있다.
28  자좌오향子坐午向: 묏자리나 집터 따위를 잡을 때 북쪽[子]을 뒤로 하고 남쪽[午]을 향하는 것.

로 잡고, 소와 목을 묘좌卯坐·유좌酉坐[29]로 서로 향하게 하였으니 풍수설
이란 애초에 고려조차 하지 않은 것이다.

우리나라 법전에 실린 규정 또한 딱 잘라 정한 것이
없이 관장의 마음대로 이렇게 할 수도 있고 저렇게 할
수도 있는 식이다. 그래서 백성들의 뜻이 정해지지
못해 다툼이 많아지는 것이다.

『경국대전』에 나와 있다. "분묘는 면적의 한계를 정하여 경작과 목축
을 금하는바, 종친宗親으로 1품品은 사방 100보, 2품은 90보, 3품은 80보,
4품은 70보, 5품은 60보, 6품은 50보로 한정한다. 일반 문무관은 종친에
비해 10보씩 체감하며, 7품관 이하 및 생원·진사나 유음자제有蔭子弟[30]
들은 6품관과 같고 여자는 남편의 직품에 따른다. ○ 장사 지내기 전부터
경작해오던 땅은 경작을 금하지 않으며 인가로부터 100보 내에는 장사
지낼 수 없다."『경국대전·예전·상장喪葬』】 案 여기서 규정된 보수步數는 원래
경작과 목축을 금하는 한계를 말하는 것이었는데, 지금은 다른 이들이
장사 지내는 것을 금하는 한계가 되었다.

『속대전』에 나와 있다.[31] "유음사인有蔭士人은 비록 보수를 정한 바 없으
나, 청룡·백호의 등嶝[32]과 양산養山[33]하는 곳에는 다른 사람이 묘를 쓰는

---

29  묘좌卯坐·유좌酉坐: 묘卯는 동쪽, 유酉는 서쪽을 가리킴. 곧 동쪽을 등진 것이 묘좌, 서
    쪽을 등진 것이 유좌이다. 이는 풍수설에서 일반적으로 쓰지 않는 방식이다.
30  유음자제有蔭子弟: 선대의 공덕으로 벼슬을 받을 수 있는 집 자제를 가리킴. 뒤에 나오는
    유음사인有蔭士人·유음사족有蔭士族도 다 같은 의미이다.
31  이 규정들은『속대전·형전·청리聽理』에 나온다.

것을 허락하지 않는다. 청룡과 백호 외에는 비록 양산이라도 넓게 차지하는 것을 허락하지 않는다." 【청룡과 백호가 멀리 500~600보까지 이를 때에도 또한 청룡과 백호로 취급할 수 없다】 "인가의 100보 내에는 묘를 쓸 수 없다."【집이 한 채만 있어도 역시 마찬가지다】 案 「예전」에는 유음자제는 금장禁葬하는 보수步 數가 6품과 같다 하고, 「형전」에는 유음사인은 보수가 없다고 되어 있으니, 두 법조문이 같지 않다. 유음有蔭 이란 사족士族을 말하는 것이다. 10대 이내에 현달한 벼슬아치가 있는 경우라야만 유음사족有蔭士族이라 할 수 있다. 향승의 집안은 여기에 들지 않는다. 案 송사를 판결하는 사람들이 매양 내룡來龍[34] 은 보수의 규정이 없다 하여, 1000보가 되더라도 마땅히 금장해야 한다고 한다. 그러나 법전에는 원래 이런 규정이 없는데, 내룡을 중시하는 것은 풍수설이다. 「예전」에는 경작을 금지하는 한계가 사면이 다 같다. 내룡의 보수가 더 멀어야 한다는 말이 어디에 있는가. 묘지는 기봉起峯[35] 이 지붕처럼 된 것이 있어야만 혈이 나오게 마련인데, 무릇 기봉의 밑에서 남의 묘를 누르고 앉는 것은 이치상 마땅히 금장해야 할 터이지만, 기봉 뒤의 낮은 곳에 서로 가려져서 보이지 않는 곳이라면 「예전」에 정해진 보수로만 결정지을 것이요, 반 발짝 한 걸음도 내룡이라 하여 한계를 넓혀서는 안 된다. 수령은 평상시에 이와 같이 작정하고 마음에 새겨두어야만 일을 당해서 당황하지 않을 것이다. ○ 큰 마을 뒤로 많

---

32 청룡·백호의 등崚: 풍수설에서 왼쪽 산줄기를 청룡, 오른쪽을 백호라고 이른다. '등'이란 뻗어 내린 산줄기를 가리키는 말.
33 양산養山: 묘지 둘레에 나무를 심고 가꾸는 곳을 지칭하는 말. 주로 소나무를 심었다.
34 내룡來龍: 산의 주맥에서 내려온 산줄기를 가리키는 풍수설의 용어.
35 기봉起峯: 이어져 내려오는 산줄기에서 높이 솟아오른 봉우리를 가리키는 풍수설의 용어.

은 사람들이 쳐다보는 곳은 법에 따라 금장을 해야 할 것이다. 하지만 쓸쓸히 두어 집이 있는 마을에 산 아래 홀로 사는 곳이라면 법에 금령이 있더라도 굳이 금장할 것은 없다.

판서 권엄權襴이 한성판윤으로 있을 때의 일이다. 당시 태의太醫[36] 강명길康命吉[37]이 왕의 은총을 믿고 마음대로 설쳐서 조정이나 민간에서 모두 눈을 흘겼다. 강명길은 서문 밖 교외에 땅을 사들여 자기 부모를 이장하였는데 산 아래로 오래된 민가 수십 호가 있었다. 그는 이 집들을 죄다 사서 10월 추수 후에 집을 비우고 나가기로 약속을 받았다. 그런데 가을에 몹시 흉년이 들어 백성들이 약속대로 하지 못하게 되었다. 이에 강명길이 하인을 시켜 한성부에 고소하였는데 권엄은 백성들을 몰아내는 것을 허락하지 않았다. 하루는 왕이 승지 이익운李益運[38]을 불러, 가만히 권엄을 설득해서 다시 고소가 있기를 기다렸다가 이속을 풀어 백성들을 몰아내도록 하라고 일렀다. 그다음 날 강명길이 다시 고소하였으나 권엄은 종전의 판결대로 하고 태도가 전혀 달라지지 않았다. 이날 왕이 이익운을 불러서 책망을 하는데, 임금의 노여움이 우레가 치듯 하여 옆에 있던 사람들이 목을 움츠렸다. 이익운이 나가서 이 사실을 권엄에게 전하자, 권엄은 "백성들이 시방 굶주림과 추위가 뼈에 사무치는 판이거늘 몰아낸다면 길바닥에서 죽을 수밖에 없습니다. 차라리 내가 죄를 입을지언

---

36 태의太醫: 조선시대 내의원에 있던 내의의 별칭. 국왕의 주치의.
37 강명길康命吉, 1737~1801: 조선 후기의 의관醫官. 자는 군석君錫, 본관은 순천順天이다. 양주목사楊州牧使를 역임하였으며 정조 때 의서『제중신편濟衆新編』8권 5책을 저술했다. 뒤에 정조의 죽음에 책임을 물어 처형당했다.
38 이익운李益運, 1748~1817: 자는 계수季受, 호는 학록鶴鹿, 시호는 정숙靖肅, 본관은 연안이다. 시파로서 채제공蔡濟恭과 함께 여러 차례 파직되었다. 예조판서를 지냈고『학록집鶴鹿集』을 남겼다.

정 차마 그렇게 해서 백성들로 하여금 나라를 원망하게 할 수는 없습니다"라고 대답하였다. 다음 날 강명길이 다시 고소하였으나 권엄의 판결은 종전과 다름없었고 조금도 고치지 않았다. 듣는 이들이 다 권엄을 위태롭게 여겼다. 여러 날 뒤에 왕이 이익운에게 "내 조용히 생각해보니 한성판윤의 처사가 참으로 옳았다. 이 사람은 만만치 않은 인물이다. 경도 아마 그렇게 하지는 못할 것이다"라고 하였다. 권엄이 이 말을 듣고 감읍하였다.

『속대전』에 규정하였다.[39] "큰 마을이나 타인의 묘지에서 아주 가까운 땅을 억지로 차지하여 송사를 일으킨 자가 있으면 그 자리를 잡아준 지관은 형장을 쳐서 징계하고, 큰 상주는 귀양을 보내고, 송사를 판결했던 관장도 문책한다." 案 지관이란 중국에서 이르는 장무葬巫이다. 무릇 장무의 이익은 새로 묏자리를 잡는 데서 생기기 때문에 비록 그 선영 곁에 아직 남은 혈이 있더라도 꼭 흠을 끄집어내서 불길하다 말하고 마침내 상주와 함께 외지로 돌아다니며 장지를 구하여 새 혈을 차지하려고 한다. 무릇 새 혈은 대개 다른 사람의 땅이니 어찌 쟁송이 없겠는가. 송사가 많은 이유는 다 지관 때문이다. 한 번 송사를 만날 때마다, 마땅히 금장해야 할 곳에 관계된다면 수령은 그 지관의 이름을 물어서 법에 비추어 엄중히 처벌하고 단 한 번이라도 너그럽게 용서해서는 안 될 것이다. 그렇게 하면 임기를 마치고 갈려가기 전에 산송이 다시는 생기지 않을 것이다. 이와 같은 묘한 방법은 법전에 말하지 않았더라도 응당 시행해야 할 것이다. 더구나 『속대전』에 명시되어 있음에랴. 이 법은 반드시

---

39 『속대전·형전·청리』.

시행되어야 한다【만약 지관이 다른 고을에 있는 자라면 유인하여 그의 죄를 다스려야 한다】.

이세재李世載[40]가 동래부사東萊府使로 있을 때의 일이다. 가까운 친척 사이에 송사하는 자가 있으면 양쪽을 다 처벌했으며, 산송이 있으면 먼저 지관을 처벌하였고, 소를 사사로이 잡은 자는 돈으로 속죄하는 것을 허락하지 않고 도둑을 다스리는 법률을 적용하였다. 재임 3년 동안에 한 번도 몰래 도살한 고기는 먹지 않았다.

『속대전』에 나와 있다. "사리에 잘못이 있으면서 나와서 밝히지 않거나, 30일이 지나도록 소송에 응하지 않는 자는 친착인親著人[41]에게 판결해준다. 묘를 파서 옮기겠다고 승복한 자가 달아나 숨는 경우에는 결후잉집률決後仍執律[42]로 논죄한다." ○ 순암順菴의 『임관정요臨官政要』에 이렇게 나와 있다. "근래 어느 현령에게 한 선비가 와서, 자기 선영에 투장偸葬한 자가 있는데 범인을 잡지 못했다고 하소연하였다. 현령은 거짓으로 노하여, '요즈음 산소를 넓게 차지하는 것이 습속이 되어 이렇듯 외람되게 금장을 하게 된다'라고 꾸짖고는 그 소장을 태워버리고 물리쳤다. 얼마 지나지 않아 과연 투장하였던 자가 스스로 나타났는데, 그는 바로 이웃 마을의 천한 백성이었다. 그를 잡아서 묘를 파가도록 하니 사람들이 송사를 잘 처리했다고 칭송했다."

---

**40** 이세재李世載, 1648~1706 : 자는 지숙持叔, 본관은 용인이다. 벼슬은 형조참판에 이르렀다.

**41** 친착인親著人 : 문안文案 등에 친히 이름을 적은 사람을 가리키는 옛 법전의 용어.

**42** 결후잉집률決後仍執律 : 판결한 뒤에도 이에 따르지 않고 그대로 고집하는 자를 처벌하는 법률.

## 무덤을 몰래 쓰는 행위[偷葬]

『속대전』에 "투장偷葬한 자가 100일 안에 나타나지 않으면 그 산의 주인으로 하여금 관가에 고발하게 하고 수령은 공문으로 위에 알린 뒤에 관가에서 파 옮긴다"라고 나와 있다. 案 송사에 응하는 것은 백성들에게 있어서는 큰일이다. 범한 자와 고소한 자 및 산지가 모두 관문에서 가까운 곳에 있으면 그 피해가 심하지 않겠지만, 만일 멀리 떨어진 곳이라면 한 번 송사하러 가는 데에 소요되는 경비가 적지 않을 것이다. 해가 가고 달이 가게 되면 그 비용이 얼마나 될 것인가. 가산을 탕진하여 패망의 지경에 이를 자가 많을 터이다. 더구나 묏자리를 새로 잡으려고 하는 사람은 필시 형편이 어느 정도 넉넉해서 외람된 마음을 품은 자일 것이요, 남에게 침탈을 당한 사람은 필시 그 집안이 몰락하여 남의 업신여김을 받는 자일 것이다. 목민관으로서는 무릇 묘지 관계의 송사를 만나면, 법에 비추어 금하기 어려운 것은 법에 의해 장사를 허락하되 감히 자리를 널리 차지하지 못하게 하며, 법으로 보아 응당 파내야 할 것은 벼락같이 독촉하고 성화같이 몰아쳐 날짜를 정하고 다짐을 받아 감히 기일을 어기는 일이 없도록 해야 한다. 혹시 기일을 넘기는 자가 있으면 그의 집안이나 이웃 마을까지도 타일러서 정한 기일에 어김없이 파내게 한다. 또한 지사地師를 잡아서 법에 의해 엄히 다스리는 동시에 다시 매를 쳐서 파내는 일을 독려하게 한다. 그래도 완강히 저항하는 자는 상사에 보고하여 법률에 비추어 반드시 죄를 주고 용서치 말아야 한다. 목민관이 자기 일처럼 분개하여 잠시도 참지 못할 듯해야 백성들이 수령의 방침과 의도를 알아차리고 서로 알리며 경계함으로써, 무릇 응당 파내게 될 곳에는 애당초 생의生意도 하지 말고 이미 판결이 난 송사는 감히 미루어두지 못하도록 한다. 이렇게 조처해야 현명한 수령이라 할 것이다. ○ 관에서 묘를 파내는 것은 비록 법전에 위에 알린 뒤에 시행한다고 되어 있으나, 법에 마땅히 파내야 할 것으로 소행과 심리가 고약한 자일 경우 그 집안과 이웃들을 모이게 하여 파낸다면, 관에서 파냈다는 명목이 없이도 관에서 파내는 실효를 얻게 된다. 그러니 굳이 구애될 필요가 없다.

## 묘를 쓰기 위해 산을 선점하는 행위[埋標]

매표埋標하여 산을 차지하는 일은 관에서 마땅히 엄금해야 한다. ○ 요즈음 습속이 미리 좋은 혈을 점찍어두고 점찍은 사람의 성명과 날짜 및 아무개 어버이를 모실 자리라는 등의 사연을 흰 자기에 써서 아래위를 마주 엎어 그 혈에 묻어놓고 이를 일러 '매표'라고 한다. 대개 남의 매표를 파내는 자는 그 죄가 무덤을 파는 행위와 같다고 하나, 실은 『대명률』이나 우리나라 법전에 모두 이런 조문이 없으니 이는 민간의 속설이다. 또 가령 갑자년에 이 아무개가 매표하였는데 을축년에 장 아무개가 그 매표 곁에 장사를 지낸다면, 이미 장례한 무덤의 경우와 마찬가지로 금해야 한다고 하지만, 이것 역시 법전에는 없는 말이요 떠도는 속설일 뿐이다. 무릇 이런 송사를 만났을 때 매표가 본인의 선영 안에 있거나 금양禁養[43]의 땅 또는 수매한 땅에 있는 경우라면 의당 법대로 금장할 일이지만, 만일에 매표한 것이 주인 없는 빈 땅에 있으면 당연히 장사 지낸 자로 주인을 삼아야 한다. 매표한 자가 호소하는 일이 있더라도 응당 낙과落科[44]로 처리할 것이며, 비록 매표한 것을 파내어 깨뜨려버렸다 하더라

---

43 금양禁養: 수목을 베지 못하게 하고 가꿈. 즉 양산養山을 말한다.
44 낙과落科: 여기서는 낙송落訟과 같은 뜻의 말. 소송에 지는 것. 소송을 기각한다는 뜻도

도 해당 법조문이 없는 이상 처벌할 수 없다.

나중에 묘를 쓴 사람이 주인이라는 말은 법전에 보이지 않는다. ○ 묘지 문제로 송사하는 집안에서 흔히 "나중에 묘를 쓴 자가 주인이 된다"라고 말하는데 근일에는 관장들 역시 이렇게 말하고 있다. 시골의 몽매한 인사들은 이 말을 성현의 경전처럼 외우고 법전인 양 끌어댄다. 실은 협잡배들이 제멋대로 하는 말이다. 속담에 "기생방과 묘지는 나중 들어간 자가 주인이다"라고 하는데 대개 이 속담이 유포되어서 그렇게 된 듯하다. 세력 있는 호족의 가문에서는 한미한 자의 선산을 함부로 차지하여 봉분도 만들고 나무도 심어 울창하게 하며, 비갈碑碣을 우뚝우뚝 세워놓고 여각廬閣을 굉장하게 짓는다. 이에 한미한 사람이 어미를 아비의 묘에 합장하거나 아내를 어미의 묘 아래에 장사 지내려 하면, 권세에 기대어 위협하고 금지하여 자기네 산소 가까이에 발을 못 붙이게 한다. 그러고서 걸핏하면 "나중에 묘를 쓴 자가 주인이라는 말이 법전에 실려 있다"라고 하며, 수령 또한 법전을 읽지 않아 "나중에 묘를 쓴 사람이 주인이니 너는 장사 지낼 수 없다"라고 한다. 아, 원통하다! 천하에 어찌 이런 일이 어디 있겠는가.『경국대전』『속대전』『대전통편』, 이 세 법전 어디에도 이런 말은 한 구절도 없으니 어찌 한 번 생각해볼 일이 아니겠는가.

부정을 적발하고 도형圖形을 작성하는 일은 아무쪼록 공평하게 해야 한다. ○ 사족들이 서로 송사할 때에는 비록 그 산이 멀더라도 수령이 당일로 직접 가서 친히 살펴보아야 한다. 만약 이리저리 미루고 가지 않는다면 사족에 대한 예우가 아니다. 토족과 하호下戶[45] 간의 송사는 의당 향

---

된다.
45  하호下戶: 가난한 백성을 가리키는 말.

승을 보내 자로 재어 도형을 만들어야 한다. 이때에 향승의 속셈은 알 수 없으니 토족의 사정을 봐주거나, 하호에게 뇌물을 받거나 하여 일 처리가 공평하지 못하고 백성의 원망을 사는 일이 많다. 향승을 보낼 경우 거듭거듭 부드럽게 타일러서 공평하게 집행하도록 주의시키면 다소 조심하게 될 것이다.

> 탐욕과 의혹이 깊은 데다 서로 빼앗는 것이 연이어 있으면 판결의 어려움이 다른 송사보다 배나 더할 것이다.

주자가 숭안현崇安縣[46]을 맡아 다스릴 때의 일이다. 어떤 백성이 대성大姓[47]의 좋은 묏자리를 탐내 미리 비석을 그 무덤 앞에 묻어두고 몇 년 후에 갑자기 강점당했다고 송사를 벌였다. 양쪽이 관정에서 서로 다투어 결말이 나지 않았다. 주자는 몸소 그곳에 나가서 살펴보았다. 산수가 맑고 빼어나서 봉황이 춤추고 용이 나는 지세임을 보고 이곳은 대성이 그 백성의 것을 빼앗으려는 것임에 틀림없다고 생각했다. 겉에 지저분한 것을 헤치고 땅속을 파보니 과연 비석이 나왔다. 거기에 쓰인 내용이 모두 그 백성 조상의 이름자였다. 이에 주자는 의심하지 않고 단정하여 백성에게 돌려주도록 했다. 그 후 주자가 무이산武夷山[48]에 은거하고 있을 즈

---

**46** 숭안현崇安縣: 중국 복건성에 있는 고을 이름. 무이산은 숭안현에 가까이 있음.
**47** 대성大姓: 거성巨姓. 집안이 번성하고 지체가 높은 성씨.
**48** 무이산武夷山: 중국 복건성에 있는 산. 산수가 아름다운 곳인데 주자가 이곳에 은거하여 우리나라에 알려졌다.

음, 숭안현 지역을 지나다가 한가로운 걸음으로 그곳에 들려 주민들에게 물어서, 그 백성이 비석을 묻고 무고하여 관장을 속였던 사실을 자세히 알 수 있었다. 주자는 몹시 후회했지만 어쩔 도리가 없었다(이 기록의 끝에 우레가 치고 비가 내렸다는 신기한 이야기가 달려 있으나 여기서는 생략한다). 案 수자처럼 이치에 밝고 사물에 통달한 분도 오히려 이처럼 백성에게 속임을 당했으니, 하물며 용렬하고 어두운 수령이야 말할 것이 있겠는가.

진린陳麟이 민현閩縣을 맡아 다스릴 때, 어느 세력 있는 집에서 남의 묘를 옮기고자 상관을 통해 진린에게 부탁했다. 진린은 끝내 들어주지 않았다.

참의 홍혼洪渾[49]이 양주楊州를 다스릴 때, 후궁의 친족으로 세도를 믿고 법을 무시하여 함부로 그 고을 경내에 장사 지낸 자가 있었다. 홍혼이 곧 법에 따라 파내게 하자 감사가 이 사실을 듣고 크게 놀랐으며, 원근의 사람들은 다들 숙연해 했다.

김상묵金尙默[50]이 안동부사로 있을 때의 일이다. 관내 주민 중에서 묘지로 송사가 있었다. 한편은 법흥法興의 이씨李氏[51]요, 다른 편은 새로 시론에 붙은[新附時論][52] 사람이었다. 이씨의 묏자리를 새로 시론에 붙은 자가 어거지로 차지한 것인데 안동부사가 셋이나 바뀔 동안에도 바로잡히지 못했다. 김상묵이 부임하자 다시 송사를 제기했다. 이에 그는 친히 나

---

**49** 홍혼洪渾, 1541~1593 : 자는 혼원渾元, 호는 시우당時雨堂, 본관은 남양이다. 벼슬은 부제학·이조참의에 이르렀다.
**50** 김상묵金尙默, 1726~? : 자는 백우伯愚, 본관은 청풍淸風이다. 벼슬은 대사간에 이르렀다.
**51** 경상북도 안동 법흥동法興洞에 살던 고성 이씨. 지금도 그 후손이 살고 있다.
**52** 신부시론新附時論 : 시론時論은 당시의 집권층인 노론을 가리킨다. 영조 때 무신란을 겪은 이후 노론 집권층은 특히 영남의 남인 세력을 노론으로 개종시키기 위해 힘썼다. 이때 영남 지방의 일부 사람들이 당색을 바꾸었는데 이들을 가리켜 '신부시론'이라 칭했다.

가서 살펴보고 시론에 붙은 자에게 "네가 파내야 한다"라고 판결을 내렸다. 그 사람이 "세 차례나 결판이 난 일이니 다시 논할 것 없다"라고 주장하였다. 김상묵은 "판결이 공정하지 못했으면 세 번이건 네 번이건 무슨 상관이냐. 네가 파내야 한다"라고 말했다. 그 사람은 "저 이씨가 누구인지 성주城主는 모르냐" 하며 항의했다. 김상묵이 "저 이씨가 누군지 나는 모른다"라고 하자, 그 사람은 "저 이씨는 무신란戊申亂[53]에 관련된 죄인의 자손이다. 묘지를 말할 것이 있겠는가"라고 했다. 김상묵은 "너는 지금 바른길로 돌아왔다고 하지만 네 조부와 증조부는 무신년 죄인의 후손이 아닌가" 하며, 곤장을 때리고 엄하게 구금을 시켰다. 그리고 기일을 정해 묘를 파 옮기게 했다. 이에 그 지역의 민심이 크게 기뻐하였다. 어떤 사람이 "공이 이 고을에 부임하여 정사하는 것이 처음 생각했던 바와 다른데 어찌 된 일인가?" 하고 물었다. 김상묵이 웃으면서 "내가 영남에 와서 보니 소와 남인은 이곳의 토질에 맞고 말과 서인은 토질에 맞지 않다"라고 하였다. 이 말을 듣는 사람들이 모두 배를 잡고 웃었다.

김사목金思穆[54]이 광주유수廣州留守로 있을 때의 일이다. 그 선대의 묘가 고을 남쪽에 있었는데, 오랫동안 그곳을 잃어버렸다가 이때에 옛 무덤들을 두루 찾아 지석誌石을 발견하여 봉분을 짓고 제사를 올렸다. 그런데 나주목사 이인섭李寅燮의 부모와 처자의 묘가 김씨의 묘소에 아주 가까이에 바로 뒤에도 있고 옆에도 있었다. 김사목이 옮겨줄 것을 청함에

---

53 무신란戊申亂: 영조 4년(1728)에 충청도의 이인좌와 경상도의 정희량 등 소론과 남인 일파가 노론 집권층에 반대하여 일으킨 반란.
54 김사목金思穆, 1740~1829: 자는 백심伯深, 호는 운소雲巢, 본관은 경주이다. 영중추부사를 지냈다.

이인섭은 부득이 응낙하고 이장할 곳을 새로 잡았는데, 김사목이 뜻밖에 편지로 초청해서 이렇게 말했다. "생각해보니 일이 그렇지 않은 점이 있네요. 이미 전부터 양가의 산소가 여기 가까이 있었으되 아무런 해가 없었지요. 우리 집으로 말하면 대대로 공경의 지위를 누리며 다행히 자손도 두었습니다. 이제 60년간 지하에 모셔 있던 유해가 나 때문에 동요하게 된다면 도리어 재앙을 초래할 겁니다. 차라리 그만두는 것이 좋겠습니다. 양쪽 집에서 약속을 하여 이후로는 더 묘를 쓰지 말고 힘을 합해 지켜나가서 후손들에게 물려줌이 어떻겠습니까." 이 말에 이인섭이 감동하여 눈물을 흘리고 드디어 함께 약속하여 이장을 그만두었다.

노비에 관한 송사는 법전에 실린 것이 번쇄하고 조문이 많아 의거하기 곤란하다. 인정을 참작하여 처리할 것이요, 조문에만 구애될 것은 아니다.

『경국대전』에서 규정하였다.[55] "부모의 노비를 나누어줌에 있어 승중자承重子[56]는 5분의 1을 더 주고, 중자녀衆子女[57]는 공평이 나누며, 양첩良妾 자녀는 7분의 1, 천첩賤妾 자녀는 10분의 1을 준다."[58]【본문은 12조목으로

---

55 『경국대전·형전·사천私賤』.

56 승중자承重子: 손자로서 아버지와 할아버지를 대신하여 조상의 제사를 받드는 자를 이르는 말. 아버지를 여읜 맏아들이 조부모의 상을 당했을 때 승중상承重喪이라 함.

57 중자녀衆子女: 맏아들 이외의 모든 자녀를 이르는 말.

58 양첩良妾·천첩賤妾: 첩으로 맞은 여자가 신분상으로 양민의 딸인 경우 양첩, 종이나 기생과 같은 천한 신분의 여자인 경우 천첩이라고 일컫는다. 양첩의 소생은 서자, 서녀라고 부르며, 천첩의 소생은 얼자, 얼녀라고 부른다. 『홍길동전』의 주인공은 비첩 춘섬의 아들로 설정되어 있으므로 얼자에 해당한다.

되어 있는데 여기서는 다 기록하지 않는다】 案 국초에는 사가私家의 노비가 나라 안에 가득차서 한집에서 거느리는 노비의 숫자가 1000명, 100명에 이르렀다. 그 때문에 자녀들에게 나누어주는 조문이 이와 같이 상세했던 것이다. 일단 영조 7년(1731)[59] 이후로 양처良妻 소생은 어미를 따라 양민良民이 되었으므로 나라 안의 노비가 크게 줄어들었다【그 이치로 보아 절반이 감해지는 것이지만, 1대에 반이 감해지고 2대에 또 그 반이 감해져서 세대가 오래 지남에 따라 점차 없어지기에 이른다】. 비록 명문대가라도 겨우 한두 명의 노비를 사서 여러 아들들에게 나누는 형편이 되었기 때문에 무릇 노비를 나누어주는 문제는 오늘날에는 논할 것도 없다. 대개 재물을 나누는 법이므로 일반법에 의해 논할 수 있는 것이다. 천하의 모든 법은 다 천자와 제후로부터 나오는 것이다. 천자와 제후가 각기 영토를 상속해서 나라를 이어나가는 것이므로 승중자가 대부분을 이어받게 되고 중자衆子들이 나누어 받는 봉토는 승중자에 비해 100분의 1도 되지 않는다. 어찌 사가의 법에서만 승중자와 중자에게 모두 공평하게 나눠주고 승중자에게만 3분의 1【『호전』에 "공신의 토지는 그 자손에게 전하되 승중자에게 3분의 1을 더 준다"[60]라고 하였다】, 혹은 5분의 1만을 더 주는 데 그칠 것인가【노비법[61]】. 원줄기가 강하고 가지가 약한 것은 초목이 서서 넘어지지 않는 까닭이요, 원 건물을 크게 하고 행랑채를 작게 하는 것은 가옥이 제대로 자리 잡아 우러러 쳐다볼 수 있게 하려는 것이다. 오늘날에는 가지가 원줄기와 같고 행랑이 안채

---

**59** 이해 3월 공사천법公私賤法을 정하여 남자는 부역父役, 여자는 모역母役을 따르도록 법제화했다.

**60** 『경국대전·호전·전택田宅』.

**61** 『경국대전·형전·사천』.

와 비등하니 이것이 어찌 천리에 맞고 인문을 빛내는 일이겠는가? 법의 제정이 이와 같기 때문에 왕자나 대군의 집과 원훈元勳과 대현大賢의 집과 국구國舅나 부마의 집과 정승과 판서의 집이 두어 대를 가지 못해 종가가 미약해지고 나시 두어 대를 지나면 세사를 잇지 못하어 가문이 멸망하는 지경에 이른다. 이 모두 법이 잘못 제정되었기 때문이다. 만약 필부나 서민이라면 위로 이어받을 것이 없고 아래로 전할 것이 없으므로, 지낼 제사는 부모에 지나지 않고 집안도 형제들에 지나지 않는다. 이런 집은 가문이라고 할 수 없다. 가문이 되지 못하는 경우라면 그 재물을 고르게 나누어도 안 될 것이 없다. 수령은 이런 송사를 만나면 법전에 나와 있는 대로 처리해도 좋을 것이다.

○ 춘추시대에 입후(立後, 후사를 세움)하는 법을 보면 실로 귀첩 소생자와 천첩 소생자의 차별이 있기는 하였으나, 일단 입후하여 승계를 하게 되면 태어난 근본이 천하다는 것으로 토지나 식읍食邑을 감했다는 말은 듣지 못하였다. 계무자【이름은 숙宿이다】가 적자가 없어 그 서자인 흘訖【계작자季綽子】을 후사로 삼았고, 숙손표叔孫豹는 적자가 없어 서자 착婼【소자昭子】을, 맹장자孟莊子【이름은 속速이다】는 적자가 없어 서자 갈羯【효백孝伯】을 후사로 삼았다. 삼환三桓[62]은 따로 분립된 대가문임에도 중간대로 와서는 모두 첩자妾子로 계통을 이었다. 유헌공劉獻公은 주나라의 경卿임에도 서자【문공분文公蚡】를 후사로 삼았으며, 화해華亥는 송나라의 대부大夫임에도 서자【사구경司寇牼】를 후사로 삼았고, 석태중石駘仲은 위나라의 귀족이었음에도 서자【석기자石祁子】를 세웠으며, 정곽군靖郭君은 제나라의 종실과 가

---

62 삼환三桓: 중국 춘추시대 노나라의 귀족인 계손씨季孫氏·맹손씨孟孫氏·숙손씨叔孫氏. 이 세 가문이 노나라의 권세를 쥐고 있었다.

까운 집안이었음에도 서자【맹상군孟嘗君】를 후사로 삼았다. 첩자가 승계하는 것도 삼대의 법전이었다. 일단 승계를 하게 되면 토지와 식읍을 완전히 받는 것도 옛날 제도였다. 그런데 지금 『경국대전』을 살펴보면 "공신의 자손으로 천첩의 아들이 승중承重하는 경우에 제전祭田 30결만 주고 그 나머지는 관에 귀속시킨다"【「호전」에 나옴】라고 하였으며, 또 그 노비법에서는 "첩자妾子가 승중을 하면 대략 몇 명만 주고 나머지는 본족本族에게 돌리며 본족이 없으면 관에 귀속시킨다"라고 하였다. 본디 제정한 법이 이와 같으니 이것이 과연 천리에 맞고 인정에 따른 것인가. 한위공은 그 어머니가 청주靑州[63]의 비첩婢妾이었으니 우리나라 법과 같이 했다면 한위공이 어떻게 노비와 전택田宅을 보유할 수 있었겠는가. 이나마 국초의 법은 나았던 편이요, 지금은 이런 문제가 제기될 수조차 없게 되었다. 무릇 첩자의 토지와 노비에 관한 송사를 만나면 수령은 마땅히 적절하게 판결할 일이요, 꼭 법전에 매달려 인정에 거스르게 처리하지 말아야 할 것이다.

『대전』에서 규정하였다.[64] "노비를 매매할 때에는 관에 고하여 입안立案을 해야 한다. 사적으로 노비를 사고판 자는 그 노비 및 치른 값을 모두 관에서 몰수한다."【전택과 노비에 대한 송사를 판결하는 작지作紙[65]의 격식은 「형전」의 끝부분에 나온다】 案 『주례』에 사문서는 권계券契라 하고 공문서는 질제質劑[66]라고 하는데, 무릇 사고파는 것은 모두 질제를 상고한다고 하였다. 후

---

63 청주靑州: 지금의 중국 산동성에 속한 지명.
64 『대전회통·형전·사천』.
65 작지作紙: 관아에서 입안하는 서식. 여기에서 말한 "작지지식作紙之式"이란 『대전회통·형전』 끝부분에 나오는 '결송해용지決訟該用紙'의 서식을 가리킨다.
66 질제質劑: 『주례·천관총재·소재小宰』의 권계券契와 같은 말.

세로 내려와서는 아계牙契[67]·인계印契[68] 등이 있었는데, 지금 우리나라 법전의 입안하는 법은 곧 이것의 유제遺制이다. 오늘날에 와서는 무슨 까닭에 폐지되었는지 모르겠다. 대저 온 천하가 왕의 땅이 아닌 곳이 없고 집한 채라도 왕이 준 것이 아님이 없다. 한 사람의 비복婢僕이라도 왕의 백성이 아닌 사람이 없거늘 실로 공문公文[69]이 없다면 신하 된 자로서 어떻게 사람을 자기 소유로 차지할 수 있겠는가? 100년 이래로 법과 기강이 무너져서 작은 일에나 큰일에나 온통 옛 법이 폐기되었다. 그 폐해로 말하면 전택과 노비를 자기 물건으로만 알고 이 모두 왕토王土요 왕민王民[70]임을 망각하고 있다. 태아太阿의 칼자루가 거꾸로 쥐어져 있어 백성들은 군주를 향할 수 없고 군주는 날로 형세가 고립되어 있어서 임금의 덕화가 아래로 미칠 도리가 없다. 이는 식견이 있는 이들이 깊이 우려하는 바이다. 이 문제는 모름지기 나라의 대신들이 아뢰어야 비로소 밝혀질 수 있는 것이요, 한 고을의 수령이 혼자 시행할 수는 없는 일이다. 다만 송사를 만나 판결해야 할 경우 반드시 법에 의거하여 입안을 해야 할 것이다. 작지를 해서 바칠 때에 형리가 가필할 수 있으니 판결을 하고 나서 작지의 내용을 살피지 않으면 안 된다. ○ 무릇 입안의 서식은 응당 판각을 해서 찍어【조흘첩문照訖帖文[71]과 같은 방식】 빈칸에 채워 넣도록 하고 거기에 수결을 하거나 인장을 찍는다. 종전에 하던 식대로 거칠게 초서로 써

---

**67** 아계牙契: 거래 관계에 있어서 중개자를 거친 문서. 중개자를 아인牙人이라고 칭함.

**68** 인계印契: 지권地券. 토지 소유권 증서. 관에서 발급한 일종의 소유권 인정서.

**69** 공문公文: 여기서는 고관입안告官立案한 문서. 공적으로 그 소유를 인정한 문서라는 뜻.

**70** 왕토王土·왕민王民: 천자나 왕의 지배하에서 모든 곳이 왕의 땅, 모든 사람이 왕의 백성이라는 의미(『시경·소아·북산北山』: "溥天之下, 莫非王土. 率土之濱, 莫非王臣")

**71** 조흘첩문照訖帖文: 소과의 합격자에게 주는 합격 증서.

서는 안 된다.

『수서隋書』에 나와 있다. "진晉나라가 강남으로 옮겨온 이후 양나라와 진陳나라에 이르기까지 무릇 노비·우마·전택을 매매함에 있어서 문권을 작성할 때에 돈 1만 냥의 거래에 400냥의 비율로 관에 바친다."【이 법에 의하면 100냥마다 작지가作紙價[72]가 4냥이 되는 것이다】 ○『송사宋史』에 이런 말이 있다. "휘종徽宗 대관大觀 원년(1107)에 가축이나 배·수레 등을 전매하면서 인계를 받지 않은 자는 다시 100일을 기한으로 하여 그 안에는 세금을 배로 받는 것을 면제해주었다." ○ 육축六畜을 매매하는 권계의 법은 남북조시대에도 그랬다. 그런 까닭에 북제 사람 안지추顔之推[73]의 『가훈家訓』에, 학사가 나귀를 사는데 그 권계를 세 번 고친다는 말이 있는 것이다.

『철경록輟耕錄』[74]에 이런 말이 있다. "우리 명나라가 천하를 처음 평정하던 때에 포로로 넘어온 남녀로서 서로 짝이 되어 낳은 자녀는 영영 노비로 삼는다. 또 '홍계紅契[75] 매도賣到'란, 팔려온 자는 원래 주인이 다른 사람에게 전매할 때 문서를 만들어 세를 바치는 것이다." 案 노비를 대대로 부리는 법은 우리나라에만 있는 일이라고 예전 분들이 말해왔는데, 이 기록을 보면 중국도 역시 대대로 부려온 것을 알 수 있다.

『속대전』에 규정되어 있다.[76] "무릇 친속인親屬人의 여종을 취하여 거기

---

**72** 작지가作紙價: 여기서는 관에 입안할 때 필요한 서류를 작성하는데 내는 비용. 일종의 수수료.

**73** 안지추顔之推, 531~597 : 중국 북제 사람. 자는 개介이다. 양나라, 제나라, 주나라, 수나라에서 벼슬하고 『문집文集』과 『안씨가훈顔氏家訓』을 남겼다.

**74** 『철경록輟耕錄』: 중국 명나라의 도종의陶宗儀가 지은 책. 필기류의 저술로 일상적인 문견·전대의 법령제도·해학 등이 실려 있다.

**75** 홍계紅契: 매매 문권 중에 관에 세를 내고 관인을 받은 것을 홍계, 받지 못한 것을 백계白契라고 한다.

**76** 『속대전·형전·사천』.

서 낳은 자녀가 원래 주인과 5촌이 넘는 경우에는 신역에서 면제된 노비 소생의 예에 의거하여 원래 주인이 부리는 것을 허락한다."【골육상잔에 해당하면 부릴 수 없다는 조문은 본래 법전에 실려 있는 것이 아니다. 그럼에도 관리들이 민간에 전해오는 말에 현혹되어 송사를 판결할 때 매양 관에 소속시키는데 이는 매우 부당한 일이다. 동생이나 4촌은 부릴 수 없지만 5~6촌에 이르면 굳이 부리지 못할 것이 없다】 案

중세 이전에는 비첩의 소생은 사람으로 치지 않아서 벼슬길을 막았을 뿐 아니라 심지어 과거조차 보지 못하게 하였다. 이는 고금 천하에 없는 법인데 오직 우리나라에만 있다. 지금은 과거 보는 것과 벼슬길이 다소 트이기는 하였지만 친속親屬으로 종을 삼는 법은 아직도 법조문에 실려 있다. 천리를 해치고 인정을 거스르기가 이보다 더 심할 수 없다. 이제 마땅히 그 범위를 조금 넓혀서 동고조팔촌同高祖八寸 및 5대조 이하의 단문지친袒免之親[77]에 대해서는 몸값을 받지 않고 양민이 되게 하고 '단문' 이외의 친족에 대해서는 가벼운 값을 치르고 속량(贖良, 종이 몸값을 치르고 양민이 됨)해야 할 것이다. 상사喪事에 당해서는 모두 원래의 복제服制에 따르게 하며, 머리를 풀거나 참최복斬衰服을 입지[78] 않도록 함이 사리에 합당할 것이다. 그러나 이런 일은 모름지기 조정 대신들이 상세히 아뢰어서 법령이 새로 반포되어야 시행할 수 있다. 한 고을의 수령으로서는 법을 어길 수 없는 일이다. 무릇 이런 송사를 만나면 마땅히 의리로 타일러서 후한 쪽을 따르도록 할 것이요, 내가 수령의 입장에서 비참한 곳에 떨어

---

**77** 단문지친袒免之親: 상례에 있어서 단문에 해당하는 친족, 단문이란 복服을 입지 않고 오른쪽 소매를 벗고 두건을 쓰는 것을 말한다. 9촌과 10촌이 단문친에 해당한다.

**78** 원문은 "피발복참披髮服斬"인데 머리 풀고 참최복을 입는 것. 부모상에서 자식이 하는 복식인데 여기서는 노비가 그 상전에게 이와 같이 한다는 뜻이다.

지게 하는 일이 없도록 해야만 옳은 처사이다.

『속대전』에 나와 있다. "사가에서 부리는 종으로 자녀가 없이 죽은 경우 그의 물건은 그 주인에게 주되, 다른 사람에게 판 물건이 섞이지 않도록 할 것이다. 만약 남의 여종을 얻어서 낳은 자손을 그 주인이 마음대로 자기의 노비 문서에 올린 경우에는 제서유위율制書有違律로 처벌한다." [案] 이런 폐단은 수령이 들을 수 없는 일이다. 종이 주인을 고발하지 않으면 어찌 알 수 있겠는가. 남의 여종에게 장가들어 자녀를 둔 경우에는 수령이 마땅히 그 주인을 잘 타일러서 법을 범하지 말도록 해야 할 것이다.

『속대전』에 나와 있다. "이미 속량한 노비에게 선물膳物[79]이란 명목으로 재물을 빼앗는다거나 선대에 돈을 내고 양민이 된 노비를 그 자손 대에 이르러 도로 차지하려는 자는 압량위천壓良爲賤의 죄로 처벌한다." ○ 옛 주인이 가난하여 죽을 지경에 이르렀고 속량된 종이 부자로 근처에 살고 있어, 추위와 주림을 견디지 못해 옛 종을 찾아가 구걸하는 수가 있다. 선물을 강요하는 것도 아니고 노비 문서에 올리겠다는 것도 아니며, 다만 옛 정리로 찾아가서 곡식 두어 섬을 구하는 것이다. 그 옛 종이 선물을 강요한다고 고소하면 수령은 실상을 살펴보지도 않고 '압량위천'으로 옛 주인을 잡아들여 위에 보고하고 엄히 처벌하여 형률을 적용하는 데까지 이르니, 이 또한 지나친 일이 아닌가. 이런 문제를 만나면 응당 조용히 정리를 생각하여 처리해야지 법으로만 다스릴 것이 아니다.

정복시鄭復始[80]가 충청도 감사의 막료로 있을 때 일이다. 윤원형尹元衡[81]

---

79  선물膳物: 여기서는 이미 몸값을 바치고 양인 신분이 된 자에게 옛 상전에 대한 감사의 뜻으로 선물을 바치도록 강요한다는 의미.

80  정복시鄭復始, 1522~1595: 자는 이건以健, 호는 계담桂潭·계헌桂軒, 본관은 동래이다. 호

이 세력을 떨쳐 사리에 맞지 않게 남의 장획臧獲[82] 수십 명을 빼앗았는데
그 송사가 오래도록 판결이 나지 못했다. 감사는 윤원형이 무서워 그릇
되게 판결하려 했으나 정복시가 힘껏 다투어 마침내 원래 주인에게 돌아
가도록 했다[송준길宋浚吉의『동춘집同春集』].

유정원은 형조참의로서 옥사를 공평하고 너그럽게 처리하되 숨은 죄
상을 귀신같이 적발했다. 어떤 종 하나가 문서를 변조하고 주인을 배반
하여 송사를 벌여서 여러 해가 지나도록 판결이 나지 못했다. 유정원이
위조한 문서를 가져다가 밝은 창에 걸어놓고 자세히 살펴보니 잘 보이지
않게 고친 흔적이 나타났다. 물을 떠다 종이를 담그고 종이 바른 곳을 손
톱으로 긁어 일으키니 먹 자국이 분명했다. 드디어 엄벌을 가해 사실을
밝히고 그 주인에게 돌려주도록 했다.


빌린 곡식이나 돈에 대한 송사는 응당 융통성이
있어야 한다. 때로는 엄중하게 빚을 독촉하기도 하고
때로는 은혜롭게 빚을 덜어주기도 해야지,
원칙만 고집할 일이 아니다.


『경국대전』에 나와 있다.[83] "사채의 이자를 지나치게 많이 받는 자는
장杖 80대에 처한다." 이 규정의 주에는 "10분分 비율로 한 달에 1분을 받

---

조참의와 돈녕부도정을 역임하였다.
81  윤원형尹元衡, ?~1565 : 자는 언평彦平, 본관은 파평이다. 중종의 계비인 문정왕후의 동생
    으로 을사사화를 일으켰으며, 대윤을 숙청하고 권력을 휘둘렀다.
82  장획臧獲 : 노비와 같은 말. 장臧은 남자 종, 획獲은 여자 종.
83  『경국대전·형전·금제』.

을 것이니 10되를 빌려줬을 때 1되를 이자로 받으며, 1년에 5분을 받을 것이니 10되를 빌려줬을 때 5되를 받는다. 시일이 많이 지났더라도 이자는 본전의 배를 넘지 못한다"라고 되어 있다. ㉔ 앞에 말한 것은 지금의 대돈변리大頓邊利[84]라는 것이요, 주에서 말한 것은 지금의 5분변리五分邊利라는 것이다. 두 법 모두 이자를 지나치게 받는 것이기 때문에 형전에서 금한 것이다. ○ 시일이 많이 지났더라도 이자가 본전의 갑절을 넘지 못한다는 것은, 비록 월 2분씩의 이자를 받더라도 여러 해가 지나다보면 세곱절 네 곱절에 이르기 때문에 갑절로 한정하고 그 이상 넘지 못하게 한 것이다. 요즘 사람들은 이를 자모정식子母定式[85]이라고 부른다.

『속대전』에 규정하였다. "무릇 빚을 징수함에 있어서 공채와 사채를 막론하고 10분의 2를 넘는 자는 장 80대, 도徒 2년에 처하며【곡식으로 빚을 주고 돈으로 이자를 받는 자에 대해서는 빚을 진 자가 고발할 수 있게 하며, 범한 자는 장 100대, 유流 3000리에 처하고 그 재물은 모두 관에 귀속시킨다】, 사채를 갑리甲利[86]로 놓는 자는 장 100대를 쳐서 귀양 보낸다. 10년이 되었더라도 1년분 이자만을 받을 것이요, 이를 어기는 자는 장 100대에 처한다."【「호전·징채徵債」】 ㉔ 「형전」에서는 부채가 여러 해 된 것은 갑절의 이자를 받는 것을 허락하고, 「호전」에서는 10년이 되었더라도 10분 2를 받도록 하였다. 빌려준 사람은 형전을 따르려 하고 수령의 판결은 호전의 규정을 따르게 된다.

---

84 대돈변리大頓邊利: 원주에 "우리말로 10전을 대돈이라 한다"라고 나와 있다. 월 1할의 이자를 말한다.
85 자모정식子母定式: '자'는 이자, 모는 원금을 가리키는 말. 이자가 원금을 넘지 않도록 한 규정을 '자모정식'이라 함.
86 갑리甲利: 원주에 "우리말로 배를 갑이라고 한다"라고 나와 있다. 고리대금업자들이 이자를 곱으로 받는 것. 변리邊利.

그런데 「형전」의 법규는 『경국대전』이요, 「호전」의 법규는 『속대전』이다. 조선조 초기에는 돈을 사용하지 않아 사채의 폐단이 심하지 않았으므로 법규가 조금 너그러워서, 어긴 자에 대한 벌도 장 80대에 지나지 않았다. 숙종 이래 돈이 널리 유통됨에 따라 사채의 폐단이 날로 증대하여 백성들이 많이 몰락하게 되었다. 그래서 법이 엄해져 어기는 자의 처벌이 도 2년이 되었다. 지금 공사 간의 모든 법이 다 옛것을 버리고 새것을 따르는 터이다. 『경국대전』과 『속대전』의 규정이 동일하지 않으면 『속대전』을 따르고, 『속대전』과 『대전통편』의 규정이 동일하지 않으면 『대전통편』을 따른다. 어찌 빚을 받는 일에서만 새것을 버리고 옛것을 취하겠는가. 이는 쉽게 분별할 수 있는 일이다.

○ 요컨대 부자가 이익을 도모하여 빚을 놓고 가난한 자가 힘이 모자라 갚지 못하는 경우에 제사題辭에 "추수를 기다리라" 혹은 "풍년을 기다리라"라고 쓴다. 또한 탕감해주어도 좋을 경우에는 관정에서 아예 문권을 태워버려 뒷말이 없게 하는 것이 옳다. 혹 가난한 양반이나 빈곤한 양민이 전답을 팔게 되면 간교한 거간꾼과 장사치들이 돈이 있는 줄을 알고 돈을 빌려다가 이자를 놓아 그 남은 것으로 톡톡히 재산을 불리면서 본전을 갚지 않는 자가 있다. 이런 자는 마땅히 강도와 같이 다스려서, 우뢰처럼 으르고 바람처럼 몰아쳐서 조금도 늦추어주지 말고 봄여름을 핑계 댈 것 없이 성화처럼 독촉하여 상환하도록 하는 것이 옳다. 다만 그 이자는 본래 약속이 10분의 5였더라도 10분의 2를 받게 하여 국법을 준수할 것이다. 그러나 만일 돈을 받아야 할 자가 형편이 아주 곤궁한 경우에는 혹 옛 법을 적용하여 곱절을 받게 하더라도 무방할 것이다.

○ 혹 파락호나 건달꾼이 남의 재물을 갈취하여 마조馬弔 강패江牌 같은

노름 따위로 모두 탕진하고 남은 것이 없는데, 그의 집은 극히 가난하여 쥐어짜도 나올 것이 없을 경우에는 마땅히 본인을 잡아들여 어울려 도박한 무리와 도박판을 벌인 주인을 찾아내, 내기에 걸었다가 잃은 돈과 음식·등촉 등의 비용으로 받은 돈을 모두 토해내게 하여 원래의 금액을 채워서 돈을 갈취당했던 원래 주인에게 돌려주는 것이 마땅하다. 이 방법이 제일 좋다.

○ 또 어떤 부잣집 자식으로 허랑방탕한 인간이 있어, 다른 사람과 은밀히 짜고 돈 200냥을 쓴 것으로 위조문서를 만들되 그 돈이 원래 공금이라고 한 다음, 주리主吏[87]와 함께 이들 간교한 자 세 명이 서로 야합을 한다. 주리가 관에 고발하는 형식을 취하면 수령은 곧 사건으로 다루어 부잣집 자식을 당장 가두어놓고 빚을 독촉하는 한편, 그의 아버지와 형을 잡아들여 돈을 바치라고 엄포를 놓는다. 본래 돈이 있는 사람이니 안 내고 어찌하랴. 돈을 받아내면 세 놈이 나누어먹는다. 천하에 사기와 패악이 이보다 심한 사례는 없을 것이다. 수령은 의당 이런 짓을 알아야 하며, 이런 일을 만나면 그 세 놈을 모두 잡아서 벌을 주되 강도를 다스리는 것과 같이 해야 할 것이다.

이웃 고을 백성이 와서 송사하는 경우, 내 고을 백성이 사리에 어긋나고 이웃 고을 백성이 사리에 바를 것 같으면 수령은 사사로운 정의를 생각지 말고 분명하게 바로잡아주어야 한다. 묘지 관계라면 독촉해서 파내기를 배나 엄히 할 것이요, 빚 관계라면 독촉해서 받아주기를 배나 급하게 하여 이웃 고을 백성이 오래도록 머무르게 하지 말아야 한다. 그렇지

---

**87** 주리主吏: 지방의 세금을 관리하고 중앙정부에 상납하는 책임을 진 향리.

않으면 주객의 형세가 다르고 어렵고 편리한 처지가 같지 않아서, 이웃 고을 백성은 억울한 마음으로 돌아가기 마련이다. 읍민과 촌민 또한 형편이 같지 않고, 육지 백성과 섬 백성 또한 형세가 같지 않다. 더구나 먼 곳의 백성이 천 리 길을 와서 송사하는 경우에는 그 실정을 더욱 깊이 헤아려 주인으로서 객을 업신여기거나, 편리한 처지에서 어려움을 참고 기다리게 하지 말도록 할 것이다. 마음가짐이 이미 공정하여 잘한다는 소문이 널리 퍼질 터이니, 스스로 마음의 경계를 만들어 백성들에게 편협함을 보여서는 안 된다. 관장으로서 어찌 '사사로울 사私' 한 글자를 마음속에 두어서 되겠는가.

『속대전』에 이렇게 나와 있다.[88] "공사 간에 빚을 진 자에 대하여, 친 부자 외에 형제나 일족·지접인止接人[89]에게는 일체 침해하지 못한다." ○ "사채를 쓴 사람이 죽으면 그 이자는 받지 못한다." ○ "사채를 징수하는 자가 혹 대신 전답을 받거나, 혹 그 자녀를 끌어다가 억지로 노비를 삼는 자는 장 100대를 치고 귀양을 보내고, 그 전답이나 자녀는 찾아서 돌려준다."

매형상梅衡湘[90]이 처음 벼슬길에 나가 고안령固安令이 되었다. 고안 땅에는 중귀中貴[91]가 많아 현령을 깔보며, 좀 강직한 현령에게는 대들어 다투곤 하였다. 매형상은 그들을 부드럽게 대해주었다. 한 중귀가 돼지 족을 가지고 와서 그를 대접하며 빚을 받아 달라고 간청하였다. 그는 그 돼

---

88 『속대전·호전·징채徵債』.
89 지접인止接人: 임시 몸을 의탁해 있는 사람. 거접인.
90 매형상梅衡湘, 1542~1605: 중국 명나라 만력제 시기의 인물인 매국정梅國禎. 자는 극생克生, 형상衡湘은 그의 호이다.
91 중귀中貴: 궁중과 연결이 있는 귀족.

지 족을 요리하여 술자리를 마련하고 채무자를 앞에 불러다놓고 꾸짖었다. 채무자가 가난한 사정을 호소함에, 현령은 다시 또 그를 꾸짖었다. "귀한 사람에게 진 빚을 감히 가난하다는 핑계로 갚지 않을 수 있겠느냐. 오늘로 반드시 갚아야지 미루면 곤장 아래에서 죽으리라." 채무자가 울면서 나가자, 중귀가 마음속으로 측은하게 여기는 것 같았다. 현령은 그것을 눈치 채고 다시 채무자를 불러다 앞에 세우고 이맛살을 찡그리며 말했다. "나는 네 집이 참으로 가난한 줄 안다. 그러나 어찌할 수 없지 않느냐. 빨리 너의 자식과 아내를 팔아서 돈을 가져오너라. 비록 그러하나 나는 관장으로서 백성의 부모와 같은 처지이거늘 어찌 차마 너로 하여금 골육 간에 바로 당장 이별하도록 하겠느냐. 하룻밤 동안의 시간을 줄 터이니 집으로 돌아가서 처자와 영이별을 하고 오너라. 이승에서는 다시 볼 수 없겠구나." 채무자는 이 말을 듣고 더욱 슬피 울었다. 이 광경을 본 중귀 또한 눈물을 흘리며 빚 받는 것을 원치 않는다 하고 그 문권을 찢어버렸다.

유자후柳子厚가 유주자사柳州刺史로 있을 때의 일이다. 그곳 풍속이 남녀를 저당 잡히고 돈을 썼다가 제때에 갚지 못하고 본전과 이자가 같은 액수에 이르면, 저당 잡힌 남녀를 몰수하여 노비로 삼았다. 유자후가 그들을 위해 방책을 마련하여 저당 잡힌 남녀를 모두 돈으로 갚고 돌아갈 수 있게 하였다. 그런 가운데도 더욱 가난하여 돈으로 갚을 길이 없는 자는 그동안 노비로서 일한 것을 기록하여 그 품값이 빚진 돈에 맞먹게 되면 저당 잡혔던 사람을 돌아가게 하였다. 관찰사는 그 방법을 다른 고을에도 지시하여 1년 사이에 저당 잡힌 데서 풀려 돌아간 사람이 1000명이나 되었다.

군첩軍簽에 관한 송사로 두 마을이 다툴 때에는
그 맥락을 파헤쳐서 확실하게 어느 한쪽으로 귀결
지어야 한다.

　가령, 갑과 을 두 마을에서 군첩의 뿌리[根] 하나로 송사하는 경우, 갑
은 을의 것이라 하고 을은 갑의 것이라 하여 다툰다. 그래서 갑이 호소해
오면 갑을 옳다 하고 을이 호소해오면 을을 옳다 하여 이리 기울어지고
저리 기울어지며 이겼다 졌다 하는 사이에 여러 해를 지나면서 서류 뭉
치가 산처럼 쌓이게 된다. 수령이 이런 송사를 만나게 되면 마땅히 양편
으로 하여금 각기 전후 서류를 하나도 빠짐없이 제출하도록 하고 양편
이 나와 대면하여 따지게 한다. 대면하는 날 수령은 다른 일들은 잠시 제
쳐두고라도 이 송사만은 직접 다루어야 한다. 양쪽 백성이 섬돌 위에 오
래 엎드려 있으면 필시 뼈마디가 아플 것이니, 마땅히 물러가 행랑 아래
에 앉아 있게 한 다음 곧 양쪽의 기록을 가져다가 일일이 대조한다. 갑자
년에 어느 마을에서 먼저 고소하고 다른 마을에서 맞고소를 하였으면 그
옳고 그름과 이기고 진 내용을 초록하여 한 조목을 만들고, 을축년에 어
느 마을에서 먼저 고소하고 다른 마을에서 맞고소를 하였으면 그 옳고
그름과 이기고 진 내용을 또 초록하여 한 조목을 만든다. 또 수기手記【양
쪽의 약정 문서】와 고음侤音[92] 등을 일일이 비교 검토하며, 10식년 동안의 호
적과 10식년 동안의 군안 및 두 마을의 척적과 군리들의 군포 거두는 장

---

92 고음侤音: 원주에 "관에서 판결하여 승복 받은 문서"라고 나와 있다. 원래 고음은 다짐
　이라는 뜻의 이두어. 여기서는 원주에 밝힌 대로 다짐을 받은 문서를 지칭한다.

부【즉 관에 바치기 위해 만든 책자】를 가져다가 하나하나 조사한다. 그리하여 여러 문서를 가져다가 밝은 데 비춰보아 칼로 긁은 흔적이나 가필한 흔적【관의 결재 받은 문서에 임의로 보태 써넣은 것을 말함】이 있는지 없는지를 살피며, 인장을 가져다 새긴 획이 위조인가 아닌가를 조사한다. 이처럼 여러 모로 심리하면 옳고 그름과 참과 거짓이 자연히 드러날 것이다. 이에 추지硾紙[93] 한 장【곧 장지 3절이다】을 가져다 수령이 직접 입안을 작성한다.

### 동산리 포보砲保 1근根에 관한 송사 판결의 입안

갑자식년 군안: 포보 이동이李同伊, 나이 36세, 남천리 거주.

정묘식년 군안: 포보 이노미李老味, 나이 15세, 아버지 이동이, 남천리 거주. 경오년 남천리에서 송사한 문서의 제사題辭에 "이노미는 이미 너희 마을 백성이다. 너희 마을에서 대신 첨정하라"라고 되어 있다. 동산리에서 남천리 백성에게 답변한 문서에 "관의 판결이 이미 분명한데 다시 왜 이러는가. 모름지기 그쪽 마을에서 대신 첨정해야 한다"라고 하였다.

○ 동산리 척적尺籍 중 어영군 위에 갑자기 속오군 1명이 나오는데, 이 '속오束伍' 두 글자는 분명히 칼로 긁은 흔적이 있다. 이는 보건대 '포보砲保' 두 글자였는데 바꿔 써서 이와 같이 만든 것이다. ○ 이를 보면, 지금 이 포보 1명은 분명히 동산리 군역에 속하는 것인데, 우연히 이노미가 남천리로 이사를 가서 살게 됨으로 인해 동산리 사람들이 간교한 계교를 부려 1근을 남천리로 떠넘기려 한 것이다. 백성들의 습속이 이처럼 교활하게 되었다. 지금 관정에서 판결하되 태笞 20대를 가하니 전후에 서로

---

93 추지硾紙: 닥종이를 곱게 다듬이질하여 쓰기 좋게 만든 것. 원주에 나오는 장지가 그것이다.

소송을 했던 문권들은 소각해 없애고 다시는 송사를 일으키지 말기를 바라노라.

○ 이에 동산리 두민頭民 이태운 등이 죄를 받기로 다짐을 받은 다음 이와 같이 입안을 한다. 이에 영구히 증빙을 삼아 다시는 부당하게 서로 침해하지 말아야 할 것이다. 이대로 시행하기 바란다. 모년 모월 모일 행현령 화압花押, 좌수 윤기석, 이방 김세동, 형리 유문식은 각각 서명. 짙은 인주를 사용하여 네다섯 군데 뚜렷이 도장을 찍는다.

○ 이에 양쪽을 불러 이같이 타이른다. "이러이러해서 동산리 쪽은 사리에 어긋나고, 이러이러해서 남천리 쪽은 사리에 옳다." 그러고는 동산리 백성에게 이른다. "너희들이 간사한 생각을 가지고 부당하게 송사를 일으켜 여러 해 동안 시끄럽게 굴면서 칼로 척적을 긁어내고 망령되게 '속오' 두 글자를 '어영군'의 위에 써넣어 관가를 속이고 민간의 재물을 허비하였으니 비단 송사에 패했을 뿐 아니라 악을 징계하는 뜻에서 태 20대를 칠 것이니 죄를 달게 받아야 할 것이다." ○ 그러고 나서 또 묻는다. "이후에 다시 송사하겠느냐?" 백성이 "어찌 감히 하겠습니까"라고 하거든, 수령은 "네가 다시 송사하지 않는다면 문권을 남겨두어야 소용없을 것이니 왜 불태워버리지 않는가?"라고 한다. 백성이 "진정으로 불태워 없애기를 원합니다"라고 하거든, 드디어 보는 앞에서 백성이 자기 손으로 불태워 없애게 한다. 그리고 남천리 백성을 나오게 하여 입안한 문서를 주면서 "너는 이 문서를 가지고 돌아가 궤 속에 간직하여 영구히 증거를 삼으라" 하고 군관을 불러 이 두 마을 사람들을 압송하되 한 순간도 지체하지 못하게 하여 5리 밖으로 몰아낸 다음 곧장 들어와 보고하게 한다【송사하는 백성이 관문을 나가 지체하게 되면 입안을 만들어주었다는 핑계로 아전과 관

노들이 토색하는 일이 있다].

○ 이와 같이 하면 6년의 임기가 다 찰 때까지 이 송사는 다시 일어나지 않을 것이다. 한 고을 안에서 이와 같이 큰 송사는 많아야 40~50건에 불과하다. 그러니 하루에 한 건씩을 처리하더라도 몇 개월 지나지 않아 관정에 송사가 없어질 것이다. 하물며 패소한 백성은 패소만 당한 것이 아니라 문권을 불태웠고 태형까지 받았으니 이 소문이 퍼지면, 서로 알리고 경계하여 사리에 어긋난 자는 자진해서 해결을 도모하여 감히 송사를 일으키지 않게 된다. 송사하지 않고 해결되는 일이 열에 여덟아홉이나 될 터이니 다시 송사를 하는 자가 있겠는가. 그래서 "일을 간단하게 처리하려는 자가 도리어 더디게 된다"라는 말이 있다.

○ 모든 전택에 관한 송사, 부세에 관한 송사, 노비에 관한 송사, 돈에 관한 송사로서 무릇 문권이 있어 상고할 수 있는 것은 모두 이 방법을 사용한다.

○ 부세에 관한 송사는 그 전안대장田案大帳[94] 및 송사가 있은 뒤의 마상초馬上草[95]·행심기行尋記[96]·작부기作夫記[97] 등 여러 가지를 하나하나 수령이 직접 훑어 조사하여 면전에서 뿌리를 뽑아 입안을 만들어주기를 앞과 같은 방법으로 한다면 송사가 다시 일어나지 않을 것이다.


송사를 판결하는 근본은 오로지 권계券契에 있다.

---

**94** 전안대장田案大帳: 한 고을의 전결의 총 대장.
**95** 마상초馬上草: 납세자 및 납세액의 이동·변화를 기록한 장부로서 간단한 양안量案.
**96** 행심기行尋記: 미상.
**97** 작부기作夫記: 8결 1부에 관한 기록. 과세장부.

# 은밀한 간계와 비위를 밝혀내는 일은 오직 명석한 수령이라야 할 수 있다.

완평군完平君의 『청송요식聽訟要式』[98]에 다음과 같이 적혀 있다. "처음 송사가 있을 때 고음侤音을 받고【양쪽에서 마주 송사하는 날】, 이미 고음을 받은 후에는 원정原情을 받으며【저쪽에서 역시 진정하는 것】, 문기文記를 모름지기 상고 열람한 다음【양쪽에서 각자 바친 것】, 봉인해서 그 주인에게 돌려준다【상고 열람한 후에 봉인하여 돌려줌】. ○ 문기는 선후 관계를 검토하며【그 월일을 조사해 확인한다】, 호적이 있는가 없는가를 검토하며【옛 법에 호적이 없으면 송사를 받아주지 않는다】, 사출斜出[99]이 격식에 어긋나지 않았나 살피며【노비는 장예원掌隸院에 속하고 전택은 한성부漢城府에 속하므로 서류의 관인·제사·서명이 해당 관청의 것인지 살펴야 한다. 지방 고을에서는 그 재물 주인의 거주지를 살펴야 한다】, 기한은 법조문을 검토하고【기한이 지나면 위법이다】, 친속 관계는 격식을 어기지 않았나 살펴야 한다【부모·조부모·외조부모·처부모 및 남편이 아니면 분재分財의 주主가 아니다】. ○ 문기는 모름지기 대비【양쪽의 것을 대조 검토】해야 하며, 또한 문기에 무엇을 붙였거나 긁어냈거나 하지 않았는지를 살펴야 하고【그 흔적은 응당 밝은 데서 비춰봐야 한다】, 찍혀 있는 인장은 그 획을 살펴야 하고【어느 아문의 인장인가와 부인네의 도장을 마땅히 상세히 봐야 한다】, 인장을 찍은 후에 글자를 더 써 넣었는가도 살펴봐야 한다【인주 위에 먹의 흔적이 있는 것】. ○ 연월은 생사를 상고해야 하고【문권의 연월과 재물 주인의 죽은 연월을 서로 대조해

---

98 『청송요식聽訟要式』: 원주에 "정승 이원익李元翼의 저술"이라고 나와 있다. 『청송정요聽訟政要』를 가리키는데 지방관으로서 송사의 심리, 판결하는 문제를 서술한 내용.
99 사출斜出: 관청에서 증명서(입안) 따위를 발급하는 것.

볼 것], 또 연월은 출입을 상고해야 하며【재물 주인이 혹 사신으로 외국에 나갔다가 혹 임무를 띠고 외국에 체류해 있을 경우】, 종이를 붙여놓은 곳은 위조한 것인지 살펴야 할 것이다【다른 관청에서 붙여놓은 문서와 고음들은 그 이동을 살펴봐야 함】. 그리고 입안한 것은 서명과 화압을 상고해야 하고【판결을 내린 수령이 재임한 연월 및 그 서명과 화압을 마땅히 살펴야 한다】, 나라의 기일忌日에 해당되는지 아닌지 상고해야 한다【무릇 사출·고음·입안 등의 월일은 나라의 기일이나 나라의 상고喪故나 전좌殿坐[100]·제향 등 근무하지 않는 날에 해당되면 그 문서가 위조임을 알 수 있다】. ○ 노비는 근본 뿌리를 살펴야 하고【노비의 부모 및 소생 남녀의 차례 및 성명의 같고 다름을 살펴야 한다】, 전택은 문기를 살피고【전부佃夫[101]가 경작하는 단자의 이름을 깃기衿記[102]라 하고 가옥 또한 통기統記[103]가 있다】, 농사철이 되면 모름지기 봉인해야 한다.〞【농사철이 되어 송사를 중단할 경우에는 양쪽의 문권을 함께 봉하고 도장을 찍은 다음 양쪽에서 고음을 받아 상고上庫에 보관해두었다가 추수가 끝나기를 기다린다】案 이 『청송요식』을 보면 옛사람들이 송사를 처리하는 법이 성실하고 치밀하여 요즈음 경솔하게 하는 것과 같지 않음을 알 수 있다. 또한 그 당시 여러 관청은 법을 지키는 것이 근엄하여 지금 손상을 가하는 것과 아주 다름을 알 수 있다.

---

100 전좌殿坐: 임금이 옥좌에 앉는 것. 임금이 정무 집행을 개시하거나, 무슨 경축일에 자리에 나와서 신하들로부터 하례를 받는 경우.
101 전부佃夫: 소작 농민을 가리키는 말.
102 깃기衿記: 이두어로 자손이 상속받는 재산 목록. 여기서는 부세 조정용 토지장부.
103 통기統記: 일종의 가옥대장.

**정약용丁若鏞**

조선 정조 때 실학자로 호는 다산茶山이다. 1762년 경기도 광주부에서 출생하여 28세에 문과에 급제했다. 곡산부사·동부승지·형조참의 등의 벼슬을 지냈다. 경학經學과 시문학에 뛰어났으며 천문·지리·의술 등 자연과학에도 밝았는데, 수기치인修己治人의 실학은 그의 학문 자세와 방향을 상징하는 말이 됐다. 18년간의 강진 유배생활 동안『목민심서』『경세유표』『흠흠신서』등 방대한 분량의 초고를 저술했으며, 경학 연구서 232권을 비롯해 2500여 수의 시와 다수의 산문 등 빼어난 저술들을 남겼다. 1818년 귀양이 풀려 고향으로 돌아와 1836년 별세하기까지 방대한 저술의 완성에 힘을 쏟았다.

**다산연구회**

1975년 고故 벽사 이우성 선생을 필두로 실학에 관심을 가진 학자들이 함께 원전을 읽고 토론해보자는 취지로 모임이 시작되어『목민심서』독회와『역주 목민심서』출간에 이르렀다. 10년간 치밀하게 조사하고 치열하게 토론하며 역주에 힘을 쏟은 결과, 1978년『역주 목민심서』(창작과비평사) 제1권을 간행한 이래 1985년 전6권이 완간되었다. 회원은 작고한 분으로 이우성李佑成·김경태金敬泰·김진균金晉均·박찬일朴贊一·성대경成大慶·정윤형鄭允炯·정창렬鄭昌烈, 현재 활동하는 분으로 강만길姜萬吉·김시업金時鄴·김태영金泰永·송재소宋載邵·안병직安秉直·이동환李東歡·이만열李萬烈·이지형李篪衡·임형택林熒澤 등 16인이다.『목민심서』200주년을 기념한『역주 목민심서』전면개정판 작업의 교열은 임형택이 맡았다.

**역주 목민심서 4**

초판 발행 / 1984년 12월 20일
전면개정판 1쇄 발행 / 2018년 11월 7일

지은이 / 정약용
역주 / 다산연구회
교열 / 임형택
펴낸이 / 강일우
책임편집 / 윤동희 홍지연
펴낸곳 / (주)창비
등록 / 1986년 8월 5일 제85호
주소 / 10881 경기도 파주시 회동길 184
전화 / 031-955-3333
팩시밀리 / 영업 031-955-3399 편집 031-955-3400
홈페이지 / www.changbi.com
전자우편 / human@changbi.com

ⓒ 다산연구회 2018
ISBN 978-89-364-6050-1 94300
      978-89-364-6985-6 (세트)